LA GUERRA EN TIERRAS MAYAS

Traducción de
MARÍA ANTONIA NEIRA BIGORRA

YVON LE BOT

LA GUERRA
EN TIERRAS MAYAS

Comunidad, violencia y modernidad
en Guatemala (1970-1992)

Prólogo de
ALAIN TOURAINE

FONDO DE CULTURA ECONÓMICA
MÉXICO

Primera edición en francés, 1992
Primera edición en español, 1995
Primera reimpresión, 1997

Título original:
*La guerre en terre maya. Communauté, violence et modernité
au Guatemala (1970-1992)*
D. R. © 1992, Éditions Karthala
22-24 boulevard Arago, 75013 París
ISBN 2-86537-369-X

D. R. © 1995, Fondo de Cultura Económica
Carretera Picacho-Ajusco, 227; 14200 México, D. F.

ISBN 968-16-4537-5

Impreso en México

A la memoria de JOSÉ CASTRO
y de otros amigos guatemaltecos
víctimas de los años de violencia

Guatemala: divisiones administrativas (departamentos)

AGRADECIMIENTOS

Desde que lo visité en 1968, en vísperas de partir por vez primera a la América Latina, Alain Touraine no ha dejado de alentarme y estimularme en mi trabajo. La fuerza de sus intuiciones, la amplitud de su criterio y su optimismo han contribuido mucho a que desempeñe yo con gusto un oficio que el CNRS* me permite ejercer en las indispensables condiciones de independencia y duración. Vaya también mi agradecimiento a Claude Bataillon, quien me aceptó al formarse el Grupo de Investigación sobre la América Latina del CNRS que él ha creado y dirige; nunca me ha faltado su apoyo, y sus consejos siempre han sido atinados.

Mi trabajo de investigación en Guatemala comenzó en 1972, en el marco de un grupo multidisciplinario que dirigía nuestro querido amigo, el finado Henri Lehmann. Desde entonces, se ha establecido una colaboración duradera y fructífica con antropólogos, historiadores, geógrafos y arqueólogos, a muchos de los cuales cuento hoy entre mis amigos. Tengo verdadero interés en expresar mi muy especial agradecimiento a aquéllos con quienes he trabajado más estrechamente en estos últimos años: Charlotte Arnauld, Alain Breton, Marie-France Fauvet y François Lartigue. El Centro de Estudios Mexicanos y Centroamericanos (CEMCA) ha sido una excelente estructura de recepción para las investigaciones de campo, y los comentarios de su director, Jean Meyer, a una primera versión de esta obra han sido inapreciables para mí. Es, sin duda, con Jacques Arnauld con quien he sostenido más conversaciones acerca de los temas que aquí se abordan: desde hace veinte años, nuestro común amor a Guatemala hizo que con frecuencia se cruzaran nuestros caminos; él había leído atentamente mi manuscrito poco antes de su repentina muerte, y he tomado muy en cuenta sus observaciones, todas ellas pertinentes.

En el origen de esta obra están las conversaciones largas e iluminadoras que sostuve con Marie Tremblay. Empero, los guatemaltecos y los extranjeros que participan en la vida del país y que me han ayudado en mi investigación, y los que han aportado la materia del presente estudio, son demasiados, y algunos de ellos siguen expuestos a grandes peligros para que pueda yo nombrarlos aquí. Pienso particularmente en esos ami-

*Siglas en francés del Centro Nacional de Investigación Científica de Francia. [T.]

gos de las diversas comunidades de los departamentos del Quiché y de Chimaltenango que me otorgaron su confianza y que me informaron con amplitud, en sus lugares de origen o en el exilio, sobre las peripecias y los horrores de la guerra. Ellos fueron quienes me enseñaron lo esencial. Mi estudio también debe mucho a largas discusiones, a veces de varios años, con colegas guatemaltecos y con representantes y militantes de los diversos movimientos. Como todo análisis sociológico, éste se aparta necesariamente de los puntos de vista de los actores para tratar de interrelacionarlos y elaborar una concepción integral y objetiva.

Entre las personas que en una u otra etapa de la redacción y la estructuración de esta obra desempeñaron un papel importantísimo debo mencionar a Annie Alvinerie y Joëlle Chassin. Vaya también mi gratitud a Robert Ageneau y a Jean-François Bayart por haberme obligado a dar forma de libro a lo que inicialmente sólo era el primer tomo de mi tesis de doctorado.*

Mi esposa y mi hija me han ayudado y acompañado tanto a lo largo de todo este trabajo, que sin ellas no habría sido posible realizarlo.

---

* *Communauté, violence et modernité. Luttes sociales, question ethnique et conflits armés en Amérique centrale et en Amérique andine (1970-1992)*, tesis de doctorado en Letras y Ciencias Humanas, École des Hautes Études en Sciences Sociales, París, 1992. El segundo tomo analiza estos mismos temas en una perspectiva comparativa, tomando también en cuenta los casos nicaragüense, colombiano, ecuatoriano, peruano y boliviano.

Esto ha sido tema de otra obra: *Violence de la modernité en Amérique Latine*, Éditions Karthala, 1994.

PRÓLOGO

El observador se cansa pronto de constatar los golpes de Estado y las elecciones fraudulentas de Guatemala y de otros países centroamericanos, y no retiene más que un tema: la violencia, como la ha dado a conocer, sobre todo, el testimonio de Rigoberta Menchú. ¿Cómo no dejarse llevar por el horror de un etnocidio y por el sufrimiento de todo un pueblo? Y ello amenaza con agravar más aún el destino de las víctimas, cegándonos ante su pensamiento y su acción, como si no hubiera que sacarlos del silencio en que los han encerrado sus verdugos.

Yvon Le Bot salva la situación. No sólo porque aporta un libro útil y serio que ordena y esclarece unos acontecimientos en apariencia confusos —lo cual él hace, desde luego—, sino porque invierte, de un solo golpe, una situación intelectual que parecía desesperada: sitúa a Guatemala en el centro del mayor problema del siglo xx, el de las relaciones de complementariedad o de antagonismo entre las dos fuerzas más grandes desencadenadas por nuestro tiempo: las luchas de clases y las luchas nacionales. O, mejor dicho (pues es así como hay que formular este problema), el de todas las revoluciones, de las relaciones entre la ideología y la vanguardia de clase, y las comunidades o los movimientos comunitarios y nacionales, sociales o religiosos.

En efecto, Guatemala es el caso casi único en que, después de una prolongada guerra de guerrillas inspirada por el Partido Comunista y, por tanto, en un discurso de clase, vemos a comunidades indígenas ingresar en la guerrilla. ¿Es aquí, en el Quiché y en otras regiones de numerosa población india, donde se logra, al fuego de los combates y de la represión, la unión entre la ideología de clase de movimientos revolucionarios como el Ejército Guerrillero de los Pobres (EGP) y la defensa de las comunidades indias, reforzadas por la ideología "étnica" de la Organización del Pueblo en Armas (ORPA)?

En el pasado, muchos autores disertaron para saber si los campesinos indios eran ante todo campesinos o indios, sin salir de sus pugnas ideológicas. Le Bot sale de estos debates de ideas, pues es la historia misma a la que hay que interrogar en ese ocaso de los años setenta. ¿La guerra, en la región maya? En realidad, la pregunta debe ser ésta: ¿se trata de una revolución maya? ¿Podemos asociar, en la misma definición, un término de clase y un término nacional, la idea de revolución y la idea de comunidad, cuando todo, empero, aleja la una de la otra?

Su demostración, digámoslo de entrada, lo lleva a una conclusión negativa, que le inspira el fracaso de las guerrillas a comienzos de los años ochenta, y la violenta represión que sobrevino. Pero, mientras tanto, esta conclusión ha penetrado en el corazón mismo de los acontecimientos y, sobre todo, ha aislado el lugar y el instrumento de la unión intentada: los movimientos cristianos inspirados en la teología de la liberación, que trataron de introducir los movimientos de defensa comunitaria —de inspiración cristiana— en la acción guerrillera. Y esto nos ha valido un análisis sociológico de la teología de la liberación, que deja muy atrás los comentarios complacientes y superficiales de quienes separan los textos de las realidades sociales y hablan de los movimientos sociales como teólogos, preocupados únicamente por sus disputas eruditas.

Lo que acabamos de expresar basta, con mucho, para demostrar que el libro de Yvon Le Bot, más que apasionante, es indispensable.

¿Me ha convencido del todo? Mi respuesta es: tanto como lo ha convencido a sí mismo; es decir, no del todo. Yvon Le Bot no soporta la ingenuidad satisfecha de quienes aseguran que en los altiplanos de Guatemala nació un movimiento social total, a la vez económico y cultural; y es imposible no darle la razón cuando cada año se publican, sobre todo en los Estados Unidos, libros de etnólogos cuyo prolongado conocimiento de Guatemala y cuya profunda compasión por un pueblo maltratado no impiden que los contradigan los hechos históricos más claros. Su actitud crítica es valiente y, si no se acepta, se permanece al margen de las vías de la reflexión. Pero, ¿no se entrega demasiado a esta obra crítica, a esta labor de limpieza intelectual? Si lo leemos atentamente, ¿no veremos a cada momento unirse lo que estaba inconexo y formarse un movimiento indígena, al punto destruido, pero que resurge una y otra vez? En pocas palabras, me parece más convincente el juicio crítico de Le Bot sobre la guerrilla, que su prudencia, a veces excesiva, sobre el movimiento indígena.

Pero estoy mucho menos seguro de mis posibles desacuerdos con él que de mi admiración por la firmeza de su avance hacia uno de los más grandes y difíciles problemas de nuestro tiempo, problema que el pensamiento francés vacila en formular siquiera, pues el llamado del francés al universalismo de la ciudadanía y de la nación impide hablar de etnicidad. Lo que apasiona al lector de Le Bot es el avance de este francés republicano hacia una realidad que él aborda sin concesiones, sin connivencia intelectual, pero que se le impone, y cuyo análisis hace él con criterio exigente, pero también con progresiva simpatía. De modo que sólo menciono aquí mis reservas para reconocer la extremada exigencia de una obra que debe contribuir a enriquecer nuestro conocimiento de toda América Latina.

A finales de los años setenta, las tesis indigenistas se presentaban, las más de las veces, de manera tan abrupta y tan ideológica, que no podían resistir un examen atento de los hechos. Pero las situaciones históricas han cambiado. Las esperanzas de desarrollo económico y de integración social se han alejado; se ha instalado el caos, al mismo tiempo que se extendían la marginalidad y la exclusión social y se endurecía la represión. Y hemos empezado a encontrar más sentido en la resistencia y la desdicha que en la esperanza y la participación. La conciencia de las víctimas nos ha parecido más preñada de sentido que los sueños de éxito de los emigrantes que han ido a la ciudad a buscar trabajo para ellos e instrucción para sus hijos.

En esta situación nueva, a fines de los setenta y durante los ochenta, la figura del indio, el movimiento indígena, han cobrado importancia suficiente para remplazar en algunos países, sin duda en Guatemala, mas también en Ecuador y en Bolivia, los movimientos que habían animado las revoluciones nacional-populares de los decenios precedentes. Esto ha hecho que dirijamos hacia el norte y hacia los altiplanos nuestra visión de la América Latina que se había arraigado más fuertemente en las grandes metrópolis del centro y del sur, de São Paulo a Santiago y de Buenos Aires a Lima. Yvon Le Bot se ha colocado en la línea central de esta inflexión de nuestro conocimiento. Por ello, su libro, que tanto nos enseña sobre Guatemala, nos es necesario para modificar nuestra visión de todo el continente, y también debe ayudarnos a entender mejor, desde una mirada al Quiché, a la sociedad francesa misma.

ALAIN TOURAINE

París, 28 de octubre de 1992

INTRODUCCIÓN: GUATEMALA, ENTRE EL PASADO Y EL PRESENTE

> ¡Qué próximo y luminoso podría parecernos el porvenir si dos, tres o varios Vietnam florecieran sobre la superficie del globo, con su parte de muertos y de inmensas tragedias…!
>
> ERNESTO CHE GUEVARA*

DEL PARÉNTESIS DEMOCRÁTICO A LA AVENTURA REVOLUCIONARIA: DE ARBENZ AL CHE GUEVARA

El sueño guevariano nació en Guatemala. Fue allí donde el combativo médico argentino se convirtió en el Che, y donde, ante el golpe de Estado de 1954 que puso fin al único experimento democrático que había conocido ese país desde la Independencia, concibió el proyecto de una lucha armada antimperialista, a la que después daría él dimensión continental:

> …cuando ocurrió la invasión norteamericana, traté de formar un grupo de jóvenes, semejantes a mí, para combatir a los aventureros de la United Fruit. En Guatemala era necesario combatir y, sin embargo, casi nadie combatió. Era necesario resistir y, sin embargo, casi nadie quiso hacerlo.[1]

Este episodio tuvo su continuación en La Habana, seis años después. Las posiciones se habían desplazado. Jacobo Arbenz, el presidente derrocado, era huésped de la Revolución cubana, y su anfitrión, Ernesto Guevara, entonces ya en el poder, le expresó públicamente lo que la Revolución cubana debía a la lección guatemalteca. La incapacidad de un gobierno elegido y de sus aliados comunistas para defender una experiencia reformista, que sería confirmada en Chile en 1973, será una de las obsesiones del castrismo y uno de los principios sobre los cuales edificarán su teoría y su estrategia los guerrilleros latinoamericanos de estas convicciones. En la inversión de las posiciones respectivas entre Arbenz y Guevara (recordemos que este último era un apasionado del

---

* *Mensaje a la tricontinental* 1967.
[1] Citado por Jeannine Verdès-Leroux, 1989, p. 368.

15

ajedrez) se condensó allí la historia del nacimiento de un proyecto revolucionario que se concibe como la ruptura radical y violenta con el antiguo orden y que tiende a la destrucción del aparato del Estado "burgués", visto como apoyo y relevo de la dominación extranjera, asiento del verdadero poder.

Los objetivos de lo que se ha llamado Revolución Guatemalteca eran más modestos: según Arbenz, y también según su predecesor, Arévalo, se trataba de edificar un Estado moderno y de convertirlo en promotor del capitalismo nacional. La movilización popular, promovida y enmarcada por sectores de las clases medias sobre las que se apoyaba el régimen, principalmente el Partido Guatemalteco del Trabajo (Partido Comunista), en que militaban numerosos representantes de esos sectores, era esencialmente un instrumento al servicio de ese proyecto. Los diferentes actores de los cambios, a menudo en desacuerdo sobre su ritmo, reconocían, no obstante, que debían hacerlos progresivamente; por etapas. La ruptura no fue obra suya, sino de sus adversarios (oligarquía, United Fruit, gobierno de los Estados Unidos, Iglesia católica), que veían amenazados sus intereses y sus objetivos.

Al cerrar el paréntesis democrático, el golpe de Estado de 1954 contuvo el surgimiento de las clases medias. La política de restauración del poder de la oligarquía y de sumisión a los Estados Unidos que caracterizaba a los primeros gobiernos contrarrevolucionarios favoreció la radicalización de sectores minoritarios en el seno de esos grupos. Habiendo pasado por Cuba, aureolada por la victoria obtenida en la gran isla, la idea que concibió el Che regresó así a Guatemala a principios de los años sesenta. Allí se conserva viva desde entonces; y el país que en otro tiempo desempeñara un papel decisivo en la formación del "profeta armado en la guerra revolucionaria"[2] es uno de los últimos teatros de operación de la guerrilla guevarista.

Los pocos oficiales, así como el pequeño grupo de intelectuales y de militantes políticos que fueron los primeros en escoger la lucha armada, habían sido directamente influidos por el fracaso de la experiencia reformista y por el triunfo de la Revolución cubana. Más que animados por una rebelión social, los "pioneros" habían obedecido a un reflejo nacionalista (uno de los motivos del alzamiento militar de 1969 fue la utilización del país para los preparativos de una intervención norteamericana en Cuba). Pero varios líderes del movimiento también habían salido del Partido Comunista; en ese papel, y más allá de su práctica de foco insurreccional móvil,[3] conservaban y a veces hicieron compartir a

[2] Michael Lowy, citado por J. Verdès-Leroux, 1989, p. 359.
[3] La teoría del foco insurreccional móvil, sistematizada por Régis Debray en *Révolution*

sus compañeros (incluso al más prestigioso de los guerrilleros: Turcios Lima) la nostalgia de una movilización y de un encuadre de las masas por una élite con vocación para dirigir el proceso de formación de la nación, conforme al proyecto y a la práctica del partido en su apoyo al gobierno de Arbenz. La dificultad de articular una lucha armada de liberación nacional, el afán de investir al Estado o de hacer presión sobre él para lograr la integración nacional, y el deseo de apoyarse en luchas de clases, reducidas en ese periodo a su más simple expresión, se manifiestan sobre todo en las relaciones complejas, caóticas, tensas —y sin embargo nunca definitivamente rotas—, entre las Fuerzas Armadas Rebeldes (FAR) y el Partido Comunista. También alimentaron estas relaciones unos avatares más irreales, como el coqueteo un tanto esquizofrénico entre la fracción mejor fincada en el medio rural y los trotskistas latinoamericanos adeptos a un internacionalismo proletario trasnochado; o como, aquí o allá, las fugitivas tentaciones maoizantes. Se cruzaban y entrecruzaban diversas lógicas. Sus nexos se hacían y deshacían, hasta que la disgregación de sus diversos componentes allanó el camino a la deriva terrorista.

Pero la guerrilla guatemalteca de los años sesenta sigue siendo una de las ilustraciones más fieles del modelo cubano, al mismo tiempo que del fracaso de las tentativas de transposición de este modelo al continente. La consagración de su imagen internacional —e internacionalista— la obtuvo en La Habana, en ocasión de esos festivales del antimperialismo: la reunión de la Tricontinental, en enero de 1966, y la Conferencia de la Organización Latinoamericana de Solidaridad (OLAS), en julio de 1967, mientras que en Guatemala, en esta última fecha, ya se había consumado su desintegración. Michèle Firk, Eduardo Galeano, Ricardo Ramírez (y, en Francia, su editor común, François Maspero) se encontraron entre quienes más contribuyeron a la resonancia de la gesta de Turcios Lima y de Yon Sosa. La lucha antimperialista galvanizaba los entusiasmos y Guatemala, situada en el "traspatio" de los Estados Unidos, parecía uno de los Vietnam anunciados en América Latina. El sombrío vaticinio y el romanticismo revolucionario sobrevivieron varios años a la muerte del Che, más allá incluso de la pulverización o de la descomposición de las acciones y de las aventuras que inspiraron. Desde 1968, al dar su aprobación a la invasión de Checoslovaquia por las tropas del Pacto de Varsovia, Fidel Castro ratificaba claramente su elección de un imperialismo contra el otro; así, salvo para quienes se negaban a ver, disipaba la ambigüedad de sus relaciones con el idealismo y el mesia-

---

dans la révolution, a veces será designada, en lo que sigue del texto, con el término *foquismo* (de *foco*).

nismo guevariano. Y, sin embargo, en Guatemala, guevarismo y castrismo permanecen indisolublemente ligados; la ilusión lírica y la *real-politik* revolucionaria han seguido siendo allí una feliz pareja.

GEOPOLÍTICA Y LUCHA DE LIBERACIÓN NACIONAL

De todas las características de la guerra guatemalteca, las que se deben a su inscripción regional y continental son las menos originales y las más fáciles de captar. Desde este ángulo, la teoría del dominó, que Washington trasladó de los conflictos del sudeste asiático a los de América Central, no estaba muy alejada de la visión que tenían los propios revolucionarios nicaragüenses, salvadoreños y guatemaltecos.

Desde la Revolución cubana, la estrategia de la lucha armada había sufrido fracasos por doquier en América Latina. Sin embargo, la derrota norteamericana en Vietnam hizo renacer la esperanza en el seno de los escasos grupos aislados que habían conservado el mismo derrotero.[4] La caída de Somoza y la victoria sandinista parecieron darles la razón. Favorecieron la renovación de esta estrategia en países en que el movimiento de regreso a la democracia que a la sazón se esbozaba en América Latina parecía tener pocas oportunidades de triunfo, abortaba o era víctima de la violencia de la extrema derecha (en El Salvador y en Guatemala), así como en un país de régimen político de democracia limitada había entrado en crisis (Colombia).

Según la visión de los revolucionarios, la victoria en Nicaragua allanaba el camino a la victoria en El Salvador y después en Guatemala. Ante esta perspectiva, los Estados Unidos desplegaron una panoplia más diversificada, más flexible y, sobre todo, más eficaz de lo que entreveían y anunciaban sus adversarios en el momento Carter que dejaba la presidencia en manos de Reagan. Favorecieron las soluciones electorales al mismo tiempo que sostenían a gobiernos y a grupos armados contrarrevolucionarios y recurrían al bloqueo económico y a la amenaza de intervención militar.

El caso guatemalteco, por sí solo, es prueba de una relativa complejidad y del carácter cambiante de la política de los Estados Unidos en la región: del golpe de Estado fomentado en 1954 a la coordinación de la lucha antinsurreccional en 1966-1968, y a una no intervención vigilante,

---

[4] La tercera parte de la obra de R. Debray, *Les épreuves du feu (La critique des armes 11)*, está consagrada a la guerrilla guatemalteca de los años sesenta, y termina con el anuncio de una vuelta a las armas. Ricardo Ramírez, coautor de ese texto, sigue siendo hoy el jefe de la organización guerrillera cuya (re)construcción dirigía en aquella época (véase cap. V).

de 1977 a 1983. La condenación a las violaciones a los derechos del hombre, hecha por el gobierno de Carter, entrañó la suspensión de la ayuda militar,[5] que el Congreso mantuvo en los primeros años del gobierno de Reagan. Por grandes que fuesen las presiones diplomáticas y económicas, los norteamericanos siguieron entre bambalinas, dejando a los oficiales guatemaltecos la sensación —muy importante para ellos— de haber ganado la guerra por sí solos.

Pero tras las variaciones de estrategia es posible detectar una continuidad fundamental: el afán de control y de dominio de los Estados Unidos no se desmiente y, desde la Revolución cubana, el proyecto de liberación nacional sigue ligado al recurso de la lucha armada. Esos dos polos delimitan y orientan el campo político que se reduce o se queda anestesiado cuando se aproximan y se enfrentan.

En lo esencial, la guerrilla guatemalteca de los años setenta y ochenta ha seguido orientada por esas líneas de fuerza. Ha sido la continuación del sueño castro-guevariano y se atribuye la continuación del ejemplo vietnamita; se presenta como hermana menor del sandinismo y de la guerrilla salvadoreña (aun si puede atribuirse mayor antigüedad que esta última). Su inscripción en la geopolítica centroamericana y caribeña ha impuesto la dimensión —que le era esencial— de una lucha contra la dominación norteamericana. Sea como fuere, esta obsesión por el enemigo exterior, llevada al extremo en la época de la OLAS y de la Tricontinental, después fue matizada por una mayor atención a enemigos interiores, cuyo peso relativo se vio reforzado por su consolidación en los puestos de mando políticos (los militares) y económicos (la oligarquía), y por la actitud de retirada de los Estados Unidos. Como la oligarquía no era (contrariamente a lo que sigue sosteniendo el discurso militar sumario) un simple apéndice o un simple relevo de los intereses norteamericanos; y como los militares no son simples "perros guardianes" de la oligarquía y del imperialismo, la guerrilla se ha fijado blancos y objetivos cercanos, sin abandonar la línea del horizonte insuperable de todos los movimientos nacionalistas en la América Latina, especialmente entre Panamá y el Río Grande.

Al objetivo antimperialista ha venido a añadirse, con mayor consistencia que en el periodo anterior, el de formar la nación, el de superar o rebasar las profundas rupturas de clase o étnicas. Proyecto que, en la mente de los revolucionarios, presupone la eliminación de una oligarquía que

---

[5] Fueron las autoridades guatemaltecas las que tomaron la decisión de negar ayuda, después de ser condenadas por violaciones a los derechos humanos. Pero el mantenimiento del embargo durante ocho años es, sin duda, una decisión norteamericana, cuya anulación han intentado varias veces obtener los militares guatemaltecos, o bien han tratado de evadirla, a veces con cierto éxito.

considera al país su dominio particular y a la población india una mano de obra doméstica, pasando antes por la derrota de un ejército que ejerce el poder en contra de la sociedad. El ejemplo sandinista (Nicaragua, aún más que Guatemala, es una nación por construir) ha contribuido a reforzar esta modificación, este reequilibrio que, por otra parte, ha ayudado a los guerrilleros a salir de su aislamiento (la sola lucha contra el imperialismo casi no moviliza más que a unos pequeños sectores de la clase media), a hacerles encontrarse con otros actores, movidos por lógicas mejor arraigadas en la sociedad.

La dimensión geopolítica ha pasado relativamente a un segundo plano, tras los intereses internos, de nivel local o nacional. La amenaza que el conflicto guatemalteco hacía pesar sobre los equilibrios regionales y mundiales era menos apremiante, menos inmediata que en los casos nicaragüense y salvadoreño. Sin duda, ésta es la razón de que los medios informativos extranjeros le hayan prestado menos atención que a esos otros conflictos.

SEPARACIONES "ÉTNICAS", MOVILIZACIÓN SOCIAL Y VIOLENCIA POLÍTICA (LA GUATEMALA QUE GUEVARA NO HABÍA VISTO)

Guatemala es el único país de América Latina de mayoría india indiscutible. Más claramente que en ninguna otra parte, el conjunto de la sociedad está dividido allí por una frontera simbólica, polarizada sobre un eje vertical; en todos los sectores, en todas las instituciones, los puestos de poder están ocupados por miembros y representantes de la minoría *ladina* (*ladino*= no indio),[6] o por grupos de origen extranjero reciente. Los indios, repartidos en una veintena de grupos etnolingüísticos del conjunto maya, constituyen lo esencial de la mano de obra de las plantaciones, de la clientela de los partidos políticos, de los fieles de la Iglesia católica, así como de las Iglesias y sectas protestantes en pleno auge, del ejército y —tal es una innovación de la época que nos interesa— de los combatientes de las guerrillas. Tradicionalmente, no podían progresar en la escala social sino haciéndose "ladinos", abandonando su identidad india. Los momentos cruciales de la formación de la nación (la Independencia en 1821, la Reforma liberal en 1871, la "Revolución de-

---

[6] En Guatemala, a comienzos de la Colonia, el término *ladino* designaba al indio aculturado. Por deslizamientos sucesivos, ha venido a designar al no-indio, sea blanco o mestizo. Hoy, la población ha sido masivamente dividida en indios y ladinos, aun si desde este ángulo "étnico" o "racial" otros grupos igualmente podrían ser objeto de una designación específica: los criollos (blancos, descendientes directos de los colonos españoles), negros, chinos, alemanes, *turcos* (libaneses)...

mocrática" de 1944) se caracterizaron por el rechazo del indio, las más de las veces por medios violentos; la historia oficial y lo imaginario político dominante, al suprimirlo, redoblan ese rechazo. El Che Guevara no vio a los indios en Guatemala, y la lucha de liberación nacional de los años sesenta también dio la espalda a esta mayoría no nacional.

Y sin embargo, desde los años treinta se había desarrollado y extendido un movimiento de emancipación y modernización, de dimensiones múltiples —económicas, religiosas, éticas, culturales, de política local— en el corazón de la sociedad india, transformando los modos de organización de las comunidades y, al mismo tiempo, poniendo en entredicho los mecanismos de su inclusión-exclusión, de su inserción subordinada y marginal en la sociedad global. Esta tentativa de articular la afirmación de identidad —acompañada de la reelaboración de sus marcas y manifestaciones— y de ingreso en la modernidad tropezó, a mediados de los años setenta, con dificultades internas ligadas a su éxito (mayor expansión que la capacidad de captación de recursos, aumento de las aspiraciones, diferenciación socioeconómica) y con bloqueos provenientes del marco nacional e internacional (repercusiones del primer choque petrolero sobre la Revolución Verde, reacción del régimen militar y del poder ladino ante la amenaza de una apertura del sistema político, exacerbación de las tensiones sociales a consecuencia del terremoto sucedido en 1976).

Cuando, a comienzos de los años setenta, un puñado de intelectuales y de revolucionarios profesionales trató de reavivar las cenizas apenas extinguidas de la guerrilla "de foco", y escogieron como nuevo teatro de operación las tierras indias, eran raros, incluso entre ellos, los que creían que el fuego podía prender en las comunidades y, de allí, propagarse hasta el punto de amenazar al sistema. Parecía poco probable que un proyecto que, en el decenio precedente, en Bolivia, en Venezuela, en Perú, y también en Guatemala, no hubiera tomado en cuenta a las poblaciones indias, o no hubiera logrado movilizarlas, lograra hacerlo pocos años después, en un país más dividido que ningún otro, por la separación "étnica". No obstante, según todas las apariencias, el "milagro" ocurrió, y las organizaciones guatemaltecas comprometidas en la lucha armada pretendieron haber realizado lo que, hasta entonces y salvo excepciones poco importantes, parecía fuera del alcance de los revolucionarios latinoamericanos.

¿Cómo ha desembocado la guerrilla en guerra? ¿Hasta qué grado, por qué caminos, a través de qué etapas, y a qué precios pudo aparecer la violencia revolucionaria a ciertos sectores comunitarios como una defensa contra la violencia oficial y, a la postre, como el medio de instaurar una nueva sociedad? ¿Cómo se logró el paso de la larga marcha silenciosa a una conflagración nacional? ¿Cuáles han sido sus implicaciones y sus consecuencias para las comunidades y para los cambios en curso desde hace varios decenios?

INTERPRETACIONES DEL CONFLICTO GUATEMALTECO

Estas preguntas han dado origen a la presente obra, que es una tentativa de devolver a su perspectiva sociológica los acontecimientos hasta aquí comentados e interpretados, sobre todo, por sus actores, por observadores comprometidos e incluso por algunos politólogos y algunos etnólogos.

Los análisis de la violencia en Guatemala caen fácilmente en los clichés de una historia indistinta ("el país de la eterna primavera y de la eterna tiranía"), o bien se atienen al testimonio o a la denuncia, por lo demás, justificados y necesarios.[7] Yo mismo no habría escrito esta obra si no me hubiesen mostrado los acontecimientos ni hubiese sido interpelado por las interpretaciones que de ellos se hacían. Demasiadas personas a quienes conocí o traté en el Quiché, demasiados amigos, han sido protagonistas o víctimas —frecuentemente protagonistas y víctimas— de ese conflicto para que yo no intentara comprender lo que ocurrió y por qué ocurrió. Sin habérmelo propuesto, el análisis me llevó a completar, y a veces a revisar, las hipótesis y las categorías de mi estudio anterior sobre el campesinado indio de los altiplanos guatemaltecos,[8] a subrayar la idea de la insuficiencia de los enfoques que postulan el carácter primordial y determinante de las luchas de clases y, orientados por una concepción mecánica de la dependencia, a poner en duda unas esperanzas y unas estrategias que se fundaban en tales interpretaciones: esperanzas que también fueron, en parte, mías; estrategias de las que pude pensar en un tiempo que, al menos en el marco guatemalteco, tenían la excusa de la ausencia de alternativa (con la perspectiva y en vista de los resultados y de las consecuencias de la lucha armada, la excusa se reduce a unas circunstancias atenuantes). Si la historia de Guatemala es "dolorosa y empecinada",[9] ¿no se le debe discutir —por razón de las dificultades— con un espíritu de tolerancia por las cuestiones que la han transformado en tragedia?

Aparte de los puntos de vista de los diversos actores y del cúmulo de

[7] El testimonio de Rigoberta Menchú (Elisabeth Burgos, 1983) describe, mejor que ningún otro, el horror de la situación guatemalteca.

[8] *Les paysans, la terre et le pouvoir. Étude d'une societé paysanne dans les hautes terres du Guatemala*, París, Ecole des Hautes Études en Sciences Sociales, 1977.

[9] R. Debray, 1974, p. 10.

testimonios que figuran entre los materiales en los que he basado mi análisis, existen algunos escritos que se colocan en esta perspectiva; que tratan de comprender el fenómeno de la irrupción de la violencia política en la sociedad india de los años setenta y ochenta en Guatemala.

Algunos analistas de las comunidades, entre el testimonio y las explicaciones extracomunitarias

Unos antropólogos, en su mayoría norteamericanos, escandalizados —con sobrada razón— por el desencadenamiento de la violencia en las comunidades que ellos estudiaban, han contribuido, entre otros, a fijar el recuerdo de lo que, en los altiplanos guatemaltecos, quedará en la historia como el decenio negro (poco más o menos, el periodo 1975-1985): su libro describe diversas formas de la represión, evoca causas posibles (esencialmente, de orden económico), y levanta un acta de acusación contra el poder militar;[10] a veces sugiere la existencia de actores con lógicas convergentes u opuestas, moduladas sobre las de sus adversarios, pero, en conjunto, favorece la dimensión vertical de la represión a expensas de un análisis de las complejas relaciones que se anudan entre las conductas de los diversos protagonistas; a tal punto que el lector puede preguntarse si realmente ha habido una guerra en Guatemala en aquellos años o si sólo se trató de múltiples conflictos locales, fragmentados y aplastados por el rodillo compresor de la violencia oficial y paraoficial.

No obstante, la contribución de esos antropólogos ha tenido el gran mérito de proporcionar una información rica, diversa y concreta sobre las maneras en que la población se enfrentó a la violencia política, y también ha mostrado que ésta no es un dato cultural o estructural de la sociedad india en Guatemala.

El enfoque macropolítico

Otros autores[11] proponen una interpretación más directamente política, a partir de un análisis de los momentos fuertes y de los procesos dominantes de la historia guatemalteca desde hace medio siglo. En esta perspectiva, que tiende a explicar el presente por el pasado, así sea reciente, el conflicto de los años setenta y ochenta sería en lo esencial una prolongación de la frustración de las tentativas de democratización y de inde-

[10] Robert Carmack (coord.), 1988.
[11] Los mejores representantes de este enfoque son los sociólogos guatemaltecos Gabriel Aguilera y Edelberto Torres-Rivas (véase bibliografía).

pendencia de la época de Arévalo y de Arbenz, o del aplastamiento de la aventura revolucionaria de los años sesenta.

Tal interpretación no carece de fuerza ni de pertinencia. A la manera de las otras repúblicas de Centroamérica (y aún más, acaso, que Nicaragua o El Salvador), Guatemala ha conocido las mayores dificultades para desprenderse de su pasado colonial y, más cerca de nosotros, de las dictaduras oligárquicas y de la dominación política, pero sobre todo económica, de los Estados Unidos; no siempre lo ha logrado de manera decisiva. La historia del país desde la secuela de la segunda Guerra Mundial puede interpretarse como la confrontación entre, por una parte, las fuerzas que tienden a la modernización y la democratización de la sociedad, la consolidación del Estado y la independencia nacional por vías reformistas o revolucionarias y, por otra parte, las fuerzas que tratan de salvaguardar, reproducir y reforzar por todos los medios —en especial los violentos— los intereses de una oligarquía restringida y de una sociedad dependiente, particularmente desigualitaria e injusta.

Las cosas, desde luego, no son tan sencillas. Las diversas corrientes políticas que siguen inscribiéndose, poco o mucho, en la perspectiva de la "revolución democrática" truncada, consideran las reformas a partir de la cúpula. La democracia cristiana intentó combinar la movilización en la base y el cambio en la cúpula, pero, una vez en el poder, limitó muchísimo los objetivos proclamados de participación y de integración sociales. Los adeptos castristas de una democratización sin democracia han enfocado todas sus energías en el objetivo único de la toma del poder de Estado. Ninguno de esos sectores políticos, favorables al cambio, ha puesto realmente en entredicho la frontera simbólica entre indios y ladinos, que no "ven" o de la que desvían la mirada. Por su parte, no todos los sectores dominantes o dirigentes (económicos, políticos, religiosos, militares) se han aferrado de manera homogénea a las formas más retrógradas y más enajenantes del poder. En los últimos decenios, algunos de ellos han dado muestra de veleidades nacionalistas o se han vuelto promotores de la modernización conservadora.

No por ello sigue menos radicalmente polarizada la sociedad guatemalteca. Mejor dicho, excepto algunos breves paréntesis, el campo social ha quedado reducido siempre a su mínima expresión (no es posible desplegar allí los conflictos sociales), y también el espacio político está limitadísimo. El poder económico sigue en manos de la oligarquía y de la potencia del Norte. El ejercicio del poder político por los militares, que cubre lo esencial del periodo aquí analizado, no es una simple derivación, un simple instrumento o una simple extensión de la dominación económica, sino que sigue más estrechamente ligado que en la mayoría de las dictaduras militares de la América del Sur a la misma época y, sobre todo, está más directamente condicionado por la dominación norteamericana en la región. Por mucho que deseen algunos de esos dirigentes desempeñar un papel propio en América Central, Guatemala sigue siendo un país del "patio trasero". Por tanto, no es de extrañar que las luchas sociales y políticas, cuando pueden surgir, se conviertan, o estén a punto de convertirse, en luchas de liberación nacional, anti-oligárquicas y antimperialistas.

DISCONTINUIDADES Y MEDIACIONES

Relativamente al margen del campo visual de los proyectores, imposible de reducir a esquemas sencillos (la cruz Norte-Sudeste-Oeste, o la oposición liberación nacional contra seguridad nacional y hemisférica), el conflicto guatemalteco de los últimos 20 años sólo puede ser captado mediante un enfoque en espiral que ponga de manifiesto sus diversos estratos y sus desarticulaciones, tanto como sus articulaciones.

Dada la imposibilidad de hacer que correspondan término por término la dimensión geopolítica (muy presente, pero que no lo explica todo), los intereses nacionales (que no son la réplica exacta de los de los países vecinos en el mismo periodo, ni la simple repetición de los que caracterizan la historia guatemalteca de los decenios precedentes) y los intereses locales (diversos y complejos), las descripciones de los etnólogos por una parte, las interpretaciones de los politólogos y las construcciones de los geopolitólogos por otra, siguen siendo ajenas las unas a las otras, con algunas excepciones, y a veces parecen referirse a realidades diferentes. No obstante, hablan de la misma guerra. No es posible comprender ésta con sólo colocar sobre el nivel local una rejilla cuadriculada de análisis de los niveles nacional e internacional, o con sólo describir el efecto que ha causado en las comunidades una guerra cuyas otras dimensiones apenas se evocan, se les tenga o no por determinantes. Yo he querido evitar esas simplificaciones esforzándome por sostener los dos extremos de la cadena, y tratando de poner al descubierto sus eslabones intermedios, sus fisuras y sus discordancias.

También he intentado superar una incoherencia habitual de los discursos militantes, incoherencia que sólo es aparente, que responde a una función de movilización y que no ha dejado de marcar los análisis parciales del conflicto guatemalteco que hasta hoy han hecho los sociólogos. Al mismo tiempo que describían la lucha armada como la culminación de las luchas sociales, los revolucionarios propagaban dos imágenes paralelas, incompatibles con esta tesis: por una parte, la clásicamente militarista de una guerra de guerrillas que iba de triunfo en triunfo sobre el ejército hacia la victoria final; por otra, la de una sucesión de matanzas de poblaciones civiles perpetradas por los militares y sus acólitos, sin que establezcan el nexo con la acción de las guerrillas. Esta interpretación apartada de la realidad, que propone tanto una explicación como otra, según el público y las necesidades de la demostración, obedece al afán de creer, más que a la voluntad de comprender.

La guerra guatemalteca ha tenido lugar. No se trató de conflictos múltiples sin nexos entre ellos, ni de varias guerras más o menos articuladas entre sí, como en el caso de Colombia. Tampoco se ha reducido a una guerrilla *foquista*, a una pura represión, ni al desarrollo paralelo de una guerrilla y una represión. Están presentes estos elementos (conflictos sociales, represión, guerrilla) y algunos otros (intereses políticos, rupturas "étnicas" y religiosas). El debate —y también es ésta una de las cuestiones centrales de esta obra— se centra en la manera en que se combinaron todos estos elementos y en que esta combinación desembocó en el conflicto armado. Ahora bien, aquí las discontinuidades son tan marcadas como las continuidades.

La principal originalidad del conflicto, comparado con el periodo democrático y los años sesenta, reside en el encuentro de una voluntad política y de una estrategia militar con un movimiento social. Sin embargo, tampoco se puede aceptar la imagen, transmitida por ciertos discursos militares y ya evocada, de una intensificación de las luchas sociales que desembocara "naturalmente" en una guerra de insurrección, de una violencia social que encontrara su expresión política en la lucha armada. Me propongo demostrar que la derivación hacia el conflicto armado representa, al contrario, una ruptura del movimiento social, que fue provocado por la crisis y la represión del movimiento, y que también fue la causa de su aplastamiento.

En una situación en que las distancias y las rupturas se acentúan hasta ese punto, resulta esencial el papel de las mediaciones y de los mediadores. Entre otros encuentros, el de las guerrillas con la población india no habría podido realizarse sin la mediación de lo religioso, que es un resorte vital de la sociedad maya en su funcionamiento interno y en sus relaciones con la sociedad en conjunto. Este aspecto ha revestido tal importancia y tal visibilidad que algunos observadores, influidos por creyentes de una o de otra de las religiones implicadas, han dado al conflicto una imagen próxima a la de una guerra de religiones. Un enfoque más acorde a los acontecimientos, así como a las concepciones y a las prácticas de las corrientes en competición (principalmente, la teología de la liberación, un protestantismo sectario y fundamentalista, la tradición maya-católica), consiste en analizar esta dimensión en su articulación con intereses sociales y políticos de orden comunitario, nacional o internacional. Más que por el afán de imponer una representación de lo sobrenatural, las lógicas y las conductas de los actores son determinadas por la identidad cultural y la pertenencia a la aldea, la revolución o el mantenimiento del orden, el instinto de supervivencia. La religiosidad y la exigencia ética no son aquí epifenómenos; tampoco funcionan como instrumentos puestos al servicio de objetivos definidos en otra esfera. Dan carne y sentido (¿en qué medida? Trataremos de establecerlo) a unas conductas y a unas lógicas que, sin ellas, habrían seguido siendo muy ajenas al mundo maya. Se han exacerbado por la irrupción de una violencia paroxísmica que ha relegado a segundo plano, tras una lucha de vida o muerte, todos los demás intereses (tierra, poder, identidad...).

PRESENTACIÓN DE ESTA OBRA

El producto de esas interrogaciones sobre el inesperado fenómeno de la irrupción y de la generalización de la violencia política por las comunidades indias a partir de 1975 no constituye un estudio de conjunto sobre Guatemala. Los datos históricos, económicos y antropológicos sólo se mencionan o evocan en la medida en que aportan un conocimiento indispensable para sustentar el análisis sociológico. El lector encontrará más adelante complementos de información, sobre todo en las obras que consigna la bibliografía.[12]

Las relaciones entre oligarquía, fuerzas armadas y campesinado indio —combinadas con la influencia y la injerencia norteamericanas— no han dejado de desempeñar un papel central en la historia guatemalteca desde hace un siglo. Pero esos grupos y esas fuerzas, así como sus relaciones mutuas, no han permanecido fijos; su peso respectivo ha tenido importantes variaciones, y progresivamente han surgido otros actores. La primera parte de la obra se ocupa de algunas de esas evoluciones, especialmente las que caracterizaron al periodo posterior a 1954 y que han ejercido una influencia capital y directa en el conflicto que estudiamos: modernización limitada, consolidación y crispación de la oligarquía; autonomización relativa del ejército e instauración de un poder militar antinsurreccional; implosión del campesinado, diferenciación socioeconómica y cambios culturales en el seno de la población india.

A partir del momento en que se encontró ante una lucha armada, la institución militar se afirmó en sus relaciones con la oligarquía y adquirió

---

[12] Además de los autores y de las obras ya mencionadas, se puede leer a Richard Adams, 1970; Severo Martínez, 1971; Jean-Loup Herbert y Carlos Guzmán-Bockler, 1972; Piero Gleijeses, 1991; Susanne Jonas Bodenheimer, 1974; Roger Plant, 1978; Michael McClintock, 1985.

un peso propio en la sociedad guatemalteca, especialmente en el sistema de poder. En esta perspectiva, se entiende mejor la importancia del fenómeno de la guerrilla en la historia reciente del país. La restauración del poder de la Iglesia católica y la reconquista religiosa de los campos indios, otros fenómenos notables de los últimos decenios, también contribuyeron con algunos de los principales protagonistas del conflicto. Durante los años sesenta, el movimiento revolucionario no había pasado de ser una combinación de proclamaciones políticas e ideológicas, y de acciones militares o terroristas. En los años setenta y ochenta, con la participación de sectores minoritarios de la Iglesia, intentó articular la lucha armada, las dinámicas comunitarias y las luchas de clases. En esta medida, se puede aplicar allí un análisis sociológico. La Segunda Parte de la obra intenta sacar a la luz las lógicas que orientan a las organizaciones guerrilleras, los grupos religiosos y los sectores indios radicalizados.

La Tercera Parte trata de la guerra misma, de las acciones de las dos fuerzas que se enfrentaron, de la inversión de la situación y de su repercusión en las poblaciones civiles. Algunas sectas evangélicas desempeñaron un papel crucial y de sentido opuesto al de los neocatólicos en el momento decisivo del conflicto. Pero, tanto como por sus dimensiones religiosas, éste se caracteriza por su recurso a una violencia extremada. En la Cuarta Parte nos interrogaremos sobre la violencia insurreccional y contrainsurreccional, sobre su funcionalidad y sus "excesos".

La última parte confronta el proyecto revolucionario —su expresión política clásica (una guerra de clases dirigida por una vanguardia), la tentativa de animarla con un soplo religioso (la teología de la liberación) y el deseo de darle una dimensión comunitaria "étnica" (una "guerra de los mayas")— con la acción revolucionaria, sus consecuencias y sus resultados.

ALGUNOS PUNTOS DE REFERENCIA

La mayoría india

Guatemala es el país más indio de América, y el único de América Central cuya población es mayoritariamente india: cerca de cinco millones de personas, de un total de nueve millones.[13]

Los indios (llamados *indígenas o naturales*) las más de las veces son campesinos, obreros agrícolas, comerciantes, artesanos, soldados... Desde hace varios decenios, una minoría de ellos ha logrado tener acceso a empleos en la administración, la enseñanza o las Iglesias, sin renunciar a su condición de indios. Pero, ya se trate de la economía, de las fuerzas armadas, de los aparatos políticos o eclesiásticos, ellos siguen excluidos de las esferas dirigentes.

En Guatemala se ha censado una veintena de lenguas mayas (véase el cuadro 1), y una lengua indoafricana (no maya), el caribe o garifuna. Esos grupos etnolingüísticos están diseminados por todo el país. Sin embargo, las mayores concentraciones indias se ubican en los altiplanos del oeste y del noroeste (que se designan, simplificando, con los términos de *Occidente*, del *altiplano* o de *los Altos*). Los indios representan más de 90% de la población de varios departamentos y de numerosos municipios de esta región.

En el momento de la Conquista, los cakchiqueles y, sobre todo, los quichés se distinguían por tener una organización protoestatal, y se disputaban el predominio desde hacía varios decenios. En su periferia se encontraban pueblos políticamente menos estructurados: los mam, los tzutujil, los kekchi, los pokomam, etcétera.

Los soldados españoles y mexicanos al mando de Pedro de Alvarado irrumpieron en Guatemala en 1524, y en seis años, por medio de combates que se cuentan entre los más cruentos de la Conquista de América, establecieron su dominio sobre lo esencial del país. La guerra, los desplazamientos de poblaciones, la dislocación de las unidades políticas, económicas, sociales y culturales existentes y, sobre todo, las epidemias llevadas por los conquistadores diezmaron la población autóctona. Se calcula que en menos de un siglo se redujo de 300 000 a 70 000, o sea, una pérdida de 75 por ciento.[14]

[13] Los censos oficiales subestiman claramente el fenómeno: así, según ellos, los indígenas representaban 43% de la población en 1964 y 38% en 1981.
[14] Elías Zamora, 1985, p. 124.

CUADRO 1. *Lenguas mayas*

Lengua	Ubicación	Cálculo del número de hablantes*
Huasteco	México	100 000
Lacandón	México	500
Chol	México	100 000
Chontal	México	30 000
Tzotzil	México	154 000
Tzeltal	México	220 000
Tojolabal	México	22 000
Motozintleco (Mocho)	México	400
Yucateco	México y Belice	665 000
Mopán	Belice y Guatemala	8 000
Itzá	Belice	100 a 600
Chuj	México y Guatemala	29 000
Jacalteco	México	32 000
Mam	México	688 000
Kanjobal	Guatemala	112 000
Ixil	Guatemala	71 000
Aguacateco	Guatemala	20 000
Quiché	Guatemala	910 000
Uspanteco	Guatemala	12 000
Achi (Rabinal)	Guatemala	40 000
Cakchiquel	Guatemala	505 000
Tzutujil	Guatemala	80 000
Pokomam	Guatemala	50 000
Pokomchi	Guatemala	100 000
Kekchi	Guatemala y Belice	361 000
Chorti	Guatemala y Honduras	52 000

Algunos lingüistas también señalan la existencia, aún hoy, de algunos hablantes guatemaltecos del xinca y del pipil (que, emparentados con el náhuatl, no forman parte de la familia de las lenguas mayas).

* Según *Ethnies* núm. 4-5, *Survival International France*, 1986, y *Mayas* (bajo la dirección de A. Breton y J. Arnauld). Por lo demás, S.I.F., 1991. Estos datos, en su mayor parte, están subvaluados. Sin embargo, nos ofrecen un orden dimensional y nos permiten tener una idea de la importancia relativa de los diferentes grupos.

El nuevo poder se propuso reagrupar a los sobrevivientes en *pueblos de reducción*, evangelizarlos y explotarlos (en los primeros tiempos de la Colonia, esencialmente por medio del sistema de *encomiendas*). Se remodelaron las comunidades locales y se trasladaron las más grandes formas antiguas de organización. El traumatismo fue considerable, pero

Guatemala-Belice: *Principales grupos etnolingüísticos*

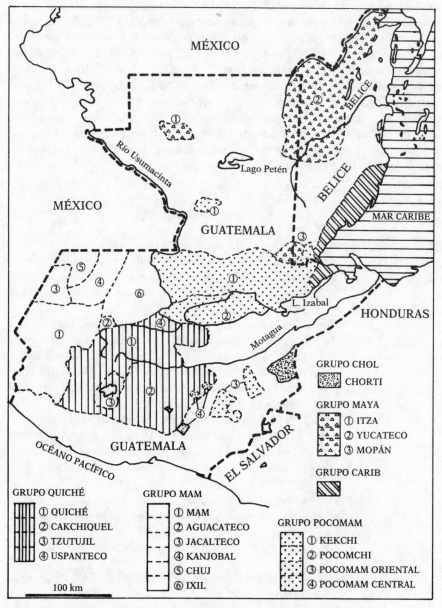

Mapa elaborado por el autor (YLB) y realizado por AFDEC para *Ethnies*, núm. 4-5, 1986.

la imposición de las instituciones coloniales no implicó la desaparición de las lenguas mayas ni del conjunto del sistema simbólico, de las creencias, de los ritos que constituyen la *costumbre* (la tradición). La sociedad india opuso una resistencia tenaz a las incontables tentativas de destruirla o de reducirla y conservó o recuperó un dinamismo (en especial, demográfico) que le ha permitido integrar —reinterpretándolos— muchos elementos de la cultura occidental. Los mayas de Guatemala figuran entre los pueblos indios de América que mejor han sabido conservar, reelaborar y desarrollar una identidad propia, hoy muy viva. Y ello, pese a un fin del siglo XIX y un comienzo del siglo XX tan nefastos o más nefastos aún que el periodo colonial, y a unas matanzas recientes que recuerdan los momentos más negros de la Conquista.

REFERENCIAS CRONOLÓGICAS

3113 a.c.:	Comienzo de la cronología maya.
1200 a.c. a 250 d.c.:	Preclásico: influencias olmecas; gestación de la civilización maya en la costa del Pacífico (El Baúl, Izapa), en los altiplanos (Kaminal juyú) y en el Petén (Uaxactún).
250-900:	Clásico: *a)* en los altiplanos (Kaminal juyú...), poderosa influencia de Teotihuacan hasta su caída en el año 600; *b)* florecimiento de las ciudades mayas de las Tierras Bajas (Tikal, Uaxactún, Piedras Negras, etc.), abandonadas, por razones mal conocidas, hacia el año 830.
900-1524:	Posclásico: *a)* invasiones mexicanas, guerras intestinas, ciudades defensivas (Utatlán, Iximché, Mixco Viejo, etc.); *b)* en las Tierras Bajas de Yucatán: invasión tolteca, cultura maya-mexicana.
1524-1541:	Conquista española.
1697:	Rendición de los Itzá, tribu maya de las tierras bajas.
1820:	Levantamiento indígena, dirigido por Atanasio Tzul.
1821:	(15 de septiembre) Proclamación de la independencia.
1824-1838:	Federación Centroamericana.
1871:	Reforma liberal.
1898-1920:	Estrada Cabrera, el *señor Presidente*.

1899:	La United Fruit se instala en Guatemala.
1931-1944:	Ubico, presidente.
1944 (octubre):	Caída de la dictadura, revolución democrática.
1945-1951:	Gobierno de Arévalo.
1951-1954:	Gobierno de Arbenz; reforma agraria.
1954 (junio):	Golpe de Estado fomentado por la CIA: Castillo Armas expulsa a Arbenz.
1956:	Fundación de la Democracia Cristiana Guatemalteca (DC).
1960 (13 de noviembre):	Tentativa abortada de rebelión militar.
1962:	Nacimiento de la guerrilla: creación del Movimiento Revolucionario 13 de noviembre (MR 13) y de las Fuerzas Armadas Rebeldes (FAR).
1963:	Golpe de Estado militar: Peralta Azurdia expulsa a Ydígoras Fuentes.
1966:	Méndez Montenegro (civil) es elegido presidente.
1966-1967:	Éxito de la campaña antinsurreccional en el Oriente.
1970:	El general Arana Osorio es elegido presidente.
1972 (enero):	Primer foco del Ejército Guerrillero de los Pobres (EGP) en el Quiché.
1973 (abril-agosto):	Huelga de los maestros.
1974:	El general Ríos Montt, candidato de la democracia cristiana, es despojado de su victoria; el general Laugerud García, presidente.
1975 (junio):	Primera operación pública del EGP (ejecución de Luis Arenas, el *Tigre del Ixcán*).
(julio):	Comienzo de la campaña antinsurreccional en el Ixcán.
1976 (4 de febrero):	Terremoto (más de 20 000 muertos).
(febrero-marzo):	Primeras operaciones antinsurreccionales en la región ixil.
(marzo):	Creación del Comité Nacional de Unidad Sindical (CNUS).

(20 de noviembre):	Se estrella el avión del padre Woods, promotor de las cooperativas del Ixcán.
1977 (junio):	Asesinato del abogado de los sindicatos, Mario López Larrave.
(noviembre):	Marcha de los mineros de Ixtahuacán (Huehuetenango).
1978 (1° de mayo):	Primera manifestación pública del Comité de Unidad Campesina (CUC).
(29 de mayo):	El ejército dispara contra campesinos kekchi, reunidos en Panzós (Alta Verapaz): un centenar de muertos.
(julio):	Romeo Lucas García, presidente.
(octubre):	Manifestaciones contra las alzas de las tarifas de los transportes urbanos; asesinato del líder estudiantil Oliverio Castañeda.
1979 (enero):	Asesinato de los dirigentes socialdemócratas Alberto Fuentes Mohr y Manuel Colom Argueta.
(febrero):	Creación del Frente Democrático Contra la Represión (FDCR).
(julio):	Caída de Somoza en Nicaragua.
(septiembre):	Primera acción pública de la Organización del Pueblo en Armas (ORPA).
1980 (31 de enero):	Matanza en la embajada de España.
(febrero):	Huelga en las plantaciones de la costa sur.
(3 de marzo):	Matanza en el barrio de Nebaj.
(1° de mayo):	"Desapariciones" y asesinatos de los manifestantes del 1° de mayo.
(21 de junio y 24 de agosto):	Secuestros y "desapariciones" de dirigentes y de militantes de la Central Nacional de Trabajadores (CNT).
(julio):	Retiro de los sacerdotes y religiosos católicos del Quiché.
1981 (enero):	Fracaso de la ofensiva general de la guerrilla salvadoreña.
(julio-agosto):	Las fuerzas armadas desmantelan las redes urbanas de la ORPA y de la EGP.

(octubre-noviembre): Comienzo, en los altiplanos, de la contraofensiva decisiva del ejército, a las órdenes del general Benedicto Lucas.

1982: Centésimo aniversario de la implantación del protestantismo en Guatemala.

(febrero): Creación de la Unidad Revolucionaria Nacional Guatemalteca (URNG), que reúne las diferentes organizaciones guerrilleras.

(23 de marzo): Golpe de Estado: Ríos Montt, a la cabeza de la Junta Militar.

(17 de julio): Matanza de San Francisco (Nentón).

1983 (agosto): Ríos Montt es destituido; el general Mejía Víctores, jefe de Estado.

1984: Elección de una Asamblea Constituyente.

1985 (diciembre): Vinicio Cerezo, elegido presidente.

1990: Negociaciones entre guerrilleros y representantes de la Comisión del Diálogo Nacional (Oslo), de los representantes de los partidos políticos (Madrid), de los representantes de la Iglesia (Quito), de los representantes de los patronos (Ottawa), de la pequeña y mediana empresa y de asociaciones populares (México).

1991 (enero): Jorge Serrano Elías, presidente; primera entrega democrática del poder desde 1951.

(abril): Comienzo de las negociaciones entre gobierno y guerrilla.

Los presidentes y jefes de Estado desde 1931

General Jorge Ubico (1931-1944)
General Federico Ponce (1944)
Juan José Arévalo (1945-1951)
Coronel Jacobo Arbenz (1951-1954)
Coronel Carlos Castillo Armas (1954-1957)
General Miguel Ydígoras Fuentes (1958-1963)

Coronel Enrique Peralta Azurdia (1963-1966)
Julio César Méndez Montenegro (1966-1970)
Coronel Carlos Arana Osorio (1970-1974)
General Kjell Laugerud García (1974-1978)
General Romeo Lucas García (1978-1982)
General Efraín Ríos Montt (1982-1983)
General Óscar Humberto Mejía Víctores (1983-1985)
Vinicio Cerezo Arévalo (1986-1990)
Jorge Serrano Elías (1991-1993)
Ramiro de León Carpio (1993-   )

PRIMERA PARTE

MODERNIZACIÓN, DOMINACIÓN Y EMANCIPACIÓN

(Guatemala después de 1954)

Sabido es que las oleadas revolucionarias aparecen más a menudo en marcos de crecimiento y de modernización que en periodos de depresión y de decadencia. El caso guatemalteco no parece constituir la excepción a esta regla.

Desde los años cincuenta hasta fines de los setenta, pese a los altibajos políticos, el país ha tenido un fuerte crecimiento económico e importantes transformaciones demográficas, sociales y culturales. El aparato productivo se ha modernizado, aunque en forma limitada. Esto se manifiesta en la industrialización. El crecimiento urbano, la extensión de la escolarización por los campos, el acceso de jóvenes generaciones indias a unas expectativas y unos niveles culturales hasta entonces reservados a los ladinos, la suspensión o la lentificación de la ladinización, son otros tantos fenómenos que caracterizan este periodo.

La modernización, lejos de disminuir las desigualdades y de suprimir las rupturas, a veces las ha acentuado, y casi siempre las ha sacado a la luz. Ha ido acompañada de bloqueo, de crispaciones y de violencias que a menudo han llegado al paroxismo. La prosperidad económica ha sido ocasión del enriquecimiento desenfrenado entre los grupos dominantes y entre algunos estratos intermedios. Los sectores populares casi no se han beneficiado de las migajas de esta prosperidad; cada vez menos resignados a su suerte, algunos de ellos han emprendido una dinámica de desarrollo propia.

Las fuerzas y los procesos orientados hacia la integración y al desarrollo equilibrado de la sociedad guatemalteca se han topado con la resistencia de la oligarquía, con la militarización del poder político y con la exacerbación de la discriminación racial que socava esta sociedad acaso más que a ninguna otra de América Latina. Decenios que habrían podido ser los "treinta gloriosos" de Guatemala se han vuelto, por ello, los "treinta desastrosos". Para comprenderlo es necesario tomar una medida del poder de la oligarquía, del lugar de las fuerzas armadas, y de la separación indio/ladino.

I. LA MODERNIZACIÓN Y SUS LÍMITES

La Guatemala de finales del siglo xx no es la Guatemala de Arbenz ni la de Castillo Armas. En los 30 años transcurridos entre el golpe de Estado de 1954 y el retorno a un régimen democrático, la sociedad guatemalteca no ha permanecido inmóvil y fija.

La población total del país se ha triplicado: de cerca de 3 millones a 9 millones. La tasa de natalidad ha disminuido: 38 por millar en 1988; la tasa de mortalidad infantil sigue siendo muy alta: 65 por millar; la tasa anual de crecimiento demográfico ha permanecido constante durante todo el periodo: en 2.8%.

La población urbana ha pasado de menos de un millón a cerca de 3.5 millones de personas. Y, sin embargo, Guatemala sigue siendo, con Haití, Honduras, Paraguay y El Salvador, uno de los raros países latinoamericanos de población predominantemente rural. En los años sesenta y setenta, la población de los campos creció a un ritmo inferior, sin duda, al de la población urbana, pero superior al de la mayoría de los demás países del subcontinente, lo cual revela una emigración rural-urbana menos importante.[1] En los años ochenta, la urbanización parece triunfar más claramente sobre el crecimiento demográfico en el agro (los desplazamientos en masa por razón de la guerra han contribuido a ello), sin que se pueda hablar de éxodo rural.

La distribución del Producto Interno Bruto (PIB) entre los sectores primario, secundario y terciario no se ha alterado, pero sí ha habido una diversificación de la agricultura, del crecimiento industrial y del desarrollo de los servicios. La población agrícola aún representa la mitad del conjunto de la población activa: pasó de aproximadamente 700 000 personas, en 1954, a 1 400 000 personas en 1986-1987; a esta evolución no ha correspondido una progresión equivalente del empleo agrícola sino, antes bien, un aumento considerable del subempleo en este sector. En el mismo periodo, el empleo industrial se duplicó con creces, pero siguió siendo muy limitado (apenas 180 000 asalariados; o sea, menos de 7% de la Población Económicamente Activa), mientras que el artesanado sufría una fuerte contracción. También el desarrollo de los servicios públicos se mantuvo dentro de proporciones modestas:

[1] Según los censos, en el periodo 1950-1981 la población rural creció a una tasa de 2.1% anual (contra 2.8% para el conjunto de la población), y su peso relativo en la población total pasó de 69 a 60 por ciento.

CUADRO I.1. *Sectores de actividad económica*

Sectores	PEA*	PEA %	Estructura PIB (%)**
Agricultura y ganadería	1 415 000	50.2	25
Minas y petróleo	3 000	0.1	0.4
Industrias y artesanado	362 000	12.9	16.8
(de los cuales 181 000 son obreros y empleados)			
Construcción	101 000	3.6	3
Comercio	394 000	14	27.2
Transportes y comunicaciones	56 000	2	6.9
Electricidad, agua y gas	11 000	0.4	1.7
Bancos y seguros	35 000	1.2	3.4
Otros servicios	438 000	15.6	15.6
Diversos	1 000		
TOTAL	2 816 000	100	100

* Evaluación 1986-1987. Según *Encuesta nacional sociodemográfica 1986-1987, Empleo*, INE, en CITGUA, febrero de 1990, p. 24 y ss. En esta investigación se aplicó el concepto de Población Económicamente Activa (PEA) a la población de 10 años de edad y mayor.

** Evaluación de 1980. Fuente: Banco de Guatemala, en *Problèmes d'Amérique Latine*, núm. 67, p. 97.

en los años ochenta, el número de funcionarios del Estado era del mismo orden que el de los asalariados de la industria. Desde el ángulo de la estructura socioeconómica, los fenómenos más marcados fueron el crecimiento del sector informal, concomitante con la urbanización (ese sector representa hoy entre la tercera parte y la mitad de la Población Económicamente Activa de la capital), y el crecimiento del déficit de empleos (más de la mitad de la población activa total, y las tres cuartas partes de la población activa agrícola se encuentran en el desempleo o en el subempleo).

RICOS Y POBRES

También en el dominio social, varios indicadores dan testimonio de evoluciones en el mismo sentido y con ritmo más lento que en la mayoría de los demás países de América Latina. La tasa de analfabetismo, por ejemplo, se redujo de 72% en 1950 a 42.5% en 1968. De todas maneras, sigue siendo muy alta en el agro (60%), y globalmente superior a la de los demás países centroamericanos. La esperanza de vida pasó de 50 años en el periodo 1965-1970 a 63 años en la actualidad, pero la salud es uno de los principales puntos negros de la sociedad guatemalteca: el 37% de los niños presentan, en mayor o menor grado, síntomas de desnutrición; el 80% de los servicios de sanidad están concentrados en la capital, y los débiles esfuerzos del Estado en ese campo no llegan con eficacia a las poblaciones marginadas: los servicios de sanidad rural son de peor calidad que los de la educación rural. A consecuencia de la baja del poder adquisitivo de la mayoría, la alimentación lejos de diversificarse se basa cada vez más en el consumo de cereales y de frijol, e incluye cada vez menos proteínas de origen animal (ningún otro país centroamericano presenta un régimen alimentario tan poco variado).

La característica central de esta sociedad es su dualismo. Las disparidades siguen siendo, en efecto, enormes, y hasta se han agravado; la brecha se ha ampliado. Los que integran 20% de más pobres de la población sólo perciben 5% del ingreso anual, mientras que en el otro extremo de la escala, los que representan 20% de más ricos perciben 54%.[2] El ingreso real de los primeros disminuyó en los últimos decenios,[3] mientras que el de la fracción más rica no ha dejado de crecer.

En realidad, según las estimaciones de la Comisión Económica para América Latina (CEPAL), en 1980 no era 20% sino 70% de la población guatemalteca la que no tenía ingresos suficientes para satisfacer sus necesidades más elementales.[4] En los campos, la proporción es de 84%; el 16% restante, o sea sólo unas 130 000 familias rurales, logran escapar de la categoría de pobres.

"La población rural centroamericana —observa la CEPAL— tiene un ingreso medio tan poco elevado como el de los países africanos o asiáticos más pobres."[5] Esta observación es particularmente válida para Guatemala.

EL CRECIMIENTO

Según algunos, la América Central sigue siendo un conglomerado de repúblicas bananeras,[6] dominado por algunas compañías extranjeras y

[2] Estimaciones de la CEPAL para 1980 (ICADIS 4, p. 199).

[3] La inflación se ha mantenido en un nivel relativamente bajo. De todos modos, el nivel real de los salarios bajó durante los años setenta (Rivera-Sojo-López, pp. 137 y 158).

[4] ICADIS 4, p. 202. El censo de 1981 da un porcentaje de pobres (64%) apenas menos elevado.

[5] La población rural centroamericana, observa la CEPAL, tiene un ingreso medio tan bajo como el de los más pobres entre los países africanos o asiáticos.

[6] Habiendo pasado al segundo plano en Guatemala, el plátano sigue siendo el principal producto de exportación de la América Central en su conjunto, muy por encima del café,

algunos clanes familiares nacionales. En contraste, hay quienes, irritados —con justa razón— por este estereotipo, le oponen la expansión de la economía, su diversificación y su nueva complejidad, incluso las de los sectores de exportación; el incremento de las inversiones extranjeras en los sectores no agrícolas y los progresos de la industrialización; el muy sencillo desarrollo de las infraestructuras; el surgimiento de una burguesía de comportamientos económicos, sociales y políticos más refinados y más modernos que los de la oligarquía tradicional de plantadores; la aparición de estratos intermedios urbanos, ligados en parte a un desarrollo del sector público y favorables a un funcionamiento más democrático del sistema político.[7]

¿Qué es Guatemala? Difícil sería calificar al país de "república bananera" desde la retirada de la United Fruit Company que, durante la primera mitad del siglo, había simbolizado en América Central la dominación extranjera en forma de economía de enclave. Aunque la UFCO, como la mayoría de los propietarios, recuperó, a la caída de Arbenz, las tierras que les habían sido expropiadas por la reforma agraria, después se deshizo progresivamente de ellas, bajo la presión de la ley antitrust de los Estados Unidos. En 1972 vendía sus últimas posesiones de Guatemala a la compañía norteamericana Del Monte, que se dedica principalmente a la comercialización de productos agrícolas. Así, una época tocaba a su fin. Se establecían nuevas formas de dependencia con la diversificación de las exportaciones agrícolas, el crecimiento industrial y un comienzo de interés de las compañías extranjeras en el subsuelo guatemalteco.

Desde finales del siglo XIX, el café y los plátanos habían representado lo esencial de las exportaciones. En 1960, el café aún constituía los dos tercios. Diez años después, sólo representaba una tercera parte, nivel en que se ha mantenido desde entonces. Las exportaciones de plátanos han caído a 5% del total. La diversificación se logró con el algodón, el azúcar, la carne y el cardamomo (para este producto, Guatemala se elevó, durante un tiempo, al rango de primer exportador mundial, por encima de la India). En total, en los años sesenta y setenta la producción agrícola para la exportación se caracterizó por un vigoroso crecimiento.

En la primera mitad de este siglo, la industria se había acantonado en algunas empresas textiles, alimentarias y de la construcción; las inversiones extranjeras se habían orientado ante todo, hacia las plantaciones

---

el algodón y el azúcar. Y la región realiza la mitad de las exportaciones latinoamericanas de ese producto (ICADIS 4, pp. 41 y 401). Pero este predominio no basta, evidentemente, para caracterizar las economías, y menos aún las sociedades de la región.

[7] A finales de los años setenta, la CEPAL trazaba un cuadro de la América Central impregnado de esta visión optimista; pocos años después, se interrogaba sobre la "crisis sin precedente" en que se debatía la región (véanse los dos ensayos en ICADIS 4).

y la realización de infraestructuras. Con la creación, en los años sesenta, del Mercado Común Centroamericano (MCCA), Guatemala conoció un impulso industrial, gracias sobre todo al influjo de capitales extranjeros en ese sector.[8] A finales de los años setenta, éste (unas dos mil empresas que daban trabajo a cerca de 200 000 personas) constituía casi la tercera parte del total de las importaciones y lo esencial de las exportaciones en dirección a los países centroamericanos.[9]

Esta industrialización se ha logrado, a menudo, en detrimento de un artesanado tradicional que empleaba una abundante mano de obra y constituía, con frecuencia, una actividad complementaria de la economía campesina. Pero ha contribuido mucho a la expansión de la economía durante dos decenios. Ésta nunca había sido tan fuerte como en los años 1976-1977, pese al terremoto que causó más de 20 000 muertes y dejó centenares de miles de damnificados.

LA CRISIS

Los principales indicadores empezaron a flaquear a partir de 1978, pero fue en 1981 cuando la economía guatemalteca se hundió en la crisis, después de las de Nicaragua (1978), El Salvador (1979) y Costa Rica (1980).

1. A comienzos de los años ochenta presenciamós una contracción del MCCA, un reflujo de capitales y una relativa desindustrialización en el conjunto de la región. El comercio intrarregional alcanzó su punto máximo en 1980, y luego fue declinando progresivamente. Guatemala, que atraía hasta 50%, aproximadamente, de los capitales extranjeros invertidos en el marco del MCCA, fue la principal víctima de esta evolución. Las convulsiones internas eran otro factor de la recesión. En agosto de 1981, un instituto norteamericano de "cálculo de los riesgos" aconsejaba a sus clientes no invertir en ese país, por razón de un "riesgo político prohibitivo", y limitarse sólo a operaciones comerciales. En efecto, la

---

[8] En los años setenta, cerca de la mitad de los capitales extranjeros invertidos en América Central estaban en Guatemala (Rivera-Sojo-López, 1986, p. 174). Las empresas extranjeras aportaban cerca de la tercera parte de la producción industrial, y el capital extranjero era mayoritario en las ramas no tradicionales: petróleo, tabaco, vidrio, caucho, productos químicos (N. Demyk, 1977, p. 51). Pero también puede notarse que las ramas tradicionales (productos alimenticios, textiles, calzado, papel) aún representaban los dos tercios de la producción del sector (Gallardo-López, 1986, p. 73).

[9] Las exportaciones guatemaltecas hacia los países centroamericanos, casi inexistentes en los años cincuenta, representaban cerca de 30% del total en los años setenta, tanto o más que las dirigidas a los Estados Unidos (*ibid.*, p. 83).

inversión extranjera privada y directa se redujo a la mitad en 1982 y siguió disminuyendo al año siguiente. También bajaron las inversiones nacionales, públicas y privadas. El empleo industrial sufrió un claro reflujo, pero los efectos de la crisis fueron visibles sobre todo en el sector de la construcción.

2. Se disipó el sueño de una nueva era de prosperidad basada en las riquezas del subsuelo. Desde 1980, la compañía norteamericano-canadiense EXIMBAL[10] suspendía la explotación de la importante mina de níquel de Izabal. La caída del precio del petróleo en el mercado internacional y las dificultades de explotación y de comercialización también dieron al traste con las esperanzas de quienes veían a Guatemala elevarse hasta formar parte del pelotón de los países latinoamericanos exportadores de petróleo, por abajo de México, Venezuela y Ecuador. La compañía Elf-Aquitania se retiró en condiciones financieramente desastrosas.

3. Al mismo tiempo, los potenciales turistas, que se quedaron en casa por dificultades económicas o sensibles a una campaña internacional que denunciaba la inseguridad y las matanzas de Guatemala, también se apartaban de un país para el cual habían representado pocos años antes la tercera fuente de divisas (después del café y del algodón).

4. Guatemala sigue siendo fundamentalmente un país agroexportador: las exportaciones agrícolas, que se hacen sobre todo en dirección a los países industrializados,[11] siguen representando entre 70% y 80% del total, porcentaje que ubica al país, en este renglón, en la segunda fila de América Latina, abajo de Colombia y por encima de El Salvador y de Costa Rica. Ahora bien, en este renglón la diversificación en curso fue perjudicada por la crisis: caída de los precios del azúcar y del cardamomo; disminución de la demanda del algodón; reducción, por los Estados Unidos, de las cuotas de importación de azúcar y de carne. Las exportaciones hacia este último país bajaron cerca de la mitad en 1981. Esto entrañó un relativo refuerzo a la fracción más conservadora del sector agroexportador: los plantadores y las compañías de exportación de café, que distan de ser los primeros empleadores de mano de obra, atravesaron relativamente bien la zona de turbulencia (el desplome de

[10] EXIMBAL: Exploraciones Mineras de Izabal, consorcio constituido por la International Nickel of Canada y la Hanna Mining of Cleveland.
[11] Si se considera el conjunto de las exportaciones (y no sólo las exportaciones agrícolas), Guatemala es, de todos modos, menos dependiente del mercado de los países industrializados que Honduras, Nicaragua, Costa Rica y El Salvador, por orden de decreciente dependencia (Rivera-Sojo-López, p. 171).

los precios, después de la anulación, en 1989, del acuerdo internacional sobre las cuotas, fue compensado por un aumento de la producción y de la exportación de café guatemalteco).

El empleo agrícola en las plantaciones sufrió una reducción, aún más pronunciada que el empleo industrial. En cambio, la crisis y la guerra no parecen haber afectado la producción alimentaria tradicional tanto como se habría podido imaginar. En los años 1954-1978, esta producción había aumentado al mismo ritmo, incluso casi a un ritmo más acelerado que la población (inferior, sin embargo, al de la producción agroexportadora), y al término de este periodo el país era autosuficiente en la mayor parte de los productos alimentarios básicos. No tan buenos fueron los resultados en el periodo 1978-1984; localmente, la producción fue muy afectada por el conflicto; pero en el nivel nacional la recesión fue moderada y no hubo una penuria general. A finales de los años ochenta, en Guatemala, como en casi todos los demás países de la región, la producción alimentaria había recuperado globalmente el nivel de autosuficiencia que había tenido diez años antes.[12]

5. La CEPAL hace notar que, en el periodo de crecimiento (1950-1978), las economías centroamericanas se abrieron más aún al comercio internacional, y que en América Latina son las más extrovertidas y las más dependientes. Guatemala, aunque menos dependiente que sus vecinos del istmo, lo es, en cuanto a la exportación, más que los países del resto de América Latina.

El reflujo de la industrialización, la disipación del sueño petrolero y los altibajos de agroexportación subrayan la vulnerabilidad de la economía guatemalteca en sus relaciones con los países industrializados, en especial con los Estados Unidos. La fijación de cuotas, la fluctuación de la demanda, de los precios y de las condiciones del intercambio, los flujos de capitales extranjeros y la disponibilidad de divisas determinan directamente su funcionamiento.

Es verdad que el nivel de endeudamiento de Guatemala ha permanecido relativamente bajo. Costa Rica tiene una deuda exterior *per capita* ocho veces superior. Bajo los últimos gobiernos militares la deuda ha crecido, sin embargo, a un ritmo comparable al de la deuda de los demás países centroamericanos (con excepción de Nicaragua). En el momento de la transmisión del poder a un gobierno civil, se elevaba a cerca de dos mil millones y medio de dólares. El servicio global de la deuda ha traspuesto el umbral de 20% de las exportaciones (en 1988 se elevaba a 42%).

---

[12] *L'Ordinaire Mexique-Amérique Centrale*, Toulouse, U. de Toulouse-Le Mirail, GRAL-IPEALT, núm. 129, septiembre-octubre de 1990, pp. 8 y ss.

En esos años de guerra, la ayuda económica de los Estados Unidos siguió siendo escasa. Volvió a ascender en 1985, con el proceso de retorno a la democracia. En cuanto a la asistencia militar, suspendida en 1977, sólo se reanudó en 1986 (se interrumpió de nuevo en 1990).

Los dirigentes políticos y económicos guatemaltecos se permiten exteriorizar periódicamente accesos de mal humor hacia los organismos internacionales de financiamiento y los de la potencia tutelar del Norte. Esos comportamientos y esos discursos, que se alimentan de las ilusiones causadas por la prosperidad de los años sesenta y setenta, no son sino veleidades; difícilmente lograrán establecer un cambio y ocultar la situación de dependencia.

6. La crisis también puso de manifiesto las insuficiencias del Estado. Su poder económico es muy limitado. Sus gastos se encuentran entre los más bajos de América Latina;[13] las empresas del sector público son pocas. El Estado es incapaz de gravar a las empresas privadas, sobre todo a las del sector agroexportador, de modo que Guatemala tiene la tasa de impuestos más baja de todo el subcontinente.[14] Los sucesivos gobiernos no han querido o no han podido hacer nada para evitar la evasión fiscal y la fuga de capitales.[15] De 1982 a 1985, la cuestión de la reforma fiscal suscitó tensiones y conflictos entre el gobierno y el Comité Coordinador de Cámaras y Asociaciones Agrícolas, Comerciales, Industriales y Financieras (CACIF), organismo representativo del patronato y, en el seno mismo del CACIF, entre los *lobbies* o cabildeos agroexportadores y ciertos grupos de presión de comerciantes e industriales. Los partidarios del *statu quo* han impuesto sus puntos de vista a expensas de los tecnócratas partidarios de reforzar las finanzas del Estado, o simplemente de la racionalización del sistema fiscal. El resultado ha sido que, en este periodo, los ingresos fiscales han vuelto a disminuir.

En resumen, la crisis ha sacado a la luz la dependencia del país en relación con el sector agroexportador y, por tanto, con el mercado inter-

[13] El porcentaje de gastos públicos en relación con el PIB es del mismo orden que los de Colombia, Paraguay y Haití (Rivera-Sojo-López, 1986, p. 151). También disminuyó a comienzos de los años ochenta, pasando de 16% del PIB en 1981 a 9% en 1985 (BID, 1986, p. 288).

[14] En 1984 los impuestos no representaban más que 5.2% del PIB, contra 10% en Colombia, 12% en El Salvador, 16% en Costa Rica, 24% en Brasil (Rivera-Sojo-López, 1986, p. 151).

[15] Los depósitos guatemaltecos en bancos de los Estados Unidos pasaron, según fuentes norteamericanas, de 318 millones de dólares en 1979 a 850 millones de dólares en 1984 (ICADIS 4, p. 220). En realidad, ninguna estadística da cuenta del volumen total de la fuga de capitales. Entre los mecanismos más comúnmente utilizados figuran la subfacturación de las importaciones y la subfacturación de las exportaciones (Rivera-Sojo-López, 1986, p. 157).

nacional, y la debilidad del Estado. Ha tenido efectos negativos en la modernización de la economía. Los gobiernos militares, más que buenos servidores de la oligarquía, han demostrado ser incompetentes, corruptos e impotentes. Una de las tareas que se había fijado el gobierno civil llevado al poder en 1986 era la de reimpulsar la diversificación de la economía y modernizar el aparato del Estado. Hubo una mejora de los principales indicadores económicos. Grandes y medianos explotadores de la costa sur, motivados por subvenciones y préstamos ventajosos, se pusieron a producir maíz en cantidades importantes, mientras aumentaba el número de minifundistas del altiplano, convertidos a los cultivos comerciales para el mercado urbano o para la exportación (legumbres, frutas, flores). Un incremento de los ingresos del Estado resultó de la reforma fiscal de 1987 (aumento de los impuestos a las importaciones y supresión progresiva de los impuestos a la exportación), y de importantes donativos del extranjero; pero las capacidades de decisión, de control y de intervención de los poderes públicos siguen siendo débiles, hipotecadas por las estrategias de enriquecimiento individual y frenadas por el desprecio o la indiferencia de la oligarquía hacia el interés general.

II. EL VOLCÁN GUATEMALTECO. LA SOCIEDAD RURAL, ENTRE EL INMOVILISMO, LA DISGREGACIÓN Y EL CAMBIO

"Como otros muchos países de América Latina, Guatemala se caracteriza por desigualdades asombrosas en la distribución de las tierras. De todos modos, allí la situación es más grave que en ningún otro país de América Central y que en la mayoría de los otros países de América Latina", afirma la Agencia de los Estados Unidos para el Desarrollo Internacional (USAID, por sus siglas en inglés).[1]

En efecto, la estructura agraria guatemalteca se encuentra en extremo polarizada: por una parte, grandes dominios de plantaciones, de ganadería y de tierras inexplotadas; por otra, una multitud de minifundios; entre unos y otros, un reducido volumen de explotaciones familiares viables. Desde la anulación de la reforma agraria del gobierno de Arbenz, no se ha operado en este dominio ninguna transformación significativa.

La pirámide más desigual

En la cumbre, cerca de 12 000 propietarios —un poco más de 2% del total—[2] monopolizan las dos terceras partes de las tierras agrícolas. Esta mayoría detenta las mejores tierras, produce esencialmente para el mercado internacional[3] y deja en barbecho una parte importante de sus dominios.[4] En este grupo figuran la mayor parte de los integrantes de la

[1] R. Hough *et al.*, 1982, p. 2. Según la USAID, el coeficiente de Gini de desigualdad en el reparto de las tierras en Guatemala es, en la actualidad, el más alto de América Latina. Según él, pasó de 82.4% en 1964 a 85% en 1979.
El tamaño de las explotaciones no siempre es el mejor indicador de la estructura social en los campos. Sin embargo, nos servirá como referencia, a falta de datos precisos y sistemáticos respecto a los volúmenes de producción y a los ingresos de los campesinos y los agricultores guatemaltecos.

[2] En 1979 se censaron 13 650 explotaciones de más de 44.8 hectáreas. Por razón de los cúmulos, el número de propietarios de esta categoría debe ser sensiblemente menos alto.

[3] Las grandes explotaciones (más de 45 hectáreas) aportan cerca de 90% de la producción de café y de plátano, y casi toda la producción de algodón.

[4] Según el censo de 1964, sólo se encuentra cultivado un poco más de un tercio de la superficie de los grandes dominios. En 1979 las tierras en barbecho representaban 1.2 millones de hectáreas, o sea 28.5% de la superficie total de las explotaciones agrícolas. El impuesto a las tierras no explotadas no ha sido eficazmente cobrado (R. Hough, p. 11 y Seligson-Kelley, p. 26).

oligarquía guatemalteca. Unas 1 360 propiedades de más de 450 hectáreas monopolizan por sí solas más de la tercera parte de las tierras agrícolas. (Sólo por encima de 2 000 hectáreas se nota, en el periodo 1950-1979, una disminución del número de grandes dominios y de la superficie total que acaparan.) La mayoría de las grandes explotaciones se sitúa entre 45 y 450 hectáreas (promedio: 100 hectáreas); en esta gama, el número se ha duplicado desde 1950.

En mitad de la pirámide, cerca de 100 000 explotaciones intermedias (el 19% del total) agrupan entre la cuarta y la quinta parte de la superficie arable. A pesar de su número limitado, desempeñan un papel clave en la producción de alimentos y el aprovisionamiento del mercado nacional; una parte de ellas también abastece al mercado internacional (cardamomo, legumbres, flores, frutas...).

Esta categoría intermedia es heterogénea. Hacia arriba, se encuentran pequeñas empresas que no son simples negocios familiares. Comparada con todas las demás categorías y subcategorías, la de las empresas intermedias de 7 a 45 hectáreas presenta, efectivamente, la evolución más favorable en cuanto a indicadores básicos: crecimiento relativamente considerable en número, pero también de la superficie total y, sobre todo, mantenimiento —y hasta una ligera progresión— de la superficie intermedia. En ese grupo figuran ciertos beneficiarios de la reforma agraria de 1952-1954, confirmados después en sus títulos, beneficiarios de los repartos de tierras nacionales y de otros programas agrarios después de 1954, y colonos de la frontera agrícola. Pero el desarrollo de esas empresas medianas sigue siendo demasiado limitado para contrarrestar la desintegración de la estructura de la tierra que se manifiesta en los estratos inferiores: entre 2.5 y 7 hectáreas, la situación de muchas explotaciones familiares casi no se diferencia de la de los minifundistas, y los demás son los minifundistas de mañana.

417 000 minifundios[5] —cerca de 80% de las explotaciones— se reparten la décima parte de las tierras agrícolas. Y aun así, las más de las veces se trata de tierras de mala calidad, montañosas, expuestas a la erosión, divididas y agotadas.

Es posible distinguir las "microexplotaciones" y las "pequeñas explotaciones". Las primeras (de menos de 1.4 hectáreas) agrupan por sí

---

[5] El Comité Interamericano para el Desarrollo Agrícola (CIDA) considera que 7 hectáreas constituyen la superficie mínima para una explotación familiar viable. Para la USAID, en Guatemala, 7 hectáreas equivalen en promedio a 3.9 hectáreas de tierras de primera calidad. Por lo demás, se estima que 3.5 hectáreas de tierra no regada es el máximo que puede explotar una familia en ese país. El criterio que nosotros utilizamos es, como puede verse, muy abstracto. No todas las explotaciones inferiores a 3.5 hectáreas de buenas tierras, regadas o no, entran en la categoría de los minifundios. En cambio, muchas explotaciones de más de 3.5 hectáreas de tierras cársicas son minifundios.

solas 54% del conjunto de las explotaciones y no suman más que 4% de la superficie agrícola. Su número se duplicó con creces en el periodo considerado, y su superficie media se ha reducido de 1.1 a 0.7 hectáreas: los microfundios o minifundios son cada vez más numerosos y cada vez más exiguos. También las "pequeñas explotaciones" se han multiplicado, pero en menor número.

Pese a lo exiguo de sus parcelas y a lo inaccesible de los créditos, los minifundistas, no contentos con producir —en cantidades insuficientes— los productos alimentarios indispensables para la supervivencia de su propia familia, contribuyen con el resto del pequeño y mediano campesinado a aprovisionar el mercado de productos que consumen todos los guatemaltecos. A precios irrisorios, que les han impuesto los comerciantes y los agentes gubernamentales, quienes especulan con sus necesidades y su miseria.

Los campesinos sin tierras suman más de 300 000. Su número —difícil de precisar, en razón de los fenómenos migratorios que les afectan muy particularmente— tiene un crecimiento acelerado. Si incluimos entre ellos a los obreros agrícolas permanentes y a los *colonos*, es equivalente al de los minifundistas.

El entredicho de la reforma agraria

La base de la pirámide de las tierras se desmorona mientras que la cúspide, casi intacta, conserva su solidez, su volumen y su peso. Entre las dos, entre minifundios y plantaciones o haciendas ganaderas, el tronco sigue siendo raquítico. La cabeza no parece darse cuenta de que la desintegración de la base crea una situación peligrosa para el conjunto del edificio. Cierto es que los grandes propietarios nunca han considerado éste como un cuerpo cuyos miembros fueran solidarios y con el cual tuviesen responsabilidades. A sus ojos, no hay ninguna necesidad de que la pirámide sea solidaria, y menos aún de que sea equilibrada o armoniosa. Su visión de la sociedad guatemalteca obedece al principio de una lucha de clases no declarada, duplicada y reforzada por un racismo sin frases, y no a un corporativismo cualquiera. Al menos en eso, la oligarquía no carece de clarividencia, aunque las conclusiones que derivan de esta concepción son sumarias y miopes.

Guatemala sigue traumatizada por la experiencia de la reforma agraria y la manera en que se le puso fin. El error de Arbenz consistió en tener razón demasiado pronto: la reforma no era, en sus objetivos, fundamentalmente distinta de las que la Alianza para el Progreso habría de preconizar diez años después para diversos países de América Latina. Se

CUADRO II. 1. *Campesinos sin tierra y minifundistas*

	1950	1964	1973	1979
A. Población agrícola sin tierras y sin empleo permanente*		262 750	267 058	309 119
B. Población agrícola sin tierras (incluida la categoría A)*			362 523	419 620***
C. Minifundios (menos de 3.5 hectáreas)**	265 629	312 856		416 670

* Se trata de miembros de la Población Económicamente Activa (PEA) agrícola, de 20 años o más (en el cuadro "Sectores de actividad económica" del capítulo anterior, la noción de PEA se refiere a la población de 10 años o más).

** Se trata del número de explotaciones de menos de 3.5 hectáreas que no podría ser muy distinta, para esta categoría, del número de jefes de explotaciones. Un concepto que, de todas maneras, no equivale al de PEA: una familia de minifundistas suele abarcar a varias personas activas. Esta diferencia y la anterior (*), así como las distintas fechas (1979 y 1987, respectivamente), contribuyen a explicar la diferencia entre las cifras de arriba y las que aparecen en el cuadro "Sectores de actividad económica" del capítulo anterior. Sobre todo entre 836 000 (sin tierras + minifundios) y 1 415 000 (PEA agrícola).

*** La diferencia entre las categorías B y A corresponde a la suma de los obreros agrícolas permanentes (47 500) y de los *colonos* (63 000). Estos últimos se han contabilizado en la categoría "Población agrícola sin tierras", aunque exploten una parcela en el dominio de los patrones.

CUADRO II. 2. *Estructura agraria (1979)*

	Núm. de explotaciones (%)	Superficie (%)
1. Minifundios		
a) menos de 0.7 ha	31.4	1.3
b) de 0.7 a 1.4 ha	22.8	2.7
c) de 1.4 a 3.5 ha	24.2	6.4
2. Explotaciones medias		
d) de 3.5 a 7 ha	9.7	5.7
e) de 7 a 44.8 ha	9.3	18.7
3. Grandes explotaciones		
f) 44.8 a 450 ha	2.3	30.7
g) más de 450 ha	0.3	34.4

FUENTE: Segundo Censo Nacional Agropecuario, 1979.

trataba de repartir a los campesinos las tierras no explotadas por los latifundistas, sin tocar las que eran efectivamente utilizadas, dejando a los plantadores y a los ganaderos una reserva que podía llegar hasta 90 hectáreas de tierras en barbecho.

La contrarreforma

En 1954, la represión apuntó especialmente al movimiento campesino; casi todas las tierras expropiadas se devolvieron a sus ex propietarios.[6] La reina de Holanda y algunas otras personas apenas más insertadas en la sociedad guatemalteca "olvidaron" manifestarse al respecto o decidieron deshacerse de sus dominios.

Se promulgó en 1956 una nueva ley agraria; pero, en total, los gobiernos de Castillo Armas y de Ydígoras Fuentes repartieron a las familias campesinas la mitad de las tierras que el primero de esos gobiernos había quitado a los beneficiarios de la reforma de Arbenz. Por lo demás, entregaron dominios nacionales a un pequeño número de particulares.[7] Anular la reforma y servir a los intereses de los grandes propietarios: tales fueron las orientaciones dominantes de la política agraria en este periodo. A pesar de la promulgación, en 1972, en la perspectiva de la Alianza para el Progreso, de una ley de "transformación agraria", las cosas no mejoraron en los años siguientes.

En un periodo de 28 años se repartieron 665 000 hectáreas a 50 000 familias. La comparación con el esfuerzo que había hecho el gobierno de Arbenz, durante el año y medio que duró la aplicación de la reforma, habla por sí sola. El programa no ha cubierto no siquiera la décima parte de las familias campesinas en este periodo. Y aún hay que observar que las tierras repartidas superaban, en la mitad de los casos, las necesidades y las posibilidades de trabajo de una familia campesina: el otorgamiento de títulos de tierras es muy a menudo una forma de retribución política, más que una medida de justicia social.[8]

La legislación agraria parece ser un instrumento de defensa de los intereses de los grandes propietarios, más que de satisfacción de las demandas campesinas. Desde su creación en el decenio del sesenta, el Ins-

[6] Sobre un total de 602 000 hectáreas expropiadas, 550 000 hectáreas han sido ya devueltas (R. Hough, *et al.*, 1982, p. 48).

[7] Durante este periodo, 122 000 hectáreas de tierras nacionales fueron así otorgadas a una cuarentena de propietarios; o sea, a razón de más de 3 000 hectáreas a cada uno.

[8] La mitad de las tierras repartidas lo fueron en parcelas de más de 25 hectáreas. Algunos beneficiarios recibieron más de 100 hectáreas. En su caso, la "transformación agraria" sirvió para formar una clientela de medianos o de grandes propietarios en vez de dotar de tierras a quienes carecen de ellas.

CUADRO II. 3. *Reparto de tierras a familias campesinas (1954-1982)**

	Superficie repartida (ha)	Núm. de fam. benef.
Arbenz Guzmán (1951-1954)	884 000**	100 000**
Castillo Armas (1954-1958)	99 655	18 493
Ydígoras Fuentes (1959-1962)	165 197	4 983
Peralta Azurdia (1963-1966)	4 523	466
Méndez Montenegro (1966-1970)	64 508	2 748
Arana Osorio (1970-1974)	182 228	7 072
Laugerud García (1974-1978)	43 417	4 712
Lucas García (1978-1982)	104 652	12 153

* Fuente: R. Hough, 1982, anexo 1, cuadro 15.
** De entre ellas, 602 000 hectáreas expropiadas, repartidas a 78 000 familias (el resto corresponde a tierras nacionales).

tituto Nacional de Transformación Agraria (INTA) no ha procedido a hacer ninguna expropiación considerable. Las condiciones y los procedimientos de la expropiación de una tierra en barbecho *(tierra ociosa)* se hacen, en realidad, para suprimir esa eventualidad. El INTA se ha mostrado sumamente flexible en el cobro del impuesto a los grandes dominios, pero era mucho más eficaz cuando se trataba de cobrar las anualidades a los campesinos beneficiados de dicha "transformación agraria". La legislación, observa la USAID, designa "un cuadro que permite obtener fondos de los rurales pobres, pero que dificulta el cobro, entre la élite terrateniente, del impuesto a la tierra ociosa".[9]

Además, el crédito y la asistencia técnica van orientados de preferencia a la agricultura de exportación, contribuyendo así a profundizar más aún el foso que la separa de la agricultura de subsistencia.[10]

La frontera agrícola

La mayor parte de las tierras repartidas eran de la Franja Transversal del Norte (FTN: piamonte y tierras bajas al norte de los departamentos de Huehuetenango, Quiché, Alta Verapaz y de Izabal) y del Petén. A falta

[9] R. Hough, *et al.*, 1982, p. 60.
[10] En el periodo de crisis (1979-1983), cerca de 80% del crédito concedido al sector agrícola fue para la producción de café, algodón, caña de azúcar y la cría de bovinos (L. Sandoval, sin fecha, p. 25). La proporción casi no fue inferior en el periodo de expansión y de prosperidad que lo había precedido.

de una política de expropiación y de redistribución de los dominios privados, la colonización de las tierras vírgenes ha sido presentada por ciertas autoridades guatemaltecas y por la USAID (pero también por organismos o por personalidades no gubernamentales) como un sustituto de la reforma agraria y como un derivativo de la presión de los terratenientes.

A veces suscitada por las autoridades, las más de las veces espontánea o animada por personalidades y por organizaciones no gubernamentales, la emigración hacia el norte del país se ha incrementado considerablemente en este periodo. Los colonos provenían de la costa sur y del Oriente, pero también, cada vez más, de los altiplanos indígenas. El movimiento de repoblación de las tierras bajas, que en otro tiempo fueron áreas de despliegue de la civilización maya, es uno de los cambios más sobresalientes de los últimos decenios.[11] Ese fenómeno, que no es ajeno a la guerra, ha tropezado y sigue tropezando con muy graves dificultades; en primer lugar, con la resistencia de una parte de la oligarquía y de los sectores dirigentes. Grandes propietarios y militares se muestran adversos a una colonización masiva del norte del país, donde, con la complicidad de organismos gubernamentales, se han apropiado de extensos territorios que destinan a la ganadería y la explotación forestal, y con la idea de aprovechar una eventual explotación de las riquezas del subsuelo.[12]

A pesar del flujo migratorio y de la apropiación privada, el Petén y la FTN siguen siendo las regiones que ofrecen la mayor cantidad de tierras que podrían repartirse con fines agrícolas. Pero esas tierras no son de buena calidad. En su mayor parte, están constituidas por suelos cársicos o pantanosos. A menudo la colonización se ha efectuado en tierras de ese tipo, en condiciones ecológicas que hipotecan el futuro. Desde todo punto de vista, la frontera agrícola es una piel de zapa. Después de haber preconizado la colonización, la USAID se muestra hoy relativamente escéptica ante esta solución. Señala, además de las desventajas ya mencionadas, lo costoso de las infraestructuras y de las medidas concomitantes, la lentitud y la ineficacia de los organismos gubernamentales.[13]

[11] La población del Petén pasó de 16 000 habitantes en 1950 a 182 000 en 1985.

[12] A comienzos de los años ochenta, pudieron contarse 266 explotaciones de más de 450 hectáreas, tan sólo en la FTN (R. Hough *et al.*, 1982, p. 29). El general Romeo Lucas, que había adquirido allí (en asociación con un miembro eminente de la oligarquía, Raúl García Granados) un dominio de 10 000 hectáreas antes de ser elegido presidente de la República, revendió esta propiedad en 1987.

[13] A partir de 1985, la USAID, intrigada por el dinamismo del fenómeno de colonización sin marco oficial, en el Ixcán y en la región de Sebol, impulsó un proyecto de implantación de 5 000 familias en cinco años, en 50 000 hectáreas de tierras nacionales en la FTN. Siete años después, el balance no le pareció satisfactorio: sólo 2 000 familias se habían beneficiado del programa. Con algunas excepciones, las agencias gubernamentales habían

En todo caso, las tierras disponibles no bastan para satisfacer la demanda de los campesinos sin tierra. Aun añadiendo a las tierras nacionales la parte no explotada de los latifundios privados, las necesidades sólo quedarían cubiertas entre uno y dos tercios. Si se quisiera beneficiar con semejante reforma agraria a los trabajadores permanentes de las plantaciones, la proporción se situaría entre 25% y 50%. Desde luego, sería muy inferior si se incluyera a los minifundistas entre los potenciales beneficiarios. El propio reparto sistemático de las tierras no cultivadas no permitiría, por sí solo, resolver el problema agrario. Sin embargo, ayudaría a desbloquear una situación insostenible.

Liberalismo contra justicia social

Pero la eventualidad de un retorno de la reforma agraria sigue siendo una obsesión para la oligarquía, que insiste en oponerse a ella con la misma violencia que en el pasado; ninguna fuerza política parece deseosa o capaz de lanzarse por ese camino. Y, sin embargo, favorecida por la apertura política y al recuperarse el movimiento campesino, la cuestión volvió a salir tímidamente a la luz en la segunda mitad de los años ochenta.

El diagnóstico que formuló la USAID en 1982 ya había hecho temer a ciertos sectores de la oligarquía que fuese utilizado por Ríos Montt para justificar sus medidas populistas "demagógicas". Las veleidades de reforma agraria atribuidas con o sin razón al carismático general, sin duda desempeñaron un papel en su caída. En ocasión de las campañas electorales de 1984 y 1985, que caracterizaron la transición del régimen militar a la democracia, la pregunta se planteó a los representantes de los diversos partidos. Algunos declararon que semejante reforma perjudicaría el desarrollo rural. El candidato presidencial de la derecha conservadora (UCN) afirmó que la idea ya no tenía sentido. Mario Sandoval Alarcón, líder de la extrema derecha fascizante, preconizó el reparto de las tierras del Estado aún disponibles. Por su parte, la Democracia Cristiana prometió no entrar en reformas agrarias, bancarias o en nacionalizaciones de empresas, que juzgaba peligrosas para la economía del país.[14] El gobierno de Cerezo cumplió con su promesa sobre ese punto.[15]

estado por debajo de sus tareas. Hasta la asistencia técnica norteamericana pareció insuficiente; los únicos caminos construidos eran obra de las compañías petroleras con fines de explotación, o del ejército con fines militares; por otra parte, la guerra había perturbado profundamente el desarrollo del proyecto (ibid., p. 60).

[14] Por lo demás, la DC se mostraba favorable a que el artículo de la nueva Constitución que definía el derecho de propiedad mencionara su función social. El conjunto de la derecha se opuso y triunfó. La Constitución de 1985, semejante en eso a las dos anteriores (la de 1956 y la de 1965), excluye esta dimensión, presente en la de 1945 (L. Sandoval, sin fecha, p. 23).

[15] De enero de 1986 a junio de 1988 el INTA se limitó a confirmar unas posesiones ya

A partir de 1986 se acentuó la presión, con el desarrollo de una movilización por la tierra en la costa sur. Ésta, animada por el padre Girón, no violó el tabú que rodea la cuestión agraria, pero sí contribuyó a expresar puntos de vista reformistas moderados, incluso de parte de ciertos sectores de la Democracia Cristiana. La propia USAID en cierta manera ha aprobado las reivindicaciones del movimiento: considerando que en el marco sociopolítico guatemalteco se tienen que excluir las expropiaciones, ha preconizado el desarrollo de un mercado de tierras al que los campesinos desprovistos tendrían accesos mediante mecanismos financieros específicos. Solución menos onerosa y más práctica que los programas de colonización. No faltarían propietarios interesados en vender sus dominios; antes bien, el problema sería el financiamiento no tanto de la adquisición de tierras, como del crédito y del capital técnico, necesarios para la explotación de esas tierras por los campesinos. Pero el proyecto tropezó con la hostilidad de los propietarios, y se le dio carpetazo.

La toma de posición más notoria y más controvertida fue la de los obispos guatemaltecos que en 1988 se pronunciaron por un cambio de las estructuras sociales, sobre la base de una "distribución equitativa de la tierra", principiando con las vastas propiedades estatales y "las propiedades insuficientemente cultivadas, a favor de quienes sean capaces de hacerlas valer".[16] Declaración prudente, pero que revelaba el camino recorrido desde la época en que la jerarquía católica animaba la cruzada contra el gobierno de Arbenz.[17] Esta convergencia entre el movimiento popular, la Democracia Cristiana, la embajada norteamericana y la jerarquía católica era de tal naturaleza que tenía que inquietar a la oligarquía.

La posición ética de la Iglesia ("el grave problema de la tenencia de la tierra se encuentra en la base de la situación de injusticia") fue juzgada

existentes y a repartir algunas tierras nacionales. En total, 18 programas que afectaban aproximadamente a 10 000 hectáreas y beneficiaban a cerca de 16 000 familias, o sea, menos de media hectárea por familia. El programa agrario de la DC establecía el otorgamiento de 50 000 títulos. En esta política, nada se diferenciaba fundamentalmente de la de los gobiernos que se han sucedido desde 1954. Entre los otros objetivos de la DC figuraban la comercialización de sus productos de exportación por los propios campesinos, la compra de dominios dejados en barbecho, para venderlos a familias campesinas, y el restablecimiento de los refugiados en sus tierras (*Inforpress Centroamericana*, 13 de octubre de 1988); sólo muy parcialmente se han alcanzado algunos de esos objetivos.

[16] "El clamor por la tierra", *Carta pastoral colectiva del Episcopado Guatemalteco, La Hora*, 30 de marzo de 1988.

[17] La epístola de los obispos recuerda que "durante el llamado segundo gobierno revolucionario, 1950-1954, se inició un discreto proceso de reforma agraria, que, aunque plagado de defectos, ha sido el único intento serio de modificar una estructura eminentemente injusta. Todos conocemos la reacción que dicho esfuerzo provocó y la forma como se le hizo abortar" (*ibid*).

antieconómica por los partidarios de la "nueva derecha" guatemalteca: los repartos de tierra sólo servirían para multiplicar los minifundios sin mejorar ni la productividad ni las condiciones de vida de los campesinos; lo que éstos exigen es una vida mejor —y la tierra no es más que un medio—; ahora bien, el acceso de todos a una parcela es una utopía desastrosa: si se repartiera igualitariamente el conjunto de las tierras agrícolas, cada campesino recibiría una parcela de cerca de 3.5 hectáreas, y si se llevara el igualitarismo hasta beneficiar a todos los guatemaltecos con semejante medida, cada quien recibiría sólo media hectárea.[18] Se supone que esos extremos demuestran lo absurdo de toda reforma distributiva —incluso el reparto de las tierras de colonización— mientras que el texto de los obispos nunca predicaba una reforma agraria generalizada, ni confundía la justicia con el igualitarismo.

Algunos neoliberales guatemaltecos transforman así, según la moda del día, las posiciones intransigentes de la vieja oligarquía. La reforma de 1871 fue liberal sólo de nombre. Hoy se trata de aplicar un modelo realmente liberal, con un Estado reducido al mínimo;[19] de favorecer una agricultura eficiente en las explotaciones grandes y medianas; de estimular el crecimiento de los sectores industriales y comerciales, presentados como capaces de absorber el excedente de la mano de obra agrícola. Si no, "la explosión demográfica consumiría el factor tierra y condenaría al país a seguir siendo eternamente una sociedad agraria", dando la espalda al modelo norteamericano.[20] En esta formulación extremosa y radical de sus posiciones, la nueva derecha no se fija en el hecho de que el Estado guatemalteco ya es mínimo (según ella, la única

[18] "El clamor por una vida mejor" (texto redactado por Lionel Toriello Nájera, por cuenta de la Asociación de Amigos del País) se presenta como una respuesta a la proclamación de los obispos intitulada "El clamor por la tierra". Informe aparecido en la "Respuesta a los obispos", *Crónica*, núm. 66, 10 de marzo de 1989.

[19] "La revolución liberal de García Granados y Barrios no trajo el liberalismo a Guatemala, sino un despotismo atroz que frenó el desarrollo económico del país, al utilizar los gobernantes una política económica de proteccionismo y privilegios [...]. Lo que se debe tratar de aplicar es un modelo realmente liberal, con un Estado que interfiera lo menos posible en las actividades de sus ciudadanos, eficiente y lo más pequeño posible para que no obstaculice la actividad económica. Un Estado así permitiría liberar las fuerzas del mercado, entorpecidas por la intervención burocrática" *(ibid.)*.

[20] El texto mencionado sostiene que en los Estados Unidos 1% de los propietarios agrícolas poseen una tercera parte de las tierras agrícolas. Guatemala, nos veríamos tentados a decir, hace las cosas mejor aún (la tercera parte de las tierras agrícolas está acaparada por 0.25% de los propietarios: las dos terceras partes, por cerca de 2%). Mas para la "nueva derecha", el paso de un capitalismo rentista a un capitalismo de empresa presupone la conversión cultural: "la incapacidad que a lo largo de dos siglos ha exhibido nuestra sociedad (como la de casi todos los países de habla española) para sacudirse la fatal herencia mercantilista, indica que su permanencia entre nosotros no se debe a un accidente fortuito o a la imposición de una facción política, sino a algo que ha estado íntimamente vinculado a nuestra cultura, a nuestro modo de ser y de pensar" *(ibid.)*.

manera de luchar contra la parálisis burocrática es reduciendo más la administración), ni en el hecho de que el sector latifundista se ha caracterizado por una escasa productividad y por la existencia de inmensos dominios no explotados o subexplotados (la "liberación de las fuerzas del mercado" debiera permitir superar esas desventajas). No considera necesario demostrar la tesis según la cual el país puede aspirar a un desarrollo industrial suficiente para proveer de un empleo y de un mejor porvenir a los campesinos, que según su perspectiva están condenados a la *descampesinización*. Lejos de buscar las vías de un desarrollo equilibrado que tome en cuenta una eventual complementariedad entre sectores económicos y entre grupos sociales, el argumento neoliberal se presenta como una versión renovada de la lógica oligárquica.

¿Existe (aún) el campesinado guatemalteco?

En Guatemala, cerca de un millón y medio de personas (la mitad de la población activa) ejercen una actividad agrícola, sea principal, secundaria o accesoria. Sus tres cuartas partes son subempleados o carecen de trabajo.[21] Son los diversos miembros de las aproximadamente 420 000 familias minifundistas y del número casi igual de familias rurales desprovistas de tierras y sin acceso a un empleo permanente. Las cuatro quintas partes de la población del sector no poseen tierras, o no tienen tierras suficientes (el trabajo en el minifundio absorbe, en promedio, menos de tres meses al año). En esas condiciones, y aun si es indiscutible que Guatemala sigue siendo un país predominantemente agrícola, es lícito preguntar si aún existe un campesinado guatemalteco.

El crecimiento demográfico, la atomización de las tierras, las dificultades de almacenamiento, las necesidades de empalmar entre dos cosechas, los azares de la vida y de la muerte, las deudas por pagar, los precios fijados por los mercados locales: todo converge para condenar a los campesinos a buscar otras fuentes de ingresos. La poliactividad es tradicional en el seno de toda sociedad rural, y específicamente en el seno del campesinado: al lado de los campesinos que no son más que cultivadores-ganaderos figuran otros que viven también del comercio, de la artesanía o de otra actividad no agrícola. En el caso de Guatemala, la relación de producción dominante, históricamente constitutiva del campesinado, cualquiera que haya sido, y cualquiera que aún sea la diversidad interna de éste,[22] y la importancia tradicional del comercio y

---

[21] Véase CITGUA, 1990, pp. 24-25.
[22] Una de las modalidades de esta diversidad se refiere a la tenencia de la tierra: de la propiedad al usufructo precario, del colonato a la aparcería y a la granja... una variedad

de la artesanía, durante muy largo tiempo fue la que articulaba y que sigue articulando (asociación y disociación al mismo tiempo) latifundios y minifundios, y más precisamente la relación de explotación que ligaba y continúa ligando a los minifundistas con las plantaciones. Guatemala presentó, en especial a finales del siglo XIX y durante la primera mitad del XX, la ilustración casi caricaturesca de una separación que también es un sistema articulado entre una agricultura de subsistencia en los altiplanos y una agricultura de exportación poco capitalizada, concentrada sobre todo en enclaves costeños (costa sur y llanura de Motagua) y en las fértiles tierras de las pendientes volcánicas. El colonato y la migración de temporada formaban la articulación. ¿Qué ocurre hoy?

El progreso del asalariado no es desarrollo del proletariado agrícola
(Los obreros de las plantaciones)

Uno de los cambios socioeconómicos más importantes ocurridos en Guatemala en los últimos decenios se refiere a la articulación de los altiplanos a las plantaciones por medio de las migraciones de temporada. Esta mutación comenzó en los años treinta y se generalizó a partir de 1945. El reclutamiento de la mano de obra para las cosechas que, desde la Colonia y de manera más masiva desde el último cuarto del siglo XIX, obedecía a diversas fórmulas coercitivas, se aproximó a un mercado liberal del trabajo, conservando, empero, características específicas heredadas del pasado.[23] El asalariado ha desplazado progresivamente a las otras relaciones de trabajo (trabajo forzado, endeudamiento, colonato) en la economía agroexportadora.

La gran mayoría de los emigrantes de temporada siguen pasando por contratistas, pero, cada vez más, por su propia iniciativa se dirigen a estos últimos, que, por su parte, tienden a sustituir los medios de reclutamiento tradicionales (préstamos usurarios, falsas promesas...) por anuncios y por una información más o menos veraz sobre las condiciones de contratación, de trabajo y de remuneración. Los cuadrilleros se han vuelto asalariados temporales, cuya condición y situación conservan, em-

---

extrema de relaciones de producción se interpone entre el campesino y la tierra, que hace aún más frágil y más inestable su situación. Las formas indirectas de tenencia están más desarrolladas en las pequeñas explotaciones que en los grandes dominios. Tocan a 30% de la superficie total de los minifundios, y solamente a 11% del total general de las tierras agrícolas (R. Hough, *et al.*, 1982, p. 8).

[23] En lo referente a la descripción de los mecanismos, véase Claude Bataillon e Yvon Le Bot, 1974.

pero, algunos rasgos propios.[24] La perpetuación de ese sistema de reclutamiento obedece a objetivos como la organización del transporte de la mano de obra; el financiamiento del viaje y de los gastos familiares durante la ausencia de los trabajadores (se les entrega un anticipo monetario); la regulación de los flujos conforme a las necesidades de las cosechas; el control del nivel de las remuneraciones; el mantenimiento de una presión de tal carácter que reduzca las exigencias de las otras categorías de obreros agrícolas (los voluntarios tienen la reputación de ser menos sumisos y menos controlables que los cuadrilleros, separados y encuadrados por otros).

El crecimiento de la agricultura de exportación se ha traducido en un aumento muy sensible de la superficie explotada de la costa sur: de 1950 a 1979, ésta se ha duplicado con creces. La demanda de mano de obra de temporada (cortadores de caña, pizcadores de algodón) también ha aumentado, pero no en la misma proporción. Los progresos de la mecanización —aunque lentos y limitados— y el desarrollo de la ganadería han reducido la necesidad de mano de obra suplementaria. El crecimiento y la modernización, asimismo, han ido acompañados de la expulsión de los colonos (también llamados rancheros).[25] Las parcelas en las que ejercían una agricultura de subsistencia se han reincorporado a la plantación o a la hacienda ganadera. Esos ex colonos no se transforman en obreros agrícolas permanentes, sino que pasan a engrosar la masa flotante de los voluntarios (mano de obra jornalera y subempleada) y de los desempleados, que forman un proletariado en las márgenes de los grandes dominios en las ciudades de la costa sur, así como, en parte, en la capital.

La desaparición de las relaciones no capitalistas de trabajo en la agricultura de exportación no ha significado, pues, la formación o el desarrollo de un verdadero proletariado agrícola. Las plantaciones emplean anualmente de 400 000 a 500 000 personas, confundiéndose todas las categorías. Los obreros agrícolas de tiempo completo forman una minoría: cerca de 50 000; en los años setenta y ochenta, su número tendió a disminuir, así como el de los rancheros, que es del mismo orden. La proporción de los jornaleros (voluntarios) ha aumentado. Los cuadrilleros

---

[24] En el nivel jurídico, una disposición de 1984 reglamenta el trabajo agrícola temporal. Debe notarse que si los trabajadores estacionales tienen derecho, en principio, a la seguridad social, por lo general no tienen ese acceso en realidad. Por otra parte, un artículo del Código del Trabajo suspende el derecho de huelga durante las cosechas, lo cual excluye a la casi totalidad de los cuadrilleros.

[25] De todos modos, el fenómeno conserva cierta importancia en el sector cafetalero, especialmente en las regiones más remotas, en enclaves latifundiarios como los del norte del Quiché o de la Alta Verapaz. El censo de 1979 enumera todavía a 63 000 colonos, o sea más de la totalidad de los obreros agrícolas permanentes.

(de 300 000 a 350 000 personas) siguen siendo la categoría más importante. La migración interna, la intermitencia y el precarismo caracterizan, más que nunca, el trabajo en las plantaciones.

La recesión, que empezó a delinearse a finales de los años setenta y que afectó principalmente a los sectores azucarero y algodonero, se tradujo en la contracción de la contratación, mientras que la necesidad de fuentes de ingresos complementarias aumentaba entre los minifundistas de los altiplanos (disminución del ritmo de la Revolución Verde). La conversión de buen número de explotaciones a la ganadería, los desplazamientos de población por el hecho de la guerra y la afluencia de salvadoreños contribuyeron a incrementar la disponibilidad de mano de obra, el desempleo y el subempleo en la costa sur.[26] La recuperación en la economía agroexportadora a partir de 1986 y el retorno de los desplazados a sus comunidades de los altiplanos contribuyeron a la renovación de las emigraciones de temporada. ¿Fenómeno pasajero, o perdurable?

Es lícito imaginar una nueva generación de capitalistas agrarios, más empresarios que rentistas, que acepten jugar sin restricción al juego de un mercado libre de la mano de obra: sin poner en peligro la agricultura de exportación y sin afectar dramáticamente los márgenes de beneficios, podría llevar a cabo la duplicación de las plantaciones y de los minifundios, dejar de reclutar en el altiplano, y proveerse de mano de obra únicamente entre los voluntarios, equivalentes de los *boias frias* brasileños. Tal sería el resultado de la comprobada tendencia a la generalización de las relaciones capitalistas de trabajo en las plantaciones, pero también de la separación entre las dos agriculturas, entre las dos sociedades agrarias. No se ha llegado allí, y se ha visto que los propietarios siguen abasteciéndose de mano de obra temporal en el altiplano, y que a veces hasta remplazan a los obreros permanentes por migrantes de temporada. Sin embargo, el sistema que combina plantaciones y mini-

---

[26] En el periodo 1950-1981 el crecimiento demográfico fue mayor en la costa sur que en el resto del país y, en particular, que en los departamentos del Quiché y de Huehuetenango, que aportan la parte esencial de los emigrantes estacionales. Este crecimiento era mayor en las ciudades que en los campos (los colonos expulsados y el resto de la mano de obra flotante se establecen, en gran parte, en las aglomeraciones urbanas de la región). Y sin embargo, la tasa de inmigración fue allí menos elevada en 1981 que en 1950 (desde comienzos de los años setenta, C. Bataillon observaba que las plantaciones, funcionando cada vez más con mano de obra temporal, tendían a perder su capacidad de atraer a emigrantes definitivos). La tasa de emigración aumenta de tal manera que el balance migratorio, en gran parte positivo en 1950, se había vuelto negativo en 1981 (el censo fue realizado antes del aflujo provocado por la guerra en los altiplanos, mientras que la recesión había empezado a dejar sentir sus efectos sobre la agricultura de exportación). En los años siguientes, el crecimiento demográfico natural debería mantener, empero, el aumento de población de la costa sur a un alto nivel.

fundios como piezas distintas y complementarias de la economía agro-exportadora ya ha perdido mucho de su consistencia y de su necesidad. De todas maneras, las perspectivas de que haya más fuentes de empleo en la costa sur son inciertas, y la migración temporal no desempeña ya el papel central que tuvo durante un siglo en el conjunto de la economía rural del altiplano. Tal vez habría motivo para regocijarse si se ofrecieran otras salidas a la población de la zona. La descomposición de la sociedad campesina deberá acelerarse en los próximos decenios, liberando un excedente de mano de obra que, en el modelo actual,[27] no podría encontrar empleo y que, por tanto, corre el riesgo de verse condenado a vegetar en los límites de la supervivencia, en su lugar de origen en los altiplanos, o entre las barriadas miserables de la capital.

El contenible surgimiento de un grupo social
(Los nuevos artesanos y comerciantes indígenas)

Si la tendencia, limitada y contenida, a la separación del sistema plantaciones/minifundios no desemboca, del lado de la plantación, en el desarrollo de un proletariado agrícola de tiempo completo, ¿da lugar, en el altiplano, a la consolidación, a la constitución o a la reconstitución de un campesinado independiente?

La emancipación de la mano de obra cautiva de las plantaciones y la salarización han dado un espolonazo a la economía rural de las comunidades menos periféricas de los altiplanos, haciendo posible el desarrollo del comercio, así como un esbozo de la Revolución Verde. Esas comunidades han dado pruebas de un dinamismo cuyos efectos se hicieron sentir sobre todo en los años sesenta y hasta mediados de los setenta.[28] Recurrieron cada vez menos al trabajo en las plantaciones, y muchas de ellas, situadas en los grandes ejes de circulación que riegan la sociedad india (de Chimaltenango a Quetzaltenango, de Quetzaltenango a Santa Cruz del Quiché...), se desarrollaron y modernizaron, especialmente por medio de una intensa actividad artesanal y comercial.

San Miguel Totonicapán, estudiado por Carol Smith, es un caso límite pero ejemplar de esta evolución.[29] Allí, los indios constituyen la gran

---

[27] Considerando que la capacidad de absorción de la mano de obra de las plantaciones es limitada, y que la actividad asalariada no agrícola ya es, para una buena parte de la población rural, fuente de ingresos más importante que el trabajo salariado agrícola, el gobierno demócrata-cristiano preconizaba el desarrollo de pequeñas industrias en los altiplanos.

[28] Esta "revolución silenciosa" se analiza con mayor detalle en el capítulo IV.

[29] Véase en particular C. Smith, "Destruction of the material bases for indian culture: economic changes in Totonicapan", en R. Carmack, 1988, pp. 206 y ss.

mayoría y dominan la vida económica y política local. Los ladinos autóctonos, empobrecidos y marginados, no son más que un puñado. Algunas funciones (administrativas, etc.) aún son desempeñadas por ladinos llegados del exterior. Sin embargo, cada vez más, los puestos de notables, de intermediarios con la sociedad nacional también son ocupados por indios del lugar.

El dinamismo artesanal y comercial de los totonicapeños tiene ya una historia antigua. En sus modalidades actuales se remonta, por lo menos, a finales del siglo XIX. Pero su prosperidad aumentó considerablemente a partir del periodo 1940-1950, con las mutaciones por las que pasó el campesinado de la región y de regiones más periféricas: la extensión del salariado dinamizó un mercado que se extendía hasta municipios en que comerciantes de Totonicapán ya tenían sus entradas, o que pudieron penetrar en esta ocasión. Por una tradición, por una posición geográfica estratégica y porque los medios de producción agrícola están ahí reducidos al mínimo (a finales de los años setenta, la superficie agrícola disponible por familia no llegaba a media hectárea), la comunidad de San Miguel Totonicapán está formada esencialmente por artesanos y comerciantes, a menudo artesanos-comerciantes que no se definen ya como campesinos y que, efectivamente, no viven de la tierra (cuando poseen una parcela, en general la explotan indirectamente, y sólo les procura una fracción marginal de sus ingresos).

En torno de ése gravitan otros polos del sistema comercial y artesanal indígena, formando constelación, de los más grandes a los más pequeños, y presentando en diversos grados las mismas características que Totonicapán: gran densidad de población, pulverización de los minifundios. Cuanto más nos apartamos de esas comunidades, menos densa es la demografía y mayor es la disponibilidad de tierras (de inferior calidad); pero más fuerte es, en cambio, la marginación económica, social y cultural que resume el término de *campesinos*.[30] Las familias de artesanos y de comerciantes que han dejado de definirse como campesinos quieren expresar con ello su ideal de integración urbana (muchos caseríos de los altiplanos occidentales se transforman en pequeñas ciudades), pero no por ello dejan de ser miembros de las comunidades indias. Esos indios "de transición",[31] que ejercen una actividad principal no agrícola y por cuenta propia, son el sector de vanguardia en una sociedad en proceso de cambio. Su impulso y su prosperidad están muy estrechamente ligados a las condiciones de reproducción de la sociedad rural de los altiplanos. Como caballos de Troya de la penetración del capitalismo nacional y

[30] Según C. Smith, el término *campesino* designa *"the status of being rural, relatively powerless and relatively poor as well as a person who does some farming"* (op. cit., p. 210).
[31] *Ibid.*, p. 208.

extranjero en la sociedad india, son portadores de una dinámica regional. Ésta tiene puntos de intersección con la economía nacional, y está constituida, en lo principal, por los ingresos del trabajo en las plantaciones o los empleos del sistema urbano, sin los cuales el comercio indígena no habría podido desarrollarse ni podría mantenerse. Entronca allí. Pero forma en su seno un sistema relativamente autónomo que tiene su propia lógica, sus intermediarios y sus medios de transporte, sus clientes y sus redes de comercialización.

La crisis y la guerra han tenido fuertes repercusiones en la economía de los artesanos y comerciantes indígenas, y ello, mientras han podido mantenerse al margen del conflicto (que fue el caso de Totonicapán, pero no, por ejemplo, el del sur del Quiché). Hoy se plantea esta pregunta: ese grupo social, que surgió en el periodo 1930-1970 y que ha visto deteriorarse considerablemente su situación a comienzos de los años ochenta, ¿sabrá recuperarse y controlar los flujos económicos en un marco que ya no es el que había sabido aprovechar? La respuesta depende en gran parte de las posibilidades de reproducción o de dinamización de la sociedad agraria en que se entronca, y, desde este ángulo, los contrastes tienden a acentuarse entre un sector muy ligado al principal polo urbano y, más allá, a unos mercados exteriores para nuevos productos agrícolas (la reconversión agrícola que está en curso en el departamento de Chimaltenango es aquí el mejor ejemplo), así como a una periferia de desarrollo más incierto.

Un campesinado amenazado

Los departamentos del Quiché y de Huehuetenango han sido los principales teatros de la guerra. Por ello, en esta obra, los reflectores enfocarán con gran frecuencia esta región relativamente periférica. Así, es útil precisar, aunque sea a grandes rasgos, cómo se manifestaron allí algunas de las evoluciones analizadas o evocadas hasta aquí. Nos ofrece en particular una ilustración excelente de los procesos diversos y contradictorios que caracterizaron al campesinado de los altiplanos occidentales en los últimos decenios.[32] Da testimonio, a la vez, de la vitalidad y la fragilidad de la sociedad rural guatemalteca, de su resistencia y su disgregación, de su modernización y su marginación.

Lejos de despoblarse, el Occidente, considerado globalmente, ha con-

---

[32] El Quiché presenta un corte vertical de especial interés: desde las comunidades del sur (comercio, artesanía y agricultura minifundista modernizada) hasta las zonas de colonización del norte, pasando por comunidades que son otros tantos casos diferentes de la articulación entre las actividades agrícolas y las actividades no agrícolas, así como las relaciones entre indios y ladinos.

servado con pocas variantes el mismo peso demográfico en el seno de la sociedad guatemalteca. La población de los dos departamentos mencionados se ha duplicado desde 1950. La población de los campos ha crecido allí al mismo ritmo (tasa anual media: 2.6) que el de los pueblos. Y mientras que en el conjunto del país ha disminuido la proporción de los rurales —aunque, recordémoslo, en menor grado que en ningún otro país de América Latina—, casi no ha variado en el Quiché ni en Huehuetenango: 85% en 1950, 84% en 1981.

Con los desplazamientos que provocó la guerra, la emigración se ha mantenido moderada. La inmigración ha crecido ligeramente, sin duda por la colonización de las tierras bajas. La combinación de los dos fenómenos ha dado lugar a un limitado déficit migratorio, sobradamente compensado por el crecimiento demográfico natural. En contra de la tendencia observable en el nivel nacional, la tasa de fecundidad no ha bajado en la región (6.9 en 1950; 7.1 en 1981). La tasa de mortalidad, y especialmente la tasa de mortalidad infantil, han disminuido mucho —aunque con menos rapidez que en el resto del país—, aun cuando siguen siendo muy altas. Esos fenómenos son muestra del dinamismo de la sociedad india, pero también entrañan grandes amenazas para ella. La explosión demográfica contribuye a desintegrar desde el interior al campesinado, por medio, sobre todo, de una acelerada atomización del espacio agrícola.

1. El callejón sin salida de la propiedad de la tierra

La población del Quiché y de Huehuetenango es campesina en su gran mayoría: la mayor parte de las familias disponen de una o varias parcelas, más o menos extensas, que cultivan por su cuenta o que hacen cultivar según modalidades locativas diversas.[33] Muchos son "campesinos sin tierra". Los obreros agrícolas permanentes son menos, aunque su proporción va en aumento.

Como el volumen de la población, el número de las explotaciones casi se ha duplicado entre 1950 y 1979, lo que corresponde a una partición de las tierras, pues, en contra de lo que se observa en la costa sur, la superficie explotada dista mucho de haberse duplicado. La avanzada del frente de colonización en la zona boscosa del norte ha permitido incorporar nuevas tierras al dominio agrícola, pero este aumento no ha bastado para compensar el excedente de población, ni la erosión y el agotamiento de las tradicionales tierras de cultivo y de ganadería (las tierras

[33] En el censo agrícola de 1979, 58% de la PEA de esos dos departamentos es agrícola (contra el 54% a nivel nacional), y para el 83% de esta PEA agrícola, al menos una parte de la actividad se ejerce por cuenta propia.

son, en general, de menor calidad y más difíciles de explotar que en otras regiones del altiplano). La pirámide agraria está tan polarizada y desequilibrada como la pirámide nacional. En 1950, un millar de grandes propietarios monopolizaban más de la mitad de las tierras. No todos los efectos de la reforma agraria han sido anulados: han desaparecido algunos latifundios y algunas fincas de colonos. Los casi 700 grandes dominios restantes son, en su gran mayoría, latifundios tradicionales apenas modernizados. Un número pequeño de plantaciones —especialmente de café— en el norte; extensas tierras ganaderas; tierras en barbecho o subexplotadas, frecuentemente inapropiadas para la agricultura. Testimonios de un sistema caduco, han sido uno de los blancos predilectos de la guerrilla, cuya implantación en la zona se facilitó por las prácticas de algunos de sus propietarios o administradores.

2. Campesinos y asalariados precarios

La afirmación según la cual el campesinado minifundista "se mantiene gracias al trabajo de la familia extensa", se aplica especialmente bien a Guatemala. En los últimos decenios, las estrategias de supervivencia y reproducción de las familias campesinas se han traducido, así, en un apiñamiento en los sectores de actividad más diversos, tradicionales o modernos, en el interior y aun en el exterior de las fronteras. Las dificultades y las barreras con que tropieza la economía de los pueblos han proyectado una fracción mayoritaria de la población de los altiplanos al mercado nacional del empleo; siendo éste muy restringido, cada vez son más los que, entre los ladinos de los altiplanos y en menor grado entre los indígenas, prueban su suerte en la América del Norte. Esas migraciones económicas, que la guerra ha acicateado, no son necesariamente sinónimos de desarraigo: hasta la actualidad, especialmente en el seno de la población indígena, las más de las veces han ido acompañadas de fenómenos de retorno (de personas o de ingresos) y han contribuido a alimentar las lógicas familiares y comunitarias.

Excepto en ciertas comunidades del sur del Quiché (Chichicastenango, Chiché, Santa Cruz...), unidas al corazón del sistema que describió Carol Smith, la artesanía y el comercio no revisten en el Quiché y en Huehuetenango la misma importancia que en los departamentos más centrales del Occidente. Sólo constituyen la actividad principal de una pequeña parte de la población y, sobre todo, distan de procurar ingresos comparables.[34] En cambio, en la mayor parte de las familias campe-

---

[34] La quinta parte de las familias campesinas dotadas de tierras ejerce también una actividad artesanal, pero ésta, por lo general, es poco remunerativa. Véase *Trabajo asala-*

sinas, al menos uno de sus miembros percibe un salario, intermitente o más o menos continuo y, globalmente, las actividades asalariadas aportan la mitad de los ingresos.[35] Un gran número de minifundistas y *a fortiori* de campesinos sin tierras también son jornaleros episódicos que encuentran en el lugar empleos agrícolas efímeros y mal remunerados. El trabajo asalariado en la construcción, la industria, la administración, las actividades domésticas u otras actividades informales, en la misma región o en otra, en la capital o, cada vez más, en el extranjero, contribuye a la economía de las familias rurales del Quiché y de Huehuetenango en proporción tan importante o más importante aún que el trabajo de temporada en las plantaciones para el cual esos departamentos son, empero, los que aportan los mayores contingentes.[36]

Más allá de esas consideraciones generales, es posible distinguir tres categorías, además de la de los campesinos sin tierra:

a) Como era de esperarse, las familias que sólo disponen de un trozo de tierra (microexplotaciones de menos de 1.4 ha) son las que más dependen (en dos tercios del conjunto de sus ingresos) de una o de varias actividades asalariadas. Desde un punto de vista estrictamente económico, puede considerarse que se trata de asalariados que disponen de una parcela en la que ejercen una actividad agrícola complementaria, por cuenta propia.

b) Las familias que disponen de una pequeña explotación (de 1.4 a 3.5 ha) dependen, por partes iguales, de actividades por cuenta propia (campesinas, artesanales y comerciales) y de actividades asalariadas (agrícolas y no agrícolas). En el seno del campesinado, constituyen un margen numeroso, pobre, amenazado y semiproletarizado.

c) Los campesinos medios o de posición desahogada (explotaciones de 3.5 a 45 ha) obtienen la mayor parte de sus ingresos de su explotación, y los complementan con una actividad asalariada, principalmente no agrícola.

riado y migración laboral temporal del altiplano, Guatemala, Consejo Nacional de Planificación Económica, 1984.

[35] En Totonicapán, según las investigaciones de C. Smith, las actividades salariadas sólo conciernen a una minoría de la población *(op. cit.,* p. 214).

[36] Según la investigación citada, la emigración estacional afectaba a menos de una tercera parte de las familias campesinas dotadas de tierras en los dos departamentos (con un total de 60 000 emigrantes pertenecientes a 32 000 familias), y no procuraba más que la décima parte, aproximadamente, de los ingresos del conjunto de esas familias. Pero esta investigación no toma en cuenta a los campesinos sin tierra, que recurren al trabajo estacional en mayor proporción que los primeros. Según C. Bataillon, a comienzos de los años setenta los departamentos del Quiché y de Huehuetenango aportaban 130 000 trabajadores de temporada; o sea, casi la mitad del total *(op. cit.,* p. 132). Por razones ya enunciadas, el volumen de empleos de temporada no aumentó mucho en los años setenta, y disminuyó en la primera parte de los ochenta.

3. Las migraciones estacionales

Todos los datos indican una nivelación, casi una disminución de la importancia relativa de la migración agrícola estacional. Ésta ya no aparece como el fenómeno masivo, obligatorio y creciente que fuera hace poco. Sin embargo, no hay que concluir de ahí que se haya vuelto marginal. Para las familias interesadas, sigue desempeñando una función económica irremplazable y, hasta la actualidad, como lo hemos visto, sigue siendo igualmente esencial para la economía de las plantaciones.

¿Quiénes son los emigrantes? Provienen, en su mayoría, del sector del campesinado más tradicional, el menos educado, el menos abierto a la sociedad global. Pertenecen a familias que no tienen tierras, o que no tienen tierra suficiente ni acceso a un empleo asalariado no agrícola. El recurso al trabajo en las plantaciones no *sólo* es función de la falta de tierras; entre los minifundistas, los que descienden a las plantaciones y los que no descienden a ellas, no se distinguen por la superficie de su explotación.[37]

A los emigrantes peor dotados de tierras, el trabajo estacional les procura más de la mitad del ingreso familiar y el doble que el del minifundio. En su caso, este ingreso monetario, indispensable para cubrir el déficit en maíz, es esencial para su supervivencia. A los otros emigrantes minifundistas, aun cuando las necesidades de maíz sean cubiertas por la explotación familiar, el trabajo en las plantaciones les permite hacer frente a gastos irreducibles, incluso de orden alimentario. Para los medianos explotantes que aportan una fracción no desdeñable de los emigrantes estacionales, se trata de procurarse un complemento de ingresos aun muy significativo, aunque menos indispensable.

Desde el punto de vista económico,[38] son posibles y verdaderas, por tanto, dos interpretaciones del fenómeno: *a)* los cuadrilleros son fundamentalmente obreros agrícolas estacionales, cuyo arraigo en las comunidades del altiplano disimula su proletarización; *b)* recurren al trabajo en las plantaciones como medio de asegurarse la supervivencia como campesinos porque no tienen acceso a un empleo urbano, o por no tener que emigrar definitivamente a la ciudad; se libran así de una auténtica proletarización. Puede decirse, pues, indiferentemente, que son campesinos proletarizados o que no son, en toda la extensión de la palabra, ni campesinos ni proletarios.

[37] En cambio, la duración de la permanencia en las plantaciones (por término medio, unos cien días al año) está en proporción inversa de la superficie del minifundio: los emigrantes que se quedan más tiempo en las plantaciones son aquéllos cuyos trabajos en la parcela de los altiplanos exigen una presencia menor.

[38] En cuanto a un análisis de ese sector, visto desde el ángulo social, véase, en el capítulo VII: "El camino de las plantaciones".

4. Nueva dependencia y nueva pobreza

El deterioro de la situación de la tierra hace que de los salarios no agrícolas dependa una parte cada vez más importante de las familias de las altas zonas periféricas. Mantiene a otra parte necesitada del trabajo agrícola estacional. Pero el estancamiento del empleo en las plantaciones y los límites del crecimiento industrial bloquean los procesos de proletarización, acentuando la pauperización y la marginación relativas.

El campesinado de los altiplanos, incluso el de la periferia, es un campesinado transformado en sus modos de vida, tanto como en sus relaciones de trabajo. Los modelos urbanos de consumo se han sobrepuesto parcialmente o han sustituido a los modelos tradicionales, aunque en el ámbito alimentario la gran mayoría de las familias puede procurarse cada vez más difícilmente otros alimentos que no sean el maíz y el frijol. La mejora en el servicio de tranporte, la extensión de la escolarización y la introducción de la radio han contribuido a suprimir el aislamiento de los pueblos más remotos. Al mismo tiempo, las barreras socioeconómicas se han vuelto más intolerables; las distancias y las diferencias sociales, más visibles. En el Quiché y Huehuetenango, nueve de cada diez familias son consideradas como pobres, es decir, que no disponen de recursos e ingresos suficientes para subvenir a sus necesidades más elementales: estamos en presencia de un caso límite, pero ejemplar, de la situación de la gran mayoría de la población rural guatemalteca (84% de pobres) y, más en general, de la de la población rural en América Central (75% de pobres).

CONCLUSIONES

Descomposición y resistencia del campesinado; perpetuación de la condición de indio

El campesinado guatemalteco ya no es el que era. ¿No es hoy más que un campesinado provisional, condenado a desaparecer? ¿Ha dejado ya de ser un campesinado? Tradicionalmente, se trataba de un grupo social cautivo que se reproducía en el marco de una dependencia directa y personalizada. Esos nexos han disminuido, sin desaparecer del todo. Con la progresión del asalariado y el desarrollo de la economía de mercado habría podido pensarse que la situación evolucionaría, pasando de una semiservidumbre a la proletarización. En realidad, hemos presenciado un proceso complejo y diversificado, cuya evolución a futuro sigue siendo relativamente indeterminada. En la situación actual, el campesi-

...lteco —que nunca ha sido homogéneo— puede analizarse ...ro categorías, o según cuatro tendencias, entre las cuales exis-...nos pasos, imbricaciones y grados:

...minifundistas/jornaleros/estacionales: mantenimiento de un sector ...adicional, liberado de las limitaciones extraeconómicas pero dependiente del trabajo salariado agrícola y, especialmente, del trabajo estacional en las plantaciones.

2) campesinos sin tierra/desempleados rurales: aumento del volumen de familias que han perdido todo arraigo a la tierra y que no tienen acceso a un empleo regular.

3) campesinos/comerciantes/artesanos: modernización y desarrollo de un sector independiente, en cuyo seno las actividades por cuenta propia —agrícolas y no agrícolas— son las principales fuentes de ingreso; sector que sigue siendo muy minoritario y cuyo equilibrio económico siempre se ve amenazado por las fluctuaciones del mercado.

4) campesinos/asalariados no agrícolas: multiplicación del número de familias rurales que viven de uno o de varios salarios no agrícolas al mismo tiempo y, a menudo, más de éstos que de la agricultura.

Los campesinos indios no forman una clase social, ni por sí solos ni en combinación con los campesinos ladinos. Sin embargo, la tendencia dominante tampoco es el desarrollo de un proletariado agrícola. En fin, si bien es verdad que la participación de los indios en actividades urbanas se extiende y se diversifica, las más de las veces este proceso sigue siendo parcial (tocando a ciertos miembros de la familia más que a la familia entera), intermitente (ida y vuelta entre la ciudad y el campo), y no se traduce en una proletarización importante en el sentido preciso del término: sólo una minoría de los emigrantes se vuelven obreros de tiempo completo; otra minoría se adhiere a las clases medias; la mayoría pasa a engrosar el sector informal o el subproletariado de las *limonadas* (como se llama aquí, a veces, a los asentamientos de precaristas). En Guatemala, el deterioro de la situación de los sectores rurales mayoritarios difícilmente podría interpretarse en la perspectiva de la expansión de un proletariado agrícola o de un proletariado industrial, así fuera en términos de *ejército de reserva*.

Como ya se ha observado, las migraciones del campo a la ciudad no han tenido en este país el carácter masivo de otras partes. Sin duda, el crecimiento del empleo urbano ha sido demasiado escaso para ejercer un decisivo poder de atracción sobre las poblaciones rurales; pero ésa no es razón suficiente: el crecimiento de la ciudad de Guatemala, como el de las otras grandes urbes latinoamericanas, se explica menos por las oportunidades de trabajo urbano que por la inexistencia de tales oportunidades en los campos y por la atracción que puede ejercer el modo de vida urbano. En Guatemala, la degradación de las condiciones de acceso a la tierra ha sido tal que en cualquier otro contexto sociocultural, y pese a la ausencia de mercados en las ciudades, los campos ya se habrían vaciado. Tal no ha sido aquí el caso. Como se verá, ni siquiera la guerra tuvo este efecto: en fuerte proporción, los desplazados han vuelto o vuelven hoy a sus comunidades. Hasta aquí, el campesinado indio ha dado pruebas de una asombrosa capacidad de reproducirse, por encima de los umbrales considerados como mínimos. La importancia de los ingresos salariados en el presupuesto de las familias no contradice necesariamente al arraigo comunitario: los empleos en el exterior tienen a menudo, para los indios, un carácter precario, transitorio y complementario de las actividades en el seno de la unidad doméstica. El trabajo asalariado es, a la vez, consecuencia de la apertura de la sociedad rural hacia el mundo urbano y uno de los medios que permiten a esta sociedad reproducirse y, eventualmente, modernizarse.

El campesinado indio es cada vez menos campesino, en el sentido económico del término. Sin embargo, hasta ahora, ha resistido relativamente bien a toda descomposición: se ha transformado en el seno de una sociedad india más diversa y más compleja. Está menos estrictamente inscrito que a comienzos del siglo en el marco de un sistema agrario cerrado y separado; ha multiplicado sus prolongaciones y sus ramificaciones por el medio urbano. En Guatemala, en la actualidad, ser indio es pertenecer a una comunidad en el sentido lato —cuyas comunidades particulares siguen siendo las unidades de base y de referencia— que trasciende las simples categorías económicas y atraviesa las clases sociales.

Cascada de dualizaciones

En tiempos del modelo agroexportador coercitivo y triunfante, la dualización de la sociedad guatemalteca era extrema y reposaba, a veces, en la separación y la articulación de los minifundios y las plantaciones. Con la extensión del salariado, el sistema se ha vuelto más complejo.

Las comunidades de los altiplanos se han librado, parcialmente, de la empresa oligárquica que, empero, sigue siendo dominante en el país. La intensificación y la diversificación de los intercambios han hecho surgir nuevas formas de articulación y de separación con la sociedad global: por ejemplo, la urdimbre comercial indígena se integra al mercado nacional sin dejar de desplegar su propia dinámica. Pero la sociedad india no constituye un conjunto homogéneo. Los factores de dislocación están ahí tan activos como las solidaridades y las complementariedades. El surgimiento y el enriquecimiento de un grupo de nuevos comerciantes se han hecho sobre la base de la diferenciación entre polos de actividad artesanal y comercial, y una periferia sobre la cual se extiende esa red. El desarrollo reciente y la relativa prosperidad de un sector indígena que se ha entregado a nuevos cultivos comerciales subraya, por contraste, la pobreza de la agricultura de subsistencia. En el seno mismo de la periferia se puede observar otra dualización: un sector en el que la marginalización va a la par con una apertura, y una dependencia directa de la economía urbana. Un sector que sigue dependiendo de las plantaciones y, por tanto, de la división tradicional de la sociedad guatemalteca.

III. EL PODER CRISPADO

Estamos condenados a vencer. No quiero acabar de buzo en Miami.

Un oficial guatemalteco

En América Latina, sostiene Alain Touraine,

la oligarquía no es una clase social, capaz de actuar de manera coherente al nivel del conjunto de la sociedad, sino una serie de individuos interesados ante todo en el aumento de su fortuna y en la defensa de su clan familiar [...]; esta oligarquía, en la segunda mitad del siglo xx, no es una élite dirigente, así como ya no es una clase dirigente; no ejerce ninguna hegemonía sobre el proceso de desarrollo y no controla el Estado, aunque los gobiernos tienen, con frecuencia, una política que les favorece.[1]

La oligarquía guatemalteca nos ofrece una excelente ilustración de esta doble característica negativa (conglomerado de clanes familiares, más que clase social; sector dominante, pero no dirigente) que va contra las tesis más comúnmente admitidas, a propósito de ese grupo social, o que, por lo menos, obliga a matizarlas.

La oligarquía no es una burguesía

Los clanes familiares, en número escaso —algunas decenas— y de diversos orígenes nacionales y étnicos (muchos de ellos se atribuyen una ascendencia criolla, es decir, colonial hispánica, aun cuando estén compuestos principalmente de ladinos; varios fueron fundados por inmigrantes más recientes: europeos, libaneses, asiáticos, latinoamericanos establecidos en Guatemala en el paso del siglo xix al siglo xx), ocupan en la economía del país una posición dominante que, sin embargo, comparten con compañías transnacionales extranjeras. En su órbita gravitan millares de familias, ligadas a ellos por relaciones de parentesco o de interés, que no detentan un considerable poder económico pero que participan de él en diversos grados.

[1] A. Touraine, 1988, pp. 74 y 76.

La "patria criolla" era la de los encomenderos y los hacendados, exportadores de cacao y de añil. Desde el siglo XIX, muchos de sus descendientes se convirtieron a los nuevos cultivos de exportación, asegurando así su perpetuación por medio de una Reforma liberal que, por lo demás, permitió el surgimiento económico y político de sectores ladinos. Algunas de las familias que desde hace varios decenios figuran entre las más poderosas han construido en lo esencial una parte importante de su fortuna con actividades industriales (monopolio de la producción de cerveza en el caso de los Castillo, y de cemento en el caso de los Novella, producción de aceites, de jabones y de detergentes en el caso de los Kong, de textiles en el de los Engel), pero la gran mayoría de ellos la deben fundamentalmente a la actividad agroexportadora.

El café ha hecho y sigue haciendo la riqueza y la potencia del "núcleo duro" de la oligarquía guatemalteca. La Asociación Nacional de Cafeticultores (ANACAFE) agrupa a cerca de tres mil miembros: al lado de unas 300 familias (entre las más notorias: los Plocharsky, Falla, Mombiela, Campollo, Flores, Aragón Quiñónez, Pivaral, Brol, Oribe, Peire, Daetz, Villela, Diesseldorf, Thomae, Soto Marroquín, Stahl, etc.) que aportan la mitad de la producción y controlan la exportación, figura un número importante de propietarios que eran parte activa del sistema de cuotas y que también participan en esta riqueza y en esta potencia. Por lo demás, de 10% a 20% del café es producido por una nube de pequeños productores, cerca de 100 000, que las más de las veces venden su cosecha a miembros de la asociación o a una de las agencias —privadas, todas ellas— especializadas en la exportación: aquéllos no pertenecen, ni de cerca ni de lejos, a la oligarquía.

A finales del siglo pasado, al introducir y desarrollar el cultivo del café ese sector de la oligarquía se había mostrado modernista, a su manera. Pero al mismo tiempo había multiplicado extraordinariamente los latifundios (dominios subutilizados o dejados en barbecho) a expensas de las comunidades indias, volviendo a dar vida a formas no capitalistas de trabajo, de producción y de gestión. Hasta en fecha reciente, las plantaciones con frecuencia eran consideradas dominios, transmitidos junto con su mano de obra desde hace varias generaciones, más que empresas. Hoy, el rendimiento por hectárea sigue siendo muy inferior al que se da, por ejemplo, en Costa Rica, y son muy reducidas las mejoras tecnológicas. De todos modos, ciertos plantadores modernizan su plantación, introducen nuevos cultivos de exportación (flores, cardamomo...) y se muestran activos en otros sectores de la economía, principalmente en las finanzas.

Al favorecer el desarrollo del cultivo del algodón, el gobierno de Arbenz trataba de crear un sector de agricultura capitalista moderno, capaz de contrapesar la oligarquía del café y de la United Fruit. En los años sesenta y setenta, el algodón ocupó, efectivamente, el lugar del plátano en las tierras fértiles de la costa sur, y como segundo producto de exportación. A menudo, fueron grandes plantadores de café (Alejos, Herrera, Herrera Ibargüen, Aycinena, García Granados) los que encontraron allí una fuente complementaria de enriquecimiento, pero también se formaron o multiplicaron nuevas fortunas en un tiempo *record* (Molina, Ponciano, Zimeri...). Esos nuevos capitalistas estigmatizaron, con frecuencia, el arcaísmo de los plantadores tradicionales, pero ellos mismos formaron un grupo fuertemente monopólico y especulador. En el momento del *boom* una cincuentena de ellos dominaba las tres cuartas partes de la producción y, entre éstos, una quincena controlaba lo esencial de los procesos de transformación y comercialización. Como en el caso del café, la concentración de las explotaciones y su importancia (más de 600 hectáreas en promedio) son muy superiores a lo que se practica en otros lugares de América Latina. A comienzos de los años ochenta, la caída de los precios en el mercado internacional causó una reducción de la mitad de la superficie cultivada: a veces, el algodón ha sido remplazado por la soya, el sorgo, etc., pero una buena parte de las tierras, agotadas a fuerza de abonos y de fungicidas, fue entregada a la cría extensiva de ganado.[2]

Más cercanas de las relaciones capitalistas de producción, las condiciones de trabajo en las plantaciones de algodón también son, en general, más duras que en las plantaciones de café, donde el tiempo y el paternalismo han limado parcialmente las asperezas y la brutalidad de los trabajos forzados de finales del siglo XIX y comienzos del XX; y ese sector moderno, como los sectores más tradicionales, recurre a policías oficiales y privadas, y contribuye al financiamiento de los grupos paramilitares.

Guatemala fue uno de los países de América Latina en que la caña de azúcar tuvo un gran auge después de la Revolución cubana, pues se elevó al tercer lugar de las exportaciones. En esta rama se encuentran las mismas características y a veces las mismas familias (Herrera Ibargüen, Molina, Campollo, Alejos, García Granados, Herrera) que en el café o en el algodón: una centena de fincas aporta la mitad de la producción, y la transformación se efectúa en una veintena de ingenios, todos ellos privados (los diez ingenios más importantes aseguran más de 80% de la producción de azúcar, y los dos principales, Pantaleón y Concepción, por sí solos, aportan las dos terceras partes del azúcar

---

[2] Un ligero resurgimiento de la producción de algodón pudo notarse a finales del decenio.

exportada). La caña de azúcar y sus derivados, así como el algodón, han servido bien a ciertas familias (por ejemplo, los productores del ron *Botrán)* como trampolín de acceso a la oligarquía. Para muchos, la cría de ganado ha sido otra fuente de enriquecimiento; al lado de los hacendados más conocidos (especialmente los Berger, Ralda, Maegli), millares de propietarios de grandes dominios se dedican a una cría extensiva que responde a una lógica de apropiación y de especulación de la tierra, al menos tanto como a una lógica de desarrollo de la producción. (A comienzos de los años ochenta, esta actividad acaparaba 40% de las tierras agrícolas.)

En los últimos decenios, algunos agroexportadores han extendido e intensificado sus actividades por los sectores industriales, pero es más frecuente verlos dedicarse a actividades especulativas en las esferas comercial, inmobiliaria y financiera. En especial, tienden a controlar el circuito del crédito y a canalizarlo en su provecho.

Los agroexportadores tienen prácticas muy exclusivas y están organizados en *lobbies* (cabildeos) activos y poderosos en el seno del Comité Coordinador de Cámaras y Asociaciones Agrícolas (CACIF). Pueden tener rivalidades y conflictos de intereses con las asociaciones de comerciantes o de industriales, y no faltan las querellas entre clanes familiares o en el seno de cada uno de ellos: la oligarquía no constituye un conjunto homogéneo y perfectamente cerrado. No por ello deja de formar un sector relativamente coherente que se define y se une en torno de la defensa exacerbada de los intereses de sus miembros, por encima de cualquiera otra consideración. En los momentos críticos, los conflictos internos desaparecen en favor de reacciones defensivas, convergentes o dictadas por los clanes de mayor poderío económico. Sus principales preocupaciones se refieren a las cuotas, a los precios de los mercados internacionales, al mantenimiento de los salarios en su más bajo nivel, a la posibilidad de disponer de una masa de mano de obra maleable y sujeta a su capricho, al mantenimiento del orden... Su comportamiento está dominado habitualmente por una lógica miope, que consiste en proteger lo adquirido obtener el máximo de ganancia inmediata de una coyuntura favorable, sin preocuparse por elaborar una estrategia que garantice su porvenir, que *a fortiori* es el de la economía nacional.

La "iniciativa privada" contra la "cosa pública"

Esta oligarquía, a la que le gusta llamarse "iniciativa privada", nunca ha constituido, propiamente hablando, una élite dirigente, interesada en definir y poner en acción un proyecto de política económica para el

conjunto de la nación. Antes bien, desde finales del siglo XIX su tendencia ha sido apoyarse en las sucesivas dictaduras para la represión, el
sometimiento de la mano de obra, de las infraestructuras o, más exactamente, todo lo que en esos dominios no estaba ya asegurado por sus
propios administradores de las plantaciones o por la United Fruit.[3]
Miembros de la oligarquía —antigua y nueva— han ejercido un papel
político directo, y algunos políticos han amasado fortunas e intentado, a
veces con éxito, elevarse al nivel de la oligarquía. Las más de las veces
las relaciones de ésta con el Estado son instrumentales, llenas de sober-
bia y de desconfianza. Se traducen especialmente en la negativa a pagar
impuestos, recurrir al tráfico de influencias, a las presiones, a las
órdenes... Esta actitud era aún más evidente en el importante sector de
los cafeticultores de origen alemán.

En ocasión del paréntesis democrático, una élite dirigente había intentado abrirse paso quebrantando el sistema de enclaves y el poder de
la oligarquía. Ésta, políticamente activa en oposición al régimen, quiso,
después de su caída, restaurar la fórmula política que le había asegurado decenios de prosperidad y de relativa tranquilidad. No lo logró. No
lo logró, o al menos no sólo porque Castillo Armas e Ydígoras Fuentes
fueron gobernantes menos hábiles que Estrada Cabrera y Ubico, ni
porque los conflictos entre candidatos a dictadores fuesen más exacer-
bados que en la primera mitad del siglo sino, antes bien, porque la
antigua fórmula demostraba ser inadecuada para administrar un país
cuyos estratos intermedios habían aprendido a desempeñar un papel
dirigente, y aspiraban a él. El deseo de poner fin a la inestabilidad política, la perspectiva de un retorno de las personalidades y de las organizaciones expulsadas en 1954, así como la nueva amenaza que surgió
con el nacimiento de las guerrillas, llevaron al ejército a tomar el poder
en 1963. Al no disponer de un instrumento propio de acción política,[4] la
oligarquía se apoyó en ese nuevo poder que se ha dado un marco constitucional y apariencias de legitimidad y de funcionamiento democrático.
Durante los 20 años siguientes, delegó a la institución militar las responsabilidades y las tareas que poco antes delegara al dictador. Varios de sus

[3] Las funciones que la oligarquía asigna al Estado son, principalmente, funciones
represivas; pero en ese dominio, como en los demás, su confianza en los poderes públicos
es limitada: no les deja el monopolio de la violencia y financia directamente a hombres de
confianza, policías privadas, escuadrones de la muerte.

[4] El Movimiento de Liberación Nacional (MLN) quiso ser un partido al servicio de los
grandes propietarios. Muchos de ellos lo sostuvieron y utilizaron. Pero sus excesos, sus tendencias fascizantes y su origen plebeyo no obtuvieron la unanimidad en el seno de la oligarquía. "El Partido de la violencia organizada" trató de presentarse como un apéndice o,
con el tiempo, como un sustituto del partido de la violencia institucionalizada en que se
han convertido las fuerzas armadas. Esto ha ocasionado eventuales fricciones.

miembros, como Roberto Herrera Ibargüen o Héctor Aragón Quiñonez, dirigentes ambos del Movimiento de Liberación Nacional (MLN), ocuparon importantes puestos públicos, a menudo en relación directa con el aparato de represión (el primer mencionado fue ministro del Interior de Arana). Importantes fracciones de las clases medias, entre ellas la jerarquía de las fuerzas armadas, hicieron su fortuna en ese régimen de predominio militar que dejaba a los partidos y a muchos civiles espacios para desplegar sus ambiciones de poder y de lucro; el crecimiento económico hizo el resto.[5]

La ceguera de la oligarquía guatemalteca se manifiesta, por ejemplo, en su oposición a toda política fiscal coherente y eficaz. Se opone a los impuestos sobre las exportaciones, pero también a los impuestos a las importaciones, que podrían afectar sus márgenes de ganancias (importa lo esencial de los abonos y de otros bienes de producción), así como su tren de vida. A comienzos de los años ochenta, en ocasión de un proyecto de reformas fiscales que, por lo demás, era muy favorable a sus intereses, hizo campaña contra una medida que habría gravado la importación de ciertos productos suntuarios. Tanto para el consumo como para la producción, vive de cara al extranjero, "a la americana": coloca sus capitales en los bancos de los Estados Unidos, hace sus compras y pasa sus vacaciones en Miami, manda a sus hijos a universidades norteamericanas o a universidades locales calcadas sobre ese modelo.

La permanencia oligárquica

Los plantadores de café siguen en el centro del poder económico. Los sectores que han surgido durante los últimos decenios se han integrado o se han subordinado al sistema oligárquico: los plantadores de algodón, en quienes algunos han visto los elementos motores de una burguesía agroindustrial, han llevado al extremo una lógica especulativa; antes que reforzar el peso del Estado en la economía, los militares, por su parte, han aprovechado el ejercicio del poder para enriquecerse y tratar de ingresar, individualmente, en la cumbre de la pirámide. Las nuevas industrias creadas bajo la protección del Mercado Común Centroamericano (MCC) lo han sido, ante todo, gracias a compañías transnacionales, y las nacionales que se les han asociado no constituyen un grupo distinto de la oligarquía.

---

[5] Toda la habilidad de los promotores del régimen instaurado en la segunda mitad de los años sesenta consiste en haber interesado en él a diversos sectores de la sociedad guatemalteca. Los oligarcas no eran los únicos en tener interés en defenderlo. Los militares, los políticos, los comerciantes, etc., también tenían algo que perder con su caída.

Entre las decenas de compañías extranjeras que se han establecido en
Guatemala, ninguna tiene por sí sola el peso y la importancia que tenía
la United Fruit; pero, en conjunto, ocupan un lugar preponderante en
sectores (industrias alimenticias, textiles, químicos y farmacéuticos,
explotación del subsuelo, seguros, gestión, etc.) en los cuales a menudo
se han puesto las esperanzas de una modernización de la economía; pero
la mayoría de esas empresas han dado prueba de la misma propensión
que la de los propietarios y patronos guatemaltecos a la especulación, a
la creación de monopolios, al rechazo de las medidas de fiscalización y
de regulación estatales, a la violencia antisindical. El capital extranjero
que se invierte en Guatemala está en busca de ganancias rápidas en sectores sin riesgo y que le dejen un gran margen de movilidad.

La oligarquía guatemalteca se presenta como un cuerpo separado del
Estado, al que domina desde arriba,[6] una élite exclusiva que se considera por encima de las leyes, se perpetúa por herencia y por adopción de
ciertos personajes, y en cuyo seno los nuevos ricos sueñan con ser reconocidos y admitidos. "En adelante —escribe Alain Touraine—, ningún
grupo económico en especial puede buscar sus intereses independiente-
mente de una política nacional coherente."[7] Con excepción de algunas
fracciones ilustradas, los detentadores del poder económico en el seno
de la sociedad guatemalteca siguen, al parecer, convencidos de lo contrario. No parecen haber aprendido las lecciones de la guerra interna,
de la crisis económica, de la decadencia de ciertas oligarquías latinoamericanas, las cuales han tenido que asumir compromisos y experimentar
algunas transformaciones con el fin de mantener su dominación y sus
privilegios. En conjunto, la oligarquía guatemalteca ha seguido descon-
fiando de una Democracia Cristiana —sin embargo, muy tímida en sus
proyectos de reforma— y sigue preocupándose por sus bienes, su enriquecimiento y su nivel de vida por encima de toda consideración al
desarrollo nacional y al bienestar social.

Cierto que en los años ochenta aparecieron, entre los poseedores más
ricos, personalidades y sectores favorables a una aceleración de la modernización económica y deseosos de desempeñar un papel en los asuntos públicos. Esos herederos que entran al relevo de sus padres, pero
que han pasado por universidades privadas, se conciben a sí mismos
como una élite dirigente, y no ven ninguna contradicción —al contrario— entre su propio enriquecimiento y el alza del nivel de vida del
mayor número. Probablemente contribuirán a la renovación, ya en cur-

---

[6] En Guatemala, aún más que en el resto de América Latina, se está lejos de la "alianza
sólida y duradera entre el Estado y los grupos capitalistas, que caracteriza a Japón o a
Corea del Sur" (A. Touraine, 1988, p. 79).

[7] *Ibid.*

so, de la clase política; pero sus proyectos en ese dominio son imprecisos y, si están de acuerdo en separar el poder político del dominio militar, siguen siendo, salvo excepciones, poco favorables a reforzar el Estado en sus instituciones civiles.

LAS FUERZAS ARMADAS CONTRA LA SOCIEDAD
("LA BUROCRACIA DE LA MUERTE")

El aparato militar

El ejército guatemalteco, nacido de la Reforma liberal, no siempre ha sido dócil y unánime en sus relaciones con una oligarquía que, por su parte, constantemente ha tendido a tratarlo como instrumento de sus propios fines. En varias ocasiones (1920, 1944, 1960), una parte del aparato se rebeló contra el poder en el lugar y, de 1944 a 1954, el ejército fue un baluarte, aunque vacilante, dividido y desfalleciente, del régimen democrático y, en especial, del gobierno del coronel Arbenz.

Fue durante los años sesenta, en ocasión de la campaña contra una guerrilla castrista comandada por oficiales disidentes, cuando se impusieron orientaciones y prácticas que han dominado desde entonces la historia guatemalteca. El apoyo, la formación y el marco norteamericanos fueron determinantes, en aquel momento, para la transformación del ejército tradicional en un ejército contrainsurreccional, moderno y capaz. Y cuando, a comienzo de los años setenta, este ejército se encontró ante un nuevo brote de las guerrillas, contaba con poco menos de 15 000 soldados que en su gran mayoría eran del ejército de tierra. La gravedad del conflicto lo obligó a aumentar considerablemente sus efectivos. Sin embargo, en 1985 éstos (cerca de 30 000 hombres) seguían siendo muy inferiores a los del ejército salvadoreño, y representaban menos de la mitad de los del ejército sandinista. Nicaragua y El Salvador, países menos poblados que Guatemala pero donde los grupos insurgentes eran de mayor tamaño y mayor eficacia y cuyos conflictos tenían mayor dimensión internacional, poseían asimismo un armamento más avanzado, más completo y eficiente. Cuando los Estados Unidos interrumpieron su ayuda militar, la Argentina de los generales, Taiwán y sobre todo Israel suplieron en parte esa falta. Israel se convirtió en el primer abastecedor de material bélico (fusiles Galil, aviones Aravá, etc.), así como de técnicos y consejeros. El embargo norteamericano no por ello dejó de afectar, en un momento crucial, el refuerzo y la reconstitución (falta de piezas de repuesto para los helicópteros, etc.) del potencial militar de las fuerzas armadas guatemaltecas.

El aumento de los efectivos se logró, ante todo, por la extensión del servicio militar, convirtiéndolo en obligatorio, pero que en realidad sólo se aplica a los jóvenes de los medios populares. El reclutamiento forzoso, las redadas *(agarradas)* eran, hasta en fecha reciente, práctica común cuyas víctimas casi exclusivas eran los indígenas. De todos modos, el servicio militar no carece de cierto prestigio entre estos últimos: llevar uniforme, el aprendizaje de las armas y del mundo ladino, la autoridad y la fuerza pueden ejercer una fascinación entre algunos de ellos. Debe notarse que, aunque muchos indígenas huyen de la conscripción, pese a las prácticas humillantes y vejatorias para quienes son reclutados y pese a los horrores de la guerra, ésta no ha dado lugar a deserciones en masa ni a motines.

Al término del servicio militar (que dura de 18 a 30 meses, según la circunstancia y el momento), a los mejores soldados se les ofrece la posibilidad de continuar. A menudo son asignados a la Policía Militar Ambulante (PMA), cuerpo represivo muy temido que puede alquilar sus servicios a particulares o a empresas privadas (personalidades, plantadores, bancos). El ejército también controla a la población por medio de sus servicios de Inteligencia (G2, etc.) y de sus informadores: *confidenciales* y *comisionados militares*.

Los comisarios militares ya existían en tiempos de Arévalo y de Arbenz. Las más de las veces, se trata de ex soldados, eventualmente de indígenas que, de regreso a su pueblo, desempeñan en él funciones de enseñanza y reclutamiento. Se han transformado en una pieza esencial de la lucha contrainsurreccional (no hay información precisa sobre su número, pero se les calcula en más de 10 000). A partir de 1982, el poder militar organizó, además, Patrullas de Autodefensa Civil (PAC), principalmente en una perspectiva de control de la población de los altiplanos (según fuentes oficiales, en su apogeo contó con 900 000 hombres).

Los agentes del terror

En sus estructuras y en su funcionamiento, el ejército se ha orientado a tareas de seguridad interna y se ha dirigido contra la población. Las diversas policías "civiles" (aproximadamente 8000 agentes en 1980) desempeñan funciones contrainsurreccionales y no solamente de simples guardianes del orden. De preferencia, reclutan a su gente entre los ladinos del Oriente, célebres por su tradición de violencia, sobre todo en el marco de las milicias que brotaron de la contrarrevolución de 1954, las cuales eran armadas y controladas por el Movimiento de Liberación Nacional (MLN).

Acostumbrados a todas las formas de criminalidad y de estafa, los policías han sido los mejores agentes de la reproducción y propagación de la violencia en el ejercicio de sus funciones, y por su participación en las innumerables bandas parapoliciacas y paramilitares clandestinas que, por oleadas sucesivas desde la campaña contra la guerrilla en el periodo 1966-1967, han contribuido notablemente a hacer que reine el terror en el país. El Cuerpo de Detectives y otras unidades de la policía nacional han organizado, enmarcado y retribuido a la mayor parte de esos escuadrones de la muerte, especializados en la tortura, la "desaparición" y el asesinato, tanto de delincuentes como de militantes sindicales o de políticos o personas sospechosas de simpatizar con la guerrilla. El personal empleado para esas "labores sucias" está constituido, en buena parte, por ex policías.

En la época del régimen militar, las diversas etapas del aparato represivo (escuadrones de la muerte, policías civiles, policías militares) se encontraban articuladas en un sistema rematado por una agencia de la presidencia de la República (conocida principalmente como el Centro Regional de Telecomunicaciones), en cuyo seno las más altas autoridades del ejército tenían absoluto poder de decisión. La expresión "terrorismo de Estado" encuentra en la Guatemala de este periodo una ilustración ejemplar: tras la proliferación de bandas de asesinos y de torturadores, tras la multiplicación de "hechos diversos" atroces, se perfilaba una estrategia de gobierno por medio del terror; la violencia, que caía en cascada sobre la sociedad y que a veces se volvía contra sus propios agentes, había sido decidida y organizada en la cumbre del Estado. Pocos Estados latinoamericanos modernos han ejercido el terror hasta ese grado y durante tanto tiempo. Esta centralización relativa de la violencia no excluía los mecanismos de delegación que permitieran ocultar las responsabilidades oficiales, ni impedía su financiamiento por sectores de la oligarquía, a cuyo servicio directo estaba muy a menudo.

Los oficiales con ambiciones oligárquicas

A falta de investigaciones y de análisis sociológicos recientes, los informes relativos al personal militar siguen siendo parciales y fragmentarios. De todos modos, podemos afirmar que la mayoría de los oficiales (se ha calculado en 1 400 el número de los que estaban en actividad en 1980) surgieron de las clases medias. Hoy, son raros los que salieron de las filas, pero la selección y la formación en colegios militares de enseñanza secundaria y después en la Escuela Politécnica permiten el acceso a la carrera militar de ladinos de extracción a veces modesta. En cambio, los indios son excluidos o eliminados en las primeras etapas del curso (sin embargo, en estos últimos años, en el cuerpo de oficiales se han reclutado indígenas).

Los aspirantes a oficiales reciben en principio, además de una formación propiamente militar, conocimientos e informaciones técnicos que, supuestamente, les permitirán cumplir con funciones civiles. Algunos se vuelven ingenieros y se ponen al servicio del Cuerpo de Ingenieros, de Transmisiones... Sin embargo, en el terreno, "la acción cívica" del ejército ha sido sumaria y directamente relacionada con el objetivo de mantenimiento o de restablecimiento de la seguridad interna; no se ha prolongado hasta una estrategia de desarrollo, en contra de lo que la retórica militar haya podido hacer creer en ciertas épocas. En Guatemala, los oficiales "a la peruana", por los que un sector de la Democracia Cristiana clamaba después del fraude electoral de 1984, siempre han resultado imposibles de encontrar. La principal especialización se adquiere en el dominio de la lucha contrainsurreccional. Hasta hace poco, con el ejército norteamericano en la zona del Canal de Panamá, o en los Estados Unidos, y hoy, principalmente en un centro creado ex profeso, en la selva guatemalteca (departamento de Petén). Los miembros —oficiales y soldados— del cuerpo de élite de la lucha antiguerrillera son conocidos con el nombre de *kaibiles*.

El ascenso social de los oficiales es función de su progreso por la jerarquía, de su cercanía al equipo en el poder y de su capacidad de aprovechar el puesto que el ejército ocupa en la sociedad. La instalación de militares en lo más alto del sistema político y su dominio de la administración y las empresas y agencias estatales o paraestatales (las compañías nacionales de transporte aéreo, de electricidad, de telecomunicaciones; el Comité de Reconstrucción Nacional, la Agencia de Desarrollo del Petén, etc.) se han convertido en ventajas sustanciales para una clara mejora de su condición económica: altos salarios, establecimientos bancarios propios y tiendas especiales, alojamientos y atención médica subvencionados, clubes, viajes y becas de perfeccionamiento en el extranjero, y facilidades para la adquisición de bienes inmuebles. Muchos oficiales superiores se han enriquecido de manera lícita o, más a menudo, ilícita. Comisiones y falsas facturas en ocasión de contratos de compra de armamento, contratos públicos para grandes obras y para la explotación petrolera y, recientemente, participación en el narcotráfico.

Algunos, siguiendo el ejemplo del ex presidente Arana, se han vuelto hombres de negocios muy conocidos. Muchos son los que han amasado una fortuna en bancos extranjeros, que han adquirido acciones en compañías industriales, financieras o comerciales, o que se han apropiado unos dominios que dejan en barbecho o que entregan a una ganadería intensiva. Su ascenso por la escala social ha tropezado, de todos modos, con las barreras, materiales y simbólicas que la oligarquía levanta contra su ambición de formar parte de ella (los oligarcas desprecian a los militares, que a su vez desprecian a los indios). Siguen siendo "nuevos ricos", para aquellos con quienes tratan de identificarse o con quienes pretenden asociarse. A fin de cuentas, tampoco están constituidos en esa "burguesía burocrática" que una rama de la guerrilla denunciaba. Sus ambiciones y su conducta económica eran demasiado elementales y demasiado parasitarias, guiadas por un objetivo de enriquecimiento personal rápido y sin escrúpulos. El régimen militar-policiaco ha demostrado ser incapaz y, por lo demás, está poco interesado en elaborar y, *a fortiori*, poner en acción un proyecto económico. El alfa y la omega de su política era la represión; así, la expresión "burocracia de la muerte", que también se ha acuñado para ella,[8] está mejor adaptada, a condición de observar que su lógica no era la del nacionalsocialismo, que administraba una violencia "salvaje", una violencia "brutal", que se ejercía y caía sobre la sociedad para controlarla y defenderse de ella, y no una violencia que tendía a fundir a la sociedad en el molde del Uno, y a destruir a quienes se oponían o a quienes eran considerados irreductibles.

Las fases del régimen militar

Con el bloqueo de la situación agraria y el crecimiento económico, la toma del poder político por el ejército es una de las características dominantes del periodo que estudiamos.

Al golpe de Estado de 1954 siguió un decenio caótico, durante el cual las formaciones políticas que pretendían ser "la Revolución Democrática" fueron rechazadas, mientras las corrientes aliadas a la contrarrevolución (el MLN, la Democracia Cristiana...)[9] no llegaban a imponer el control hegemónico. En el periodo 1963-1965, el ejército intenta por primera vez, con el coronel Enrique Peralta Azurdia, poner orden en el cuerpo político.[10] Lo logra en los años siguientes gracias al ascendiente que le procura su victoria sobre los guerrilleros. Define las reglas, circunscribe el espacio, relega los partidos a segundo plano y se reserva el papel no de árbitro, sino de principal actor político.

---

[8] Allan Nairn y Jean-Marie Simon, *"Bureaucracy of death"*, New Republic, 30 de junio de 1986.

[9] Todavía en 1982, la DC estaba aliada al MLN para las elecciones municipales en la capital.

[10] El golpe de Estado de marzo de 1963 no fue obra de un caudillo, sino de las fuerzas armadas. Peralta Azurdia fue llevado al poder porque ocupaba el más alto puesto de man-

Los vencedores de Zacapa (nombre de la principal zona de conflicto con la guerrilla de los años sesenta) dictan su ley al presidente civil elegido en 1966; luego, se hacen cargo ellos mismos de la dirección del Estado. Se suceden así tres generales presidentes (Carlos Arana, Kjell Laugerud y Romeo Lucas) salidos de ese grupo y elegidos en el marco de la Constitución de 1965. La institución militar se considera fuente y detentadora natural del poder político; las elecciones no son más que una formalidad secundaria, como lo demuestra el recurso al fraude cada vez (1974-1978, 1982) que el voto popular no ratifica la elección del alto mando. El ejército intentó darse un partido propio, el Partido Institucional Democrático (PID), apéndice un tanto superfluo en la medida en que no era intención de los militares combatir con armas iguales a las de los civiles, en la arena política. Se trataba de una pieza útil para las combinaciones con partidos o grupos que la ambición de poder llevaba a tocar a las puertas de los cuarteles.

Puede comprenderse que, en semejante marco, la población se haya desinteresado del juego político. En Guatemala en este periodo el voto era, por principio, obligatorio, pero las tasas de abstención eran tales que los presidentes y los diputados eran elegidos, en general, con menos de 20% del potencial electorado (la calificación más baja se registró en 1978). La oposición activa legal se manifestaba en el voto por la Democracia Cristiana (mayoritaria en 1974) o en el apoyo a personalidades socialdemócratas, como Alberto Fuentes Mohr y Manuel Colom Argueta.

La estabilidad del régimen se debía esencialmente a que, por encima de las luchas personales, de las facciones y de los grupos de interés, expresaba la unidad de la institución militar y un entendimiento de ésta con el sector privado. Estos dos principios fueron puestos en entredicho cuando el clan del presidente Lucas García trató de subordinar la maquinaria y las funciones del Estado a sus ambiciones y a su afán de lucro. La violencia sobre la que se fundaba el régimen (destrucción de la democracia en 1954, represión del movimiento revolucionario en 1966-1967) había sido administrada en forma modulada y calculada por los gobiernos de Arana y de Laugerud, lo que no excluía las oleadas de terror, la proliferación de los escuadrones de la muerte y de actos de indecible brutalidad. En tiempo de Lucas García, la maquinaria se embaló, y la violencia invadió el conjunto de la escena política y la textura social.

do: el de ministro de la Defensa en el gobierno destituido (véase Edelberto Torres-Rivas, "Guatemala: el golpe militar de 1963", en *Centroamérica: la democracia posible*, EDUCA, 1987). Este mecanismo será utilizado, en adelante, para asegurar la continuidad del régimen militar institucionalizado: cada cuatro años se convocará a elecciones, para llevar a la presidencia al ministro de la Defensa del gobierno anterior.

Fueron eliminadas ciertas personalidades cuya actividad acreditaba la imagen de un régimen que permitía ciertos espacios democráticos.[11] Las organizaciones sindicales y las otras expresiones del movimiento popular fueron aplastadas. Se multiplicaron las matanzas y se generalizó el terror. Esta política, algunas de cuyas manifestaciones veremos más adelante, hacía el juego de la guerrilla. En el periodo 1980-1981, la amenaza que representaba ésta empezó a ser tomada en serio por la oligarquía, por el ejército y por el gobierno de los Estados Unidos. Los triunfos de la contraofensiva lanzada *in extremis*, bajo la dirección del hermano del presidente, no bastaron para tranquilizar a quienes veían en el clan de Lucas a un grupo incontrolable, dispuesto a lanzarse a toda clase de aventuras (se habló por entonces, con insistencia, de un proyecto de invasión a Belice), incapaz de hacer frente a la crisis económica, y políticamente desacreditado. El golpe de Estado de marzo de 1982 fue resultado de esos descontentos y de esas inquietudes en el seno de los sectores dominantes y dirigentes. Fue acompañado por un programa, mantenido en secreto, que combinaba la estrategia contrainsurreccional y el retorno, por etapas, a un gobierno civil.

Con la dirección del general Ríos Montt, personalidad desconcertante (véase su semblanza en el capítulo X), pero cuya propaganda con connotación religiosa fundamentalista no carecía de eficacia entre la población, el ejército iba a infligir reveses decisivos a la guerrilla. Como su comportamiento era imprevisible, pronto fue remplazado por un gris representante de la jerarquía militar, encargado de consolidar la victoria y de llevar a cabo el proceso de transición.

Así, en el lapso de 1980-1981, el régimen organizado unos 15 años antes había entrado en una zona de turbulencia de la que no volvería a salir. El ejército triunfó sobre la guerrilla, pero se mostró incapaz de dirigir el Estado y de administrar la economía en una situación de crisis.

La campaña antinsurreccional de los años sesenta había permitido a los militares adueñarse del poder político. La de los años ochenta terminó en el retorno a la democracia. Difícil sería decir que el ejército fue la causa, pero sí condicionó poderosamente sus modalidades, su ritmo y sus límites. La presión norteamericana fue factor importante. Unos sectores, en el seno de los grupos económicos dominantes, también se persuadieron de las ventajas de un gobierno civil. Y cuando se convencieron de que la democracia se volvía una posibilidad real, la mayoría de los guatemaltecos se lanzaron por esta vía: en las elecciones para la Cons-

---

[11] Los asesinatos más espectaculares fueron los cometidos en contra de Fuentes Mohr y de Colom Argueta. Pero el Partido Demócrata Cristiano es, sin duda, el que ha perdido más militantes: en enero de 1982 denunciaba el asesinato de 238 de sus cuadros dirigentes en los 18 meses anteriores (McClintock, p. 226).

tituyente (1984), la suma de los votos favorables a la DC y a la Unión del Centro Nacional (UCN)[12] sobrepasaba apenas el total de las boletas en blanco y las anuladas; en noviembre de 1985, la Democracia Cristiana iba claramente a la cabeza; un mes después, en la segunda ronda de las elecciones presidenciales y legislativas, el voto a su favor se había vuelto aplastante. El 14 de enero de 1986, fecha de la toma de posesión del presidente Cerezo, fue día de alegría popular. No obstante las hipotecas y las incertidumbres que pesaban sobre esta tradición, se entreveía el fin de uno de los periodos más negros de la historia guatemalteca. Para muchos, iba acompañado por la esperanza de un resurgimiento de la modernización, de una recuperación económica, de una atenuación del poder de la oligarquía y de la retirada de los militares.

Mas para comprender el conflicto que ha desgarrado el país no basta analizarlo a la luz de las estructuras socioeconómicas y de sus transformaciones, de la crispación de la oligarquía y del gobierno por el terror bajo responsabilidad militar. Por encima de las brechas y de las oposiciones evocadas aquí en relación con la estructura agraria, el sistema político, etc., la sociedad guatemalteca ha pasado por una fractura profunda a la cual esas separaciones y esas oposiciones no se sobreponen siempre exactamente y que, en todo caso, es de otra naturaleza: una discriminación de tipo racista, una segregación, de hecho, entre indios y ladinos. Si la guerra se desarrolló ante el trasfondo del bloqueo de la estructura social, de cerrazón política y de frustración de las luchas sociales, la forma y la dimensión que ha tomado no pueden comprenderse sin considerarla en la perspectiva de un movimiento de rechazo y de emancipación que, simultáneamente y aunado a la modernización de la sociedad guatemalteca, actuaba hasta en las raíces mismas de las comunidades indias de los altiplanos.

---

[12] Unión del Centro Nacional, partido de centro-derecha, constituido para sostener la candidatura presidencial de J. Carpio Nicolle, el cual gozaba, al principio, del favor de la jerarquía militar.

IV. UN RENACIMIENTO INTERRUMPIDO.
MOVIMIENTO INDIO Y PODER LADINO

Estaban por un mundo moral nuevo.

Eric Hobsbawm*

Lo que se enseña aquí no es el sentido de los negocios, es un *ethos*.

Max Weber

En la base del proyecto nacional, la represión del indio

"Proclamamos la independencia antes de que el propio pueblo la declare."[1] Esa declaración del Acta de Independencia, texto fundador de la nación guatemalteca, expresa una de sus características centrales, que ha subsistido hasta nuestros días. En Guatemala, el caótico proceso de Independencia (1821) fue dirigido por criollos conservadores que, ante el desplome del imperio y la descomposición de la Capitanía General, trataban de salvaguardar su posición y sus prerrogativas. En el interior, se enfrentaban a fuerzas centrífugas divergentes: por una parte, la presión de los ladinos, deseosos de emanciparse del yugo colonial; por otra, una amenaza de secesión india. Un año antes, un levantamiento dirigido contra los criollos y contra los ladinos había estallado en el corazón de los altiplanos: a la cabeza del movimiento se encontraba Atanasio Tzul, proclamado rey de los quichés, quien seguía atribuyéndose la autoridad del rey de España. La rebelión fue aplastada, y su recuerdo, reprimido y deformado, sigue marcando con el sello de la ambigüedad el nacimiento de la nación.

En las luchas por el poder y en pro o en contra de una federación centroamericana que siguieron a la Independencia, los liberales expresaron las aspiraciones de los ladinos y fueron testigos de su difícil surgimiento, mientras que los criollos conservadores defendían ciertas formas de la organización social y ciertas instituciones coloniales, apoyándose en una población india apegada a sus comunidades. La Reforma liberal de 1871 llevó consigo el proyecto de instaurar un poder ladino; condujo a una

---

* A propósito de los anarquistas andaluces.

[1] Cecilio del Valle, citado en J. M. García Laguardia, "La reforma liberal", *Estudios Sociales*, núm. 5, diciembre de 1971, p. 5.

serie de dictaduras al servicio de un sistema oligárquico, al que se aliaban antiguas familias criollas, la ascendente clase ladina, grupos de nuevos inmigrantes y la nueva potencia tutelar del Norte, en detrimento del conjunto de la población india. Después de medio siglo de "dictaduras liberales", de fraccionamientos y despojos de las antiguas tierras comunales, de trabajos forzados en las plantaciones, un observador hacía la siguiente comprobación:

> En la actualidad, la situación de los indios probablemente es peor que hace cincuenta años, y ciertamente peor que la de las clases inferiores de las otras repúblicas (de América Central). El desarrollo del sistema de peonaje les ha quitado hasta la más ínfima parcela de la independencia económica y política de que gozaban hace poco, y ha destruido casi por completo su antigua vida comunitaria, arrancándolos de sus hogares. Las municipalidades indígenas que en incontables localidades existen paralelamente a los consejos municipales ladinos, y que antes administraban los asuntos internos de la comunidad, han sido impotentes para proteger a los miembros de ésta contra las operaciones de los agentes reclutadores de las plantaciones y la tiranía de los representantes del gobierno central. Muchos poblados indios que antes se beneficiaban de una autonomía relativa, por relación con los enclaves de población blanca, ahora están por completo a merced de brutales autoridades locales que, no contentas con exigir dinero a sus administrados con cualquier pretexto, añaden la práctica ya usual de vender, por decirlo así, como esclavos, a las personas que se han confiado a su gobierno.[2]

El centésimo aniversario (1985) de la muerte del general Barrios, padre del Estado guatemalteco moderno, fue ocasión para recordar los fundamentos de este Estado, al salir de una crisis que había amenazado con derribarlos.

ABORTO DE LAS REFORMAS Y DE LA REVOLUCIÓN DESDE LAS ALTURAS

Antes, la "Revolución guatemalteca" (1944-1954) había intentado sustituir las dictaduras oligárquicas por un régimen que funcionara sobre la base de elecciones y tendiera a la integración y la independencia nacionales. Lejos de querer eliminar el poder ladino, los nuevos dirigentes se proponían realizar por fin su proyecto: el de una Nación-Estado moderno, liberándolo de las hipotecas y de las desviaciones que, a sus ojos, lo habían impedido o desnaturalizado durante la época liberal. Las antiguas

---

[2] D.-G. Murro, *The five republics of Central America: their political and economic development and their relations with United States (1918)*, Oxford University Press, Nueva York, citado por Shelton Davis, primavera de 1983.

familias criollas habían seguido ocupando el escaño más alto de la escala social y constituyendo el núcleo de la oligarquía; el enclave había entrado al relevo de la Colonia. La eliminación de esos obstáculos debía hacer posible la consumación del proceso comenzado en el siglo XIX, y permitir la ocupación de todas las esferas de poder por representantes de una clase media que, en Guatemala y en esta época, se definía esencialmente por su no pertenencia a la "aristocracia", por una parte, y al mundo indígena por la otra.

La abolición del trabajo forzado, la ampliación del mercado, la movilización sindical, la reforma agraria y las otras medidas tendientes al desmantelamiento del sistema oligárquico aportaron algunos alivios y beneficios a los indígenas.[3] Contribuyeron a quitar ciertos frenos que obstaculizaban la dinámica de recomposición de la autonomía y de las solidaridades comunitarias. De todos modos, los indios no tuvieron ninguna participación en la dirección nacional del movimiento democrático,[4] y a nivel local sólo desempeñaron un papel subalterno. Los dirigentes eran, en esencia, miembros de las clases medias urbanas (militares, profesores, profesionales liberales...); la base social se reclutaba principalmente entre sectores asalariados, en la ciudad y en las plantaciones; el objetivo de modernización capitalista era concebido en una perspectiva divergente de la del movimiento comunitario. En su discurso de toma de posesión, Arbenz presentó a las comunidades indígenas como un obstáculo al desarrollo, por la misma razón que los latifundios y las relaciones "feudales" de producción. Por esas razones y por motivos religiosos o propiamente políticos, la experiencia democrática suscitó desconfianza y resistencia en el seno de grandes sectores de la población india. Nos explica esto, no sin proyectar su propia visión militante, un líder indígena de los años ochenta:

> En la época del 44, en el campesinado, en el indígena, no se entendió tanto esto, en el sentido de que no hubo ningun trabajo de concientización. En la época de Jacobo Arbenz hubo confusión en el campo. Me acuerdo, cuando yo era chiquitillo se hablaba todavía del comunismo, se hablaba del comunismo que era un miedo, era un terror, que toda la extrema derecha metió un miedo a toda la población para que se levantara en contra de Jacobo Arbenz, como no había un trabajo previo de politización de la población.
> En sí el pueblo del altiplano no la sintió tanto, la sintió como una cosa en

---

[3] Se verán más adelante algunos aspectos. Véase también R. Adams, "Ethnic images and strategies in 1944", *Pre-publication working papers of the Institute of Latin American Studies*, paper núm. 88-06, Universidad de Texas, Austin.

[4] Las jornadas que vieron nacer el régimen también fueron las de la sangrienta represión de un levantamiento indio (matanza de Patzicía).

contra de ellos, una cosa que les afectó. Donde se sintió un poco mejor es más en la costa sur, en algunos lugares donde funcionó un poco la reforma agraria, pero tampoco la gente entendía por qué eso; entonces sin un trabajo de politización, fue un poco aislado. En el altiplano se oyó que hubo esa toma del poder por Jacobo Arbenz, pero muchas de las opiniones de las gentes, en el caso de los familiares de nosotros, decían que Jacobo Arbenz fue mala gente, quiso terminar con la religión, quiso terminar con la cultura indígena.[5]

El movimiento revolucionario de los años sesenta siguió siendo igualmente, en lo esencial, cuestión interna del mundo ladino. A pesar de las declaraciones, las veleidades y las intenciones,[6] los pocos indios movilizados ocupaban en él un lugar subordinado y marginal (la excepción "Pascual", puesta muy de relieve, confirma en realidad la regla). Los objetivos se definían sin consulta y sin tomar en cuenta las aspiraciones ni la voluntad de la "mayoría no nacional": la toma del poder debía estar a cargo de una vanguardia, con el objeto de instaurar el socialismo (en aquella época de "guerrilleros heroicos", la democracia era considerada un concepto burgués); la liberación nacional se entendía en la dimensión antimperialista, y se suponía que la integración de los indígenas sería consecuencia de la ruptura de los nexos de dependencia externa.

La guerrilla movilizó, cuando mucho, a unos 300 combatientes y provocó, a cambio, una represión que produjo varios millares de muertos (los cálculos más serios varían entre 3 000 y 6 000), esencialmente entre los campesinos ladinos del Oriente. Algunos sobrevivientes de esta aventura sangrienta atribuyeron su fracaso a su alejamiento del mundo indígena. Las pocas tentativas de acercamiento habían causado, ante todo, desengaños. En el norte de Huehuetenango, la actitud desenvuelta, arrogante, de una columna de guerrilleros, exasperó a los indígenas, que la entregaron al ejército.[7] En Baja Verapaz y otras regiones, los rebeldes, después de haber tratado de constituirse una base social, se retiraron, dejando indefensa a la población ante la represión que su presencia había atraído. Los seis combatientes indios incorporados al núcleo inicial del frente Edgar Ibarra no hablaban la lengua de la zona de operaciones de éste. Pero el equívoco era aún más profundo de lo que manifestaban esas visitas ocasionales y esas torpezas de los guerrilleros.

[5] "Guatemala, las raíces de una realidad práctica", entrevista de Domingo Hernández Ixcoy por François Lartigue. *Civilización*, núm. 2, México, septiembre de 1984.

[6] C. Gros, 1981.

[7] R. Debray, 1974, p. 293. A propósito de esta aventura, un arqueólogo guatemalteco que trabajaba en la región habla de la "desconfianza de los indígenas ante los hombres ladinos vestidos de negro —mal color para llegar a tierras de frío y niebla— que les hablaban en español de cosas que todavía no entendían" (C. Navarrete, 1988, p. 204).

La sociedad india evolucionaba en una esfera totalmente distinta. Conocía sus propios cambios, poco espectaculares, imperceptibles para la sociedad urbana guatemalteca e ignorados en el extranjero por los medios de comunicación y los intelectuales que sólo veían a América Latina en la perspectiva apocalíptica profetizada por el Che Guevara.

UNA MUTACIÓN PROFUNDA

Desde hace algunos decenios, en un marco político adverso, en categorías y formas poco revolucionarias y con una discreción muy india, en el seno de las comunidades se desarrollaba el primer movimiento (desde la Conquista) que buscaba la democratización en la base y en la profundidad de la sociedad guatemalteca... Pero no en el Estado.

Ese movimiento no es reductible a ninguna de las etiquetas bajo las cuales se le ha presentado o por las cuales se ha intentado definirlo (movimiento de conversión, Revolución Verde, desarrollo de las comunidades...), ni a ninguna de las organizaciones (Acción Católica, cooperativas, Comité de Unidad Campesina...), a ninguna de las direcciones, a ninguno de los programas que simultánea o sucesivamente se ha dado y que, por lo general, sólo dan cuenta de los aspectos más "objetivos", los más materiales o los más visibles del proceso, favoreciendo, cada vez, sólo uno de esos aspectos. Se trata de una mutación global de las relaciones sociales en las comunidades indígenas, acompañada de cambios en las relaciones entre indios y ladinos en el nivel local, y en la articulación de la sociedad local y de la sociedad nacional. Esos cambios tienen su origen en los años que siguieron a la crisis mundial de 1929 y se amplificaron, diversificaron y profundizaron en cerca de medio siglo, hasta la crisis interna y la entrada en guerra, en la segunda mitad de los años setenta. Lo que, por encima de las diversas fases y las múltiples dimensiones, da su unidad al movimiento que las ha llevado es el objetivo de la emancipación india, sin la cual en Guatemala todo discurso y toda práctica revolucionaria o democrática no haría más que repetir, eventualmente en formas nuevas, los límites, los equívocos y las desviaciones de la Independencia, de la Reforma liberal, de la "Revolución guatemalteca", o de la lucha de liberación nacional.

LA CONVERSIÓN

El movimiento aparece, en principio, como "un movimiento de conversión religiosa",[8] una rebelión contra las creencias tradicionales y, desde

8 R. Falla, 1980.

la ruptura del consenso comunitario hasta la penetración de la teología de la liberación, este hecho marca todas sus etapas. Pero desde el principio, la emancipación tiene también particularidades económicas y sociales.

El desarrollo, a partir de la Reforma liberal, de la agricultura de exportación y el trabajo forzado, la expansión ladina por los altiplanos y el debilitamiento de la comunidad, había estado acompañado de un declinar de la autoridad y del prestigio de los ancianos *(principales)* y de los *alcaldes indígenas*, en favor del poder de los chamanes *(zahorines)*, que había adoptado un carácter arbitrario y abusivo. Dos caras de un mismo fenómeno: el refuerzo y la perversión de las prácticas mágico-religiosas tradicionales, y el revés de la pérdida de autonomía comunitaria, de la supresión de los conflictos intercomunitarios y de la consolidación del dominio de un mundo ladino hostil (el enemigo exterior, que en las tradicionales disputas de tierras estaba constituido por la comunidad vecina, se borra, y se agudizan las tensiones internas).

Las primeras rebeliones contra los *zahorines*, las primeras conversiones, aparecen con transformaciones del sistema de explotación y de dominación organizado por la Reforma liberal. Transformaciones causadas por la crisis mundial y por el crecimiento demográfico: los efectos de la primera hacen intolerable y desproporcionado el peso de las deudas acumuladas y heredadas por las cuales la mano de obra de las plantaciones se había podido mantener cautiva hasta entonces; el segundo, directa e indirectamente (al reducir la superficie disponible por personas miembros de la comunidad), aumenta la oferta de mano de obra. El nivel de endeudamiento se vuelve aberrante, y el mecanismo pierde su necesidad. En 1934 Ubico decreta la cancelación de las deudas e instituye la cartilla de trabajo: cuidadosa de mantener el orden y el reclutamiento de trabajadores para sus programas de infraestructura (construcción de caminos, etc.), así como de los intereses de los plantadores privados, la dictadura llamada liberal sigue sin tener confianza en el mercado y sigue recurriendo a métodos autoritarios y coercitivos que aseguran la perpetuación de un sistema de sobrexplotación.

La extinción de las deudas y el desarrollo de facilidades de transporte permiten, sin embargo, a una minoría indígena sustraerse del trabajo en las plantaciones y consagrarse a la actividad comercial de tiempo completo. Ésta se despliega fuera de los municipios de pertenencia de los interesados, da lugar a incontables desplazamientos a través del país, se traduce en una diversificación de los contactos (especialmente, con el mundo ladino) y una recuperación de la confianza en sí mismo y en el mundo exterior. El nuevo comerciante *(comerciante de fuera* o comerciante indígena de larga distancia)* se reconcilia consigo mismo; recupera una identidad positiva. Se ve obligado a romper con el *zahorín*, cuyo poder, en el contexto descrito, se funda en el reino de la desconfianza, del temor a sí mismo y a los demás, de la culpabilización y de la dependencia. La índole de ese poder hace de la ruptura una experiencia traumática, paroxísmica, una "conversión" que para realizarse, expanderse y traducirse en las relaciones sociales necesita alimentarse en nuevas fuentes de legitimidad simbólica, constituir redes de solidaridad (los nuevos comerciantes establecen nexos entre ellos y con no comerciantes; los convertidos son prosélitos celosos) y apoyarse en instituciones.

Por ese medio, el movimiento de conversión entronca con la empresa de reconquista de los altiplanos por la Iglesia católica (al principio, en forma de una Sociedad de Propagación de la Fe; luego, a partir de 1945, en la de la Acción Católica). La penetración de ésta y de las Iglesias y sectas protestantes en los altiplanos, a partir de los años treinta y cuarenta, pone en peligro el casi monopolio del poder simbólico que allí ejercían las autoridades tradicionales, especialmente los *zahorines;* asimismo, introduce una pluralidad institucional sin la cual las rebeliones y revueltas individuales difícilmente hubieran desembocado en un movimiento religioso y social.

"IDEAS NUEVAS", VECTORES RELIGIOSOS Y ÉTNICOS

El autoritarismo de Ubico ocultaba mal el desgaste del régimen y el anacronismo del orden social instaurado por la Reforma liberal. Durante su reinado, un sector indígena, aprovechando la remisión de las deudas, se libera de la condición socioeconómica común y nacen los fenómenos neocatólicos y pentecostalistas que serán las dos principales expresiones religiosas, divergentes y rivales, pero estrechamente emparentadas, de una "revolución silenciosa" en el medio indígena.

La apertura democrática se traduce en medidas y cambios (abolición de trabajos forzados, extensión del salariado y del mercado, diversidad de partidos) que permiten ensanchar la brecha en la cual se desarrolla el movimiento de emancipación, que se extiende progresivamente más allá del grupo de los nuevos comerciantes y de algunas comunidades del departamento de Totonicapán, en todas direcciones y por las más diversas capas sociales.

Los chiquimulas, que ocupan un lugar especial en el seno de la población indígena, desempeñaron un papel crucial en esta discusión. En expansión, considerados como semilleros de "errantes" y tratadas con cierto desdén por los demás quichés, las comunidades chiquimulas han constituido, más que otras, un medio de incubación y un vector de la penetración de las ideas nuevas, ya se presenten éstas en forma neocatólica o en forma evangélica. Lo deben sin duda, a la vez, a una relativa marginación social y a una posición geográfica central, a su dinamismo demográfico y a la insuficiencia de los recursos locales que los obligan a las migraciones, al hecho de que la pobreza campesina y su recurso a una actividad comercial sean dos de sus características marcadas. Los chiquimulas ilustran singularmente la tesis según la cual en el rechazo a la costumbre se encuentran quienes ya no quieren servir en el sistema de cargos, y los que ya no pueden hacerlo.

Durante el periodo democrático y en la secuela del golpe de Estado de 1954, la Iglesia católica, para la cual el movimiento de conversión se reduce a una cruzada contra el "paganismo", hace de ésta un caso particular de su cruzada nacional contra el "comunismo". Siguiendo una lógica de la competencia y de la demarcación en relación con los católicos, y según el conformismo político que ya le es habitual, pero a veces también por razón de la influencia ejercida por ladinos progresistas en su seno, las Iglesias y sectas evangélicas se encuentran, antes bien, del lado de las autoridades democráticas.

En los años sesenta es detectable una evolución: a los componentes del movimiento ya mencionados (conversión, lucha contra la *costumbre* y en particular contra el consumo ritual de alcohol, el desarrollo del transporte y del comercio) tienden a añadirse elementos de una modernización económica y social que se dirigen a sectores cada vez más vastos de la población india y, en particular, del pequeño campesinado: adopción de abonos químicos, penetración del crédito bancario, formación de cooperativas, de ligas campesinas y de asociaciones de desarrollo comunitario, extensión de la escolarización y difusión de la radio.

La reivindicación de una reforma agraria quedaba, en cambio, totalmente excluida. Esto habría sido provocar directamente al régimen nacido de la liquidación brutal de semejante experiencia. La inscripción mayoritaria del movimiento en una Acción Católica imbuida de anticomunismo, y su relación con una Democracia Cristiana nacida en el movimiento contrarrevolucionario y que evolucionaba hacia un reformismo moderado, le impedían pensar siquiera en cambios radicales de la estructura agraria. Los conflictos de tierras al nivel local no dejan de ser, por ello, uno de sus puntos de arraigo. En los altiplanos, a menudo oponen el sector que trata de reimpulsar la dinámica comunitaria contra los ladinos "usurpadores". Además de esta reconquista del territorio de las comunidades, el movimiento alienta y anima a los indios a ocupar las tierras bajas de la Franja Transversal del Norte: como se verá, la colonización del Ixcán fue una realización ejemplar. Algunos de sus componentes ocuparán posiciones avanzadas, atacando el sistema de reclutamiento de la mano de obra para las plantaciones, lo que alarmará a la oligarquía y contribuirá a las tensiones que a finales de los años sesenta terminarán en un llamado al orden o en la expulsión de ciertos líderes o animadores de las cooperativas y de las ligas campesinas. En el decenio siguiente, el Comité de Unidad Campesina (CUC) tratará de aportar dar un contenido más sistemático y más radical a lo que, hasta allí, revestía sobre todo los aspectos de una tentativa de apertura y de modernización de la sociedad india.

La conquista del poder local

Uno de los objetivos del movimiento y una de sus manifestaciones más visibles consistieron en tomar, progresivamente, diversas instancias del poder local, incluso los consejos municipales y las alcaldías oficiales de numerosos municipios de los altiplanos. Se trataba de liberarse del dominio que la minoría ladina ejercía en ese nivel, directamente y por medio de sus relevos en el seno de la comunidad india.

Hasta los años sesenta, el acceso de un indígena a la más alta responsabilidad municipal fue una cuestión excepcional y efímera, a menos que se inscribiera en una combinación, una estrategia, una estructura enteramente controlada por los ladinos. En la época de las dictaduras liberales, las autoridades indígenas, cualesquiera que fuesen su grado y su modo de inserción en la administración oficial local, fueron, sin excepción, mantenidas bajo una estricta tutela. Los "intendentes" nombrados por Ubico para hacerse cargo de los municipios casi siempre eran ladinos.

Después de 1944, se eligieron numerosos alcaldes indígenas, pero en condiciones que no planteaban fundamentalmente la articulación de la comunidad india al sistema político nacional.[9] Los mecanismos se volvieron más complejos: figuras y fórmulas evolucionaron, diversificán-

[9] No son menos perceptibles las evoluciones: un antropólogo norteamericano que había trabajado en San Miguel Aguacatán en este periodo puede afirmar, no sin hacer algunas generalizaciones: "Después de 1945, las principales autoridades municipales fueron elegidas por el voto popular, para un periodo determinado. Allí donde los indios eran mayoritarios, unas autoridades indias fueron, en general, llevadas a la alcaldía, y recibieron los medios legales para gobernar eficazmente. Era la primera vez desde la Conquista española de comienzos del siglo XVI que se otorgaba a los indios cierto grado de poder político. En los campos era perceptible un cambio profundo, incluso en las comunidades más apartadas [...]. Daba a los indios dignidad y responsabilidad, en vez de la sumisión y de la dependencia tradicionales" (Morris Siegel, "Perspectives on Guatemala", *New Republic*, 19 de julio de 1954, citado por Shelton Davis, 1983, p. 8).

R. Falla, por su parte, nota, de manera más matizada, que después de 1945 los tradicionalistas trataron de controlar el sistema municipal, pero cada vez más a menudo

dose. El Estado intervino de manera menos directa y menos brutal, pero conservando su control; se opuso a la oligarquía tradicional y a la dominación extranjera y pronto entró en conflicto con ellas, pero el nuevo sistema consagró y se propuso modernizar el poder ladino. En el nivel local, cuando una personalidad india era elegida para ocupar la cabeza de la municipalidad, a menudo había sido ya previamente designada por el Consejo de Ancianos, de acuerdo con los notables ladinos y/o los representantes del gobierno. Siempre iba acompañada por un secretario de alcaldía ladino, habitualmente ajeno al municipio y ligado a uno de los partidos que se disputaban y compartían el poder en la cumbre de la pirámide (esta forma de control perdura hasta nuestros días).

En muchos casos, los notables ladinos de los pueblos y aldeas de los altiplanos continúan monopolizando los puestos de responsabilidad. De ellos obtienen las máximas ventajas, al mismo tiempo que desempeñan funciones de reclutamiento y encuadramiento de la población indígena al servicio de los grupos económicos y políticos dominantes en escala nacional. La participación de los indígenas en la vida municipal se da entonces en el marco de instancias subordinadas y subalternas, como las alcaldías indígenas y la policía de las aldeas.

El golpe de Estado de 1954 incide poco sobre ese sistema; los que habían ejercido una función oficial en el periodo precedente son descartados, pero la minoría ladina conserva y a veces refuerza su posición dominante.

Desde el siglo XIX, fuese ejercido por indios o por ladinos, el poder local era controlado por los ladinos. A partir de mediados de los años sesenta, éstos tuvieron que recurrir a triquiñuelas y negociar para conservar una hegemonía cada vez más impugnada por la fracción modernista de la comunidad india: miembros de la joven generación, "castellanizados", formados para la acción colectiva en el seno de la Acción Católica o de alguna otra asociación religiosa en el marco de las cooperativas, en las ligas campesinas o los Comités de Desarrollo.

La división de la comunidad desembocó en un periodo de inestabilidad municipal. Los conflictos se polarizaron adoptando a veces, localmente, un giro violento. En Aguacatán, en 1970, el candidato de la DC, un indio protestante, pronunció discursos agresivos:

Somos gente explotada. Si vamos a poner a uno de nuestra gente en el puesto de alcalde, entonces debemos empezar a planearlo ahora. Esto es lo que de-

fueron superados por los modernistas, más duchos en utilizar el sistema de partidos (1980, pp. 42-43). Observemos, por otra parte, que en 1952 la legislación oficial anuló las funciones políticas del sistema de cargos, pero que éstas perduran en muchos casos.

bemos hacer. Todos los ladinos en cargos públicos, todas las personas nombradas deben ser sacadas del Juzgado, tal como si fueran basura en el mercado.[10]

Una vez elegido, cumple su amenaza, lo que desencadena una fuerte reacción del bando adverso y la intervención del ejército.

Un nuevo paso se dio en 1974. El movimiento por la conquista de las municipalidades tuvo un carácter más sistemático y, por encima de las particularidades locales, se presentó con amplitud regional, sobre todo en los departamentos de Chimaltenango y el Quiché. Tuvo importantes repercusiones sobre el escenario político nacional, principalmente en el ascenso y el triunfo de la DC. El poder respondió con el fraude, la manipulación, la corrupción y el empleo de la fuerza. En los años siguientes, el movimiento refluyó bajo los efectos de esta presión, así como de sus divisiones internas y de las estrategias personales de algunos indios elegidos. Más adelante, a favor de la guerra, muchos caciques indígenas serán asesinados por uno u otro de los protagonistas.

Las más de las veces, los candidatos llevados por el movimiento indígena enarbolaban el pendón de la Democracia Cristiana. Ese partido, que se pasó a la oposición a partir de 1964, en los altiplanos se apoyaba en los sectores interesados en el cambio, en el desmantelamiento del conformismo defensivo que ligaba la comunidad al régimen puesto en el lugar, por medio de la sumisión de las autoridades indígenas a los representantes locales de los partidos gubernamentales y a la administración municipal oficial. Ésta fue concebida como el último escalón del aparato de Estado y del poder ladino, tanto o más que como emanación o representación de la colectividad pueblerina. La DC no se proponía elevar en masa a los indios a la escena política nacional, y ello tampoco correspondía a un objetivo del movimiento indígena, aun si, por primera vez en la historia de Guatemala, dos indios fueron elegidos diputados en 1974. Lo que buscaba era una apertura del sistema político que le diera acceso a la cumbre del poder y que permitiera la participación democrática de los indígenas en la base. Había convergencia y complementariedad entre los dos objetivos. La alianza de las dos corrientes no ponía en entredicho el orden piramidal sobre el cual reposaba la nación-Estado y que, en forma modernizada, se reproducía en el seno mismo de la DC. Y, sin embargo, contribuyó a socavarla.

El éxito de esta alianza consolidó la que tradicionalmente existía entre las fuerzas en el poder y los *costumbristas*. El mantenimiento del régi-

---

[10] Citado por Douglas Brintnall, "El colapso de las jerarquías", *Polémica*, julio-octubre de 1983, p. 27.

men autoritario estaba ligado a la capacidad de los primeros para mantener un electorado indio cautivo. Lo que no excluía las variantes: ante la erosión de su clientela habitual, los partidos conservadores apelaron, a veces, a personalidades indígenas modernistas. Así, en San Andrés Sajcabajá (Quiché), Pedro Tum, un ex catequista elegido alcalde en 1972 en una planilla de la DC, fue relegido en 1974 a la cabeza de una coalición animada por los ladinos partidarios del *statu quo* y que incluía al sector indígena tradicionalista. Más adelante sería asesinado por los guerrilleros, acusado de "traidor y colaborador". El primer alcalde indígena de Santa Cruz del Quiché, neocatólico elegido en una lista de extrema derecha, y asesinado también, constituye otro ejemplo de esta captación y de la ambigüedad de las situaciones locales.

LA AFIRMACIÓN DE IDENTIDAD

El movimiento indio guatemalteco nació de una ruptura con la *costumbre*. Se caracterizó por su apertura a la sociedad global y constituyó un poderoso motor de aculturación, pero de una aculturación sin "ladinización". Fue acompañado por la reafirmación de la identidad india, de la cual transformó y a veces reforzó algunas manifestaciones simbólicas.

Hasta hoy, la adopción de valores y comportamientos ladinos había ido de la mano con la integración o, mejor dicho, la asimilación, individual o colectiva, al mundo ladino; la ladinización cultural corría paralela a la ladinización social. En el marco del movimiento, la apertura a la sociedad nacional ya no supone o ya no produce una desindianización. Los propios censos son prueba de ello: en el periodo (aproximadamente, los años 1950-1970) en que se multiplicaron y extendieron los modos de inserción de la población india, y mientras los sociólogos elaboraban una teoría de la "ladinización", esta ladinización marcó el paso; la indianidad se sostuvo y a veces se reforzó en las regiones más afectadas por los cambios.

¿Debe entenderse esta afirmación de identidad en un sentido cultural o étnico?

A decir verdad, la aculturación no se traduce aquí en una deculturación masiva y sistemática. La extensión del castellano, por ejemplo, no significa el abandono de las lenguas vernáculas que, por otra parte, logran un principio de reconocimiento entre algunos sectores marginados y minoritarios de la intelectualidad (las más de las veces, indios y extranjeros, y rara vez ladinos). Surgen programas radiofónicos en *lengua*, habitualmente bajo el impulso de misioneros. En la órbita de Radio

Quiché se forma un círculo de jóvenes indios escolarizados, que se han fijado como objetivo la defensa y la promoción de la cultura maya.

Sin embargo, la cultura india, objeto separado, manifestado en lenguas y en costumbres, no es una reivindicación central del movimiento que, en cambio, considera una necesidad el aprendizaje del español: medio de la intercomunicabilidad entre las diversas etnias indias, y de la emancipación ante los intermediarios y los notables ladinos. Reclama y crea escuelas en español, y no preconiza la enseñanza bilingüe. La afirmación de una pertenencia étnica tampoco es un elemento componente, si se entiende con ello la identificación "con el pueblo maya" o con uno de los cerca de 20 grupos etnolingüísticos que suelen distinguirse entre los mayas guatemaltecos. Contrariamente a la comunidad pueblerina y a la comunidad genérica de todos los indios, entendida desde el punto de vista de la separación indios/ladinos, "la etnia" no constituye aquí una referencia fuerte. (De esta manera, las veleidades de ciertos protagonistas del conflicto armado por darle una categoría política aparecerán como distorsiones, entre otras, del movimiento social, expresión de un voluntarismo político.)[11]

La afirmación de identidad inherente al movimiento no es, en lo esencial, una reivindicación de las diferencias. Por una parte, es el reconocimiento de una comunidad india que trasciende las especificidades etnolingüísticas. Por otra parte, recurre a la incorporación de elementos culturales no indios más que a elementos de la tradición india. Sin duda, es justo observar, a propósito de ello, que: "La pérdida de señales culturales propias se acompañó de otras señales sustitutas, que aunque de proveniencia ladina, se asumieron como propias y al ser asumidas se distinguieron de las mismas señales en cuanto ladinas".[12] Esto es reconocer que existe una "fuente de sentido", lo imaginario que instituye y que trasciende las diferencias culturolingüísticas, y que es susceptible de integrar, de apropiar y de reinterpretar los elementos de procedencia no india. La historia de los mayas de Guatemala después de la Conquista prueba la fuerza que reviste entre ellos ese principio.

El movimiento de renacimiento indio, ¿es entonces una afirmación de esta diferencia, que sería la diferencia? Su posición, en esta relación, es por lo menos ambigua. Nació, como lo hemos visto, de una rebelión contra los "amos del sentido"; pone en entredicho, radicalmente, la representación del mundo y del tiempo que se encuentra en la base de la sabiduría de los ancianos. Lo sustituye por lo imaginario, una fuente, y unos amos del sentido o hermeneutas que no pertenecen al mundo indígena. El za-

[11] Esta observación es tan válida para el gobierno de Ríos Montt como para el EGP. Véase el capítulo XV.
[12] R. Falla, 1980, p. 546.

horín es apartado, en favor del sacerdote católico o del pastor protestante, lo que es más importante que remplazar una vestimenta india —que habitualmente lleva ya la marca de una influencia colonial, española— por un atuendo occidental, que las más de las veces será "adultrado" con la añadidura de algún signo distintivo, o por su inscripción en un conjunto de signos de connotación india. Es más difícil apropiarse y desviar lo que se encuentra en la fuente del sentido, que los signos que lo manifiestan.

La conversión enfrenta a dos imaginarios instituyentes. La afirmación de la identidad india que la acompaña, ¿no le da un mentís por el rechazo de aquello que funda su identidad y por recurrir a un imaginario y a unos oráculos que niegan y que combaten lo imaginario propio? Al no poder fundar la identidad sobre la representación maya del mundo, ¿sobre qué puede pretender fundarla el movimiento? La lucha contra la *costumbre* contiene una amenaza de fisión del núcleo de sentido que está en el corazón mismo de la cultura maya y que le da su fuerza. La reconquista cristiana, en sus formas neocatólica y protestante, reactiva el espíritu de la Conquista y, singularmente, la empresa de conquista de lo imaginario. Hasta podemos preguntarnos si la amenaza no es más grave en esta segunda mitad del siglo XX de lo que lo fue en el XVI, y ello por dos razones:

a) La conversión, aunque apoyándose en instancias exteriores, no fue impuesta desde el exterior (la extensión de las sectas evangélicas en ocasión de la guerra pone límites a semejante afirmación, pero no la invalida); surge del interior de la sociedad misma y alimenta en ella una dinámica endógena.

b) La conversión es radical; no admite ninguna componenda con el *zahorín*, rechaza en bloque la *costumbre* como manifestación del paganismo; no hay un deslizamiento de la religión maya-católica hacia el neocatolicismo, sino, en cambio, crisis y ruptura; la Acción Católica y *a fortiori* el pentecostalismo y las otras corrientes evangélicas están animados por una intolerancia misionera; tanto más firmemente se niegan a considerar unas fórmulas sincréticas cuanto que las creencias y las prácticas a las que se oponen se les presentan como un sincretismo, mientras que los misioneros del siglo XVI a menudo se vieron llevados a contemporizar con las religiones precolombinas para tratar de penetrarlas y de subvertirlas: comportamiento que creó, precisamente, las condiciones de la formación de ese sincretismo que hoy combaten.

Lo radical del conflicto y el carácter crucial de lo que está en juego ilustran, sin duda, algunos aspectos de la violencia que ha desgarrado a las comunidades durante la guerra. Si se reconoce que el movimiento de conversión pudo ser concebido por los chamanes y los ancianos como una amenaza a su identidad, como una tentativa de desintegración del núcleo de sentido que, a sus ojos, funda su ser y la existencia de la comunidad,[13] que, por tanto, iba acompañado de una extraordinaria violencia simbólica, se comprenderá que los costumbristas *hayan podido*, al irrumpir la violencia política en los altiplanos, captar y utilizar ésta a veces contra los *catequistas*, y aprovecharla para "ajustes de cuentas". Los "desbordamientos" a los que se entregaron ciertos grupos de tradicionalistas, el "exceso" de su comportamiento en relación con explicaciones económicas o políticas, nos remiten a la esfera simbólica.[14] El interés central de los enfrentamientos en el seno de la sociedad india, desde las primeras conversiones en los años treinta hasta las terribles divisiones ocurridas en la guerra, a comienzos de los años ochenta, se debe a la relación con lo simbólico.

Cualquiera que fuese el impacto de la conversión, por una parte, y de la guerra, por otra, no realizaron por completo y de manera irremediable las amenazas de desintegración y de división que entrañaban. ¿Desencadenaron procesos irreversibles y dejaron heridas imborrables? Hoy, en el periodo de posguerra, están en curso fenómenos de recomposición (grupos que se han opuesto y a veces desgarrado entre sí, pero que vuelven a "pactar") divididos y vacilantes, pero cuyo arraigo en las comunidades es muy profundo. Parece que la creencia en el saber y el poder de los *zahorines* y que el respeto a la sabiduría de los ancianos no han desaparecido ni siquiera entre los indios convertidos. Las innovaciones religiosas, incluso el pentecostalismo más agresivo, pueden ser parcialmente asimiladas, desviadas y reinterpretadas en la perspectiva de unos sincretismos nuevos.

Mientras habría podido esperarse que la guerra rompiese por largo tiempo los resortes del renacimiento indígena, todo indica que ha retomado su curso o que, antes bien, presenciamos fenómenos de resurgencia que toman diversos caminos, no exactamente los mismos que los de los decenios últimos, y que a veces pasan por largas desviaciones.

Pero las consideraciones sobre el porvenir de la identidad india sobrepasan los límites del presente estudio. Hay que dejar a la historia o, más precisamente, a los actores históricos el tiempo de responder a la pregunta de si esta identidad es conciliable con la apertura a la modernidad. Sea como fuere, utopía o no, dentro del proyecto del movimiento de emancipación estaba el plan de articular esos dos términos.

[13] La amenaza pesa a la vez sobre la dimensión *mam*: la identidad (inmutable), y sobre la dimensión *ajaw*: la autoridad y la contingencia (anecdótico); véase Alain Breton, "El complejo *ajaw* y el complejo *mam*: actores rituales y héroes míticos entre los Quiché-Achi de Rabinal (Baja Verapaz, Guatemala)", memorias del II Coloquio Internacional de Mayistas, vol. 1, Centro de Estudios Mayas, UNAM, México, 1989.

[14] El capítulo XI aborda esta cuestión del "exceso" y de la irreductibilidad de ciertas violencias a las explicaciones funcionales.

"Sólo pedimos justicia"

Tanto o más que en formas étnicas o socioeconómicas, el movimiento se expresa en formas éticas. Más precisamente, la afirmación de identidad y las reivindicaciones concretas son inseparables, en él, de un objetivo ético: fin de la discriminación, igualdad y universalidad. La protesta moral acompaña todas sus manifestaciones.[15]

El actor queda definido por nexos de solidaridad más que por intereses, pertenencia a una clase o a una cultura. Habla en nombre de una comunidad de hermanos (la palabra que un indio utiliza naturalmente para designar o para dirigirse a otro indio es la de *hermano)* que trasciende las comunidades, y trata de regenerar éstas combatiendo los mecanismos de su sujeción. Cuando sacrifican el deber de redistribución y el sentimiento comunitario en aras de su interés individual, los comerciantes indígenas se alejan del movimiento o son rechazados por éste. El adversario también es percibido en términos éticos más que en términos políticos o económicos: se trata menos del "imperialismo", del oligarca o del "propietario de los medios de producción" que de los ladinos, considerados, en un grado u otro, ladrones, mentirosos, dominadores y explotadores.[16] Pese a los discursos y a una legislación que trata de persuadirlos de lo contrario, los indios están íntimamente convencidos, por su experiencia de varios siglos, de que los ladinos no pueden tenerlos por iguales sin renegar de lo que funda su propia identidad: el sentimiento de superioridad y la práctica de la discriminación.

Su extrema discreción, su amor a lo secreto, van ligados a esta desconfianza. La imposibilidad de establecer relaciones de reciprocidad con los *mus*, que siempre y por doquier ocupan una posición de poder y abusan de ella, ha llevado a menudo a los indios a buscar refugio en un "nosotros" atemporal (la dimensión *mam)* inmune a "los otros". Lo que constituye el meollo mismo de la sabiduría maya no debe ser revelado,[17] pero encuentra una traducción en este mensaje de los ancianos: "No

[15] A propósito de un paro laboral después del deceso de una de sus amigas en una plantación, Rigoberta Menchú expresa en pocas palabras esta dimensión: "No era tanto una huelga. Era para guardar el dolor" (*op. cit.*, 1983, p. 113). "No debemos nada", dicen los indios cuando quieren protestar de su inocencia; la expresión evoca la servidumbre por deudas de la época liberal.

[16] Esta percepción del mundo ladino contribuyó, en el seno de la población india, a la relativa popularidad del general Ríos Montt; a su imagen de personalidad honrada y de su mensaje moralizador.

[17] "Todavía sigo ocultando mi identidad como indígena. Sigo ocultando lo que yo considero que nadie sabe, ni siquiera un antropólogo, ni un intelectual, por más que tenga muchos libros, no saben distinguir todos nuestros secretos" (Rigoberta Menchú, en E. Burgos, 1983, p. 271).

olvidéis que sois indios". Los modernistas, tomándolo por su cuenta, tratan de hacerlo compatible con la apertura al mundo exterior.

Sin dejar de reconocer la legitimidad de las autoridades, o al menos del *ajaw Presidente*, piedra angular del sistema, los tradicionalistas tienden a aceptar la dependencia y la discriminación; a someterse al poder ladino. Sus rebeliones contra su arbitrariedad y sus abusos son puntuales, efímeras, y no ponen en entredicho el principio del orden desigual. Ante la adversidad y las agresiones, las más de las veces recurren a la búsqueda de protección, a la resistencia pasiva, al repliegue sobre sí mismos: conductas que definen y refuerzan una identidad defensiva. Sin adoptar el contrapeso exacto de semejante actitud, sino dando un paso de lado, apartándose de los nexos tradicionales de dependencia, los modernistas se colocan en una perspectiva de afirmación de sí mismos, de reivindicación de valores universales. Ya se trate de producción o de comercialización, de poder local, educación, ritos y creencias, sus conductas se orientan hacia un ideal de justicia. El afán de sustraerse al trabajo en las plantaciones, al dominio de los usureros y del alcohol, al poder de los caciques ladinos y de los chamanes, se traduce en una fuerte aspiración a la autonomía y a la responsabilidad.

Se supone que la conversión permitirá la síntesis entre la identidad y la universalidad, entre la afirmación étnica y la exigencia ética. El nuevo Dios condena la injusticia, proclama la igualdad fundamental de los indios y de los ladinos y, por medio de sus misioneros, está más cerca de los primeros. Por su combate contra las tradiciones y sus esfuerzos por crear comunidades nuevas, por su oposición a las prácticas de los ladinos y sus denuncias, los sacerdotes y los religiosos apoyan y refuerzan el movimiento de emancipación, le ofrecen protecciones sin las cuales no puede desarrollarse en una sociedad bloqueada. Y sobre todo, le procuran una legitimidad que viene a colmar el vacío en el cual amenaza con desembocar la crisis de los valores tradicionales. Una legitimidad más fuerte que la del orden antiguo —y que, por tanto, acaso pueda sustituirlo— en la medida en que arraiga en centros de poder que dominan la sociedad guatemalteca; en la medida en que se declara heredera de una verdad y de un ideal universales, superiores, y que por tanto permiten relativizar las concepciones y representaciones subyacentes en el poder ladino.

Sin embargo, a ojos de los *costumbristas*, esta apertura sólo puede conducir a la pérdida de identidad, y es cierto que, por encima de su afán de extirpar las "costumbres paganas", el cristianismo es portador de una pretensión del Occidente a la universalidad con exclusión de las otras culturas. Hay aquí una ambigüedad fundamental: la coexistencia de un discurso universalista y de un particularismo occidental acentuado, que percibirán algunos misioneros que se enfrentan a las realidades mayas y que tratarán de resolver, sin verdaderamente levantarla, recurriendo a una "pastoral indígena".[18] En su mayor parte, no abandonarán su buena conciencia etnocéntrica. Pero los indios convertidos al neocatolicismo (y, bajo modalidades diferentes, los convertidos al protestantismo) retienen de éste la afirmación de pertenencia a la comunidad indígena, a la comunidad universal, y muestran una confianza, si bien frágil e incierta, en que su identidad no se borrará por el hecho de su inscripción en el horizonte de la universalidad.

[18] Véase el capítulo XIV. Esta ambigüedad ha sido bien subrayada por Anne Chapman en un contexto no maya: "Los hijos del copal y de la candela: ritos agrarios y tradición oral de los Lencas de Honduras", *América Indígena*, vol. XLIV, núm. 3, julio-septiembre de 1984, pp. 547-549.

CONCLUSIÓN

LA AMENAZA INDIA

En los últimos decenios, la evolución económica y social de Guatemala se ha caracterizado por una modernización contenida y una cascada de dualizaciones. Conjugados con el bloqueo del sistema político, con la institucionalización y el uso sistemático y desmesurado de la violencia, esos procesos han desembocado en desequilibrios, distorsiones y tensiones que trazan un cuadro más complejo que el que reproducen las imágenes habituales del país.

Después del aborto provocado de las tentativas de reforma no ha habido un retorno exacto a la situación anterior (economía de enclave, poder oligárquico fuertemente personalizado), pero sí restauraciones parciales, borramientos (el más notorio fue el de la United Fruit), deslizamientos y tentativas más o menos logradas, más o menos estables y más o menos terminadas de renovación de las relaciones de producción (extensión del salariado...) y de los aparatos de dominación (militarización del poder político...).

Por lo demás, desde los años cuarenta y cincuenta las comunidades indias han atravesado por una mutación profunda, ligada a transformaciones económicas globales, pero relativamente independientes de los trastornos políticos (prosiguió y se acentuó después de 1954), y que se traducen en cambios en todos los dominios de la vida local (economía, religión, educación, poder municipal, etc.) y en los modos de entroncarse en la sociedad nacional sin que se cierre la brecha entre no indios e indios.

Ni levantamiento ni insurrección, el movimiento había hecho más por la emancipación de los indios que sus innumerables revueltas desde la Conquista. Ya eso, cualesquiera que fuesen su discreción y su autolimitación, bastaba para hacerlo intolerable al poder ladino, especialmente a los detentadores y representantes de ese poder en los niveles locales. Los ladinos de los altiplanos, amenazados directamente por una dinámica que favorecía la dimensión pueblerina, fueron los primeros en reaccionar y multiplicaron los llamados y las presiones para que intervinieran las autoridades gubernamentales y militares. Pero la presencia del ejército no se extendió a todo el conjunto de la región sino a partir del momento en que esos grupos y los dirigentes nacionales percibieron el peligro de una convergencia entre las guerrillas y el sector indígena que, en adelante, se les escapaba de todo control. A principios de los años setenta, la posibilidad de una articulación de las luchas indias con la lucha armada no era más que una hipótesis remota, un nuevo avatar entre ciertos ladinos del temor genérico del indio, sueño romántico para algunos de ellos, eventualidad improbable o absolutamente impensable para los indígenas. La lucha armada no figuraba en el horizonte del movimiento a través del cual éste intentaba librarse del dominio ladino.

SEGUNDA PARTE

DINÁMICA COMUNITARIA Y LUCHAS DE CLASES

(Actores y mediadores)

¿Cómo esta sociedad rural, de mayoría india, ha caído en la guerra? ¿Cómo hizo irrupción la guerrilla en el medio indio? ¿En qué medida y de qué manera logró entroncarse con un movimiento vinculado largo tiempo con una corriente contrarrevolucionaria, y luego con unas fuerzas reformistas moderadas?

La combinación de la dominación oligárquica y de la dominación extranjera, de la militarización del poder, de la polarización radical de la estructura agraria, y de la marginalización del campesinado indio crea condiciones propicias al desarrollo de la violencia política. Las transformaciones sociales y económicas y el movimiento de emancipación contribuyeron a abrir las tenazas en que se encontraban cautivas las comunidades; no han suprimido del todo los mecanismos de dependencia y, al entrar en crisis, la explotación, la discriminación y la exclusión se han vuelto aún más intolerables. En Guatemala, la relación entre las clases sociales, como las relaciones entre los indios y los ladinos, se funda en una violencia que las tentativas de emancipación no hacen más que exacerbar. Pero eso no basta para producir un conflicto armado. Si reconocemos que la guerra guatemalteca (no más que ninguna otra) es consecuencia inevitable de una situación socioeconómica o cultural, y que las formas que adoptaba la lógica comunitaria no llevaban a la población india a condiciones de ruptura, hemos de interesarnos en los grupos y organizaciones que, sacando conclusiones radicales de las situaciones y de las conductas de los factores económicos, políticos y sociales de que se ha tratado en la primera parte, han intentado la ruptura revolucionaria.

V. LA GUERRILLA DESCUBRE A LOS MAYAS

> Un abismo separaba a los hombres armados de la población
> desarmada; un abismo muy semejante al que separa a los po-
> bres de los ricos. Eso se sentía en la actitud, siempre un
> poco humilde, sumisa, temerosa de unos; en la desenvoltura,
> la tranquilidad, la condescendencia de los otros.
>
> SIMONE WEIL, a propósito de los guerrilleros anarquistas y de
> los campesinos aragoneses en la Guerra de España

> En la selva del Ixcán
> se asentó la guerrilla
> para enseñar a los pobres
> cuál es la mejor semilla,
> semilla que se va a sembrar
> en toda la patria mía.
>
> Canción revolucionaria

NACIMIENTO E IMPLANTACIÓN DE LA NUEVA GUERRILLA

Orígenes

El 19 de enero de 1972, unos 15 hombres armados (no había ninguna
mujer en el grupo[1]) transponían la frontera entre México y Guatemala
en la selva tropical del Ixcán, al norte del departamento del Quiché. Sin
duda, no imaginaban que 12 años después varias decenas de miles de sus
compatriotas, campesinos indígenas en su gran mayoría, recorrerían el
mismo trayecto en sentido inverso, para escapar de matanzas cuyo equivalente no había conocido el país desde la Conquista. No podían entrever
las atrocidades de una guerra que querían hacer "propia" y victoriosa a
corto plazo, conforme a las supuestas "leyes y etapas necesarias" de la
guerra revolucionaria.

¿Quiénes eran esos hombres? En su mayoría, habían participado ya en
la guerrilla de los años sesenta. No eran, pues, neófitos, sino sobrevivientes que habían decidido volver a la lucha después de aprender las lec-

---

[1] Muchas mujeres, en especial las indígenas, se incorporarán posteriormente a la guerrilla, a veces como combatientes, más a menudo en puestos de intendencia, de logística
o de relaciones públicas. Las funciones dirigentes las seguirán ejerciendo en exclusividad
los varones.

Región del Quiché (Guatemala)

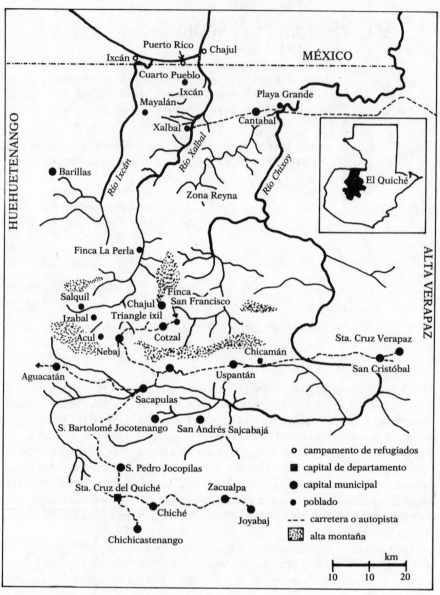

campamento de refugiados
capital de departamento
capital municipal
poblado
carretera o autopista
alta montaña

Mapa elaborado por el autor (YLB).

ciones de la derrota.[2] Los *comandantes* de la organización en agraz —se convertiría en el Ejército Guerrillero de los Pobres (EGP)— son ladinos de extracción ciudadana, de la pequeña y mediana burguesía, formados en la política, en la universidad y en las organizaciones revolucionarias. El comandante Rolando Morán, que no figura en el núcleo armado original pero que lleva la dirección desde el exterior, tiene aproximadamente 40 años. Miembro del PGT en el momento de la caída de Arbenz, se refugió en la embajada de Argentina, donde sostuvo con el Che Guevara conversaciones que serían decisivas para su evolución política. Después, pasaría varios años en el exilio. En 1959 asistió en Cuba a la toma de posesión del nuevo poder. Luego participó en la fundación de las Fuerzas Armadas Rebeldes (FAR) guatemaltecas. Será el responsable político del frente Edgar Ibarra, dirigido por Turcios Lima. Con diferentes nombres (Ricardo Ramírez es el más conocido), es autor o coautor de varios textos relativos a esta guerrilla, y en especial del documento de marzo de 1967 que hace su balance crítico y que, todavía hoy, sirve de referencia fundadora del EGP.[3]

En marzo de 1967, el Che todavía se encuentra durante algunos meses a la cabeza de la lucha armada en Bolivia; en Guatemala, Turcios Lima muere, y la campaña contrainsurreccional asesta golpes decisivos a los rebeldes. Los hombres que, con Rolando Morán, en los años siguientes ponen en pie la nueva organización están, como él, profundamente marcados por el mesianismo guevariano y el modelo castrista. Entre ellos, César Montes (el *comandante Víctor*), que había sucedido a Turcios Lima y que encabeza el destacamento de la montaña hasta su expulsión en 1978; Mario Payeras (el *comandante Benedicto*), a quien se debe el relato detallado de los años de implantación.[4]

Los segundos papeles

Cuatro indígenas eran miembros del primer grupo combatiente del Ejército Guerrillero de los Pobres, pero ninguno ocupaba un puesto directivo en el seno de la organización: hecho significativo en una cultura en que la función de "jefe" no sólo es técnica, sino que reviste una pode-

[2] La Nueva Organización Revolucionaria de Combate (NORG), nombre provisional del EGP, "hunde sus raíces en los orígenes mismos de la lucha armada y reivindica la herencia histórica de la guerrilla de Edgar Ibarra, a cuyos fundadores y sobrevivientes agrupa" (R. Debray, 1974, p. 378). De todos modos, nótese que quienes fundan la nueva organización son guerrilleros veteranos que han salido del movimiento político, y no de extracción militar (Turcios Lima y Yon Sosa, ex oficiales del ejército guatemalteco, han muerto).

[3] *La situation du mouvement guatémaltèque et ses perspectives*, en R. Ramírez, 1970.

[4] M. Payeras, 1980.

rosa connotación simbólica. En aquella época, los indios ganados a la causa revolucionaria no eran más que un puñado, por razón misma de las circunstancias en que se había desarrollado la lucha en el decenio anterior. El único que desempeñó un papel de líder, el pastor protestante Emilio Román López (alias *Pascual)*, había sido asesinado. Otra desventaja heredada: los pocos combatientes indígenas que entraron en el Ixcán no eran de la región ni conocían los idiomas que se hablaban ahí. Tres de ellos eran originarios de Rabinal, donde se habla el achi, mientras que las lenguas habladas en el Ixcán son esencialmente el mam, el ixil y el kekchi.[5] Por lo demás, si hemos de creer a Mario Payeras, casi no reivindicaban su condición de indios y antes bien se definían en términos tomados de la cultura ladina y del discurso revolucionario ("campesinos pobres", etcétera).

¿Una guerrilla de los "hombres de maíz"?

Paralelamente al EGP, se organiza en los años setenta lo que llegará a ser la Organización del Pueblo en Armas (ORPA), tal vez la guerrilla más secreta de la América Latina después de Sendero Luminoso, pero ahí termina la comparación. Como la organización hermana, nace de una disidencia de las FAR que se propone, en un periodo de reflujo, continuar la lucha armada, pero en una región de mayoría indígena.

Su principal líder se hace llamar Gaspar Ilom. Este nombre, de resonancia india, tomado de un personaje literario de Miguel Ángel Asturias, designa, en realidad, al propio hijo de éste. Después de haber sido uno de los animadores de las manifestaciones estudiantiles que acompañaron al movimiento militar del 13 de noviembre de 1960, Rodrigo Asturias formó parte del primer grupo que se lanzó a la lucha armada en 1972, por iniciativa del Partido Guatemalteco de los Trabajadores (PGT). Abortada en la cuna esta primera tentativa, Asturias conoció la prisión durante varios meses, antes de refugiarse en México. Después de su regreso en 1971, se unió a un grupo de las FAR que operaba en una zona de plantaciones, al sudoeste del país. En desacuerdo con la organización, pronto se fue a los altiplanos próximos, con una veintena de hombres. La ORPA sólo salió a la luz ocho años después, en septiembre de 1979. Habiéndose establecido en el corazón de la sociedad india, en una de las regiones más densamente pobladas del país, ese grupo se demarcaba del EGP, que, en su primera fase, se consagraba sobre todo a la formación militar de un núcleo de guerrilleros en una zona poco poblada y de difícil acceso.

---

[5] Hemos visto que el mismo problema se había presentado diez años antes.

Sin embargo, la ORPA no era menos "foquista", y su penetración del medio indígena no por ello fue más rápida, sino al contrario. Más allá de las modalidades tácticas, proponía al principio un enfoque original de la "cuestión india", subrayando el carácter racista de la sociedad guatemalteca y presentando entre sus objetivos el acceso de los indios a la plena ciudadanía.[6]

Organizaciones revolucionarias (años setenta y ochenta)

—Ejército Guerrillero de los Pobres (EGP), dirigido por Ricardo Ramírez *(comandante Rolando Morán);* primera implantación: 1972; primera acción pública: 1975; castro-guevarista, con fuerte componente de la teología de la liberación; principal "organización de masas": el Comité de Unidad Campesina (CUC); principales teatros de operaciones: departamento del Quiché y norte de Huehuetenango.

—Organización del Pueblo en Armas (ORPA), dirigida por Rodrigo Asturias *(comandante Gaspar Ilom);* primera implantación: 1971; primera acción pública: 1979; ideología sincrética: referencias castro-guevaristas, nacional-populares e "indigenistas"; práctica "foquista", rechazo del principio de las "organizaciones de masas"; principales teatros de operaciones: departamentos de San Marcos, Quetzaltenango, Sololá y Chimaltenango (zona de volcanes y llanura).

—Fuerzas Armadas Rebeldes (FAR), dirigidas por Jorge Soto *(comandante Pablo Monsanto);* nacidas en 1963, diezmadas en 1966-1970, se consagran al ingreso en las organizaciones sindicales a partir de 1971, renuevan la lucha armada en 1979; marxismo-leninismo ortodoxo; principal teatro de operaciones: Petén.

—Partido Guatemalteco del Trabajo (PGT), Partido Comunista, fundado en 1949, apoya activamente al gobierno de Arbenz; relaciones caóticas y fluctuantes con la guerrilla, en los años sesenta; dirección diezmada en 1966, luego de nuevo en 1972; estalla en varias fracciones a partir de 1978; algunas de ellas optan por la lucha armada, pero no llegan a crear una zona de operaciones propia.

—Unión Revolucionaria Nacional Guatemalteca (URNMG): a su creación en 1982, reúne el EGP, ORPA, FAR y el PGT-Núcleo de Dirección Nacional.

---

[6] Véanse los capítulos XIII y XV.

¿Nueva guerrilla, o segunda edición corregida y aumentada?

¿Cómo hacer algo nuevo con guerrilleros viejos? La creación del EGP y la ORPA se debió, en ambos casos, al afán de proseguir la lucha armada en otro terreno que el escogido durante los años sesenta. La elección de una base social indígena constituye la principal innovación. Por lo demás, la continuidad triunfa sobre la ruptura. En su primera fase las dos organizaciones profesan, o en todo caso practican, la "estrategia del foco": el núcleo armado, móvil, relativamente autónomo y que domina esta base social lleva el proyecto político y tiene vocación de actor principal de lo que constituye su meta esencial: a saber, la toma del poder del Estado.

Una y otra se caracterizan por sus discusiones en círculo cerrado, comprensibles sólo para los iniciados y que no ponen en entredicho la naturaleza, métodos y objetivos de la guerra revolucionaria tal como fueron concebidos en el periodo anterior.[7] La ruptura con las FAR se debe fundamentalmente a que éstas reanudan relaciones con el PGT y se repliegan sobre "la acción de las masas", contribuyendo a animar las luchas sociales del periodo 1973-1978 antes de volver al camino de la guerra, bajo la dirección, una vez más, de un guerrillero de la pelea pasada, el *comandante Pablo Monsanto*. En cuanto al Partido Comunista, pasa por sus años más aciagos: golpeado en la cabeza por la represión en dos ocasiones, acabará por estallar en pedazos; una de sus fracciones se pronunciará por la lucha armada.

El injerto

"Llegaba por fin el tiempo de ascender hasta el remoto mundo indígena."[8] Describiendo el camino que, en 1974, condujo al EGP de las tierras bajas de bosques hacia las montañas de los Cuchumatanes, en el norte del Quiché, Mario Payeras expresó al mismo tiempo la distancia y la voluntad de acercamiento de la guerrilla con la sociedad india. Durante los dos primeros años, combatió con la naturaleza, aún no con el ene-

---

[7] El *comandante Benedicto* enumera cuatro "innovaciones" que habrá que poner en el crédito del EGP: una organización político-militar, que permitía superar las contradicciones entre partido y guerrilla características de los años sesenta; la preeminencia dada a los factores económicos, sociales y políticos (en especial, a la incorporación del campesinado pobre indígena) sobre los aspectos topográficos y geoestratégicos; la implantación en regiones de escasa presencia del enemigo; el recurso a una base de apoyo local, remplazando a la retaguardia ciudadana que, en el periodo anterior, desempeñaba las mismas funciones. Se puede considerar que el EGP alcanzó objetivamente los dos últimos fines; esto es más discutible en lo tocante a los dos primeros. En cuanto a un análisis minucioso de la doctrina de la guerrilla, véase el capítulo XIII.

[8] M. Payeras, 1980, p. 71.

migo, y sus relaciones con la población se caracterizaron por el desdén y la desconfianza. Estableció contactos, sin embargo no hizo más que un solo recluta: un joven colono ladino. ¿Cómo ese núcleo de revolucionarios profesionales logró salir de un aislamiento que, en la etapa inicial, consideró necesario?

El giro comienza en 1974-1976 en el Ixcán y la zona ixil. Los primeros indígenas que responden al llamado de la guerrilla pertenecen, por una u otra razón, al movimiento de emancipación: catequistas, miembros de cooperativas o de ligas campesinas, comerciantes... Con un grupo de ellos efectúa el EGP la primera operación por la cual se da a conocer en el país. El 7 de junio de 1975 ejecuta a Luis Arenas Barrera en su gran dominio de La Perla. Arenas era un símbolo: latifundista con métodos semifeudales, colaborador activo del régimen desde 1954, director en otro tiempo del organismo encargado del reparto de las tierras del Petén, representante de esos "ricos" contra los cuales "el ejército de los pobres" se propone levantar a la población. Y el mensaje fue recibido. Por la zona corrió el rumor de que el asesinato no había sido perpetrado por "extranjeros" sino por indígenas. En adelante, la idea de una lucha armada que movilizaba a los indios iba a catalizar no pocas frustraciones y esperanzas, y a exacerbar no pocos temores. Pero fueron ante todo los militares quienes, desencadenando inmediatamente una campaña de represión contra las cooperativas del Ixcán, llevaron a los campesinos a reclutarse entre los rebeldes o a pedir su protección: "En menos de una semana, la guerrilla triplicó su número, acrecida por los parcelarios que buscaban refugio al amparo de nuestras armas. De un día para otro, en nuestros campamentos se hablaban cuatro o cinco dialectos distintos".[9] El ejército, principal agente reclutador de la guerrilla, sería un factor constante del conflicto que comenzó entonces en el Quiché. Como será factor constante, asimismo, el alto precio pagado por la población civil en comparación con el pagado por los grupos armados: "Aunque entre los combatientes alzados en la montaña no hubo que lamentar bajas, entre la población organizada de los parcelamientos éstas fueron considerables".[10]

En la agitación que siguió al terremoto de febrero de 1976, que sin embargo no afectó al norte del Quiché, el ejército efectuó una segunda operación importante, esta vez en las comunidades ixiles de los altiplanos. Tampoco allí presentó batalla la guerrilla; se limitó a responder a las ejecuciones de campesinos con ejecuciones de *comisionados militares*.

9 *Ibid.*, p. 94.
10 *Ibid.*, p. 99.

La representación del otro

El entusiasmo y el optimismo de los combatientes del EGP cuando ven a los indios acudir a ellos pueden medirse por la distancia que los separaba. Tras el largo cruce de la selva *(los días de la selva)*, el periodo de los "fusiles en flor", según el lenguaje de Mario Payeras, supera las esperanzas del grupo pionero.

Al principio, en efecto, nada le garantizaba a éste la supervivencia, y menos aún que pudiera constituir una base social y desarrollarse. Su visión de la sociedad india es superficial, irreal y contradictoria. Según Ricardo Ramírez, los indios viven en "una economía de autarquía, donde el dinero está casi ausente", y sin embargo "son ellos los más aptos para la lucha y los que más la necesitan, por ser los más explotados: el odio acumulado durante siglos los levanta contra la oligarquía; son los menos contaminados por la ideología del enemigo, y han conservado celosamente su carácter nacional".[11] En cambio, para Mario Solórzano Foppa, intelectual cercano a la organización, las comunidades indias, lejos de ser autárquicas, están penetradas, de parte a parte, por el desarrollo del capitalismo y la proletarización: venta de la fuerza de trabajo en las plantaciones, y diferenciación social interna en provecho de comerciantes y de medianos propietarios que a veces son indígenas. En esta perspectiva más sociológica, la integración al mercado está muy avanzada, y las propias tradiciones funcionan como relevos del sistema de dominación; la pretendida perpetuación de un "carácter nacional" indio es producto de la ideología burguesa.[12] Mario Payeras toma a veces de una y a veces de otra de esas dos concepciones opuestas. Al mismo tiempo que describe una sociedad fundamentalmente mercantil, se extasía ante unos colonos aislados en el bosque que siguen cazando con cerbatana y viviendo en circuito cerrado. Su relato es testimonio, a la vez, del asombrado descubrimiento de la complejidad del mundo indígena, y del afán de reducir esta complejidad con fines prácticos. Su preocupación central no es ideológica ni sociológica sino estratégica: encontrar los mecanismos de articulación de la economía y de la guerra. Si hace reproches a la guerrilla incipiente —"se le daba mayor importancia a los movimientos en el terreno que al elemento humano que habría de efectuar todas aquellas piruetas en el espacio"—,[13] es en nombre de una concepción de la lucha de clases, cuyo esquematismo (los pobres contra los ricos) se

[11] R. Ramírez, 1970, pp. 147-150. R. Morán mantendrá ese punto de vista 15 años después (en M. Harnecker, 1983, p. 73).
[12] M. Solórzano, "El nacionalismo indígena: una ideología burguesa", *Polémica*, núm. 3, enero-febrero de 1982.
[13] M. Payeras, 1980, p. 79.

presenta como la vulgarización de una doctrina científica con fines de
movilización de un grupo social con horizonte limitado. Los campesinos
indígenas son un material que hay que trabajar en el molde de la revolución. Se trata de "armarlos con ideas correctas", de inculcarles "los rudi-
mentos de la más útil de las ciencias: aquella que le enseña a los hombres a transformar el mundo de manera revolucionaria".[14]

El líder guerrillero no deja de notar que la concepción india del mundo
y de la sociedad muy a menudo se escapa de sus categorías, por insuficiencia o por exceso. "Los hombres —observa, a propósito de los indios
de la selva— no se diferenciaban entre sí por su relación con los bienes
materiales, sino más bien por la lengua y las costumbres. Con ese pensamiento, los patrones resultaban ser un linaje aparte de hombres, los
ladinos".[15] Descubre que los indígenas aspiran, tanto como a la supresión de las relaciones de explotación, al fin de una explotación de varios
siglos. Descubre comportamientos que se deben más a una espera milenarista que a la adhesión a un discurso racionalizador: "Eran evangélicos y les gustaba cantar, propagaban la buena nueva de la guerrilla,
acompañándose con la guitarra"; "la imaginación popular magnificaba
todo lo referente a la guerrilla".[16] Se complace en evocar lo que llama
una "leyenda", y él mismo se deja mecer por esta imagen: nos espera-
ban; somos los salvadores.

Por encima de los conceptos que de ellos se formaban los guerrilleros, ¿quiénes eran esos colonos y esos *comuneros* a quienes les llevaban
la "buena nueva" revolucionaria?

BASES SOCIALES DE LOS PRIMEROS FOCOS

Ixcán: la "tierra prometida" de los mayas
(frente de colonización y foco de guerrilla)

Fue en Ixcán,[17] como hemos visto, donde se estableció en 1972 la primera columna de lo que llegaría a ser el EGP. Fue de allí desde donde
dirigió sus primeras operaciones, donde se desplegó en dirección de los
altiplanos. Después de la derrota, también sería su último refugio. El rela-

[14] *Ibid.*, p. 102.
[15] *Ibid.*, p. 75.
[16] *Ibid.*, pp. 73-74.
[17] Cuando no damos más precisión, incluimos en el Ixcán el conjunto de las tierras
bajas del norte de Huehuetenango y del norte del Quiché. Esas tierras pertenecían, en las
primeras, al municipio de Santa Cruz Barillas y, en las segundas, a los municipios de Chajul y de Uspantán. En 1985 se creó el municipio de Ixcán-Playa Grande (capital: Cantabal).
Se distingue el Ixcán Grande (entre el río Ixcán y el río Xalbal), y el Ixcán Chiquito o Zona
Reyna (entre el río Xalbal y el río Chixoy).

to de Payeras puede hacer pensar que la región es una especie de "infierno verde", casi vacío de hombres. Sin dejar de mencionar las cooperativas de colonización, donde los campesinos son las primeras víctimas de la represión militar, se muestra relativamente discreto al respecto y sobre las relaciones que se anudan entre ellas y la guerrilla. Sin embargo, desde el periodo de la implantación hasta las matanzas y los desplazamientos en masa de 1982[18] y más allá, el destino del EGP estará inextricablemente ligado al de los agrupamientos de colonos.

El éxodo

El descenso hacia las tierras bajas del Ixcán comienza en 1966, organizado por un misionero católico norteamericano, Edward Donehy. Los dos primeros grupos que se establecieron en la selva provenían de comunidades mam, uno de ellos (24 familias) de San Ildefonso Ixtahuacán; el otro (14 personas), de Todos Santos Cuchumatanes. Dos días de marcha, partiendo de Santa Cruz Barillas. Un año pasado en desmontar, en edificar chozas, etc., en las márgenes del río Ixcán. Siguiendo los consejos, y con la ayuda de sucesivos misioneros, los colonos se dedican, además de sus cultivos alimentarios tradicionales (maíz, habichuelas...), a diversos cultivos tropicales: café, árboles frutales, yuca, arroz, cardamomo... Crean un dispensario, un mercado, una capilla, escuelas (los profesores, elegidos entre ellos, en la primera fase son reconocidos y pagados por el Ministerio de Educación).

En 1970 los ixtahuacanecos se organizan en una liga campesina que se afilia a la Confederación Nacional, animada por la Democracia Cristiana... con la esperanza de encontrar un apoyo en sus trámites para procurarse un título sobre las tierras desmontadas y puestas en cultivo. Entonces comienzan, en efecto, interminables transacciones con las autoridades; con un propietario provisto de escrituras, ausentista, que vende las tierras a los colonos y luego, por segunda vez, al Estado; con militares que codician esas mismas tierras y que, en 1978, acaban por apoderarse de ellas, no sin indemnizar parcialmente a las familias. Tras 12 años de arduo trabajo y de acción colectiva, la partida y la separación fueron dolorosas:

> Bajando en nuestra comunidad en esa misma tarde, nos reunimos todos, hombres, mujeres, jóvenes, niños, como despedida, ya que nosotros íbamos ya a dispersarnos. Esta noche del día 18 de marzo de 1978, para nosotros, fue

[18] Se calcula en 45 000 o 50 000 personas la población del conjunto del Ixcán en el momento de la ofensiva militar decisiva.

una noche triste. Unos entre nosotros se pusieron a llorar por todos los sufrimientos que habíamos pasado y que íbamos a tener peor. Pero queda un acuerdo de que nosotros muy pronto tal vez íbamos conseguir otro pedazo de tierra, según cada quien si quieren volver a estar juntos. Y nos despedimos con una oración, dando gracias a Dios por su ayuda en nuestros problemas y pidiendo su ayuda de guiar nuestros pasos, pidiendo su ayuda de encontrar luego otro pedazo de tierra.[19]

Este deseo se cumple pocos meses después. Una parte del grupo de los ixtahuacanecos reconstruye la comunidad y la cooperativa (Alianza Nazaret) en unas tierras adquiridas de particulares en el norte del Huehuetenango. Pero la esperanza será efímera. En agosto de 1982, huyendo de las matanzas que cubren de sangre la región, los colonos se ven obligados nuevamente a abandonar sus parcelas. Algunas familias se refugian en México; otras, en las montañas del interior.

Las peregrinaciones de esta comunidad pionera, desde su salida de San Ildefonso Ixtahuacán hasta la huida a México,[20] son un condensado de lo que fue esta trágica búsqueda de una tierra que llevó al norte de los departamentos de Huehuetenango y de Quiché a millares de familias, cuyo sueño había sido pisoteado por una guerra atroz. Una historia ejemplar que, por esta razón, hemos colocado como introducción al análisis de la colonización del Ixcán, aun si su fin se anticipa a los próximos capítulos.

La misión

Así, la apertura de ese frente de colonización se hizo a partir de la segunda mitad de los años sesenta, por iniciativa y con ayuda de algunos misioneros católicos extranjeros, principalmente de la orden de los *maryknolls*, encargados de la diócesis de Huehuetenango.[21] El fenómeno

[19] IGE, 1987, p. 112.
[20] El éxodo no terminó una vez pasada la frontera. Las presiones del ejército guatemalteco y de las autoridades mexicanas obligaron al grupo a hacer nuevos desplazamientos al interior del estado de Chiapas. Otros refugiados se vieron obligados a seguir esta "larga marcha hacia el norte", hasta Campeche o Quintana Roo.
[21] Los *maryknolls*, expulsados de China por la invasión japonesa en los años cuarenta, se establecieron en ese departamento entre los más pobres de los altiplanos guatemaltecos, y pronto se distinguieron por la creación de escuelas y hospitales, y por su atención a los problemas agrarios. E. Donehy fue precedido en la vía de la colonización por Thomas Melville, quien fundó, con campesinos de Huehuetenango y de Quetzaltenango, una colonia (San Juan Acul) a orillas del río La Pasión, en el Petén. Después, T. Melville y otros dos *maryknolls* entraron en contacto con las guerrillas de las FAR, decidieron poner en pie un grupo armado ("CRÁTER"), lo que les valió ser expulsados del país (1977). Puede verse en este episodio una prefiguración de lo que iba a ocurrir, en otra escala, unos diez años después. En los años sesenta, este encuentro entre sacerdotes católicos y guerrilleros no pasó de ser un paso aislado, ni pudo prosperar.

cobró amplitud a comienzos de los años setenta (paralelamente a la implantación de la guerrilla) bajo el impulso de uno de esos *maryknolls*, William Woods (el *padre Guillermo)*, y de Luis Gurriarán, cura español de la congregación del Sagrado Corazón de Jesús, cuyo terreno de misión era la diócesis del Quiché. Desde 1969 hasta su muerte, ocurrida en 1976,[22] Woods animó el conjunto Ixcán Grande agrupando cinco cooperativas. El nombre de la primera, Mayalán (por *Maya Land)*, evoca a la vez el origen norteamericano del proyecto y su objetivo (procurar tierras a los mayas). Nacieron después Xalbal, La Resurrección, Los Ángeles y Cuarto Pueblo, situadas todas ellas entre el río Ixcán y el río Xalbal, a horcajadas sobre los dos departamentos mencionados. A partir de 1970, con emigrantes quichés, Gurriarán organizaría otras cooperativas un poco más al este, en la Zona Reyna, entre el río Xalbal y el río Chixoy.[23]

La colonización del Ixcán no fue espontánea ni dirigida por los poderes públicos. Fue espoleada y enmarcada por un sector misionero de la Iglesia católica, y llevaba su marca:

> Toda esta masa que empezaba a subir (hacia el norte) ya no era un rebaño de ovejas. Eran gentes que sabían lo que deseaban. Gentes preparadas, y cuando llegaron a esta zona se pusieron a construir una pista de aterrizaje, caminos... y la capilla. Lo primero necesario para la formación de la comunidad, la fe religiosa. Y al lado de la capilla, la escuela, el campo de futbol, el cementerio, el grupo de alfabetización, la clínica, el dispensario parroquial.[24]

Visión de un misionero español que hace pensar en la que, en el pasado, llevó a algunos de sus correligionarios a organizar las célebres misiones jesuitas en territorio guaraní. Selección y formación de candidatos, planificación y encuadre de los programas, disciplina.[25] La autoridad de los *padres* era al menos tan indispensable como la fe. Esto se pudo comprobar después de la desaparición del más activo de ellos: "Todos nos sentimos como huérfanos, porque como todos éramos analfabetas, no conocíamos la ciudades, las oficinas, ni mucho menos a entrar a un despacho donde hay señores mestizos de corbatas; no hablamos el español, teníamos mucho miedo. Todos los asuntos, el padre tenía que ver".[26] Ese

---

[22] En noviembre de 1976, la avioneta que pilotaba Woods se estrelló en la montaña que separa el Ixcán del interior del país.

[23] Reyna, presidente de la República a finales del siglo XIX, había otorgado tierras en esta región a sus protegidos.

[24] *"Histoire récente de l'Église au Quiché. Témoignage d'un prêtre exilé"*, en *"L'Indien, la foi, la révolte", Chrétiens en Amérique Centrale*, dossier núm. 1, Montreuil, 1984, p. 25.

[25] "Se pusieron a organizar todos esos programas. No se hicieron a toda prisa [...] El padre Luis exigía un año de preparación [...], gentes ya probadas, y no una masa de inconscientes [...]. El padre Guillermo controlaba veintidós comunidades" *(ibid.*, pp. 24-25).

[26] IGE, 1987, p. 131.

cuadro, que fuerza un poco los rasgos, tiene el mérito de subrayar las tendencias intervencionistas y paternalistas naturales en esos misioneros. Efectivamente, el Ixcán se presentaba como una "tierra prometida" para una población de campesinos pobres convertidos al neocatolicismo, y cuya necesidad de tierras se había canalizado en dirección de una utopía social, por pastores a los que ayudaban algunos líderes indios (como Fabián Pérez, catequista de La Estancia, una comunidad de Santa Cruz del Quiché, ganada casi enteramente por el neocatolicismo).

La búsqueda de tierra

Los colonos se reclutaban principalmente entre la población indígena.[27] En la primera fase, se trataba sobre todo de individuos mam, kanjobal y chuj, provenientes de los altiplanos vecinos.[28] Luego, el círculo se extendió: minifundistas y campesinos sin tierras de los departamentos de Huehuetenango, del Quiché, Quetzaltenango, Alta Verapaz, etc., expulsados de sus comunidades por el crecimiento demográfico, la atomización de las parcelas, los callejones sin salida de la Revolución Verde. Casi todos habían pasado por el trabajo en las plantaciones y aspiraban a librarse de él. Como el que relata su emigración en 1975 en un tono como si se hubiera tratado de la huida a Egipto ("para salir de la esclavitud en que vivíamos"), y del viaje a la Tierra Prometida:

Tanto cortar el café y no es de nosotros, y en Ixcán hay tierras y se dan muchas clases de siembras. Nos fuimos. Preparamos nuestras *maletas*, y conseguimos 30 quetzales. Nos fuimos, sólo teníamos dos hijos. Caminamos una semana para llegar a pie entre el lodo; pasamos por Barillas, llegamos a San Ramón, seguimos, encontramos el río Espíritu. Ya estábamos cansados y nos bañamos, se nos quitó el lodo que llevábamos en la ropa y descansamos ese día. El otro día seguimos: llegamos al río Ixcán; echamos el primer paso a la tierra del Primer Centro I.[29] Vimos las siembras y cosechas de los que habían llegado antes, pues ellos estaban muy contentos porque ya miraban todo el cambio por el trabajo. Así, los que estábamos llegando estábamos cansados, pero contentos porque los señores estaban contentos. Así seguimos caminando, llegamos hasta Mayalán, que ya estaba poblado por ser la primera cooperativa organizada, hasta tenía ya cuatro años. A los directivos nos presen-

[27] Después, las autoridades favorecerán el establecimiento de numerosas familias de ladinos originarios del Oriente y de la Costa Sur, en las tierras que dejaron vacantes sus primeros ocupantes, expulsados por la guerra.
[28] San Ildefonso Ixtahuacán, de donde son originarios varios grupos, no está, empero, en la proximidad inmediata de las tierras bajas.
[29] Primer Centro: colonia en que se estableció uno de los grupos pioneros.

tamos, solicitamos parcelas y nos tomaron en cuenta. Nos fue anticipado todos los reglamentos de las cooperativas, prometimos que sí teníamos que cumplir.[30]

Los primeros colonos se habían establecido con el acuerdo del Instituto Nacional de Transformación Agraria (INTA) sobre tierras vírgenes, que supuestamente pertenecían a la nación *(tierras baldías)*. Pero sólo ocho años después, en 1974, el agrupamiento de cooperativas de Ixcán Grande obtuvo un título colectivo sobre poco más de 8 000 hectáreas, provenientes en su mayor parte del dominio público, y comprado el resto por la diócesis de Huehuetenango a propietarios privados, que sería pagado progresivamente por los beneficiarios. Cerca de 400 familias, la cuarta parte de los miembros de ese agrupamiento, recibieron la confirmación del usufructo de una parcela de 17.5 hectáreas (400 *cuerdas*).[31] Los otros se quedaron en la precariedad, bajo amenaza de expulsión, que parecía materializarse al avanzar el frente petrolero y el frente ganadero de la Franja Transversal del Norte (FTN), cuyos territorios de Ixcán y de la Zona Reyna constituyen la parte occidental. En esta región, los pequeños colonos sirven para desmontar el bosque, explotando una tierra virgen sobre la cual propietarios ausentistas se descubren entonces un derecho, sea que dispongan de un título antiguo, olvidado en los registros empolvados, sea que recientemente se hayan hecho de unos dominios en el papel.[32] La exploración petrolera que acompaña a la construcción de un camino transversal contribuía a despertar las codicias. De todos modos, las compañías no efectuaron en el Ixcán más que exploraciones esporádicas y tardías y, durante los años setenta, el camino se detuvo más al este, en la proximidad del campamento petrolero de Rubelsanto.[33]

La nueva Jerusalén

Los grandes dominios que existían antes de la oleada de colonización eran vetustos, carentes de infraestructura. Las relaciones de producción seguían siendo arcaicas y los *peones* (o *mozos colonos)* vivían apartados del

[30] IGE, 1987, pp. 128-129.
[31] Una parte de las tierras fue asignada a la formación de una reserva para los recién llegados. En las cooperativas de Ixcán Grande, las parcelas tenían en general la superficie mencionada.
[32] Pocos meses antes de su muerte, W. Woods me explicaba el embrollo jurídico y las artimañas administrativas entre las cuales tenía que abrirse paso.
[33] Los colonos eran, al principio, relativamente indiferentes a esas entradas. Los guerrilleros trataron de hacerles tomar conciencia del peligro que representaban para ellos.

resto del mundo, en condiciones miserables, bajo las órdenes de un mayordomo.[34]

Las cooperativas eran lo opuesto de ese modelo antiguo. Trataban de constituir en las tierras deshabitadas del bosque una sociedad que conjugara el impulso religioso y el dinamismo pionero, el espíritu comunitario, el ideal igualitario y el desarrollo socioeconómico. Reproducían los rasgos y los valores de las comunidades de los altiplanos, pero en un marco y formas nuevas. Mayalán tenía el espíritu del *Mayflower* unido al sueño de la utopía campesina, una invención moderna que también era una recreación de la tradición. Se impone otro paralelo: esta búsqueda de una tierra propia, tachonada de referencias bíblicas, daba lugar a la constitución de cooperativas, siguiendo el modelo de los kibutzim israelíes.[35]

Los nuevos colonos eran campesinos de las comunidades, impulsados por un proyecto colectivo; en ello se distinguían de la población dispersa y poco densa que les había precedido en el bosque probando individualmente su suerte o buscando refugio, así como de los núcleos de *peones* de algunas fincas. Ellos habían participado, por una u otra razón, en la dinámica de modernización de la sociedad india, y tenían la experiencia de los límites y de las dificultades que ésta encontraba en los altiplanos. La migración y la colonización tendían a alcanzar —sobre la base del voluntariado, la selección y el esfuerzo— objetivos cuya realización en las comunidades de origen estaba fuera del alcance de los más pobres.[36] Se inscribían entonces en la continuidad de un movimiento social (la ruptura vendrá con la guerra). La tierra virgen no desempeñaba funciones de tabla rasa. Ésta seguía siendo la comunidad de la pertenencia. Las colonias eran como retoños trasplantados de la unidad madre. La organización social respetaba, en la medida de lo posible, ese criterio de agrupamiento. Quedaba así asegurada la posibilidad de comunicación; se reproducían los nexos de interconocimiento y

[34] Los dominios más conocidos eran los que poseía el *Tigre de Ixcán* (La Perla y San Luis Ixcán). Había otros. El diario de un misionero español que visitó la Zona Reyna en 1961 enumeraba "más de 40 fincas o aldehuelas", sólo en esta zona, poblada entonces por kekchis. Sin embargo, sólo algunas de esas fincas eran grandes dominios. Cuando, algunos años después, ese sacerdote se estableció en la región, una de sus intenciones fue crear ahí "colonias modelo en una tierra muy fértil, que no es de nadie" (J. Camblor, 1985, pp. 34 y 42).

[35] Al principio, las parcelas eran repartidas conforme a un diseño utilizado también por los israelitas: como las tajadas de un pastel circular; cada "centro" estaba compuesto por 24 parcelas (a los colonos se les llamaba *parcelarios*).

[36] A diferencia de los neocatólicos y de los protestantes de San Juan Chamula (Chiapas), que también emigraban hacia zonas de colonización, los colonos del Ixcán no fueron expulsados de las comunidades por motivos religiosos, sino que partieron por razones esencialmente económicas.

de solidaridad. El ejemplo de los ixtahuacanecos es edificante: pese a los reveses, a las dispersiones forzosas, el primer grupo que entró en el Ixcán se reconstruye hasta en los campos de refugiados en México.

Eso no impedía los contactos, las mezclas y la apertura. Las cooperativas reunían habitualmente grupos de familias de diversas procedencias. Indios de comunidades, etnias y hablas diferentes, así como una minoría de ladinos, coexistían ahí en condiciones de igualdad, nombrando a las autoridades comunes, tomando en conjunto las decisiones, enviando a los niños a la misma escuela y reuniéndose en la misma capilla. Se formaba así, progresivamente, una sociedad multiétnica inédita: a la vez históricamente arraigada e innovadora.

La venganza del político

Las preocupaciones económicas y religiosas triunfaban sobre las consideraciones políticas. Cuando existían, los contactos con la Democracia Cristiana (por medio de su brazo sindical campesino) eran simplemente instrumentales: esas "gentes de la capital" prodigaban ayudas y consejos en el caso de los trámites ante las autoridades para obtener títulos de tierras o el nombramiento de maestros de escuelas. Con el tiempo, canalizaban las demandas de semillas, de materiales de construcción, de fondos ante los organismos de ayuda al desarrollo. A cambio, el partido esperaba un beneficio electoral. Sin embargo, la aspiración de los colonos no era cambiar las cosas en la ciudad de Guatemala sino ponerse en condiciones de escapar de ese poder económico y político, del que la experiencia les había enseñado a no esperar nada bueno.

Allí reside la tragedia: esta Historia que deseaban dejar tras ellos al penetrar en el bosque los atrapó y se vengó de la manera más cruel. Por medio de un actor: la guerrilla, que no entraba en sus previsiones (y cuyos planes iniciales no los tomaban en cuenta). Los colonos fueron arrastrados a la tormenta por obra de unos "salvadores" a quienes no habían llamado, pero con los cuales muchos simpatizaban y a los que algunos se unieron.

Los dos proyectos eran, empero, muy distintos. La marcha de los indígenas al norte era una tentativa a sustraerse de los centros de explotación y de dominación (plantaciones, cuarteles militares, instituciones gubernamentales...). Para los revolucionarios, el Ixcán no era más que un trampolín, una etapa en una marcha hacia el sur cuyo objetivo era apoderarse de esos centros para instaurar allí un poder nuevo: el suyo, y a partir de allí organizar una "nueva sociedad". Unos iban guiados por el afán de emanciparse de una historia escrita por sus amos y a sus

expensas desde hace cerca de cinco siglos. Los otros estaban íntimamente convencidos de que su acción se inscribiría en el sentido de la
Historia.

Con ayuda de la represión, el encuentro en medio de la *selva* llevó a una
parte de los colonos a recorrer un tramo de camino con esos creadores
de la Historia. Para la mayoría, el encuentro se tradujo en un choque
con las fuerzas armadas: bajo el impacto del choque, las nuevas comunidades fueron dislocadas, diezmadas, expulsadas hacia las montañas o
más hacia el norte, más allá de la frontera. Pero no fue un "accidente".
En el Ixcán se cruzaron dos sueños. Y su unión condujo al desastre. Y,
sin embargo, como veremos, en su camino había recibido la bendición
de algunos eclesiásticos.

Se columbra la utopía: una "sociedad a pesar del Estado"

A ojos de los guerrilleros, la búsqueda de tierra por los campesinos es
una aspiración condenada al fracaso mientras no se entronque en un
proyecto revolucionario. Más aún: el ideal campesino no es político en
sí mismo, y hay que inculcarle esta cualidad desde fuera. Punto de vista
clásico de aquéllos para quienes la política se confunde con el poder del
Estado y que, por consiguiente, consideran el hecho comunitario una
desventaja; la privación de una dimensión esencial. La "sociedad pese al
Estado" que los colonos trataban de construir en el Ixcán, ¿carecía de
política?

Evocaba la utopía campesina tal como la definió Eric Wolf: "la aldea
libre, que no se ve afectada por los recaudadores de impuestos, los reclutadores de trabajadores, los grandes terratenientes o los funcionarios".[37]
Los colonos del Ixcán tenían la sensación de haber llegado a una tierra
fecunda; de tener por fin un territorio propio; de estar al abrigo de los
usureros, de los tratantes de mano de obra y de trabajo en las plantaciones. O al menos entreveían esa posibilidad, cuando se hubiesen levantado
los obstáculos que aún les colocaban algunos burócratas gubernamentales o algunos grandes propietarios. La utopía se alimentaba de tener
que luchar contra esos adversarios y superar enormes desventajas geográficas y ecológicas. Y, sin embargo, no iba acompañada de un milenarismo político-religioso a la manera, por ejemplo, de los Canudos: lejos
de cifrar sus esperanzas en cualquier fin del mundo o en el fin de un
mundo, los colonos aspiraban a integrarse a la nación guatemalteca
pero en condiciones de dignidad y de igualdad, que exigían ese paso late-

---

[37] E. Wolf, 1976, p. 400.

ral, esa desviación mediante la construcción de comunidades en la selva. Lejos de desear un retorno al pasado, querían dejar atrás varios siglos de opresión; deseaban dar escuela a sus hijos[38] y dejarles una herencia a la que ellos mismos no habían tenido derecho. La perspectiva era temporal, cualquiera que fuese la fuerza de la religión.

El deseo de integración y la aspiración a la modernidad se manifestaban también en el pragmatismo económico. La aventura del Ixcán no era un repliegue autárquico sino, más bien, una fuga hacia adelante y una prueba de confianza en el porvenir. Los colonos añadían a los cultivos alimentarios y a la pequeña recría doméstica la producción de artículos comerciales, algunos de los cuales eran, sin duda, enteramente nuevos para ellos, y cuya comercialización plantearía enormes problemas. Un afán de apertura al mercado y a la sociedad global que simbolizaban la utilización de avionetas, el recurrir a relaciones por radio, etc. Deseando sofocar la experiencia, sus adversarios trataron de controlar o de interrumpir el contacto aéreo con el exterior, y lo lograron.

El reparto equitativo de las parcelas, la elección de los miembros de los comités y de los responsables, el funcionamiento de las diversas instancias demostraban un afán de democracia igualitaria que limitaba, sin anularlo, el paternalismo de los misioneros. Este componente habitual de la utopía campesina se presentaba en formas modernas: las colonias del Ixcán eran a la vez comunidades (uniendo la explotación familiar y la solidaridad interfamiliar) y cooperativas de comercialización. En todas sus dimensiones, la experiencia revelaba una exigencia ética, un deseo de poner fin a las discriminaciones: "no había distinción de religiones, ni el color. Lo que importaba es la conciencia: cumplir como un deber los reglamentos de las cooperativas que se organizaban".[39]

Esa red de comunidades pioneras, caracterizadas por una relativa diversidad étnica y una gran cohesión social, por una fuerte expresividad religiosa y un deseo tenaz de inscribir su acción en el presente y en el territorio, por el rechazo de una sociedad racista y el deseo de integración, podría analizarse como una versión contemporánea de la búsqueda de la "tierra sin mal",[40] efectuada por vías pacíficas, con esfuerzo

[38] La exigencia de educación era la más insistente, después de la de tierras: unos representantes del gobierno "nos respondieron que sí nos iban a mandar un maestro y un poco de materiales para construir la escuela. Pero esto no se cumplió; y nunca se cumplió. Pero la gente tenía mucho interés que sus hijos aprendieran a leer y escribir; construyeron una escuela de *teja-manil* y allí se reunían; cada reunión que había para mandar comisiones, colaboraban con dinero para el gasto de las comisiones. Y no nos mandaron nada, luchamos dos años y no hubo nada. Cuando nos cansamos, ya lo dejamos pendiente" (IGE, 1987, p. 163).

[39] *Ibid.*, p. 128

[40] La disciplina virtuosa de los colonos del Ixcán también hace pensar en la "tierra sin pecados" de los karen de Birmania.

y sufrimiento, antes de quedar hundida bajo una avalancha de violencia. El encuentro con otra utopía, que seguía el camino de la lucha armada, hizo caer sobre aquella tierra el mal de la guerra, destruyó la esperanza y la obra de unos 15 años, y proyectó a los sobrevivientes a otra forma —desastrosa— de modernidad. La unión de la utopía campesina y la utopía guevarista se facilitó por intermediación de una teología que preconizaba la realización del "reino de Dios en la Tierra" y que, por ello, podía ser entendida por campesinos indígenas cuya religiosidad se inscribe en una perspectiva eminentemente temporal y para quienes la exigencia de justicia es la primera.[41]

LA REGIÓN IXIL: DE SANTUARIO DE LA TRADICIÓN A REFUGIO DE LA GUERRILLA

En los años setenta, la región ixil (municipios de Nebaj, Chajul y Cotzal) contaba con cerca de 60 000 habitantes, cerca de 95% indígenas. Hasta finales del siglo XIX había conservado su carácter exclusivamente indígena. Los ixiles tienen fama de rebeldes, y la región ha seguido siendo, hasta nuestros días, una de las más fieles a la tradición (Chajul es un lugar de peregrinaciones al que acuden de todas las regiones del mundo maya).

La penetración ladina fue obra de la expansión de la economía agroexportadora. Las comunidades ixiles se volvieron una importante reserva de mano de obra para las plantaciones, y el poder local fue monopolizado por el grupo de *contratistas*, usureros y comerciantes, ladinos y a veces indios al servicio de los grandes propietarios. Algunas familias —como la de los Brol— se constituyeron dominios en la región (esencialmente, plantaciones de café). Este poder ladino local se entroncó en el poder central y recurrió crónicamente a las fuerzas del orden. Pero hasta estos últimos decenios sólo se había enfrentado a rebeliones esporádicas y sin futuro.[42]

El desarrollo comunitario

En su marcha hacia el centro del país, la segunda etapa en el programa de los guerrilleros era la zona ixil. Mientras que los años pasados en la selva no habían de ser más que una fase de preparación y de entrenamiento, la implantación en la tierra de los Cuchumatanes, y singular-

---

[41] Se puede pensar que uno de los límites que hemos señalado a la autogestión comunitaria en el Ixcán —el intervencionismo de los misioneros agrónomos, gestionarios y, en caso dado, pilotos— pudo predisponer a los colonos a aceptar las indicaciones de los guerrilleros, sobre todo cuando estos últimos también tenían prestigio eclesiástico.

[42] La última rebelión importante en Nebaj (1936) sigue viva en los recuerdos.

mente en esta parte de la sierra, tenía por objeto formarse un bastión, una base social para la continuación de la guerra.

En los años sesenta y comienzos de los setenta las comunidades ixiles ya eran una de las plazas fuertes del movimiento de modernización, cuyas cooperativas de colonización eran proyecciones más al norte. Como en el Ixcán, la Iglesia católica (misioneros españoles) desempeña un papel motor y de enmarque. En la parroquia de Nebaj, la Acción Católica cuenta con 400 responsables, que animan a 68 comunidades de base.[43] Esa corriente constituye, en la escala local, una fuerza jerarquizada y estructurada, apoyándose en un poder exterior, cuyos relevos y centros se encuentran en Santa Cruz del Quiché, en la ciudad de Guatemala y más allá.

Como en el resto de los altiplanos, la movilización en la Acción Católica se muestra, a la vez, en una conversión religiosa y en una dinámica económica y social:

> Al principio de la Alianza para el Progreso, cuando la ayuda llegaba del exterior, pudimos comprar chapas para la escuela, clavos, un martillo. Unos comités de organización comenzaron a estructurarse en el seno de la AC, y cuando hubo cooperativas, participó toda la AC. Si había 33 capillas, había 33 cooperativas.[44]

Escolarización, acción médica, construcción de infraestructuras (caminos, canalización de agua potable...), compra de abono, comercialización de la producción local: las actividades se multiplicaron y se extendieron.

Uno de los resultados consistió en sacar los pueblos y las aldeas, enteramente indios, de la influencia del burgo (población pequeña, dependiente de otra principal) dominado por los ladinos. Esta descentralización en la escala local se manifiesta, por ejemplo, en la creación de nuevos mercados, aparte de los tradicionales, que se celebran en los tres pueblos. Algunas ilustraciones de esta dinámica:

—Xolcuay: comunidad de emigrantes quichés, procedentes de Sacapulas, que compró tierras en el municipio de Chajul y que de todos modos sigue siendo como una fracción importante de la población de la zona, dependientes del trabajo en las plantaciones de la costa sur.

—Pulay: comunidad que se incorporó al movimiento tardíamente (1975-1976), pero que muy pronto se convirtió en agente de difusión, gracias a su situación en el cruce de los caminos que unen Nebaj, Cotzal y Chajul.

—Tzalbal: comunidad que, a finales de los años setenta, abarca siete

---

[43] Philip Berryman, 1984.
[44] *Chrétiens en Amérique Centrale, op. cit.*, p. 21.

escuelas primarias, un comité de padres de familia, un programa de alfabetización, promotores bilingües, un dispensario, un comité para el agua potable, un círculo *Cáritas*, una cooperativa de ahorro y de crédito, promotores de desarrollo y diversos programas de diversificación agrícola, gran cantidad de locales comunitarios, terrenos para deportes, capillas y centros de Acción Católica...

—Acul: comunidad cercana al burgo de Nebaj, que en esta época presentaba casi las mismas infraestructuras, los mismos servicios y las mismas actividades colectivas que la anterior.

Una generación de indios de 15 a 30 años de edad descubre su capacidad de emprender una acción de desarrollo de la sociedad local y descubre, en la misma ocasión, los mecanismos de funcionamiento de la sociedad global. Introduce mecanismos y estructuras que permiten librarse del dominio de los comerciantes y los usureros, combatir la omnipotencia y la arbitrariedad de los traficantes de mano de obra y de los propietarios o de sus representantes. Con ayuda de militantes de la Democracia Cristiana, y en la prolongación de las cooperativas, se organizan ligas campesinas que exigen mejores condiciones de trabajo y de transporte en las plantaciones y salarios más justos, o que se proponen recobrar tierras que han sido robadas.

La vela de las armas

A comienzos de los años setenta, informadas sin duda de la presencia de las guerrillas al norte de Quiché, las autoridades guatemaltecas y agencias norteamericanas empiezan a interesarse por el país ixil. Recorren la región representantes de organismos nacionales de desarrollo, de la USAID y del Cuerpo de Paz.[45] Estos últimos no son siempre fáciles de distinguir de los turistas *hippies*, para los cuales Nebaj tiende por entonces a convertirse en parada obligatoria. Como en otros municipios del Quiché, el ejército instala destacamentos de la Policía Militar Ambulante (PMA) e intensifica progresivamente sus patrullas. En 1975-1976 las condiciones y los protagonistas del conflicto eran más discernibles que en ninguna otra región del altiplano. Hemos visto que se establecieron algunos contactos entre las guerrillas y ciertos sectores de la población. De todos

[45] El Cuerpo de Paz *(Peace Corps)* estaba presente en Guatemala desde los años sesenta. En 1975, sus voluntarios eran cerca de 200, una veintena de ellos en el Quiché. El Instituto Lingüístico de Verano, por su parte, había establecido una antena en Nebaj desde 1953, poco después de su entrada oficial en Guatemala. Pero en la primera mitad de los años setenta, los evangélicos, que iban a desempeñar un papel crucial en el conflicto, aún no eran más que un puñado en la zona ixil.

modos, la mayor parte de los actores del desarrollo no pensaban todavía lanzarse por el camino de la lucha armada, y sólo una minoría se organizó en la perspectiva de una lucha social de tipo sindical (el CUC, del que veremos que servirá de vivero a las guerrillas, casi no se había implantado en el triángulo Nebaj-Cotzal-Chajul). En la zona ixil, con mayor fuerza que en otras partes, el movimiento tendía principalmente a la modernización comunitaria y a la emancipación social; su repercusión política afectó, primero, la vida local, en forma de una amenaza al poder ladino, a nivel del municipio.

Las primeras manifestaciones de la guerra hicieron su aparición al día siguiente del terremoto. La represión tendrá como objetivo, para empezar, a los líderes de la comunidad: catequistas y responsables de las cooperativas, de los diversos comités y de las ligas agrarias. En 1981-1982 se volverá masiva, y los pueblos serán arrasados. En su lugar se construirán después "aldeas modelo", agrupando a los sobrevivientes bajo dominio militar.

Esas comunidades ixiles y las cooperativas del Ixcán, cuyo destino estuvo estrechamente ligado al de la guerrilla, nos servirán de hilos conductores privilegiados para el análisis de la guerra.

La Guatemala indígena de los años setenta parecía ofrecer terreno y los ingredientes favorables a un encuentro entre el mesianismo guevariano y la religiosidad popular que no había podido lograrse en el decenio anterior, pese a varias tentativas en Colombia, Perú y Bolivia. De cualquier manera, el abismo entre la vanguardia y el pueblo representaba una desventaja tal vez mayor que en ninguna otra parte (Nicaragua y El Salvador, en especial), porque se intensificaba de manera más marcada y más masiva, debido a la separación entre indios y no indios.

En *Los días de la selva*, el escritor-guerrillero evoca, de paso y sin ver esta amenaza, algunos de los elementos (ejecuciones, represión, ligereza de la guerrilla) que contribuirán a transformar su sueño en pesadilla. Su entusiasmo oculta apenas las dificultades y la fragilidad del proyecto revolucionario. Al mismo tiempo, su silencio o su extrema discreción sobre los actores sociales no permiten comprender los triunfos y los límites de la empresa. En el relato que hace, el encuentro entre la guerrilla y el mundo indígena aparece a veces como simple consecuencia de la represión, a veces como un "milagro".

La represión desempeñó un papel capital, y a ella volveremos más adelante; pero, así como una situación sociopolítica no basta para explicar el nacimiento de un conflicto o de un movimiento, así la violencia contrainsurreccional no basta para explicar el paso del foco de guerrillas a una guerra popular. En muchos casos —en Bolivia en 1967, en la propia

Guatemala, en 1966-1967—, impidió que la guerrilla saliera de su aislamiento y se construyera una verdadera base social. El análisis sociológico casi no tiene, entonces, más que superar la etapa de comprobación y búsqueda de las causas de una cita no lograda entre el grupo armado y la población. En el Quiché de los años setenta, la cita había sido fijada, sin duda, de manera igualmente unilateral. ¿Por qué no condujo a la simple repetición, en un nuevo terreno, de la aventura "foquista" y de su fracaso? La guerra devastó los altiplanos de Guatemala. No era ineluctable, y hasta parecía poco probable. No brotó como simple consecuencia de causas económicas y sociales. No figuraba en la perspectiva del movimiento social que había transformado la sociedad india en el periodo anterior. No se resume en la yuxtaposición o en la articulación de una guerrilla y de una represión. El enfrentamiento de dos fuerzas o de dos bandos en armas, tampoco basta para explicar un conflicto como el de Guatemala. La represión no habría tenido tal repercusión ni el llamado a la rebelión tal eco si no hubiesen tocado a grupos sociales ya movilizados, lo que sólo fue posible por medio de mediaciones sociales y religiosas. ¿Quiénes son los actores y los mediadores que escogieron o que fueron llevados a articular una lógica con predominio social o religioso en una lógica político-militar, o a dejar una por la otra?

VI. DESLIZAMIENTOS Y FRACTURAS EN LA IGLESIA CATÓLICA

> Entonces los indios empezaron a explicarnos el camino de la guerra.
>
> Un misionero español en el Quiché

> La obediencia nos envía, pero el pobre hace creíble nuestra misión.
>
> Decreto 48 de la XXXIII congregación de la Compañía de Jesús.

LA INSTITUCIÓN, SU PODER Y EL PODER

Viajando por los altiplanos occidentales de Guatemala en 1933, Aldous Huxley notaba la preeminencia y, en ciertos pueblos, el casi monopolio del culto maya-católico, a cargo de los propios indígenas. El retiro forzoso de la Iglesia católica por la Reforma liberal, a partir de 1871, había dejado el campo libre a la *costumbre*. Unos 50 años después, a principios la década de los ochenta, la situación se había invertido por completo. En las comunidades visitadas por el escritor inglés la Iglesia católica había recuperado un lugar central, con frecuencia dominante, en el corazón de la sociedad indígena. También el protestantismo se había desarrollado, y la tradición maya parecía condenada a su extinción progresiva.

A partir de los años treinta, paralelamente al brote del movimiento de conversión, el país había vuelto a ser "tierra de misión". El proselitismo religioso había adoptado un cariz claramente político en la época de Arbenz, con la "cruzada contra el comunismo" dirigida por el arzobispo Rossell y Arellano. Hasta su muerte, en 1964, éste mantuvo a la Iglesia en la órbita de la contrarrevolución. Su sucesor, Mario Casariego, continuó la misma línea hasta su propia desaparición, en 1982, pero no pudo impedir una oleada de descontento y de disidencias en el seno de un clero constituido en su mayoría por miembros de congregaciones religiosas. A diferencia de las conversiones en la población indígena, esas disidencias eran de carácter más político que religioso.

134

En el estadio más avanzado de la reconquista, cerca de nueve décimas partes de los eclesiásticos provenían del extranjero, principalmente de España. Esta situación suscitó, en algunos sacerdotes seculares guatemaltecos (en general, distantes de la realidad indígena), reacciones más chovinistas que nacionalistas: "El cura español todavía habla recio en Guatemala, todavía indica con el dedo autoritario lo que se debe hacer [...]. Insisto: que en la Iglesia de Guatemala persisten formas de colonialismo"[1] denunciaba uno de los organizadores de la Confederación de Sacerdotes Diocesanos en Guatemala (COSDEGUA), que hacia 1970 agrupó en un tiempo a esos inconformes, el más conocido de los cuales (el *padre Chemita),* desafiando al arzobispo Casariego, intentó, sin gran éxito, hacer carrera política con un programa populista.

Mientras tanto, los progresivos deslizamientos hacia concepciones y actitudes reformistas y luego, más excepcionalmente, las tomas de posición revolucionarias fueron obra, ante todo, de religiosos y religiosas menos directamente sometidos a la jerarquía de la Iglesia guatemalteca: miembros de congregaciones, habitualmente de origen extranjero. Entre ellos, los *maryknolls* fueron, como ya vimos, los pioneros de una evangelización que se apoyaba en programas de ayuda médica y alimentaria, de educación y de desarrollo. También entre ellos se produjeron, tras el Concilio Vaticano II, las primeras radicalizaciones políticas: el "caso Melville".[2]

Pero los cambios más notables en el seno de la Iglesia guatemalteca se presentaron como efectos diferidos de la Conferencia Episcopal Latinoamericana (CELAM), celebrada en Medellín, Colombia (1968). La jerarquía se enfrentó largo tiempo al nuevo curso, antes de evolucionar prudentemente. El arzobispo Casariego se opuso, mientras pudo, a la menor alteración de sus posiciones ultraconservadoras. Sin su acuerdo, la Conferencia Episcopal Guatemalteca publicó, en 1976, aprovechando la conmoción producida por el sismo, un texto crítico del subdesarrollo que exigía una mejor distribución de las tierras. Algunos obispos, entre ellos el de Quiché, monseñor Gerardi, se fueron separando progresivamente de su superior inmediato, preparando su sucesión y orientando la institución eclesiástica hacia el papel político central y moderado que sería el suyo después de 1982. Actuaban por medio de un organismo que agrupa a las congregaciones religiosas presentes en el país: la Confederación de Religiosos de Guatemala (CONFREGUA), que, en esos años en que el paroxismo de la violencia afectaba directamente a la Iglesia, asumía sobre todo una función de denuncia de las exacciones cometidas contra los eclesiásticos y contra las comunidades cristianas.

[1] J. L. Chea, 1988, p. 210.
[2] Véase capítulo v, nota 21.

Unas minorías, pertenecientes en general a una de esas órdenes religiosas, especialmente de los jesuitas y de los Misioneros del Sagrado Corazón (MSC), adoptaron conductas de vanguardia, de participación activa en el conflicto, lo que contribuyó poderosamente a causar tensiones en el seno de la institución y produjo, en ciertos casos, rupturas resonantes.

LA IGLESIA DEL QUICHÉ BAJO LA TORMENTA

Religiosos y religiosas, en especial quienes se encontraban en el Quiché, ¿desempeñaron, directa y personalmente un papel motor en el acercamiento de la población y de la guerrilla, como los han acusado las autoridades militares?

La "reconquista"

Como el resto de los altiplanos indígenas, el departamento del Quiché estaba relativamente descuidado por la Iglesia católica desde la expulsión de las órdenes religiosas a finales del siglo XIX. Todavía en 1955, mientras que el movimiento de conversión había nacido unos 20 años antes en el vecino departamento de Totonicapán, y cuando la Iglesia comenzaba a recoger los frutos de su apoyo activo a la caída del gobierno de Arbenz, tres sacerdotes, por sí solos, tenían a su cargo el conjunto del Quiché. Ese año llegaron los primeros misioneros españoles (asturianos, catalanes, etc.) de la Congregación del Sagrado Corazón (la casa matriz se encuentra en Issoudun), en general provenientes de medios más modestos que sus colegas jesuitas, quienes a menudo también son de nacionalidad o de origen español.

En su mayor parte, se trataba de un primer terreno que abordaban con espíritu de reconquista. Su formación teológica e histórica estaba imbuida de una cultura hispánica que, en aquel periodo de franquismo triunfante, glorificaba sin ambages el descubrimiento del Nuevo Mundo, el pasado colonial y la obra de evangelización. "Los aspectos crueles y abusivos de toda 'conquista' quedaban difuminados y hasta manipulados, justificando lo injustificable", observa 30 años después uno de ellos.[3]

Los recién llegados encontraron una Acción Católica en plena expansión y cuyos objetivos convergían con los suyos propios. Se pusieron al

---

[3] Carta de un MFC al autor, 9 de mayo de 1990. Las citas sin llamadas de nota en lo que sigue de la primera parte de este capítulo provienen de la misma fuente.

frente de ella, reforzaron su organización y su marco, le aportaron medios decuplicados así como una poderosa legitimidad exterior, y multiplicaron su impulso. El contacto con Guatemala no por ello dejaba de producir un choque: "Los primeros tiempos fueron de desorientación, al comparar mis estudios con las realidades que constataba".

El principal enfrentamiento era con la *costumbre*. Con la llegada de misioneros al Quiché se intensificó la cruzada contra el "paganismo". El movimiento de conversión había puesto pie allí a partir de los años 1944-1945, inicialmente difundido por los chiquimulas. Aún era muy minoritario. En un lapso de 15 años, aproximadamente, la relación de fuerzas se invirtió en favor de los catequistas. Se presenció entonces una especie de guerra de religión en el Quiché y en otras regiones de los altiplanos: aunque no dejaba víctimas corporales, no por ello estaba menos salpicada de golpes de fuerza e imbuida de una extrema violencia simbólica. Por medio de las disputas concernientes a los lugares de culto, los santos y las procesiones, dos bandos aparentemente irreconciliables se enfrentaban por el dominio de las conciencias, las imágenes y las comunidades. Como hemos visto, la conversión era vivida como una experiencia de cambio radical. Por su parte, los misioneros se proponían borrar las viejas creencias, como "la Acción Católica, ya que, prácticamente, desarraigaba los 'convertidos' de sus raíces indígenas, ladinizándolos, y hasta enfrentándolos con sus señores naturales, los *Principales* y *Cofrades*".

Por aquella época, aún no se trataba de poner en duda los objetivos de la misión:

San Andrés había pasado cerca de noventa años sin sacerdote [...]. Ello favoreció un retraso moral y religioso, precipitando a muchos habitantes en la frialdad, indiferentismo, superstición y paganismo... Y en la borrachera y en mayor pobreza [...] hacía falta tiento para no desagradar a los "principales" y "cofradías" que, con el merecido título de custodios de las iglesias, amalgamaron costumbres paganas de sus antepasados, que abusaban del "guaro" y de la marimba, introduciéndolos en los actos y fiestas religiosas. ¿Cómo se destierra esa mezcolanza de borracheras, bailes, marimba, bautismo y fiestas de santos con procesiones exóticas?[4]

Este etnocentrismo inconciente de los Misioneros del Sagrado Corazón de Jesús (MSC) no tuvo muchas excepciones. Algunos se interesaron por la cultura de los indios y se esforzaron por aprender una o varias lenguas. Pero entre las aproximadamente 25 personas del grupo, sólo dos llegaron a dominar el quiché lo suficiente para las necesidades de la

[4] J. Camblor, 1985, p. 38.

prédica. La "pastoral indígena", que a comienzos de los años setenta fue el tema fugitivo de algunos seminarios que reunían a eclesiásticos (y que hoy tiene un renacer), casi no hizo adeptos entre los españoles, los cuales por entonces trabajaban en el Quiché. Los pocos que recurrían a elementos culturales autóctonos lo hacían, por lo demás, muy naturalmente y sin mala intención de su parte, en la perspectiva de la empresa de erradicación de la tradición.

A medida que se reforzaba su posición, los misioneros se mostraban menos agresivos, más tolerantes con sus adversarios, aceptando un uso moderado del alcohol, permitiendo la participación de los catequistas en las cofradías, etc. Se distinguían así de los pastores evangélicos, intratables sobre esas cuestiones. A la hora del balance, uno de los que hicieron más esfuerzos por aproximarse a la cultura indígena no deja de sacar esta conclusión: "Posiblemente mis errores mayores fueron la poca comprensión de los de la *Costumbre*. Aunque me hice amigo de algunos cofrades y 'brujos'".

Si la acción misionera contribuyó, pese a todo, al florecimiento o la consolidación de una nueva identidad comunitaria, lo logró por otras vías: por su apoyo al movimiento de emancipación, del que hemos visto que se desplegaba a su vez según una lógica comunitaria, y que seguía adherido a un principio de identidad, y en especial por la fuerza y la legitimidad que este apoyo daba a los catequistas en su lucha contra los antiguos y contra los ladinos. Éstos no se equivocaron; muy bien percibieron que esta Alianza, esta articulación de la reconquista religiosa y del despertar indio constituía para ellos una amenaza grave. Hemos de ver ahí una de las razones de las modalidades y de la intensidad que tomará la violencia política al insertarse en la urdimbre local y regional. En especial resulta significativo que uno de los hechos sobresalientes de la guerra fuese la destrucción de la Iglesia del Quiché, en el momento en que estaba pasando a ocupar una posición hegemónica. ¿Por qué etapas y por qué recovecos había llegado hasta ahí?

De la conquista de las almas al desarrollo de las comunidades

Si les era difícil poner en duda comportamientos directamente ligados a la razón de ser de su misión, en cambio en los dominios en que su etnocentrismo no estaba en juego y hasta podía, eventualmente, desplegarse, los nuevos evangelizadores evolucionaron al contacto de las necesidades pastorales, de la dinámica del movimiento de conversión, de las resistencias y de las situaciones difíciles y a menudo dolorosas que encontraban.

Habiendo comprendido que la función del misionero no sólo era espiritual, consagré una buena parte de mi tiempo —la mayor parte— a abrir caminos, a construir capillas y escuelas, a hacer funcionar puestos de salud. Logré que los indígenas, en gran número, escolarizaran a sus hijos, ayudé en las instalaciones de agua potable y en las instalaciones de electricidad, y mi *jeep* servía de ambulancia por los diferentes pueblos por donde yo tenía que ir a trabajar. Nada de eso habría podido hacerse sin la ayuda infalible de los indígenas de la Acción Católica. Nunca tuve que imponerles nada. Siempre les pedía consejo y los dejaba decidir si mis proyectos les convenían o no. Como había un baremo diocesano para la administración de los sacramentos, yo me esforzaba por devolverles, en forma de ayuda, lo que ellos daban voluntariamente.

De esta manera, los misioneros españoles se convirtieron en fermento del movimiento de modernización. Los más inquietos, así como sus colegas norteamericanos de la orden de los *maryknolls*, que trabajaban en el departamento vecino, cobraron conciencia de la necesidad de ir más allá de la simple ayuda y se transformaron en promotores de programas tendientes a resolver problemas de producción, colonización, crédito, comercialización... Esta fase de predominio social y "desarrollista" se extendió sobre diez o quince años, entre el comienzo de los años sesenta y mediados de los setenta. Aunque —diga lo que diga el sacerdote citado antes— su comportamiento era con frecuencia autoritario, los misioneros del terreno se presentaban entonces como pragmáticos, ajenos a los debates intelectuales, a las querellas teológico-políticas que comenzaban a interesar a algunos de sus colegas ciudadanos.

Ese pragmatismo, como lo hemos visto en acción en el Ixcán y en la zona ixil, estaba al servicio de un impulso idealista, más que de una estrategia política. El camino recorrido por la Democracia Cristiana en este periodo correspondía a afinidades ideológicas y confesionales, pero desempeñaba ante todo una función instrumental: la DC aportaba los medios y los conocimientos útiles cuando se trataba de hacer funcionar cooperativas, organizar ligas campesinas, obtener títulos de propiedad, financiar tal o cual proyecto (el dirigente demócrata-cristiano René de León Schlotter, ocasionalmente huésped de los MSC, durante sus pasos por Santa Cruz del Quiché era un intermediario influyente ante uno de sus principales proveedores de fondo: la fundación *Misereor* de la Alemania Oriental). A cambio, el partido recibía todas las facilidades para captar en su favor, con fines electorales, el aparato y las bases de la AC. Por medio de sectores eclesiásticos, la DC y la AC formaron así, durante esta fase, una pareja estrechamente ligada.

Salvo excepciones, la actividad política de los propios misioneros seguía siendo discreta, indirecta, subordinada a su objetivo pastoral y a su acción de ayuda o de desarrollo. La política aún guardaba, a sus ojos, un carácter profano; no era más que uno de los medios a los que había que recurrir para asegurar el funcionamiento y el crecimiento de las comunidades de "cristianos nuevos"; en aquella etapa no se confundía con la realización del reino de Dios en la Tierra. Es que aún no habían comprendido el mensaje revolucionario, dirá después uno de ellos.[5]

Del desarrollo a la lucha armada

¿Cómo pudo este mensaje lograr la adhesión de algunos (una minoría, dígase lo que se diga, pero una minoría activa e influyente) de esos hombres en el terreno, a los que ni su formación ni su práctica parecían predisponer a semejante aventura?

Tres factores —ya mencionados y estrechamente vinculados entre sí— desempeñaron un papel importante:

1) El agotamiento de las vías de desarrollo pacífico: callejones sin salida de la Revolución Verde, declinación de las cooperativas, impotencia de la Democracia Cristiana;

2) la polarización de la situación en el Quiché a partir de 1975-1976: primeras acciones de la guerrilla, represión, terremoto, desaparición del sacerdote *maryknoll* que animaba los programas de colonización;

3) el eco de las ideas nuevas que agitaban a la Iglesia latinoamericana: "De 1970 a 1980, y habiendo adquirido más experiencia, yo cambié mucho mi método de apostolado, gracias a las directivas recibidas de Medellín, Ambato y Puebla, y bajo la influencia de la teología de la liberación".

Pero con frecuencia fue un sector de la población, directa o indirectamente afectado por esas mismas circunstancias, y ya "trabajado" por militantes revolucionarios, el que dio el impulso inicial. Algunos pastores fueron inducidos a radicalizarse del mismo modo que si hubiesen participado en las tareas del desarrollo: bajo la presión de una parte de su grey, por efectos de una dinámica ya puesta en movimiento. Después, su adhesión tuvo un efecto de acarreo y ampliación.

En el paso del movimiento social a la lucha armada, las relaciones entre los responsables de las parroquias y sus fieles no funcionaron de acuerdo con un solo esquema, unívoco y de un solo sentido. No por ello deja de ser cierto que fueron un punto de unión. Entre el grupo de guerrilleros dirigido por revolucionarios profesionales y las "masas" indí-

---

[5] "El indio, la fe, la revuelta...", *Chrétiens en Amérique Centrale*, dossier núm. 1, Montreuil, 1984.

genas, la religión fue una de las mediaciones principales. Permitió a la guerrilla dar un salto cualitativo a partir de 1976. Sin duda, así como los promotores de las cooperativas del Ixcán no tenían una visión idéntica a la de los colonos, de la utopía hacia la cual unos y otros orientaban sus esfuerzos, los guerrilleros, sus simpatizantes eclesiásticos y los campesinos indios movilizados no veían la revolución necesariamente bajo la misma luz. Sin embargo, una de las características de la segunda fase de la lucha armada fue la elaboración de un lenguaje que daba cabida a todo y que, gracias en especial a la integración de elementos religiosos, resultó más evocador para una población impregnada de religiosidad que la jerga burocrática con pretensiones científicas que utilizaban los fundadores. Veremos una ilustración de su efecto en el testimonio, en parte en forma de defensa, de uno de los misioneros ganados por la revolución.

El padre Leonardo descubre el camino de la guerra

En contra de lo que a veces da a entender Mario Payeras, dejándose llevar por su entusiasmo, la adhesión a la guerrilla no fue súbita y en masa, ni siquiera después de las oleadas de represión de 1975 (en el Ixcán) y de 1976 (en la zona ixil). En otros momentos, Payeras subraya por cierto la reserva y la prudencia de los indígenas. La idea se abrió paso subterráneamente, pasando poco a poco a círculos cada vez más grandes:

> Nada fue precipitado; las gentes no se lanzaron ciegamente a las organizaciones, no actuaron a la ligera. Se empezó a hablar del CUC, del EGP, de los guerrilleros [...]. La gente no se confiaba. "Vayan a saber", decían. Hasta el momento en que se dieron cuenta de que ese movimiento estaba hecho para ellos. De la mañana a la noche me sentí como una barca que no tocara tierra *(sic)*. "¿Qué pasa?" Eso les interesaba a todos. Bien se veía el sentido comunitario, la decisión comunitaria [...]. De la noche a la mañana, nos dimos cuenta de que pueblos enteros se habían pasado a la guerrilla.[6]

El sacerdote había cobrado conciencia, bruscamente, de un cambio que se había producido sin él saberlo, y al cabo de una maduración progresiva. Convencido de conocer bien a "su gente", de "controlarla", había descubierto, con sorpresa, que ésta seguía un camino que él no había trazado. Ante el peligro de perder su papel de guía, decidió entonces acompañarla. Otro misionero del Quiché, Donald McKenna, que llegó a ser

---

[6] *Ibid.*, p. 28. En ese texto, el padre Leonardo (seudónimo) da la versión que aquí resumimos de su acercamiento y del acercamiento de algunos de sus colegas a la guerrilla.

combatiente del EGP, dio de su reclutamiento una justificación similar, pero más categórica y más claramente fundada en un sofisma: "Para mí, la responsabilidad de un sacerdote consiste en estar al lado de su pueblo", ahora bien, "la guerrilla es el pueblo..." (véase el recuadro "Cristo en armas", p. 144).

Al parecer, bajo la presión de su base, varios responsables de la Iglesia del Quiché se aproximaron a la guerrilla, a finales de los años setenta:

> Entonces los indios empezaron a explicarnos el camino de la guerra [...]. Para llegar a buen fin, un recorrido debe tener ida y vuelta. [...]. El camino de la guerra ha tenido una ida y debe tener un regreso [...]. La ida, según ellos, fue el despojo. Para llegar así, decían, el camino debe volver de la montaña a los pueblos, de los pueblos a la ciudad. Ése era el camino de la recuperación de sus tierras, de sus lenguas, de sus costumbres, de las manifestaciones exteriores de sus culturas.[7]

El nuevo discurso revolucionario, que mezclaba aspiraciones indígenas (económicas y culturales), objetivo político (la ciudad, de donde se ejerce el poder del Estado, es el objetivo que hay que alcanzar) y acentos religiosos, no deja de impresionar a ciertos misioneros:

> Yo no comprendía cómo (los militantes de base del CUC y del EGP) organizaban su vida. No había separación entre los cursos y las asambleas en las capillas, cuando hablaban del alcalde y de la política, de la economía o de la mejora de la vida [...]. Yo no comprendía que, para ellos, no hubiese diferencia entre lo religioso, lo económico y lo político. Nos dimos cuenta de que el elemento dinámico que impulsaba todo eso era de naturaleza religiosa.[8]

Otros simpatizantes, más sensibles a la dimensión económica o a la dimensión étnica, también encontrarán allí algo a su gusto; sin embargo, para los dirigentes de la guerrilla, más allá de las inflexiones del lenguaje y de las modalidades de la movilización, lo político y lo militar nunca han dejado de estar en los puestos de mando.

El testimonio del padre Leonardo es demasiado apologético para convencernos del todo. Su papel no fue tan secundario, tan modesto como podría hacer creer su relato (más claramente, las iniciativas de un McKenna no son ajenas a la entrada del municipio de Zacualpa en el engranaje de la guerra). La simpatía de la población en favor de la guerrilla no fue tan unánime, tan libre de reservas como él lo sugiere. Pero comprenderemos su percepción y su reacción si consideramos que son sus propias bases, las redes constituidas en el marco de la Acción Cató-

---

[7] *Ibid.*, p. 30.
[8] *Ibid.*, p. 21.

lica, las que dieron apoyo al movimiento revolucionario. No eran las comunidades en su conjunto, como tampoco fue nunca una comunidad en su integridad, las que se adhirieron al CUC o al EGP. En general, algunos catequistas arrastraron a sus padres, sus vecinos, sus amigos, beneficiándose de la aprobación tácita o del silencio de otros sectores modernistas de la comunidad. Los misioneros no conocían bien sino a esas neocomunidades con las cuales estaban ligados, y admiraban su sentido de solidaridad. De ahí su tendencia a subrayar los aspectos de la movilización que dependían de una lógica comunitaria endógena; punto de vista que tiene el mérito de equilibrar las tesis que favorecen el peso de las fuerzas y los agentes exteriores, incluso la imagen de un rebaño de "fieles" guiados por sus pastores, como podría creerse por otras declaraciones del mismo misionero o de algunos de sus colegas.

En realidad, aunque la Iglesia del Quiché formaba un cuerpo y estaba menos dividida que el conjunto de la Iglesia guatemalteca, no era del todo homogénea. Diferían las opiniones y los métodos de trabajo: podían distinguirse los partidarios de la toma de conciencia política, los promotores del desarrollo, los partidarios de la prudencia... Por lo demás, el consenso en la denuncia de las exacciones, las posiciones "avanzadas" de algunos sacerdotes y religiosas no impedían que la institución tuviera buen cuidado de su propia conservación. Una lógica naturalmente encarnada por el obispo (un guatemalteco), quien intentó mantener la institución por encima del conflicto, antes de tomar la decisión de sustraerlo de él:

> En febrero de 1979, al inaugurarse una iglesia, se celebró una última reunión de todos los responsables catequistas de esta zona (el norte del Quiché).
> —Monseñor, ¿qué vamos a hacer? —le preguntaron muy explícitamente a monseñor Gerardi.
> —¿Qué quieren? ¿Qué exigen? ¿Qué esperan?
> —Que nos ayude a organizarnos para nuestra defensa.
> [...]
> Algunos fueron más radicales. Un ladino de Chicamán llegó a declarar:
> —Esas son fruslerías. ¡Lo que necesitamos son armas![9]

El obispo seguía predicando el diálogo y la paz a los animadores de las comunidades cristianas de base, que no ocultaban su insatisfacción y su desconcierto (algunos de ellos ya se habían acercado mucho a la guerrilla).

Donald McKenna, irlandés del Norte, no pertenecía a la congregación del Sagrado Corazón. Se había presentado al obispo del Quiché, quien lo reclutó. A veces se le ha llamado exagerado y arrogante, rebelde a la

---

[9] *Ibid.*, p. 20. Chicamán es un pueblo ladino de Uspantán.

CRISTO EN ARMAS

En "algún lugar" de las montañas de Caxchiquel, con su "Galil" al hombro, tal como está en la foto —"y el Evangelio en la mochila", nos aclaró—, nos encontramos con el sacerdote Donald McKenna, ex capellán del Ejército Guerrillero de los Pobres y ahora capellán de la flamante Unidad Revolucionaria Nacional de Guatemala

—¿Cómo es que siendo sacerdote se encuentra en la guerrilla?

—Porque soy de la diócesis del Quiché y para mí la responsabilidad de un sacerdote es estar al lado de su pueblo. En Zacualpa, donde ejercí desde un principio, oficiaba Misa, bautizaba, casaba a la gente. Sin embargo, la misma situación del pueblo me obligaba a pensar en otras cosas. Empecé a ver a mi parroquia como una cárcel, donde el pueblo estaba preso. Tuve dos opciones: llevar alimento y dinero a los presos, para que la prisión les fuera menos dura, o ayudar a los pobres a organizarse para romper definitivamente los barrotes de la miseria y la opresión. Me decidí por lo segundo y aquí estoy...

—¿Cree que las actuales elecciones ofrecen alguna salida para el pueblo guatemalteco?

—Creo que no ofrecen ninguna salida para el pueblo y tampoco para los militares, ya que esta farsa electoral no les servirá siquiera para perpetuarse. Si quieren una salida, que den elecciones en serio, limpias y democráticas, donde puedan participar todos los sectores...

—¿También la guerrilla?

—Yo diría que fundamentalmente debe participar la guerrilla, porque la guerrilla es el pueblo.

—Aunque esto implique violencia y derramamiento de sangre...

—En Guatemala, la violencia la han impuesto los militares y los imperialistas yanquis, sus socios mayores. No nos han dejado otra alternativa. Por eso, en casos como el nuestro, la violencia de los pobres no es violencia, es justicia...[10]

acción pastoral, partidario de una acción de desarrollo antes de lanzarse a la lucha armada, y de hacerse notar en ella por su impaciencia, por decisiones desconsideradas que exponían a la población y por declaraciones provocadoras (así, se dijo que había declarado a una revista mexicana que el EGP obedecía "las instrucciones precisas del obispo del Quiché"). Al parecer, ya no está en la guerrilla.[11]

[10] *Interviú*, Madrid, 24 de marzo de1982.
[11] Véase también DIAL, núms. 730 y 744.

Fin de misión

A principios de 1980 se calculaba en 400 el número de catequistas víctimas de la violencia desde su irrupción en el norte del Quiché. El remplazante de W. Woods en el Ixcán, un sacerdote alemán, había sido expulsado del país en 1978. Ese mismo año, los más comprometidos entre los misioneros de origen español tuvieron que desaparecer, y uno de los miembros de su congregación, Gaspar García Laviana, muy ligado a los sandinistas, fue muerto por la guardia somocista de Nicaragua. La institución se mantenía, pero el cerco se cerraba. Las amenazas eran cada vez más precisas. Tras la matanza de la embajada de España (enero de 1980) y la huelga en las plantaciones (febrero de 1980), los sacerdotes y las religiosas progresistas o considerados como tales por las autoridades se volvieron blanco claramente señalado de la represión. Durante el primer semestre del año, mientras el ejército aún se abstenía de enfrentarse directamente a las guerrillas, emprendió, con el concurso de grupos paramilitares, acciones sistemáticas contra la Iglesia del Quiché, que había denunciado con firmeza la matanza mencionada, así como otra matanza ocurrida en Nebaj el 3 de marzo.

En una reunión con notables de la capital departamental, el comandante de la zona militar había prohibido todo contacto con la *casa social* (sede de los MSC) y dado orden de boicotear Radio Quiché, propiedad de la Iglesia, cercana al CUC y muy escuchada por la población. A las amenazas siguieron los hechos: ametrallamiento del presbiterio de Uspantán, parroquia de varios miembros de la delegación que se había dirigido a la embajada de España; asesinato del cura de Chajul y de su sacristán, y luego del cura de Joyabaj.[12] En julio, el obispo, amenazado a su vez, decidía retirar el conjunto del clero de la diócesis. El poder había alcanzado sus fines: expulsar a los testigos inoportunos y a los defensores de la población indígena. Los misioneros que, acercándose al movimiento de insurrección, habían creído mantener o consolidar sus nexos con las comunidades, fueron obligados a alejarse de éstas. La fórmula final —"con vosotros, para siempre"— de la declaración en la que explicaban a los fieles su decisión de retirarse, sonaba como un adiós.[13] La mayoría, incluso el arzobispo, tuvo que abandonar el país por un tiempo. Algunos, en contacto con refugiados, constituyeron una Iglesia guatemalteca en el exilio, que profesaba la teología de la liberación y estaba claramente alineada con la guerrilla.

---

[12] El clero del Quiché no fue, sin embargo, el único blanco: en total, una docena de sacerdotes fueron asesinados en Guatemala entre 1976 y 1981.

[13] En ocasión de este retiro, la diferencia entre la Iglesia del Quiché y la Conferencia Episcopal se manifestó públicamente. El comunicado de los obispos, juzgado "pobre,

A partir de ese momento, los indígenas del Quiché ya no tuvieron ninguna institución, entre el ejército y la guerrilla, a la cual pedir protección. En una primera etapa, se volvieron cada vez más hacia la guerrilla. Esto también formaba parte de la estrategia de los militares, que desde este ángulo convergía con la de su enemigo. Al presentar a los sacerdotes asesinados como mártires de la causa revolucionaria, los misioneros que se habían identificado con ésta seguían así el juego de la polarización. De ello es testimonio el mensaje en forma de exhortación enviado por uno de ellos a sus colegas, en ocasión de las exequias de uno de los sacerdotes asesinados, José María Gran:

> Es nuestro José María el que nos está convocando. Es tan duro, pero tan esperanzador [...]. Lo que ha llegado tenía que llegar y sólo puede ser bueno para todos. Para los misioneros del Sagrado Corazón será comienzo de purificación y resurrección. Para nuestro pueblo, una semilla más, enterrada para que dé fruto en tiempo oportuno.

De todos modos, cualquiera que hubiese podido ser el activismo de una parte de sus miembros y la función de protesta que asumía de manera firme en los últimos meses, la Iglesia del Quiché también desempeñaba un papel moderador. En su conjunto no constituía un relevo entre la guerrilla y la población, como la acusaba el poder militar, ni una simple caja de resonancia que hiciera repercutir, en dirección de la opinión nacional e internacional, las denuncias de la represión por el CUC y el EGP. Era, ante todo, un recurso para una población que en su mayoría deseaba mantenerse al margen del conflicto. Más que las simpatías de algunos sacerdotes y religiosos hacia la lucha armada, su desmantelamiento contribuyó al drama.

DE LOS JESUITAS Y DE LA REVOLUCIÓN

De la reflexión a la acción

El grupo conocido como la "comunidad de la zona 5" —en referencia a la residencia colectiva que ocupaba cerca del mercado de La Palmita, en el quinto barrio de la capital— se formó a partir de 1972 en torno de algunos jesuitas guatemaltecos y españoles naturalizados guatemaltecos, de formación universitaria, reunidos por el proyecto de aplicar sus

ambiguo y vacilante" por los sacerdotes y las religiosas de la diócesis, era muy prudente. Un año después, a propósito de McKenna, el episcopado condenaba firmemente toda participación de un eclesiástico en la lucha armada.

Después de la tormenta

México, D. F., 1984. Una asamblea de representantes de la "Iglesia popular" reunió a unas 50 personas, en su mayoría cercanas al EGP. Había miembros de la Iglesia Guatemalteca en el Exilio (IGE), militantes del Comité pro-Justicia y Paz; entre ellos hay protestantes. Algunos de los presentes han llegado del interior de Guatemala. Los indígenas —sacerdotes o seminaristas— se cuentan con los dedos de una mano. Pero esta vez son ellos los que toman la palabra y los que, "en nombre del pueblo maya", interpelan a sus colegas: "Ustedes nos empujaron a la insurrección, ustedes nos metieron en la boca del lobo y, en el momento de las dificultades, ustedes se fueron. Ustedes nos utilizan a nosotros, lo que somos y lo que hacemos, con fines que no son nuestros. Ustedes dicen que también nosotros somos la Iglesia, pero nos tratan como una infantería sobre la que edifican una institución que se queda en sus manos y sobre la que no tenemos ninguna influencia. Dicen ustedes que respetan nuestra cultura; en realidad, no conservan más que los elementos que pueden servir a sus propios fines. Solicitan nuestra opinión, pero no la toman en cuenta. Hace un año nos preguntaron cuáles eran nuestras críticas; nosotros las formulamos, ustedes las escucharon, y después, nada..."[14]

Tampoco en esta ocasión hubo ninguna respuesta.

---

conocimientos antropológicos, sociológicos y teológicos a una acción en el lugar, como lo indicaba el nombre de su centro: Centro de Información y Acción Social (CIAS). Su ubicación en un barrio popular mostraba la intención de "ir a los pobres". Ellos mismos provenían, en su mayor parte, de medios más prósperos que los otros misioneros que actuaban en los campos y las zonas marginales de las ciudades; en Guatemala, como en otras partes de América Latina, la universidad jesuita es ante todo para una élite.

Esos "establecidos" conservaron, sin embargo, nexos estrechos con la institución. Contaban con el apoyo del provincial de los jesuitas para América Central. De Panamá a México, durante los años setenta se estableció una red de difusión de la teología de la liberación. Algunos miembros de la comunidad se encontraron entre los teóricos y los propagandistas más activos de esa corriente, en El Salvador, Nicaragua y Panamá.

En Guatemala, sus actividades se desplegaron sobre todo en el alti-

---

[14] Testimonio obtenido por el autor.

plano —principalmente, en los departamentos de Chimaltenango y del Quiché—. Por medio de programas de alfabetización, evangelización o estudios antropológicos, se esforzaron por hacer que surgiera una organización campesina. Distinguiéndose en ello de los elementos progresistas del clero diocesano y de las otras congregaciones, los jesuitas, fieles a su tradición, antepusieron la formación, la "concientización" y la movilización a las acciones de desarrollo. Pronto se dejaron llevar por un entusiasmo comparable al que pudo verse entre los guerrilleros por la misma época: "Nosotros sobrevaloramos las capacidades de las bases. En 1974-1975 pensamos que todo era posible, porque habíamos visto a muchos acudir a nosotros".[15]

¿Cuándo y cómo se estableció la relación con la guerrilla? Sobre este punto, persiste cierta incertidumbre: "En ese género de situación, es difícil ver claramente si alguien es 'civil' o 'militar', en otros términos, independiente o no de la organización político-militar". Al parecer, los primeros contactos se establecieron en la esfera universitaria. De ahí habían brotado los jesuitas; también los fundadores del EGP; unos y otros seguían teniendo acceso a ella. Los nexos se establecieron cuando la comunidad y su red intervinieron en los pueblos más afectados por el temblor. Las relaciones entre las dos organizaciones, celosas ambas de su autoridad, no siempre fueron idílicas: a los jesuitas no les agradaba recibir órdenes de *muchachos* igualmente presentes en los lugares del desastre, y habrían querido tratar con ellos de organización a organización. "Sin embargo, llegó un momento en que a algunos les pareció que lo que hacíamos no daba resultados; que había que dar un paso más, y algunos lo dieron. No todos. Se organizó un debate, y hubo quienes abandonaron el movimiento."

Entre los elementos más radicales se destacaron dos jóvenes españoles que habían adquirido la nacionalidad guatemalteca. Desde los primeros pasos hacia la formación de un Comité de Unidad Campesina hasta su integración manifiesta y reconocida al EGP, fueron el eslabón esencial de una articulación invisible con los simples militantes. Ambos ascendieron a puestos de dirección en el seno de la organización guerrillera y fueron los principales autores de la convergencia entre un enfoque cristiano y un enfoque marxista-leninista, convergencia que afectó la doctrina y la práctica del EGP.

Por encima de la diversidad de los papeles y del margen de autonomía de cada uno de sus miembros, así como de las personas de la red, la comunidad actuaba como un actor colectivo. La trayectoria de aquel de

---

[15] Entrevista personal con un alto dignatario eclesiástico. Las citas y llamadas de nota en la segunda parte de este capítulo provienen de la misma fuente.

sus intelectuales que más lejos llegó en la acción no basta para dar cuenta de la heterogeneidad y de la riqueza humana del grupo. De todos modos, constituyó una excelente ilustración de la línea de fuerza central que ha animado y movilizado a sus miembros y a sus simpatizantes, en funciones y grados diversos.

De Salamanca a la montaña guatemalteca

Nacido en 1943 en Vigo (Galicia), Fernando Hoyos pasó por diversas universidades europeas (Salamanca, Munich, Lovaina, Madrid) antes de ir a formar seminaristas a El Salvador y pasar de ahí a Guatemala en 1972. Al año siguiente, se naturalizó y se ordenó sacerdote. Desde esta época, profesaba su compromiso con el "servicio de los pobres". Era uno de los voceros de la teología de la liberación y de los principales animadores de lo que llegaría a convertirse en el CUC.

Durante años, Hoyos recorrió los pueblos de Chimaltenango y del Quiché llevando *mochila* y *petate*, vestido de civil, compartiendo el albergue y el pan con sus anfitriones. Decía misa en humildes chozas sin exigir remuneración, en contraste con los otros sacerdotes; celebraba reuniones familiares, formaba grupos de discusión y de reflexión. Por lo demás, la celebración y la "concientización" estaban en continuidad, cuando no se confundían. La tortilla hacía las veces de hostia, y el sermón consistía en charlas sobre un tema que interesara a los asistentes. El conjunto de esas prácticas contrastaba con el proselitismo de los misioneros situados en esas diócesis. Incluso los más progresistas valoraban la "distinción" sacerdotal y se valían de sus signos exteriores: iglesias, hábitos, vehículos, presbiterios. Conciente y metódicamente, F. Hoyos llevaba el contrapié de la Iglesia ceremonial y remota, sustituyendo su simbolismo por el de una Iglesia de los pobres en la que el sacerdote dejaba de ser la figura paterna y autoritaria para transformarse en la figura de un "hermano mayor".

F. Hoyos no era, empero, un hermano predicador aislado. Su actuación no era la de un franciscano: se apoyaba en la comunidad de la zona 5 y en una red de estudiantes y de intelectuales, algunos de los cuales ejercían una actividad profesional como "líderes de opinión". Contaba con el aval de la Compañía de Jesús, pero a veces despertaba críticas o reproches de los curas de parroquias y otras esferas de la Iglesia y de la sociedad guatemalteca: intelectualismo, elitismo, orgullo de institución, afán de poder... El "paralelismo pastoral" chocaba con la tendencia de los misioneros a defender celosamente a "su" grey. Sin embargo, la favorable acogida que elementos jóvenes de la sociedad india reservaron a F. Hoyos y a sus amigos, la sencillez, la convicción y el talento de persuasión de que éstos dieron prueba, su afán de entroncar las nuevas formas de evangelización en la línea de las recomendaciones del Vaticano II y de Medellín, fueron disipando poco a poco las reticencias de algunos sacerdotes y religiosos.

Habiendo salido de la ciudad, esos militantes volvían a ella regularmente —a la vez, otros miembros de la red intentaban formar una organización de los habitantes de las barriadas de precaristas y los barrios populares—. Los pueblos del altiplano eran etapas en su camino de la ciudad a la montaña y de la montaña a la ciudad: figura preferida de la guerrilla guatemalteca. Mientras que los otros misioneros justifican su simpatía o su adhesión al movimiento revolucionario diciendo que es resultado de una evolución progresiva, bajo la presión de la necesidad y la de sus fieles, los jesuitas aparecen y se presentan a sí mismos como elementos movilizadores, como animadores y guías lúcidos. Ellos no toman conciencia, ellos "concientizan"; no se adhieren a una organización o a un movimiento, ellos "organizan" y "movilizan". Ya sea que hayan entrevisto o no, desde el principio, las últimas consecuencias de sus compromisos, pronto los inscriben en una lógica política revolucionaria:

> Entonces Fernando organizó el primer equipo de trabajo, llamado NUKUJ, una palabra de la lengua maya-quiché que quiere decir: PREPARACIÓN PREVIA A LA FIESTA. En este equipo empezamos hacer análisis de las organizaciones existentes en Santa Cruz. Conocimos así más a profundidad lo que era una cooperativa, un partido político, la Iglesia, la Liga campesina, etc. Llegamos a la conclusión de que ninguno defendía los verdaderos intereses de los campesinos.[16]

En 1980, de regreso de una reunión en Roma, F. Hoyos informó a quienes le rodeaban de su integración a la guerrilla y de su decisión de separarse de la Compañía de Jesús (en todo caso, uno de sus superiores considera que "murió como jesuita"). Se unió a los combatientes en la montaña y se convirtió en el *comandante Carlos* (Enrique Corral, alias *comandante Abel*, siguió el mismo itinerario).

Por la misma época (enero de 1980), las autoridades jesuitas centroamericanas habían tomado posición, claramente, en favor de la justicia y de los pobres.

> Es Dios el que está presente en ese combate de nuestro pueblo por la justicia. La Iglesia latinoamericana ha exhortado a todos los cristianos del continente,

---

[16] IGE, "Fernando Hoyos, ¡presente!", julio de 1983, pp. 15-16. El líder revolucionario también hace, si hemos de creer en ese texto, el juicio de los abonos químicos y de la píldora anticonceptiva.

sin distinción de clases, a "aceptar y asumir la causa de los pobres", que es la "causa de Cristo".[17] Los militares guatemaltecos vieron en ello que se confirmaba la colusión de la Compañía con la subversión, y quisieron darla a conocer a la opinión nacional e internacional, organizando lo que llegaría ser "el caso Pellecer" (véase recuadro).

EL CASO PELLECER

Luis Pellecer, jesuita guatemalteco, había estudiado y trabajado en México, en El Salvador y en Nicaragua antes de volver a su país en 1977 e integrarse a la comunidad de la zona 5. Se le asignó entonces la tarea de renovar la coordinación de los habitantes de los barrios populares de la capital, una de las organizaciones de masas del EGP. Más tarde, sería uno de los responsables de la propaganda de esta organización guerrillera. Secuestrado y "devuelto" por los militares en el año de 1981, hizo una "confesión" pública muy prolija, acusando a una parte importante de la provincia centroamericana de la Compañía de Jesús, así como a otros religiosos y guatemaltecos, de haber ingresado en el movimiento revolucionario en Guatemala, El Salvador y Nicaragua. Cualesquiera que fuesen las circunstancias de esta confesión —lo menos espontánea que se pueda imaginar—, así como sus inexactitudes, sus errores de detalles, y sobre todo el carácter mal intencionado y generalizador de las interpretaciones a las que dio lugar, resultó una bomba en manos de los militares, y causa de incomodidad para los jesuitas y la Iglesia católica, en conjunto.[18]

En esa etapa, la comunidad de la zona 5 se había dispersado. Además de quienes habían tomado las armas, algunos de sus miembros se consagraban, en la clandestinidad, a tareas asignadas por la guerrilla. Los otros habían tenido que irse al exilio. La represión había hecho al menos una víctima, la humilde cocinera al servicio del grupo: "Era ella la que nos advertía: 'No sigan escribiendo esas cosas; van a terminar en el Motagua'.* Y ella fue a la que mataron. Es duro que le tocara a ella. Si

---

17 DIAL, núm. 100, que también reproduce la respuesta de la presidencia de la República intitulada: "Los jesuitas políticos mienten para servir a la subversión. Se quitan la sotana para hacer política". A consecuencia de esos comunicados, el ejército secreto anticomunista amenazó de muerte a todos los jesuitas presentes en Guatemala, y Sandoval Alarcón, líder del MLN, declaró que su provincial "debía ser aplastado como un sapo".

18 Texto completo de la "confesión" y otras piezas del expediente DIAL, números 730, 742, 743, 744 y 775.

* El Motagua es uno de los principales ríos de Guatemala.

hubiera sido uno de los sacerdotes, nos consolaríamos pensando que están hechos para la vida eterna".

La "fiesta abortada"

Los "preparativos de fiesta" terminaron en tragedia. La inversión de situación que ya se esbozaba se consumaría en julio de 1982 con las operaciones del ejército en Huehuetenango. Fue precisamente en esta fecha y en esta región donde el *comandante Carlos* y su acompañante (Chepito, niño ixil de 12 años) cayeron bajo las balas del enemigo. La historia dice que fue durante un combate, y que "el río los llevó lejos de sus asesinos".[19] Historia que el poder militar contribuyó a convertir en leyenda, publicando en toda una página de periódico, cuatro meses después de su muerte, un llamado a la denuncia acompañado de una foto de F. Hoyos. En una perspectiva inversa pero complementaria, sus amigos quisieron presentar a éste como un mártir guevarista, repitiendo sus propias palabras: "Habremos dado la vida por lo más grande, y nuestra esperanza seguirá siendo una luz para los demás".[20]

[19] IGE, *op. cit.*, p. 20.
[20] *Ibid.*, p. 19.

VII. EN BUSCA DE LAS LUCHAS DE CLASES

LÓGICA SINDICAL Y LÓGICA POLÍTICA

> En un momento determinado tuvo un tope, un tope a partir del cual empieza un proceso un poco regresivo, de pérdida de la identidad social de la propia Federación, hasta llegar a momentos en donde no se sabía si estaba actuando una organización político-partidaria, una expresión política de trabajadores, o una organización político-sindical, una organización sindical de los trabajadores... Ese cambio [...] es debido a la pérdida de democracia sindical y se empieza a manejar la Federación con mentalidad de aparato propio de las organizaciones políticas... Entonces, el movimiento deja de construir sus propias perspectivas, en la medida que deja de discutir, como movimiento, su propia problemática... Al sustituir la democracia sindical por la conducción de aparato, ya no es el movimiento que a partir de una dinámica propia construyó su línea de trabajo, su dirección, su futuro, sino que éstas le empiezan a llegar de afuera.
>
> Un sindicalista de la FASGUA

El foco de guerrilla y sus bases en el Ixcán y en la zona ixil, cualesquiera que fuesen sus contactos o su proximidad con los cambios más profundos de la sociedad india, se encontraban sin excepciones apartados o al margen de las organizaciones sindicales y de las luchas sociales visibles en el escenario nacional. En la primera parte de los años setenta, por cierto, éstas apenas existían.

La caída del régimen democrático en 1954 entrañó la del movimiento sindical que se había formado y desarrollado bajo su protección. Animado principalmente por el Partido Comunista, el movimiento había unido su destino y su objetivo de integración social a los del gobierno de Arbenz. Fue arrastrado por la represión y luego constantemente rechazado por gobiernos cuyo anticomunismo era rasgo común y constante. En los 20 años que siguieron al golpe de Estado, solamente algunas huelgas fueron reconocidas como legales y menos de 5% de la población activa estaba sindicalizada.

El renacimiento sindical (1973-1977)

Algunos militantes se habían esforzado por mantener viva la tradición de un sindicalismo de clase, reconstruyendo sindicatos obreros o rurales que adoptaban una actitud moderada y recurrían a los mecanismos legales; estaban agrupados en la Federación Autónoma Sindical de Guatemala (FASGUA).[1] Las autoridades y la embajada norteamericana, por su parte, habían favorecido el desarrollo de estructuras sindicales cercanas al patronato. A medida que la Democracia Cristiana se afirmaba como la principal formación política de oposición, organizaba y consolidaba sus propios relevos sindicales y sus ligas campesinas, agrupadas en la Central Nacional de Trabajadores (CNT). Todo seguía siendo fragmentado, modesto y moderado.

Una huelga de maestros en 1973 (fueron atendidas las reivindicaciones salariales de cerca de 19 000 profesores de primaria) marcó el comienzo de un periodo de agitación social que se desarrolló sobre todo durante el gobierno de Laugerud García. Éste, en los primeros años, trató de compensar una dudosa legitimidad electoral haciendo alarde de voluntad de apertura y de reformas. El espacio así entreabierto fue aprovechado para formar sindicatos y ligas campesinas (el gobierno mismo, ¿no se había puesto a promover las cooperativas?), para formular reivindicaciones y luchar por convenciones colectivas, por organizar huelgas y ocupaciones, marchas y manifestaciones. Las categorías sociales (estudiantes universitarios, maestros, empleados del Estado y otros asalariados del sector terciario, obreros de la industria) que habían registrado un fuerte crecimiento en favor de la modernización expresaban sus intereses sectoriales, y una élite naciente en el seno de las capas intermedias urbanas, o que había adoptado modelos urbanos, intentaba reconstruir un proyecto de integración social y de extenderlo a la población rural. Si desde esta fase algunos sindicatos militantes pensaban en una estrategia insurreccional, su acción sólo podía desplegarse en la medida en que la posibilidad parecía lejana: el nuevo impulso de la agitación social intervenía en un periodo de respiro, de reflujo del conflicto armado, en un momento en que los nuevos focos de guerrilla aún seguían acantonados en la periferia y no constituían más que un peligro hipotético.

[1] El clima político impedía a la FASGUA mostrar públicamente la influencia del PGT en su seno, y su adhesión a la Federación Sindical Mundial (FSM). Por lo demás, compartía con las otras organizaciones sindicales el machismo (¡la propia comisión femenina estaba compuesta por hombres!) y un carácter ladino quasiexclusivo. Todos esos rasgos corresponden al funcionamiento "normal" del sindicalismo latinoamericano de la primera mitad del siglo, y a los militantes no les parece estar en contradicción con cierta "democracia sindical".

En 1976, la creación —en ocasión de un conflicto de trabajo en la filial guatemalteca de la Coca Cola— de un comité de coordinación (el Comité Nacional de Unidad Sindical, CNUS) de las principales organizaciones sindicales fue posible por razón de un cierto parentesco entre su reclutamiento y su lógica de acción, por encima de las divergencias ideológicas ligadas a sus orígenes. Debía contribuir a reforzar las convergencias, a definir una perspectiva hacia la cual iban a orientarse no todos los sectores sindicales, aunque sí los más dinámicos y los más resueltos. Sin embargo, los conflictos políticos iban a reproducirse en otro nivel, precipitando el fracaso del proyecto de un movimiento social de clases.

La radicalización (1977-1980)

El año de 1978 fue el del salto en la perspectiva revolucionaria: las autoridades militares pusieron los límites a la tolerancia gubernamental de la actividad sindical, masacrando en Panzós a campesinos indios enmarcados y movilizados por la FASGUA, cuya elección de la moderación así fracasaba; la dirección mayoritaria de la CNT rompió con la Confederación Latinoamericana de los Trabajadores (CLAT), de filiación demócrata-cristiana. La propia Federación de Trabajadores de Guatemala (FTG) se dividió entre un sector que siguió el paso de los revolucionarios y una "retaguardia" moderada; el ejemplo del frente sindical de la zona industrial de Amatitlán (FOSA) pareció demostrar la eficacia de una acción ofensiva y de la solidaridad sindical; el CUC (véase la segunda parte del capítulo) hizo su aparición pública y participó en la coordinación. Así, la radicalización se ganó a grupos que hasta entonces habían estado bajo la influencia comunista, social-demócrata, de la Democracia Cristiana o de sectores de la Iglesia católica.

En las preocupaciones de los dirigentes y los consejeros sindicales, la política pasó a predominar sobre las reivindicaciones profesionales: "Estábamos tratando de politizar y no de formar. Estábamos tratando de formar políticamente y no creo que jurídica y sindicalmente".[2] Los cursos de sindicalismo se asemejaban, las más de las veces, a cursos de catecismo marxista:

> Nos metíamos en rollos bien grandes de economía política... De repente se les ocurría a los compañenros que había que estudiar *El Capital;* con los escasos conocimientos de uno, eso podría asimilarse muy poco o nada... Y a veces se excluían cosas importantes como el Código de Trabajo, la Consti-

---

[2] CITGUA, *El movimiento sindical en Guatemala (1975-1985)*, p. 55. Los testimonios y comentarios citados en lo que sigue de esta sección son de los sindicalistas y consejeros de sindicatos, reproducidos en ese documento.

tución, la discusión de pactos colectivos. Yo hasta mucho tiempo después supe qué era un pacto colectivo (p. 54).

Entonces nos preocupamos muy poco de cuestiones como: ¿Qué es un sindicato, qué métodos de organización debe tener un sindicato?, ¿qué métodos de organización debe de impulsar? Todo eso, no. Dentro de nuestra concepción era muy importante todo eso, pero a los compañeros debía quedarles claro que la única solución a sus problemas era la transformación de la sociedad (p. 29).

En la acción, la tendencia era por entonces "quemar etapas", es decir, no recurrir a todas las medidas legales antes de llegar finalmente a la huelga o la toma de una empresa (p. 69). Las manifestaciones que acompañaron a la marcha de los mineros de Ixtahuacán en noviembre de 1977, el desfile del 1° de mayo de 1978 y la movilización contra el alza del precio de los transportes en octubre del mismo año hicieron aparecer públicamente el deseo de articular las luchas sociales y el movimiento revolucionario.

La destrucción

El endurecimiento del poder y la represión alimentaban esta convergencia, que provocaba una intensificación de la represión: una espiral en la cual el movimiento sindical guatemalteco fue pisoteado por tercera vez en su historia.[3]

Los primeros golpes iban directamente destinados a contrarrestar el surgimiento del sindicalismo de clases: en 1977 era asesinado el abogado Mario López Larrave, principal animador de esa corriente. Sin embargo, no eran aislables de la dialéctica insurrección/contrainsurrección. A medida que el sindicalismo se inscribía en una perspectiva revolucionaria, su unión con los organismos de la lucha armada se volvía cada vez más probable, cuando no era programada o estaba ya realizada. Su represión era de una naturaleza tendiente a polarizar la situación; aceleraba la unión, lanzando a los militantes en brazos de esas organizaciones y, al hacerlo, eliminaba una de las palancas en que las guerrillas podían apoyar una estrategia de insurrección de las ciudades y de los campos. El alza momentánea del movimiento revolucionario provocaba en sus filas un triunfalismo ("esto va para arriba") que impedía ver las flaquezas inherentes a esta evolución.

Los responsables sindicales seguían presentando las acciones de represión, como otras tantas tentativas del poder por oponerse al "irresistible

---

[3] El primer desmantelamiento del sindicalismo guatemalteco fue obra del régimen de Ubico en 1932: véase A. Taracena, "Presencia anarquista en Guatemala entre 1920 y 1932", *Mesoamérica*, núm. 15, CIRMA, junio de 1988.

avance del movimiento popular". "Sólo estábamos viendo la represión para el movimiento en función de lo que había hecho el movimiento de masas" (p. 83), y como signos de la amenaza que, supuestamente, constituía para el régimen, sin ver o sin querer reconocer su dimensión y su eficacia contrainsurreccionales. Esos responsables se negaban a reconocer, al menos públicamente, que no se encontraban en una situación de luchas sociales convergentes en un enfrentamiento político, sino en una situación de conflicto armado que aspiraba y aglutinaba las luchas y los actores sociales.

Quienes estaban más cercanos a la guerrilla intentaban así mantener oculta esta relación mientras que consideraban la guerra revolucionaria como el resultado obligado de las acciones de reivindicación: un ejercicio difícil que imponía recurrir a discursos paralelos y con frecuencia contradictorios. Otros seguían empeñados en una vía esencialmente sindical y política. Las querellas entre el EGP, las FAR y las fracciones del PGT repercutían en el sindicalismo, y pronto quitaron todo contenido a los discursos y a las tentativas unitarias.[4]

Durante ese tiempo, el número de militantes y de dirigentes asesinados no dejaba de crecer; el terror hacía cada vez más difícil el relevo. En 1980, el CNUS, la CNT, la FASGUA y la Escuela de Orientación Sindical (EOS) se habían desintegrado, la FTG estaba socavada y el CUC se había unido al EGP en la clandestinidad.

> Yo pienso que el término de "repliegue" no cabe, porque el repliegue es un movimiento consciente que se hace, donde se abandonan ciertas posiciones, pero es para preservar la fuerza. En el caso del movimiento de masas es la desarticulación. Si se pudiera haber hecho el repliegue, no hubiera habido desarticulación,

comenta uno de los sobrevivientes (p. 84). En 1981, un instituto norteamericano de cálculo de riesgos comprobaba que en Guatemala "la fuerza de trabajo [era] barata y poco agitada, a consecuencia de una represión feroz", y creía poder anunciar que "el movimiento sindical [iba] a volverse clandestino y a aliarse a las guerrillas", lo cual, en esta fecha y tratándose de ciertos componentes del movimiento, equivalía a predecir el pasado.

---

[4] La competencia por controlar las organizaciones sindicales se expresaba a veces por vías indirectas: "Así, por ejemplo, una de las divergencias fue en torno a si debería o no afiliarse a la Federación Sindical Mundial (FSM), al grado que en una asamblea en 1979 se aprobó la afiliación, decisión que fue posteriormente revocada. Otra divergencia fue en torno a los derechos humanos; mientras que algunos abogaron porque su vigencia fuera una bandera de lucha, otros lo consideraban reformismo, y decían que sólo había que luchar por la libertad de organización y asociación", *ibid.*, p. 45.

Algunos sindicatos menos visibles y menos cercanos al movimiento revolucionario lograron mantenerse, no sin haber recibido —también ellos— golpes y perdido a militantes. A partir de 1983, el movimiento sindical va a recomponerse progresivamente y a repartirse, de nuevo, según las orientaciones y las influencias (patronales, moderadas, social-cristianas y "clasistas") de antes del periodo de radicalización revolucionaria. Aún subsiste, frágil y muy debilitado.

El sindicalismo imposible

Guatemala es un país de escasa tradición sindical. Las fases de flujo y reflujo de las luchas sociales van en función inversa de las fases de la violencia política en la cual, a plazo breve o menos breve, siempre se han hundido: los embriones de sindicalismo de los años veinte fueron barridos por el régimen autoritario de Ubico; el florecimiento de la época democrática fue aplastado en 1954; la efervescencia de 1962 cedió el lugar a las guerrillas; el renacimiento de los años setenta fue atrapado en la guerra. En la segunda mitad de los años ochenta, las tentativas de recomposición de las fuerzas sociales tropezaron con la persistencia del conflicto armado y el recrudecimiento de la violencia política.

Incluso en el momento de más fuerte agitación social, el sindicalismo siguió siendo un fenómeno limitado, localizado, llevado por una minoría activa: "En Guatemala, la participación de la base es muy escasa, pero muy escasa, y en el dirigente se deposita toda la responsabilidad: las culpas, los errores, los aciertos. Allí todo es el dirigente y, en mucha medida, la gente ve en los dirigentes al sindicato" (pp. 76-77). Al eliminar episódicamente a líderes y militantes, la represión impidió la consolidación de una memoria sindical, disuadió a los trabajadores de recurrir a la acción colectiva y reconfortó en su posición a los adeptos de la violencia revolucionaria. El comportamiento de la oligarquía, los partidos políticos conservadores y los militares, habituados a ver una amenaza de subversión en toda reivindicación, y el comportamiento de los revolucionarios —que interpretan toda lucha social como una etapa y una promesa en la perspectiva de una ruptura política radical— se conjugan y se refuerzan mutuamente para impedir la constitución de un movimiento social. Las luchas, fragmentarias y parciales, pronto son proyectadas a la esfera política que, en Guatemala, no es separable del recurso a la violencia.

Esto es lo que ocurrió en los años setenta:

El movimiento sindical —sostiene un militante— no tuvo claro qué hacer, de inmediato y a largo plazo, como organización sindical; o sea, careció de un

PRINCIPALES ORGANIZACIONES SINDICALES DESPUÉS DE 1954

Federación de Trabajadores de Guatemala, FTG (1956),* ayudada y sostenida por el sindicalismo norteamericano. Principal dirigente: Juan Francisco Alfaro. En 1978, un cambio de dirección causó la alineación de una fracción mayoritaria de la FTG sobre el movimiento revolucionario.

Federación Autónoma Sindical de Guatemala, FASGUA (1957), de orientación comunista (afiliada a la FSM), agrupa esencialmente sindicatos de artesanos y sindicatos campesinos (especialmente en Verapaz).

Central Nacional de Trabajadores, CNT (1968), ligada a la DC y afiliada a la Confederación Latinoamericana de Trabajadores (CLAT) agrupa a sindicatos industriales y ligas campesinas. Entre sus principales dirigentes: Julio Celso de León, Miguel Ángel Albizures. Se aleja de la DC a partir de 1973-1974; rompe con la CLAT en 1978. Un sector dirigente se aproxima a las FAR.

Escuela de Orientación Sindical, EOS (1975-1976), creada por iniciativa de Mario López Larrave en el marco de la Facultad de Derecho de la Universidad de San Carlos; en relación privilegiada con la FASGUA.

Comité Nacional de Unidad Sindical, CNUS (1976), une las principales organizaciones sindicales: FASGUA, CNT, FTG, Federación de Trabajadores de la Industria Azucarera (FETULIA), Federación Sindical de Empleados Bancarios y de Seguros (FESEBS), Frente Nacional Magisterial (FNM), Sindicato Central de Trabajadores Municipales (SCTM), Asociación de Estudiantes Universitarios (AEU), CUC...

Frente Organizado de Sindicatos de Amatitlán, FOSA (1977), agrupa a los sindicatos de la zona industrial de Amatitlán, al sur de la capital.

Comité de Unidad Campesina, CUC (1978), se presenta como instrumento de lucha de los campesinos pobres, indígenas y ladinos. Muy cercano al EGP en los años de guerra (1980-1983). Principal dirigente: Pablo Ceto; la portavoz más conocida: Rigoberta Menchú.

Confederación de Unidad Sindical de Guatemala, CUSG (1983), creada con el sostén del gobierno de Ríos Montt. Da su apoyo en 1985-1986 a Vinicio Cerezo; luego se aleja de él. Agrupa principalmente sindicatos rurales; afiliada a la Organización Regional Interamericana de Trabajadores (ORIT) y a la Confédération Internationale des Organisations Syndicales Libres (CISL). Principal dirigente: J. F. Alfaro.

Unión Sindical de Trabajadores de Guatemala, USTG (1985), intenta reconstruir un "sindicalismo de clases", esencialmente en el sector industrial. Sin afiliación internacional.

Central General de Trabajadores de Guatemala, CGTG (1986), implantada principalmente en el medio rural, en los servicios públicos y el resto del sector terciario. Afiliada a la CLAT y a la Confédération Mondiale des Travailleurs (CMT). Principales dirigentes: J. Celso de León, Miguel Pinzón.

Unidad de Acción Sindical y Popular, UASP (1987), agrupa a la CUSG, la UNSITRAGUA, la FESEBS, la CUC, la AEU, el Grupo de Ayuda Mutua (GAM)... La CGTG no participa en ella.

* Para cada una de las organizaciones mencionadas, la fecha entre paréntesis es la de su creación.

proyecto y ésa fue también una de sus grandes dificultades y limitaciones, que no fue posible construir un proyecto. Ante esta deficiencia, se le impuso un proyecto que no le correspondía... Cuajó precisamente por no tener proyecto (pp. 40-41).

Podemos interrogarnos sobre la posibilidad de desplegar una acción propiamente sindical en un marco como el de Guatemala. En todo caso, hay que comprobar que las tentativas de arraigarlo en una unidad de clases, de articularlo a la idea de revolución y a una práctica armada de ésta, presentaban buenas dosis de voluntarismo e intervencionismo.

La distancia entre los líderes y la base, el hiato entre el modelo "organización de masas subordinado a una vanguardia" y la lógica de los grupos sociales, aparecen también en la tentativa de construir un movimiento de la "clase campesina", más allá de la heterogeneidad socioeconómica y de las brechas etnoculturales, y como un eslabón de una alianza obrero-campesina, concebida a su vez como instrumento de la estrategia insurreccional. Este proyecto tendrá la misma suerte que la de un movimiento obrero revolucionario. En cambio, la movilización campesina será eficaz donde se haga sobre bases y de acuerdo con dinámicas comunitarias, étnicas y religiosas. En la sociedad guatemalteca de los últimos decenios la lógica de clases ha resultado, en conjunto, menos movilizadora que las lógicas comunitarias, menos funcional cuando se trata de intentar construir una acción social, de los actores y de los movimientos. Esta observación, ya ilustrada por el ejemplo del movimiento de emancipación y de modernización de la sociedad india, brota también del análisis de la tentativa de orientar éste en una dirección revolucionaria.

EL MOVIMIENTO CAMPESINO INDIO Y LA PERSPECTIVA REVOLUCIONARIA

> Grupos muy diferentes trabajaban en mi aldea. La Acción Católica era el más importante, pero también había comités de mejoramiento comunitario, organizaciones evangélicas y protestantes. *Cuando el cuc fue formado, no hablamos más de religión sino de explotación,* de lucha por la igualdad, libertad para los trabajadores, mejores salarios. Gente de todos los grupos podía relacionarse con esto.
>
> EFRAÍN, en J. M. Fernández, 1988, p. 7.

El marco, los grupos, las personalidades y las instituciones analizados en los capítulos anteriores desempeñaron un papel esencial en la inflexión hacia posiciones de ruptura, a veces radicales, de un movimiento guiado hasta entonces por un afán de participación y por objetivos de modernización. Sin embargo, no bastan para explicarlo. Aún hemos de preguntarnos cómo ocurrió el giro, cómo un proyecto concebido por actores ajenos al campesinado encontró un eco en el seno de éste; precisar los sectores movilizados, los caminos y los avatares de la organización; tratar de captar las modalidades y la amplitud del paso de una conducta marcada por una alianza subordinada a la democracia cristiana a una acción que se inscribió en una perspectiva revolucionaria; interrogarse, en fin, sobre el grado de autonomía del movimiento en esta nueva etapa.

El arraigo comunitario

Núcleo fundador y cuna del CUC
(militantes cristianos, juventud india)

Si la iniciativa de crear la organización que tomó el nombre de Comité de Unidad Campesina correspondió a intelectuales no indios de la capital, a éstos se les unieron, muy pronto, estudiantes o maestros, hijos de familias indígenas relativamente prósperas de algunos barrios comerciales. Este núcleo inicial decidió reclutar y formar a jóvenes indios que hubiesen hecho estudios de primaria, a veces algunos años de estudios de secundaria, pero que seguían arraigados en la urdimbre comunitaria. Algunos de ellos eran miembros de asociaciones recién constituidas, con objeto de hacer cesar la discriminación en los dominios deportivo y folclórico y promover la cultura maya.

Uno de los principales sitios de nacimiento del CUC y, después, uno de sus bastiones, fue el municipio de Santa Cruz del Quiché. La capital del departamento es una triste ciudad de guarnición (gran presencia militar y policiaca), un gran mercado y un nudo de circulación. Capital de la diócesis, también era el centro de la tela que habían tejido los misioneros españoles desde su llegada, en los años cincuenta (el internado situado en el municipio cercano de Chichicastenango era una pieza importante del dispositivo). La ciudad está ocupada por familias ladinas[5] de comerciantes y de terratenientes, de implantación en general antigua, y por los representantes de las autoridades oficiales, teniendo a la cabeza al gobernador y al comandante de la zona militar. De todos modos, en los últimos decenios la presencia india aumentó, y la dominación ladina,

[5] En 1980, el municipio de Santa Cruz contaba con cerca de 40 000 habitantes. Más del 75% eran indios, pero en la aglomeración urbana (cerca de 8 000 habitantes) los ladinos tenían una ligera mayoría.

hasta entonces indiscutida, sufrió algunos reveses. Un pequeño número de familias indias se había encumbrado: como los López Medrano, cuya próspera compañía de transportes daba empleo, incluso, a asalariados ladinos.[6] El voto indígena influía cada vez más en la conducción de los asuntos municipales: en 1974 llevaba a la alcaldía a un español naturalizado guatemalteco, candidato de la DC y que había sabido ganarse la simpatía de los indios; en 1978 por vez primera era elegido un alcalde indígena a la cabeza de esta ciudad, dependiente de la muy cercana Utatlán, antigua capital del "reino" quiché. La Iglesia católica fue acusada por los ladinos conservadores de ser la principal instigadora de esta emancipación.

Pero el lugar "natural" del movimiento se situaba en los incontables pueblos y aldeas con que cuenta el municipio. El campesinado, muy denso y casi exclusivamente indio, se había encontrado allí en la vanguardia de la modernización durante los años sesenta y principios de los setenta. A mediados de este último decenio, la red que fundaron Fernando Hoyos y sus amigos crecía y se multiplicaba en las comunidades. Domingo Hernández Ixcoy, que llegó a ser uno de sus principales animadores, ha hecho una buena descripción de la manera en que se hicieron los primeros reclutamientos:

Después, ya en el final del 75, en mi casa lo que hicimos, llegaron mis cuñados, una de mis cuñadas empezó a hablar de que en el Quiché estaba surgiendo un grupo que iba a luchar por los intereses del campesinado, por los intereses de los pobres. Me habló más o menos quién es el que estaba metido, quién se estaba organizando y él es mi mejor amigo, entonces, yo como sentí esa necesidad de hacer algo por nuestro pueblo, ya al día siguiente lo tuve que buscar a este amigo para platicar con él, qué hay, qué es lo que están pensando ellos, me dijo que estaría bueno que fuera con ellos a una reunión. Fui a la reunión, éramos cinco los que estábamos en la reunión. Eran los primeros pasos, empezamos y lo que empezamos a hablar es lo que de verdad estaba afectando al pueblo, el abono, el alto costo de vida, la forma como tratan a los compañeros en las fincas, la forma como vive la gente en el campo; en esas fechas, me acuerdo, se estaba acercando Navidad, nosotros comenzamos a discutir sobre la Navidad [...]. Nos dimos a la tarea de que hay que organizar a nuestro pueblo, hay que organizar a la gente, pero cómo la vamos a organizar, sólo hablándole sobre la situación que estamos viviendo en nuestra aldea, en nuestro pueblo, y se empezó así, cada quién agarró su tarea. Yo en ese tiempo empecé a organizar a la gente entrando en sus casas, llevándoles la Sagrada Escritura, y le empezaba a decir la vida de Cristo y parte de los textos de la Sagrada Escritura los comparaba con la situación, la

---

[6] Como los insurgentes incendiaron varios de sus *autocars*, los López Medrano se exiliaron durante los años de conflicto.

situación que está viviendo nuestro pueblo; logramos hacer una pequeña organización.[7]

En su mayoría, los primeros reclutas no pertenecían a los estratos más pobres del campesinado. Los ensayos de Revolución Verde habían tenido efectos benéficos para una buena parte de la población. La Estancia, comunidad exclusivamente india al borde de las ruinas de Utatlán, ilustraba de manera ejemplar las transformaciones económicas, sociales y religiosas. Casi toda la población estaba integrada en la Acción Católica; los tradicionalistas no eran más que un puñado, y el protestantismo apenas hacía su aparición. La DC había obtenido una confortable mayoría en las elecciones de 1974. Los campesinos estaban organizados en cooperativas y habían aceptado los abonos químicos. Una cuarta parte de las familias se dedicaba al tejido. Algunos le añadían una actividad comercial o de transporte. El ingreso de esos campesinos-artesanos-comerciantes les permitía, salvo excepciones, no tener que recurrir al trabajo agrícola de temporada. La Estancia era, así, una comunidad campesina dinámica, relativamente cerrada, en el seno de la cual la modernización y la aculturación habían reforzado la afirmación de la identidad india. En una situación caracterizada por las dificultades económicas y por tensiones crecientes con los ladinos del barrio, con las autoridades civiles y militares y hasta, en algunas ocasiones, por diferencias con las autoridades religiosas, el CUC entrará al relevo de la AC y de las cooperativas, y capitalizará, tal vez como en ninguna otra parte, ese dinamismo comunitario.[8]

La primera tarea consistió en "el estudio de los caminos que se estaban terminando de recorrer, que en los años siguientes ya no podrían caminarse; es decir, las ligas campesinas, las cooperativas, la lucha dentro del marco legal".[9] Se trataba de acompañar una mutación en curso, de orientarla y prepararla para las rupturas consideradas inevitables y necesarias, de "caminar junto al campesinado y al indígena, en la búsqueda de un futuro distinto".[10] Una alfabetización inspirada en el método de Freire tendía a dar conciencia de su situación (la explotación), de sus derechos (constitución, derechos del hombre)[11] y de la posibilidad de un cambio radical, a una población cuyo horizonte cultural y político era considera-

[7] D. Hernández Ixcoy, 1984, pp. 296-297.
[8] R. Carmack, 1983, p. 53.
[9] Pablo Ceto, citado por J. M. Fernández, 1988, p. 4.
[10] *Ibid.*
[11] Los alfabetizadores que utilizaban como apoyo el texto de la Constitución comprobaron que: "A los indígenas les llamaba especialmente la atención el artículo 1º, que proclama la igualdad de todos los guatemaltecos ante la ley sin distinción de raza, religión, etc." (J. M. Fernández, 1988, p. 4).

do por esos militantes como limitado por los viejos esquemas oscuran-
tistas o, más comúnmente en el caso de las comunidades en cuestión,
como deformado por las "ilusiones reformistas". "Se nos quitó la oscuridad de los ojos. *Vimos al otro lado de la pared*", declara un pueblerino
"concientizado".[12]

Del centro a la periferia

El acierto del CUC consistió en haber llegado, al menos parcialmente, a
movilizar no a trabajadores o ciudadanos individualizados en estructuras
sindicales o de partido clásicas, sino a miembros de redes familiares,
unidades pueblerinas, o sectores de comunidades. "Queremos que se
metan en esta idea, en esta organización, familias enteras, grupos ya
organizados."[13] El reclutamiento y la expansión se efectuaron de uno en
uno, aprovechando relaciones de parentesco, de vecindad, de lazos
comunitarios. Estrategia que el adversario supo volver contra sus promotores, pero cuyos resultados fueron manifiestos:

> Cuando comenzamos a aparecer públicamente como por primera vez en
> 1978, la gente de la ciudad de Guatemala fue cogida totalmente por sorpresa.
> Nunca habían visto una cosa como ésta. No fue exactamente nuestro nivel de
> organización, porque ya éramos muy sólidos en ese tiempo. La sorpresa vino
> de ver compañeros del campo desfilando con sus trajes: quichés, cakchique-
> les, tzutuhiles, mames, kekchíes, todos desfilamos juntos. Los indígenas
> habíamos comenzado a tener una presencia en la lucha política nacional.[14]

El espectáculo de los indios desfilando por la capital se había reservado hasta entonces a las manifestaciones folclóricas. Por medio de esta
demostración inédita, el CUC quería mostrar la presencia de los campesinos indios después de los obreros en la lucha de clases, el brote de
las comunidades indias en luchas sociales de perspectiva política revolucionaria.

¿Cuáles eran las comunidades y, en el seno de éstas, cuáles eran los sectores movilizados?

1. La movilización se arraigó y se extendió, primero en un ambiente de
campesinos-artesanos-comerciantes que habían conservado una relativa
autonomía o la habían reconquistado gracias a la Revolución Verde, de

---

[12] *Ibid.*
[13] *De sol a sol*, núm. 22-23, junio de 1978, p. 3.
[14] P. Ceto, citado por J. M. Fernández, 1988, p. 16.

trabajadores rurales por cuenta propia, que habían logrado liberarse de la migración de temporada. Tal era el caso, como hemos visto, del principal foco inicial:

> allá en las aldeas cercanas al Quiché, allá donde yo nací, ninguno va a la costa, todos trabajan por su cuenta, porque ya tienen su forma de trabajar, otros que también han estudiado un poco son maestros; no se ve tanto la pobreza, una que otra casa se ve en donde están más pobres, pero en otras regiones sí se ve, se siente.[15]

Algunos militantes han brotado, incluso, del sector más próspero de la población india, a veces de familias que obtienen su principal ingreso del comercio y que hacen cultivar sus tierras por asalariados o aparceros:

> Yo me he criado en una familia que siempre ha tenido recursos para vivir un poco más cómoda en relación con las demás personas que viven en la aldea, ya que mi papá recibió una herencia que le dejó mi abuelito y de esa forma él logró poner una tienda en la costa [...] de esa forma lograba sacar algo de ganancia y con eso él pagaba para que le trabajaran la tierra allá en nuestro pueblo.[16]

Si la necesidad de trabajar en las plantaciones es la manifestación más clara de la dependencia y de la pobreza, esos animadores del CUC pertenecen al campesinado independiente (o salieron de él) en el sentido que Eric Wolf da a este concepto. Presentan las características que, según este autor, hacen que los actores de los movimientos campesinos revolucionarios sean reclutados prioritariamente en esta categoría: la fuerza de las estructuras comunitarias,[17] pero también, y al parecer de manera contradictoria, la apertura a la sociedad urbana por vía de la escuela, la radio, el comercio, el neocatolicismo o el protestantismo. Los campesinos prósperos o de medianos ingresos y los comerciantes logran incluso mandar a la escuela a sus hijos, algunos de los cuales se vuelven profesores. De acuerdo con la tesis de Wolf, esos jóvenes, que a menudo son los primeros en haber logrado dominar la lengua española, lo cual les permite emanciparse de los notables ladinos, resultan los mejores difusores de las "ideas nuevas" en su lugar de origen, con el cual la mayor parte de ellos han mantenido estrechos contactos. Se encuentran en la mejor posición para vivificar un movimiento tendiente a hacer que

[15] D. Hernández Ixcoy, 1984, p. 342.

[16] Testimonio de María Pol Juy, joven india de Chichicastenango, en *Civilización*, septiembre de 1984, p. 347.

[17] D. Hernández habla del carácter "cerrado" de los quichés, y R. Carmack se pregunta cómo un pueblo tan tradicional pudo participar en un movimiento revolucionario.

las comunidades se vuelvan protagonistas de una transformación de la sociedad global, conforme al mensaje de Vicente Menchú a los suyos, antes de entrar en la clandestinidad: "pensar todo lo que la comunidad tenga que hacer, para lograr un cambio y ese cambio permitiría un cambio en la sociedad a todos los niveles".[18]

Los esfuerzos de esta franja de la nueva generación no resultan eficaces, empero, sino en la medida en que obtienen la aceptación, si no la adhesión de otros sectores comunitarios, especialmente de los antiguos. Las comunidades distan mucho de ser entidades homogéneas, pero es apoyándose sobre ellas, arrastrando a grandes fracciones de sus miembros, como las iniciativas particulares ascienden al nivel de la acción colectiva. Esta dimensión permite comprender que, en la escala local, el movimiento toca a grupos —tradicionalistas, protestantes— que su inscripción en la continuidad del neocatolicismo podría alejar.

Otro elemento que Wolf dice que se encontró en la fuente misma de los movimientos campesinos revolucionarios también se encuentra aquí: las amenazas que el proceso de modernización, por una parte, y su fragilidad, por la otra, hacen pender sobre la reproducción de las comunidades. Acontecimientos, a veces accidentes, como la triplicación del precio de los abonos en 1984, o el terremoto de 1986, pueden ser factores poderosos de desestabilización. El éxito de la movilización en incontables comunidades de Chimaltenango y del sur del Quiché en la secuela del sismo, parece confirmar la tesis según la cual las colectividades campesinas más capaces de movilizarse o de ser movilizadas son las que se encuentran cerca de un punto de equilibrio o de un modelo de autonomía cuando se ponen en peligro este equilibrio y esta autonomía.

2. La actitud del CUC frente a las comunidades se ha caracterizado siempre, empero, por una profunda ambigüedad. Más sensible al fenómeno comunitario y más cercano a la base de lo que estaba la mayoría de las otras organizaciones de la izquierda sindical y política (incluido el EGP), no por ello estaba menos orientado por una visión en términos de clase. Sus dirigentes favorecían el análisis de los procesos de diferenciación socioeconómica, de pauperización y proletarización, a expensas de los factores que aseguraran la cohesión de la sociedad india pese a las desigualdades y a las disparidades. Tendían a ver en la organización social comunitaria una supervivencia, condenada a largo plazo por la expansión de la economía de mercado. Lejos de oponerse a esta evolución, trataban de orientarla en un sentido político, de hacer converger "la lucha de clases en la aldea" con la lucha de clases en la sociedad global.

---

[18] E. Burgos, 1983, p. 181.

Ello se traducía en conductas y acciones tendientes a exacerbar ciertos conflictos locales, a oponer los pobres a los ricos y a los notables de los pueblos.

3. Si unas razones sociológicas explican que el CUC se haya establecido para empezar en comunidades centrales muy marcadas por la modernización, su ideología lo orientó después hacia las comunidades en el seno de las cuales la integración a la economía de mercado se traduce en la pauperización y en una mayor dependencia de la relación con un trabajo salariado precario, estacional o intermitente. De este modo, la actividad militante se desplegó del centro a la periferia: de La Estancia en dirección de San Pedro Jocopilas y San Bartolomé Jocotenango, de Comalapa en dirección de San José Poaquil y San Martín Jilotepeque, del Quiché hacia los Verapaces, etc. Este afán de expansión ha tenido situaciones y conocido destinos diversos.

Entre las zonas de colonización hay algunas cuya urdimbre social es a imagen de la de los altiplanos indígenas; a menudo, la solidaridad se encuentra reforzada. Otras manifiestan un proceso más o menos avanzado de disgregación, de atomización. El Ixcán pertenece a la primera categoría. Allí, las cooperativas eran más que cooperativas: comunidades muy igualitarias de campesinos pobres, homogéneas en lo social y en lo económico, aunque no en lo étnico (la gran mayoría de los colonos eran indios, pero pertenecían, como hemos visto, a diferentes etnias). Un medio que se habría podido creer propicio para el CUC. Si éste no se desarrolló allí, fue porque el EGP se le había adelantado, como lo había precedido también en la zona ixil donde, por otra parte, y contrariamente a la del Ixcán, así como a la de las comunidades centrales, la población depende mucho del trabajo en las plantaciones.

Lógica comunitaria y lógica política

La guerrilla seguía un camino inverso al de la organización campesina: avanzaba desde regiones marginales en dirección del altiplano central, donde logró la unión con la segunda y la absorbió. Según sus dirigentes, los dos movimientos eran complementarios y estaban destinados a converger. El CUC tenía por misión preparar el terreno al EGP y, por tanto, no debía implantarse donde éste ya estaba presente.

Pero si la lógica político-militar explica ciertas decisiones de la organización, no basta cuando se trata de dar cuenta de sus triunfos y de sus fracasos. Puede observarse, por ejemplo, que mientras pretende ser instrumento de la lucha de los pobres contra los ricos, el CUC practica el reclutamiento entre las capas intermedias, si no prósperas, al mismo tiempo que en los sectores más pobres de la población indígena. Su práctica atestigua así, en contra de su expresa voluntad de desarrollar las "luchas de clases" en el seno mismo de las comunidades, fuertes solidaridades comunitarias que superan las brechas socioeconómicas.

Más que por la defensa de los intereses de una categoría social o por un análisis de los mecanismos de la explotación, la generación joven que aporta la mayoría de los militantes está impulsada por la experiencia de las humillaciones, por la rebelión contra las vejaciones que han tenido que sufrir sus padres y contra las discriminaciones a las que ella misma se ha enfrentado. Son los *estudiados*, jóvenes que fueron a la escuela: han cobrado suficiente distancia en relación con su medio de origen y, a la vez, han permanecido lo bastante arraigados para tener una conciencia desdichada; tropiezan todos los días con un ostracismo que oscurece su propio porvenir. La "concientización", que pretende explicar los "mecanismos de la explotación y de la dominación", aparece entonces como una racionalización y una legitimación de una primera revuelta, de una toma de conciencia inmediata, inseparable de la experiencia afectiva.

La participación femenina también ilustra la aceptación de la lógica comunitaria. El CUC ha contado entre sus militantes con numerosas muchachas y jóvenes indias. En su caso, esta actividad a menudo sustituyó a una formación escolar inexistente o les permitó completar un curso inconcluso. Ha contribuido a su emancipación aunque, generalmente, se les han asignado tareas "secundarias" (de vigilancia, de transmisión de correo, de cuidadoras de niños...). Algunas han denunciado la "doble segregación" de que es víctima la mujer india en la sociedad guatemalteca.[19]

La importancia de la dimensión comunitaria y los límites, las ambigüedades de la estrategia de la organización en ese dominio se manifiestan todavía, por una parte, y esta vez *al contrario*, en su incapacidad de movilizar al campesinado ladino, y por otro, en sus éxitos y fracasos en la costa sur.

La alianza de los indígenas y de los campesinos
pobres ladinos: un fracaso

El CUC no ha logrado implantarse en las zonas de colonización con mayoría ladina ni en el Oriente. Lo ha intentado, por ejemplo, entre esos

[19] Testimonios de María Pol Juy y María Santiago Toma, *Civilización*, 1984.

campesinos proletarizados de Izabal a los que un misionero español describe así: "Una población relativamente móvil, que va donde le ofrecen mejores salarios y con la cual es difícil construir una comunidad [...] son, en general, gentes sin tradición, desarraigadas".[20] Mientras que los indios que emigran a las tierras de colonización lo hacen habitualmente en grupos, reuniéndose por pueblo o municipio de origen, y recrean comunidades siguiendo el modelo de las que abandonaron, esos colonos de Izabal, ladinos en su mayoría, en general provienen de diferentes pueblos con estructuras comunitarias muy débiles o inexistentes. En contraste con los primeros, que por la emigración tratan de escapar del trabajo salariado, los segundos combinan la agricultura por su propia cuenta con el trabajo intermitente en las plantaciones o en las minas.

Mientras que los colonos de Ixcán están imbuidos por una muy antigua religiosidad, renovada por el neocatolicismo, los de Izabal han pasado de una fase de indiferencia religiosa a la adhesión a sectas e Iglesias evangélicas que estigmatizan como "comunista" toda tentativa de organizar a la población sobre otras bases que las suyas o las que proponen las instituciones oficiales. La desconfianza de la política y de todo lo que se le asemeja se refuerza en ellos por el recuerdo de los años sesenta: la zona fue el principal terreno de operación de la guerrilla de Yon Sosa, y tuvo que sufrir una cruel represión. De aquella época ha heredado una malla cerrada de comisarios locales, cuya autoridad es superior a la de cualquier otro agente del poder local. En ese medio hostil ha intentado penetrar también la Iglesia católica. Tardíamente, a partir de 1968, bajo la égida del obispo Gerardo Flores, de "agentes de la pastoral" y "delegados de la palabra", intentaron poner en pie comunidades de base, preconizando cambios religiosos y socioeconómicos.

El enfrentamiento con los terratenientes y las autoridades políticas no se hizo esperar. Los colonos están establecidos desde 1940-1950 en tierras no exploradas, pertenecientes algunas de ellas a las compañías bananeras (antiguamente la United Fruit. En los años setenta, la BANDEGUA). Como en el Ixcán y en las otras partes de la Franja Transversal del Norte, los conflictos de tierras aparecen con la explotación petrolera (junto con la explotación de una gigantesca mina de níquel) y con el avance del frente ganadero. También figuran militares entre los pretendientes que se atribuyen títulos de propiedad sobre las tierras desmontadas por los colonos. Esos conflictos no causan tantas víctimas como el que desembocó en la matanza de un centenar de indios en mayo de 1978 en una región vecina. Pero en ambos casos, los problemas funda-

---

[20] "L'Église d'Izabal", en *Chrétiens en Amérique Centrale, op. cit.*, p. 31.

mentales son del mismo orden, si no idénticos, y algunos campesinos de El Estor, como los de Panzós, son aconsejados por la FASGUA, que no se sitúa en la perspectiva de la lucha armada sino que trata de obtener satisfacción por la vía legal.

En el seno de ese grupo, minoritario a su vez, una fracción estaba dispuesta a pensar en acciones más radicales. El agotamiento de los recursos jurídicos, la inutilidad de los trámites hechos ante la INTA y la colusión de los propietarios y las autoridades les llevan a considerar la lucha armada como el único medio de defender sus tierras. "No hay más solución que terminar con tanta injusticia", declaraba un viejo campesino.[21] Las barreras y las desventajas ya mencionadas obstaculizan, sin embargo, los esfuerzos hechos por el CUC, siguiendo la huella de los militantes católicos, y en relación estrecha con el EGP.

En el conjunto de la región noroccidental terminaron en un fracaso las tentativas de la organización campesina de preparar el terreno para la implantación de un nuevo frente guerrillero, en un momento (1981) en que ésta sufría graves reveses en Chimaltenango y el Quiché. Como los ladinos, tampoco los chorti de esta región se dejaron movilizar.[22]

Globalmente, no se ha realizado la alianza de los indígenas y de los campesinos pobres ladinos de que el CUC deseaba ser instrumento. Para los dirigentes de origen urbano, las comunidades eran una etapa y una palanca para la movilización del conjunto del campesinado. En la realidad, a veces han funcionado como vectores del movimiento revolucionario (en la región de Santa Cruz del Quiché, en la zona ixil), y a veces le han opuesto una tenaz resistencia (con algunas excepciones, las comunidades kekchi han seguido cerradas a toda tentativa de penetración). Invariablemente, las redes de solidaridad han desempeñado un papel más decisivo que la pertenencia a una clase. Esto explica que comerciantes, estudiantes, maestros rurales o hijos de familias rurales hayan encontrado un lugar en el movimiento. También se han aceptado ladinos que, aunque no pertenecen plenamente a la *comunidad*, han tejido nexos múltiples con sus miembros, de parentesco simbólico, de vecindad, de amistad... En todo caso, no se trata más que de segmentos muy reducidos de esta población:

> En el Quiché hay una participación de los ladinos pero muy poca, ya que la gran mayoría de los que viven en las aldeas, muchos son policías de Hacienda [...]. En la aldea de Chajbal, que es una aldea donde casi la mitad de sus habitantes son ladinos y la otra indígenas, así hubo una división por parte de los

---

[21] *Ibid.*, p. 37.
[22] Más al norte, en el Petén, las FAR se apoyaron en colonos ladinos pero, conforme al modelo castrista ortodoxo, sin el relevo de una organización campesina.

ladinos que se fueron y otro grupo que se quedó, que está colaborando con nuestras organizaciones.[23]

El camino de las plantaciones

El objetivo de articular las luchas campesinas entre sí y con las luchas obreras pasa por las plantaciones. Es aquí donde la explotación es más visible, donde la proletarización intermitente e inconclusa de los estacionales que provienen de las comunidades indias debiera aproximarlos a los obreros agrícolas ladinos, permanentes *(rancheros)* o jornaleros *(voluntarios)*. La CUC se propuso realizar lo que ninguna organización había logrado hasta entonces, y ni siquiera intentado seriamente: hacer participar a los *cuadrilleros* en las luchas que movilizaban, asimismo, a los trabajadores permanentes.[24]

¿Conciencia campesina o conciencia proletaria?

La solidaridad entre esas diferentes categorías no es cosa natural. Disparidades en los salarios, las categorías, las condiciones de trabajo y de vida las alejan, y a veces las oponen unas a otras. Los permanentes, mejor defendidos por los sindicatos tradicionales (los ingenios azucareros son uno de los raros sectores con fuerte tradición sindical en Guatemala), se benefician de una posición privilegiada en comparación con la de los jornaleros, entregados a la precariedad, y en relación con la de los *cuadrilleros*, aún peor pagados, transportados, alojados y alimentados en condiciones difícilmente tolerables y no incluidos en las convenciones colectivas.

Este tipo de tensiones entre los cuadrilleros, que llegan a pequeñas huelgas de hecho, pasan inadvertidas a nivel nacional (ni siquiera se menciona en el juicio este paro de dos días de noviembre del 75), porque *ellos no tienen la conexión con la esfera nacional,* a través del Sindicato, o de los licenciados o de otra forma, para plantear un conflicto que haga estremecerse a la costa y a los azucareros. ¿Cuándo la tendrán?[25]

[23] D. Hernández, 1984, pp. 314-315.

[24] Los anarquistas de los años veinte ya habían concebido este proyecto, pero no pasó de esta etapa. En 1976, en el ingenio y en la plantación Pantaleón, fueron los patronos los que empujaron a los cuadrilleros al conflicto: pensaban neutralizar así la combatividad de los rancheros, pero los trabajadores estacionales se unieron a éstos en la huelga, antes de cansarse y retornar a sus comunidades; la acción y sus resultados mitigados no suprimieron la desconfianza y los equívocos entre los dos grupos.

[25] *Huelga de Pantaleón,* documento mimeografiado, Guatemala, 1976, pp. 3-4.

Mientras que las dos primeras categorías están formadas en su mayoría por ladinos, la última agrupa casi exclusivamente a indios. Otro motivo de tensiones: la mecanización de la producción, aunque lenta, la conversión de ciertas plantaciones en zonas de ganado, así como el deseo de deshacerse de la mano de obra más costosa, que es considerada la menos dócil, llevan a los patronos a expulsar a los *rancheros* y a remplazarlos por trabajadores de temporada, lo que acentúa la competencia entre las diversas categorías. Contracción del empleo, precariedad agudizada, congelación de las remuneraciones, inflación moderada pero más importante que aquella a la que estaba acostumbrada la población guatemalteca en los últimos decenios: todo concurrió a tornar delicada la situación social en el sector de las plantaciones a finales de los años setenta.

Algunos años antes, los pioneros del CUC, utilizando también allí las redes religiosas, habían intentado formar células entre los voluntarios que, a sus ojos, constituían un grupo pivote entre *cuadrilleros* y trabajadores de tiempo completo, ofreciendo la ventaja de circular de una plantación a otra: parecían ser un buen vector para propagar el movimiento. Pero un mejor enfoque del medio los persuadió bien pronto de que la fracción mayoritaria de los trabajadores agrícolas, los emigrantes de temporada, sólo se podía alcanzar por otro lado: la "concientización" debía partir de la comunidad, que es el lugar en que se encuentran en confianza, y apoyarse en un sentimiento de pertenencia étnica materializado en la lengua.

La conciencia de clase proletaria se ve también impedida por el hecho de que los intereses fundamentales del cuadrillero están en su comunidad. Esto se debe a que es dueño ordinariamente de un pedazo de tierra (es todavía más campesino que proletario) y está fuertemente integrado a una comunidad que le prescribe una escala de valores propia.[26]

Las plantaciones le parecen un mundo hostil, dominado por los ladinos, en el que sólo hace una permanencia obligada. El trabajo estacional es una necesidad, un paréntesis del cual trata de escapar si se presentan otras oportunidades económicas.

Tomando en cuenta esta dimensión, el CUC se proponía inscribir su acción en la costa, como prolongación de la que desplegaba en las comunidades. Lo cual no se contradice —por lo contrario— con el hecho de que su discurso y su práctica tendieran a hacer tomar conciencia de su condición "semiproletaria" a esta población que se consideraba esencial-

[26] J. R. Caldera, 1979, pp. 44 y 46.

mente campesina e india, a invertir su percepción social de sí misma: en esta perspectiva, es el trabajo sobre una pequeñísima parcela en los altiplanos donde constituye un apéndice del trabajo en las plantaciones, y no a la inversa; el mantenimiento de los cuadrilleros en los minifundios donde reproducen difícilmente su fuerza de trabajo durante nueve o diez meses del año, es uno de los mecanismos por los cuales se les somete a la explotación extremada.

La movilización por la costa, aun cuando tomara en cuenta ciertos rasgos comunitarios, como la participación de las mujeres y de los niños, trataba de presentarse con una orientación proletaria, más que campesina. En esta fase, el CUC no reclamaba una reforma agraria consistente en una redistribución de las grandes explotaciones. No luchaba contra las expulsiones de *rancheros*, o por la defensa de su acceso a la tierra: ese sector no era su base social principal. Y en cuanto a los trabajadores de temporada, que tenían su preferencia, y que sin embargo constituían una categoría más netamente no capitalista, planteaban reivindicaciones relativas al salario, al contrato, a las condiciones de trabajo, de transporte, de alojamiento, de alimentación, de atención médica, así como al derecho a organizarse. El principal conflicto se centró en las remuneraciones y, en esta ocasión, el CUC fue la punta de lanza de la huelga.

A finales de 1979, los paros de trabajo y las protestas de cuadrilleros contra los bajos salarios y los fraudes en la báscula se multiplicaron en las fincas de algodón y en los cañaverales. Desde hacía años, el salario mínimo teórico estaba estancado en cerca de 1 quetzal (o sea, 1 dólar estadunidense) diario. Los trabajadores, pagados a destajo y cumpliendo con jornadas de más de ocho horas, no siempre percibían ese salario mínimo. En enero-febrero de 1980, el movimiento organizado por el CUC se generalizó en el sector azucarero. Jornaleros y trabajadores permanentes tomaron parte en él, y algunos de los principales ingenios fueron ocupados o paralizados, pero la amplitud y la originalidad de la movilización se debían a que, por primera vez en la historia del país, los cuadrilleros dejaban de trabajar simultáneamente en un número importante de plantaciones, perturbando así gravemente el funcionamiento de lo que constituye la columna vertebral de la economía guatemalteca (el Código de Trabajo impide, recordémoslo, toda huelga en periodo de cosecha). Se esbozó una negociación, que no avanzó, y el gobierno decidió unilateralmente elevar el salario mínimo a 3.20 quetzales, medida que pocos patronos aplicaron. Ante las reclamaciones de sus asalariados, muchos de ellos apelaron a la represión y a los despidos.

El CUC no se satisfacía con este aumento inferior al que reivindicaba (la diferencia que los oponía en ese punto a otras organizaciones sindicales, especialmente a la CNT, consagró una ruptura ya antes esbozada). En septiembre de 1980, se esforzó por volver a lanzar el movimiento por medio de una huelga en las plantaciones de café de la Boca Costa. Pero la organización no estaba muy arraigada en esta región, donde había más influencia de la ORPA que de la EGP. Los rancheros, directa y estrechamente dependientes de los patrones, aún eran numerosos y los cuadrilleros provenían, en su mayoría, del departamento de Huehuetenango, donde el Comité de Unidad Campesina estaba menos presente que en los departamentos de Quiché y de Chimaltenango, los cuales aportan lo esencial de la mano de obra de la pizca del algodón y de la zafra azucarera. Esta última tentativa de una acción sindical por parte del CUC resultó insuficiente, antes de que la guerra y la represión anularan toda posibilidad.

El horizonte del movimiento

De una autonomía aparente...

En 1976-1977 la organización todavía no tenía nombre. Consistía en dos agrupamientos más o menos informales, unidos en redes y entroncados en asociaciones locales (de desarrollo, religiosas, deportivas...), cuya energía trataba de captar y de reorientar hacia tareas de "concientización". Por los campos circulaba un periódico *(De sol a sol)* que servía de lazo de unión entre los militantes a los que se preparaba para el surgimiento de la organización en el escenario nacional. Esta organización pasaba, como hemos visto, por la crítica de las otras formas de organización presentes en los campos: las cooperativas, demasiado identificadas con un modelo capitalista de desarrollo, y cuyos dirigentes estaban amenazados por la esclerosis y la corrupción; las ligas campesinas y los sindicatos, que se limitaban a solicitar reivindicaciones económicas en un marco legal y que se mostraban impotentes ante las fuerzas de la represión a las órdenes de los patrones y de los terratenientes; los comités de desarrollo, cuyos objetivos eran locales y dependientes de las coyunturas. Los partidos, preocupados únicamente por las elecciones; las comunidades cristianas de base, no bastante políticas; las asociaciones indígenas, demasiado culturales. Estas diversas expresiones o estructuras de encuadre del movimiento campesino indio habían abrigado, en un grado u otro, el trabajo de gestación del CUC, pero la nueva organización se diferenciaba por su visión global y radical.

Cuando nació a la vida pública su programa seguía siendo ciertamente moderado en sus reivindicaciones económicas (acceso a la tierra y al riego, mejora de salarios y de las condiciones de trabajo en las plantaciones, aumento de los precios agrícolas y obtención de créditos), sus reivindicaciones sociales (salubridad, alimentación, educación, hábitat), así como en sus reivindicaciones políticas (contra la represión, contra el reclutamiento forzoso de jóvenes campesinos para el servicio militar, por el derecho a la expresión y a una organización propia).

Se había hecho hincapié en la formación de un instrumento de reunión de diferentes categorías de "trabajadores de los campos" (obreros agrícolas, campesinos sin tierra y minifundistas). Las fundaciones del CUC consideraban inexistente el movimiento campesino en Guatemala, al menos desde la caída de Arbenz. Las luchas y las organizaciones habían seguido dispersas, fragmentarias, virtuales. De allí la prioridad infatigablemente repetida: "organizar a las masas explotadas de los campos", en relación estrecha con "los obreros y los otros trabajadores", que en los años precedentes se habían puesto a la cabeza de una agitación social insólita en el país. La estructura de una red tenía que ceder el lugar a un modelo piramidal: comités locales, de zonas, de regiones, cubiertos por un comité nacional. Éste, clandestino al principio, comprendería a una docena de personas, entre ellas a tres no indios. La adhesión se hacía, en principio, sobre una base colectiva: ligas campesinas, cooperativas, asociaciones diversas, grupos informales, comunidades... Lo que dio lugar, de parte de otras organizaciones, a acusaciones de "incitación a la deserción".

La ambigüedad ya observada en el enfoque de la "cuestión india" en el terreno era igualmente sensible en el nivel del programa. La breve alusión, en el texto que hacía las veces de carta fundadora, a la discriminación que sufren "los pobres y los indígenas" se completó apenas un año después: "Luchar por el derecho a tener y utilizar nuestras lenguas, muestras costumbres, nuestras ideas, y a decirlas libremente sin que nos repriman; luchar contra quienes negocian con nuestra cultura denunciándolos y enfrentándolos".[27] Algunos textos y boletines se publicaron en lenguas mayas, pero sin ninguna consecuencia. La "declaración de Iximché" (febrero de 1980) situaba la represión en curso en la continuidad de una larga historia de explotación, opresión y exclusión de los indios, comenzada con "la invasión" en el siglo XVI, proseguida después de la Independencia y reforzada con la Reforma liberal de fines del siglo XIX. Pero si el CUC participó en la convocatoria a esta asamblea de representantes del movimiento popular en un lugar simbólico, las ruinas de la antigua capital cakchiquel, no reivindicó sus conclusiones. A partir de ese momento, la organización denunció cada vez más explícitamente a quienes llamaba los "indigenistas", o trató de

[27] *Voz del CUC*, núm. 4, junio de 1979, p. 7.

neutralizarlos en nombre de la necesaria subordinación de todas las demás dimensiones a la estrategia revolucionaria:

> Todas las costumbres las vamos a evaluar, algunas culturas de nuestro pueblo que a lo mejor vamos a quitar, que pueden afectar dentro del proceso revolucionario, dentro de la toma del poder. Si viene a afectar a nuestro pueblo, pues se va a hablar con los compañeros de cómo se va a quitar, tal vez no se va a quitar de la noche a la mañana, pero se va a tratar de discutir y se van a dar explicaciones por qué no se puede seguir.[28]

Ciertos militantes o simpatizantes indios se convirtieron a la visión económico-política de la organización. Otros se mantuvieron a distancia:

> El respetado dirigente del CUC, Emeterio Toj, regresó en 1980 muy disgustado de una gira internacional, debido a la discriminación que había resentido a lo largo de la misma. En consecuencia, una vez de vuelta en el país, se acercó a los círculos indigenistas de Quezaltenango, convirtiéndose muy pronto en la piedra angular de dichas reuniones, las cuales comenzaron a atraer representantes indígenas de diversas zonas del país. Es entonces cuando se maneja la idea de fusionar todas las organizaciones indigenistas en una sola, que a sugerencia de Emeterio Toj debería llamarse *Costajik*, "amanecer" en lengua quiché.[29]

... a la subordinación y a una vanguardia político-militar

En la época de su formación, el CUC insistía en la exigencia de la autonomía de la acción campesina: "Hemos llegado a la conclusión, cada día más clara, de que nosotros mismos vamos a acabar con los problemas de explotación y con los que los provocan; nadie lo va a hacer por nosotros, y tampoco la solución va a caer llovida del cielo".[30] Se trataba esencialmente de distanciarse de los partidos. La alianza subordinada del movimiento campesino con la DC aún no se había roto, si bien las elecciones de 1984 habían terminado con una cruel decepción. El CUC llamaba a rematar y a profundizar la ruptura:

> En las elecciones que acaban de pasar nos hemos dado cuenta, una vez más, de que los políticos de cualquier partido o comité cívico sólo están interesados

---

[28] D. Hernández, 1984, p. 343.
[29] A. Arias, en D. Camacho y R. Menjívar, 1986, p. 107. En 1981, Toj fue detenido por los militares y llamó desde la prisión a los guerrilleros a deponer las armas. Habiéndose evadido, se reintegró al EGP que hizo difundir un llamado suyo, contradiciendo al anterior.
[30] *Carta de formación del CUC.*

en conseguir un hueso y servir a los diferentes grupos de ricos de Guatemala. A nosotros solamente nos usan como escalera. En estos años nos hemos dado cuenta de que los partidos políticos son el instrumento de los ricachones, y no son el modo de solucionar nuestros fuertes problemas. Algunos compañeros que todavía tenían un pedacito de esperanza en los políticos, de una vez se les ha aclarado la situación.[31]

Tales proclamas pueden hacer creer que la organización campesina se guiaba por una lógica de autonomía de los factores sociales, y que sólo la represión la arrojó en brazos de la guerrilla. De hecho, la estructura que trataba de construirse a partir de un modelo piramidal permanecía bastante flexible y los grupos de base tomaban, sin consultar nunca a las instancias superiores, iniciativas que despertaban reacciones violentas por parte de las fuerzas represivas y que conducían a polarizar la situación. Así, en 1979, en un pueblo de Santa Cruz del Quiché, los miembros de una célula del CUC llegaron a neutralizar a una banda delincuente que entregaron a la policía, lo que les valió el reconocimiento y respeto de la población, pero los puso en la mira de las autoridades y de los grupos paramilitares. En los meses que siguieron, la represión cayó sobre La Estancia, cuna de la organización, como lo hemos visto. Fabián Pérez, uno de sus jefes, fue la primera víctima; después, los asesinatos se multiplicaron. Los aldeanos pensaron en pedir auxilio a la guerrilla, de la que se sabía que operaba más al norte, en la zona ixil. En ese momento, el CUC decidió ejecutar a *Chavelo Zapón*, colaborador del ejército y uno de los principales instigadores de la violencia. Este paso a las vías del hecho selló la entrada en la guerra de la célula local de la organización. El grupo había rebasado el límite que hasta entonces se impusiera y que lo había mantenido dentro del campo de la lucha socioeconómica, de la protesta, de las conductas defensivas. La acción violenta también era presentada como de simple defensa: se trataba de proteger a la comunidad y a sus miembros de las agresiones. De hecho, levantó o aceleró la tempestad que iba a diezmar La Estancia. Un escuadrón de la muerte persiguió y asesinó a las personas que aparecían en sus listas. En noviembre de 1980, el ejército invadía el pueblo y ejecutaba a varias decenas de personas, incluyendo a niños, mujeres y ancianos (sería, en esta región, la primera de una serie de matanzas). Después de enterrar a sus muertos, los habitantes se dispersaron. Algunos se unieron a la guerrilla.[32]

Con ciertas variantes, esa historia se ha repetido en muchas ocasiones. Es indiscutible que la espiral de la violencia ha acercado el EGP a

[31] *Ibid*.
[32] D. Hernández, 1984; y R. Carmack, 1983 y 1988, cap. 2.

militantes y a fracciones de las comunidades, movidos por una lógica de supervivençia. Se hizo creer a los militantes de base que el encuentro era fruto de las circunstancias o de sus propios pasos:

> Nosotros, que estamos dirigiendo esta lucha, sentíamos también esa necesidad de la guerrilla, tiene que haber una vanguardia que nos va a proteger [...] muchas veces me acuerdo, las preguntas siempre pedían: ¿y, compañeros, los de EGP, los de las FAR, no hay ninguna comunicación con ellos, no se puede hacer una comunicación con ellos? Lo único que se les dice es que desconocemos, pero tal vez en el camino nos vamos encontrando con ellos, y así fue, ya se oía por parte del pueblo, por parte de nosotros ya se sentía la necesidad de eso, sentíamos la necesidad de una organización guerrillera.[33]

Pero la articulación en la cumbre del EGP y del CUC existía, si no desde su creación, al menos mucho antes de que se hiciera manifiesta la participación de dos de los principales fundadores de la organización campesina (F. Hoyos y E. Corral) en dirección de la guerrilla, antes de que las luchas sociales (manifestaciones en la capital, huelgas en las plantaciones) parecieran claramente guiadas por la vanguardia político-militar.

En los primeros meses de 1980, la realidad y la importancia del CUC se manifestaron en ocasión de tres acontecimientos principales: la formación de la delegación que pereció en la embajada de España era prueba de su implantación en numerosas comunidades y en diversas regiones del país; el encuentro de Ixmché demostraba un deseo ambiguo de capitalizar y canalizar la dinámica de emancipación india; por último, la huelga en las plantaciones parecía consagrar el triunfo del CUC en su designio preferido: movilizar a los campesinos proletarizados en la lucha de clases, al lado de los otros proletarios.

Pero el intermedio que comenzó el 1° de mayo de 1978 y que había visto al CUC actuar a la luz pública llegaría a su fin dos años después: la manifestación del 1° de mayo de 1980, bárbaramente reprimida, fue la última en mucho tiempo. Mientras que los partidarios de una reivindicación específicamente india quedaban marginados o se iban a la disidencia, la mayoría de los dirigentes y de los cuadros intermedios entraban en la clandestinidad y se consagraban a tareas político-militares. "¿Dónde están las gentes del CUC?", preguntaba la población, con amargura y cólera, en los años de generalización de la violencia.[34]

[33] D. Hernández, 1984, p. 299.
[34] Entrevista personal con un dirigente del CUC. En marzo de 1986, la organización aceptó tomar en consideración la crítica, y dio a entender que era necesario un "retorno a la autonomía".

En el alba del nuevo decenio, el movimiento campesino se hallaba en su mayor estancamiento: reforma agraria prohibida, proletarización bloqueada, colonización imposible, renacimiento comunitario quebrantado, intensificación de la represión de toda lucha social. A ello se añadía la barrera del racismo, que la organización tenía las más grandes dificultades para superar en sus relaciones con la población y hasta en su propio seno:

Ante los rancheros y los maquinistas [los cuadrilleros] son gente más baja. Se les pobrea, se les considera ignorantes. Una ranchera quedó admirada de que sabían cantar tonadas, y probablemente mejor que ella. Si a nosotros nos hicieron pasar adelante en una casa de rancheros, a ellos cortésmente se les dio un par de sillas para que esperaran fuera. De ahí surge esa timidez, desconfianza e impersonalidad que muestran como grupo.[35]

Ante todos esos bloqueos, el único camino abierto parecía ser el de la guerra.

[35] J. R. Caldera, 1979, p. 44.

CONCLUSIÓN

La guerrilla buscaba bases. Encontró un movimiento comunitario, cuya naturaleza y riqueza sólo se les manifestaron parcialmente a los líderes ladinos de extracción ciudadana y de formación marxista-leninista, y que se propusieron unir con otras luchas sociales, y hacer acceder a una fase y a un nivel que ellos consideraban superiores: los de una guerra revolucionaria. Esos postulados y esos objetivos dominan las interpretaciones que dan la vanguardia y sus simpatizantes de los acontecimientos y que, con ciertas variantes, se organizan en torno de la tesis siguiente. Las condiciones de vida y de trabajo deplorables, a menudo miserables, las relaciones de explotación exacerbadas, han impulsado a diversas categorías socio-profesionales (maestros, obreros y otros asalariados de las ciudades, mineros, campesinos del altiplano y de las zonas de colonización, obreros permanentes y de temporada, de los ingenios y de las plantaciones) a movilizarse para defender sus intereses respectivos; a veces por cuenta propia, a veces bajo el impulso o la inspiración de grupos revolucionarios. El incremento de esas luchas sectoriales, la insensibilidad y la represión que se les han opuesto, les han hecho converger de tal manera que desemboquen en enfrentamientos de clases. Las organizaciones de lucha armada, ayudadas por agentes de la "concientización", han convencido a las "masas" de que las luchas de clases sólo pueden resolverse recurriendo a la violencia revolucionaria. En esta perspectiva, la caída del mundo indígena en el conflicto no es más que una ilustración, entre otras, de las luchas de clases y de su realización en la Revolución.

Esta tesis es simplificadora. Los análisis que aquí preceden permiten construir una imagen más compleja y más matizada, menos lineal, del paso del movimiento de modernización y de emancipación de la sociedad indígena a la guerra. El movimiento dividía a las comunidades, según brechas que no eran fundamentalmente de clase; tampoco respondía a una lógica estrictamente "étnica". Se desplegaba relativamente al margen de los acontecimientos políticos y de los conflictos sociales (de número y de alcance limitados) que ocupaban el centro del escenario; pero de todos modos afectaba los mecanismos de explotación, discriminación y dominación en los que se sostiene la sociedad nacional. Los revolucionarios han tratado de llevarlo al centro del escenario; de favorecer casi exclusivamente su potencial de lucha de clases, de utilizar lo que lo articulaba o parecía capaz de articularlo a su propia concepción de la oposición y la destrucción del sistema de poder. En ese proyecto los ayudaron las rupturas sucesivas en el movimiento social y la acción de mediadores cercanos a la dinámica comunitaria y convertidos a la lógica revolucionaria.

Primera ruptura. Mientras que la crisis mundial de 1929 tuvo por efecto lejano la remisión de las deudas de los trabajadores de las plantaciones, y preparó así el terreno para las primeras semillas del movimiento, otra crisis internacional, provocada esta vez por el "primer choque petrolero", da un frenazo a su dinamismo económico, a la Revolución Verde y al comercio indígena al que le habían permitido extenderse por los altiplanos. En el momento mismo (años 1974-1975) en que experimentan los límites del modelo de desarrollo que se les había propuesto y que habían adoptado, los modernistas ven esfumarse sus esperanzas de apertura del sistema político. La Democracia Cristiana, a la que llevan hasta el umbral del poder, resulta impotente para hacer respetar su victoria, perdiendo así por un tiempo una buena parte de su credibilidad. El fraude electoral reduce la dinámica de conquista del poder local y la frustra en su respuesta nacional. Un sector de la DC, que se había opuesto a la postulación de un militar como candidato presidencial y que se había replegado al apoyo de la conquista de las municipalidades por los indígenas, se radicalizará e irá a engrosar la corriente revolucionaria. El partido irá dejando de procurar protección y proyección nacional al movimiento. En los "años de violencia", que no perdonarán ni a sus propios cuadros y militantes, se encontrará relativamente ausente en los altiplanos.

Segunda ruptura. Así anuladas las perspectivas económicas y políticas, sobrevino el terremoto de 1976, cuyo epicentro correspondía al del movimiento. El sismo sembró la muerte y la desolación en decenas de pueblos indios y puso al país en estado de choque, pero no afectó en nada a los sectores prósperos de la economía. Hizo más visibles las fracturas y la polarización de la sociedad guatemalteca, y contribuyó a acentuarlas. Tal fue la ocasión del despliegue o del redespliegue en el altiplano, de personas, grupos e instituciones (ejército, guerrilla, Comité de Unidad Campesina, sectas y ONG diversas...) que, participando en la reconstrucción del hábitat y de las infraestructuras y, con el tiempo, volviendo a lanzar la lógica comunitaria, tomaron posiciones en la perspectiva de un conflicto cuyas primeras manifestaciones ya se vislumbraban. El ejército, con el pretexto de la acción cívica, extendía y consolidaba su presencia en la región y ejercía puntualmente represalias que prefiguraban ya la represión sistemática. El Comité de Reconstrucción Nacional que por entonces se puso en pie, se convertiría en uno de los instrumentos de la lucha contrainsurreccional. "Este acontecimiento —diría diez años después un portavoz de la institución —obliga al soldado guatemalteco a cambiar su fusil por el azadón, participando en la limpieza y el descombramiento de más de 400 poblados, para luego convertirse en el principal bastión de la reconstrucción nacional".[1] Al mismo tiempo que los militares, una nube de voluntarios civiles se dispersaba por los altiplanos, proponiendo a las víctimas del siniestro una ayuda más o menos apropiada y más o menos eficaz. Tal fue la ocasión para que muchos jóvenes de la ciudad descubrieran una realidad que les repugnaba y que los motivaba a buscar los medios de solidarizarse activamente con los menesterosos. Para otros, ya "concientizados", se trataba de aprovechar esta movilización excepcional con el fin de avanzar en la formación de una organización destinada a apoyar la lucha armada. Entre los "socorristas" más activos figuraban eclesiásticos y militantes católicos, pero también miembros de Iglesias y de sectas protestantes que se lanzaron por la brecha y obtuvieron fondos y materiales recabados en los Estados Unidos, acompañando a menudo su acción de beneficencia con un mensaje escatológico que podía alimentarse en la catástrofe, y de un mensaje político que elogiaba unos valores —asistencia, obediencia, orden, paciencia, humildad— contrarios a los que defendían los adeptos de la teología de la liberación. El año de 1976 es el punto de partida de una evolución que llevará a un grupo evangélico a hacer irrupción, seis años después, en la cumbre del Estado y a desempeñar un papel crucial en la inversión de la relación de fuerzas. La implantación de la Iglesia del Verbo es una de las consecuencias directas del terremoto.

A partir de 1978 se multiplican las rupturas. El reflujo de la prosperidad económica, las tensiones sociales, los progresos de la guerrilla y los disturbios centroamericanos exacerban a la oligarquía. El poder militar se embala. Los responsables de los sindicatos y de los partidos de oposición son tomados por blancos de la violencia, y la tradicional separación entre ciudades y campos, una de las garantías de la estabilidad social y política, ya no está segura; a las matanzas y ejecuciones en serie en las zonas rurales hacen eco, en la capital y en sus alrededores, los asesinatos de líderes nacionales, y luego, también allí, las matanzas, lo que contribuye a persuadir a los universitarios, a miembros de las profesiones liberales y de otras capas intermedias. Algunos se van a la montaña, y las guerrillas tratan de desarrollar sus núcleos de las ciudades. La

---

[1] *27 años de lucha por la libertad: una presentación oficial del ejército de Guatemala,* documento mimeografiado, 1987.

relación privilegiada que la Iglesia católica había reconstituido con una gran parte de la población india se ve sometida a presiones contradictorias, y en su seno se acentúan las divisiones; pronto se ve incapacitada para llevar adelante su misión protectora, y su salida del Quiché es su última ruptura decisiva, más allá de la cual la guerra ocupa todo el campo en los altiplanos, y amenaza con extenderse a todo el país.

TERCERA PARTE
LA GUERRA

El encuentro de la dinámica comunitaria con el movimiento revolucionario que se proponía darle una proyección política nacional sólo aceleró su disgregación al atraer sobre ella la represión; pero también al desviarla de su curso, subordinándola a estrategias y objetivos que no eran centrales a ella (los de una lucha de clases), o que le eran ajenos (los de una lucha armada antimperialista). En Guatemala, como veremos en detalle más adelante, los adeptos de la teología de la liberación fueron los promotores de una teología de la revolución: intentaron articular comunidades, clases sociales y revolución; poner el sentimiento y el dinamismo comunitarios al servicio de un afán de toma del poder del Estado. La tentativa desembocó finalmente en fracaso: no ocurrieron ni el levantamiento popular ni la caída del poder, y las comunidades se hundieron en un baño de sangre.

Y sin embargo, de 1976 a 1981, la estrategia parecía haber dado frutos. Las dificultades, y en particular la represión a que se enfrentaba el movimiento popular, repercutían en un recrudecimiento de la guerrilla. Los revolucionarios veían en la radicalización de algunos sectores sociales, especialmente indígenas, y en la polarización del conjunto de la sociedad, las premisas de su victoria. El poder militar, que había parecido vacilar un momento sobre la actitud que debía adoptar ante las luchas sociales y en sus relaciones con la clase política, había optado a la postre por una estrategia generalizada del terror. Al tratar como enemiga a la sociedad en su casi totalidad, y llegar hasta a tomar por blanco a los responsables de instituciones respetadas o a miembros de clanes temidos, la avalancha de violencia, ¿no amenazaba con poner en peligro el equilibrio y la estabilidad de la pirámide?

El cálculo de los guerrilleros resultaría erróneo. Lo que ocurrió en 1981-1982 no fue tanto una inversión de la relación de fuerzas como la manifestación de una mala evaluación de esa relación por al menos uno de los dos bandos. También fue la demostración de que el terror, aplicado en grandes dosis, puede destruir el nexo que en una primera etapa la represión había contribuido a establecer entre una parte de la población y el movimiento de insurgencia. El ejército, que afirma haber participado en la secuela del terremoto y en la reconstrucción de más de 400 pueblos o aldeas, destruiría decenas de ellos con fines antinsurreccionales y luego simularía reconstruirlos en formas nuevas. Pero el recurso a la violencia, revolucionaria y contrarrevolucionaria, no fue el único resorte de este enfrentamiento por el control de la población. El uso de la fuerza bruta que hizo las veces de política bajo el reinado de Lucas García se combinó, en la época de su sucesor, con técnicas de "guerra psicológica". El poder, en particular, se esforzó por encontrar una parada, un discurso susceptible de oponerse, en el mismo registro (llamado a los valores éticos y comunitarios), al discurso político-religioso de los revolucionarios.

Con base en un análisis de las cuestiones estratégicas, trataremos de entender cómo los militares ganaron la guerra, antes de proponer, en la Cuarta Parte del libro, una reflexión sobre el tema específico de la violencia.

VIII. DEL FOCO AL BRASERO (1976-1981)

> No queremos fallar una vez más, ni a nuestro pueblo
> ni a los movimientos revolucionarios del área, ni a la
> revolución mundial. No queremos ser los responsables
> de fallar una vez más.
>
> ROLANDO MORÁN

LA GUERRILLA SE DESARROLLA Y SE EXTIENDE

El EGP hace fechar en 1975 (año de la ejecución de Luis Arenas) su paso
a la fase clandestina de su implantación en la fase pública. En su ter-
minología, la expresión "propaganda armada" se aplica sobre todo a la
segunda.

En el año de 1979 la organización consideró que la implantación estaba lo bastante consolidada para permitirle pasar a la etapa de la "generalización de la guerra de guerrillas"; es decir, a la ofensiva contra las
"fuerzas vivas" (militares, económicas) del enemigo. También se trataba
de dirigir y articular el movimiento popular a la lucha armada; de obtener la alianza de las "fuerzas democráticas", establecer la unidad de las
organizaciones revolucionarias y buscar el reconocimiento internacional.[1] Era la hora del optimismo. Los sandinistas lanzaron el último
asalto y pronto estuvieron en el poder; la guerrilla salvadoreña se lanzó a
la ofensiva y dio a entender que su victoria era cuestión de meses. En
Guatemala, la ORPA salió a la luz, las FAR anunciaron su regreso a la
acción militar y, también, una fracción del PGT se pronunció por la lucha
armada. El gobierno de Lucas García respondió con una represión
redoblada que algunos revolucionarios interpretaron como señal de des-
esperación, como los "zarpazos desesperados de la fiera que el pueblo
guatemalteco tiene ya acorralada y a quien se apresta a darle los golpes
decisivos...".[2]

---

[1] *Opinión Política (OP)*, núm. 2, p. 7; y M. Payeras, 1987, p. 49. El comandante en jefe
da una versión un poco menos ambiciosa de lo que entiende por "generalización de la
guerra de guerrillas": "El hostigamiento, el golpe al poder local, el ajusticiamiento de
cuadros enemigos, aunque todavía no una operación militar en forma; en esta fase
todavía no se plantea el golpe a las estructuras militares enemigas" (en M. Harnecker,
1983, p. 81). Esta diferencia de interpretación debe achacarse a la sorda lucha que han
entablado los dos jefes.

[2] *Noticias de Guatemala*, núm. 68, 15 de junio de 1981.

En 1981, los acontecimientos se precipitaron. El EGP decidió acelerar el ritmo y sustituyó la estrategia de guerra prolongada por la de toma del poder a corto plazo. El objetivo era ya "derrocar a Lucas e instaurar un gobierno revolucionario, popular y democrático"[3] antes de marzo de 1982 (siguiente periodo electoral). La organización guerrillera parecía querer saltarse etapas; el voluntarismo y el triunfalismo llegaron a su paroxismo mientras pasaba por una grave crisis de dirección,[4] y se ponía en marcha una contraofensiva del ejército, que resultó decisiva.

Tal es el cuadro general que presenta la guerrilla, de su acción en su fase creciente. ¿Por qué mecanismos y en qué medida penetra allí la realidad?

BASES DE APOYO Y ESPIRAL DE LA VIOLENCIA

A partir del Ixcán, la guerrilla se desplegó en dirección de la zona ixil, y luego hacia otras regiones del altiplano. Paralelamente, pero con mucho menos éxito, trató de implantarse en la capital y en la costa sur.[5]

En ocasión de ese despliegue se establecen nexos con diversos actores sociales, y en especial con grupos de militantes cristianos y con el CUC. Esos nexos son factores favorables a la expansión de la guerrilla, y a la vez frutos de esa expansión. Sin embargo, durante varios años, el Ixcán y la región ixil seguirán siendo las únicas zonas en que realmente se haga sentir el conflicto armado. Ahí, el EGP multiplica los mítines y las ejecuciones. En 1977, acontecimiento simbólico, Armando Palacios, hijo del primer ladino que se estableció en la zona ixil en 1895, vende su tienda y emigra a la capital. Se le atribuye esta declaración (sin duda apócrifa, pero que ilustra bien el giro que tomaron los acontecimientos): "Conmigo se cierra una etapa de la historia de Nebaj. Mi padre fue el primer ladino que llegó al pueblo, un hijo mío ya es ingeniero, el otro es médico, y yo, gracias a Dios y a los inditos, ya me hice rico. Me voy. Ya no tengo nada que hacer aquí".[6]

[3] *Opinión Política (OP)*, núm. 3, p. 5. Esta aceleración se decidió en una reunión de la dirección, en septiembre de 1980.

[4] A comienzos de 1981, Benedicto se hizo nombrar "segundo responsable" del EGP, en ausencia del comandante en jefe. Éste, reconociendo que la fase de implantación había sido demasiado larga, consideró que las condiciones no estaban maduras para una insurrección (M. Harnecker, 1983, p. 85).

[5] Se habían establecido contactos desde 1973 entre el EGP y viejos militantes del movimiento campesino de la época de Arbenz. Pero el Frente Luis Turcios Lima, formado en 1975, consistiría en grupos mal organizados, que se dedicarían principalmente a acciones de sabotaje, y a comienzos de 1980 Morán se declaraba decepcionado del desarrollo de la lucha armada en esta región (M. Harnecker, 1983, pp. 85-86; *Compañero*, núm. 6, pp. 22-24; M. Payeras, 1987, pp. 18 y 89).

[6] IGE, *Guatemala: un "nuevo estilo de vida": los polos de desarrollo*, año 4, núm. 5, septiembre-octubre de 1984.

Uno de los objetivos de la guerrilla en ese periodo era, en efecto, eliminar o expulsar a los representantes locales del poder central, económico y político, y mostrarse como alternativa de poder. También las ocupaciones de pueblos tienen esta función:

La estructura simbólica de la dramatización consiste en destituir del poder, durante un par de horas, a los que durante toda la vida lo detentan para sus intereses de explotación, y trasladarlo a la guerrilla, como representante del poder popular. Se hace vivir así, en pequeño, lo que será la sociedad libre del futuro.[7]

La puesta en escena se lleva a cabo, de preferencia, el día de mercado, y los actores son guerrilleros indígenas que actúan a la luz del día, conocidos de la población local y que se expresan en su lengua. El EGP quiere superar los errores y las desventajas de sus comienzos. Ya no se trata de dialectos (término peyorativo), sino de lenguas indígenas, y la abundancia y variedad de los reclutamientos permite prescindir de intérpretes y traductores.

Uno de los objetivos es constituir una base de apoyo: "Se trata de mantener una efervescencia de cultura en que se podrá reclutar a jóvenes e instaurar un clima de confianza para obtener víveres, informes y escondrijos inaccesibles. Muchas de esas acciones de propaganda armada se asemejan a grandes fiestas".[8] Se llama a la población local a subvenir a las necesidades básicas de los combatientes, con excepción de los medicamentos, las armas y las municiones.[9] Se le pide asegurar la reproducción y el desarrollo de los grupos armados.

La guerrilla intenta hacer creer a los habitantes que está en simbiosis con ellos; que nada se le escapa; que ella es la que tiene el poder. Al despedirse después de una de esas ocupaciones de pueblos declara: "Nos vamos, pero no nos vamos. El ejército dice que estamos en las montañas. No lo crean. Estamos entre ustedes. El ejército los quiere engañar. El ejército les dice que nosotros somos los ladrones del monte. No es cierto. Entre ustedes estamos. Sabemos lo que les pasa a ustedes".[10] En realidad, la guerrilla se repliega y deja a los pueblerinos desarmados ante la represión, obligados a su vez a irse a los cerros o a buscar refugio en otra parte. Es como si tratara de atraer la represión sobre la población civil para entrenarla en la guerra, y asegurar así su propio desarrollo. En esta

[7] "La toma de Nebaj", *Polémica*, núm. 3, febrero de 1982, p. 42.
[8] Manuel Ajquij Batz, *"Le réveil des Indiens du Guatemala"*, *Études*, enero de 1981, p. 18. Se presencia un montaje de ese tipo en el filme de Pamela Yates y Thomas Siegel, *When the mountains tremble*, Nueva York, Skylights Pictures.
[9] *Opinión Política* (*OP*), núm. 2, p. 7.
[10] "La toma de Nebaj", *op. cit.*

fase, sus acciones se conciben en función de la generalización de la guerra de guerrillas.

El ciclo *operación de los insurgentes/represión/movilización/multiplicación de las acciones/represión intensificada* termina en un aumento en espiral de la violencia, y arrastra al conflicto a todo el conjunto de la población. Como lo hemos visto, los responsables del EGP muy pronto estuvieron conscientes de los beneficios que su organización podía obtener de las acciones de los militares y de los otros sectores dirigentes guatemaltecos, cuya brutalidad era previsible. Ellos mismos lo señalaron: la violencia de la reacción militar hizo posible, a partir de 1975-1976, movilizar a una población que el discurso revolucionario no bastaba para poner en acción. "Cuanta más represión, tantos más alzados."[11] El mecanismo es analizado así por "un ilustre guatemalteco, comprometido en la lucha popular":[12] En una situación en que "las clases sociales corresponden, a grandes rasgos, con la división étnica ladino/indígena", en que se exacerban las tensiones sociales, la organización se entronca, favorecida por un conflicto particular, y se extiende gracias a la gran movilidad de los indígenas; luego asesta un primer golpe al enemigo (ejecución de un notable...) con objeto de inquietar a los grupos de poder locales y obligarlos a llamar a las fuerzas de seguridad; es así como se pone en marcha una represión destinada a aplastar en embrión la guerrilla, pero que se abate esencialmente sobre la población civil: "Por un explotador que cayó, mueren diez o veinte campesinos indígenas"; lejos de obtener el resultado que se buscaba, la acción militar o policiaca tiene el efecto de engrosar las filas de los insurgentes:

> El indígena reacciona y *se enrola en gran número a la guerrilla.* Si de todos modos lo van a perseguir el ejército y la policía, es mejor ser perseguido dentro de una guerra declarada. Familias enteras, con mujeres e hijos, se alzan en la montaña. Allí nadie los encontrará. La montaña es un refugio. Ellos no pueden huir, como tantos exiliados por amenazas, a México. Ellos tienen que quedarse, y quedarse es luchar o morir. Así, cuanto el gobierno más reprime a la población para que descubra a la guerrilla, más se multiplica ésta.

El encadenamiento de los hechos en la zona ixil es una ilustración ejemplar de ese plan. En enero de 1978, el EGP secuestra a Roberto Herrera Ibargüen, uno de los más prominentes terratenientes del país. El ejército, en su busca, invade Nebaj y se entrega ahí a múltiples exacciones. En febrero y en los meses siguientes, el EGP ejecuta a *contratistas*, a *comisionados militares* y a otros colaboradores de los propietarios y de

---

[11] N. Andersen, 1983, p. 26.
[12] "La toma de Nebaj", *op. cit.*

las autoridades de Nebaj, Chajul y Cotzal (en este último municipio, se trata de indios que trabajaban para la familia Brol). El ejército ejerce represalias contra la población. El 21 de enero de 1979, el EGP ocupa Nebaj unas cuantas horas; muere entonces Enrique Brol; acciones del mismo tipo ocurren en muchos pueblos y aldeas. En las semanas siguientes, el ejército se instala de manera permanente en Nebaj y endurece más la represión. En septiembre, en el pueblo de Chajul, se dedica a una matanza pública de intimidación.[13] La intensificación de la violencia a partir de ese momento es descrita así por uno de los principales responsables de la lucha armada en ese mismo municipio de Chajul:

una patrulla militar fue emboscada por fuerzas guerrilleras, ocasionándole algunos muertos y recuperando las armas y los equipos de combate. El ejército respondió con una masacre en la cabecera municipal, el 6 de diciembre. Seleccionó a siete campesinos que tenía secuestrados en Chicamán, los vistió con uniformes verde olivo y los hizo marchar por un camino al pueblo de Chajul, ametrallándolos en la entrada. Luego enterró los cuerpos en una fosa común, después de quemar con gasolina uno de los cadáveres. Presentó la masacre como un combate con la guerrilla. Su campaña de terror se había extendido por el área uspunteca, camino de la Zona Reina [...]. Los dirigentes Gaspar Viví y Vicente Menchú, catequistas, cabezas de las parcialidades, organizaron una marcha a la capital para protestar por la campaña de exterminio. Durante varios días, los veintiún campesinos se presentaron por sorpresa en sedes sindicales, en locales de prensa, en entidades educativas, denunciando la represión de que eran objeto sus comunidades [...]. El 31 de enero de 1980, desesperados, decidieron ocupar la embajada de España, acompañados de obreros, estudiantes y pobladores de la capital. La policía cercó la sede diplomática y la incendió con sus ocupantes dentro. Treinta y nueve cadáveres carbonizados fueron retirados horas más tarde.[14]

LA POBLACIÓN DIVIDIDA

A partir de 1979, el EGP estableció un frente, bautizado como Frente Comandante Ernesto Guevara, en el norte de Huehuetenango. Los métodos eran los mismos que en la zona ixil: mítines; ejecuciones; destrucción de caminos, postes de electricidad, puentes y otros edificios públicos; llamados a hacer contribuciones en alimentos y en especie... No lograron la adhesión de toda la población, sobre todo porque se atraían las represalias del ejército.

[13] Entre los torturados figuraba un hermano de Rigoberta Menchú (véase capítulo XXIV de su testimonio).
[14] M. Payeras, 1987, pp. 49-50. También se puede leer la relación de Rigoberta Menchú (*op. cit.*), cuyo padre pereció en la embajada de España.

Al principio, la represión enfoca selectivamente a los animadores de las cooperativas y a los catequistas, así como a los maestros indígenas que, indignados por el destino de sus colegas y habiendo experimentado ellos mismos una posibilidad de emancipación, a veces prestan oído a las promesas de un porvenir mejor formuladas por los revolucionarios.

En 1981, a las operaciones de la guerrilla, especialmente establecida en los municipios de San Miguel Acatán y de San Rafael la Independencia, el ejército respondió con matanzas que hicieron más profundas las divisiones en el seno de la población. Pueblos y grupos colaboran activamente con los militares. En Ixcabajau (San Mateo Ixtatán), se trata de *costumbristas*, entre quienes la animosidad contra los neocatólicos se descarga sobre los guerrilleros, tanto más cuanto que éstos han ejecutado a cinco de los suyos. El proclamado afán del EGP de superar las brechas religiosas no anula su mayor proximidad a la corriente neocatólica "progresista", entre la cual recluta a la mayoría de sus combatientes y de sus simpatizantes indígenas. En realidad, la tesis según la cual la guerra de clases debe imponerse a todos y en todos los dominios, y las torpezas y confusiones que ocurren en las relaciones con los tradicionalistas, por una parte, y con los evangélicos, por otra, causarán no pocos sinsabores a los guerrilleros. El ejército sabrá aprovecharlos; también sabrá utilizar el antagonismo entre indios y ladinos. Con algunas excepciones, en el norte del Huehuetenango, como en el resto de los altiplanos, la población ladina de los pueblos (Santa Eulalia, San Pedro Solomá, Chiantla...) y de algunas aldeas (Tabacal...) se ha pasado al bando oficial, a menudo, después de las ejecuciones o de amenazas perpetradas por los insurgentes. "Por lo demás, una parte de la población india probablemente simpatizó con el EGP y le procuró alimentos y ayuda logística. De todos modos, la inmensa mayoría estaba indecisa y perpleja ante la intensificación de la violencia", observa un antropólogo que conoce bien la región.[15]

EL SUEÑO Y LA REALIDAD

En 1981, el EGP decidió pasar a la etapa de la disputa del control de la población, del territorio y del poder local con las autoridades. Se trataba de construir "las raíces del nuevo Estado, aunque todavía en las áreas periféricas".[16] El ejército interpreta así esta aceleración:

Los terroristas se proponían declarar como territorio liberado una porción del suelo patrio para darle categoría de beligerantes a sus miembros con lo

[15] S. Davis, 1986.
[16] *Opinión Política (OP)*, núm. 2, p. 8; y M. Harnecker, 1983, pp. 74 y 82.

cual tendrían acceso a los foros internacionales y al reconocimiento por parte de los gobiernos de los principales países del bloque totalitario. Los dirigentes terroristas planificaron sus acciones para producir un doble efecto negativo, por un lado, las acciones de terror en el campo para someter a la población a su voluntad, y por el otro el debilitamiento de los medios de producción para la posterior destrucción y quiebra de la economía nacional. Las primeras acciones estuvieron encaminadas a los siguientes aspectos: primero, eliminar el poder local mediante el asesinato, secuestro y desaparición de alcaldes auxiliares, alcaldes municipales, comisionados militares, quemando más de 25 edificios municipales de los diferentes departamentos de la República.[17]

Con la perspectiva de separar la capital de la remota zona indígena, el EGP trató de controlar la Carretera Panamericana. El Frente Augusto César Sandino (Chimaltenango, sur del Quiché y Baja Verapaz) se codea con la ORPA, que se despliega sobre todo por el sur de este eje de caminos. En ese frente, la idea de movilizar a la población y luego dejarla sin defensa es llevada al extremo (dará lugar, más adelante, a ajustes de cuentas en el seno de la organización).[18]

En ninguna parte logró la guerrilla alcanzar su objetivo de poner en pie un "ejército popular regular", capaz de liberar territorios y de imponerse allí como la nueva autoridad. La primera columna "regular", formada en las montañas del Quiché, descendió del Ixcán para entablar allí su único combate, a comienzos de 1981. Atacó la guarnición de Cuarto Pueblo; un centenar de soldados quedaron fuera de combate, pero la intervención de la aviación la obligó a replegarse antes de haber podido tomar la posición enemiga, y durante ese tiempo las bases de apoyo en la zona ixil, abandonadas por los guerrilleros, fueron duramente castigadas.[19]

[17] *27 años de lucha..., op. cit.*, p. 7.
[18] El comandante en jefe ha sostenido que este "error" se derivó de decisiones tomadas en su ausencia (EGP, *Comunicado...* febrero de 1984, p. 7). Según otra versión, la población del departamento de Chimaltenango se puso, espontánea y prematuramente, en estado de insurrección, obligando a la guerrilla a apoyarla, lo cual hizo desguarecer y fragilizar los frentes del norte del Quiché y de Huehuetenango. "La acelerada incorporación a las luchas populares de los pueblos cakchiqueies hizo necesario este paso, al concluir el año 80. Las formas amplias de organización y de lucha se habían agotado con rapidez a lo largo de ese año, y la población indígena de Chimaltenango reclamaba su incorporación a las formas superiores de la guerra de guerrillas. Asentándose inicialmente en la zona de Cruz Blanca, la patrulla guerrillera penetró en pocas semanas a las pobladas aldeas del sur de San Martín Jilotepeque y Comalapa, organizando en secreto su red de bases de apoyo. Al iniciarse el año 81 entraron a las viejas metrópolis indígenas del norte del departamento. La guerra de guerrillas ardió a partir de entonces en Chimaltenango. El ejército enemigo ocupó la región, iniciando las masacres (M. Payeras, 1987, p. 27; véase también *Opinión Política [OP]*, núm. 3, p. 4).
[19] M. Payeras, 1987, pp. 17-18. Véase también *Por Esto*, núm. 1, julio de 1981; e IGE, 1987, p. 133.

Además de la constitución de territorios liberados, una de las condiciones para el reconocimiento internacional era en aquel momento la unificación de las organizaciones de lucha armada, que con el tiempo se extendería a las fuerzas políticas. Pero a la crisis interna del EGP se añadían muchos roces con las otras organizaciones, que determinarían el fracaso de las tentativas de frentes y de comités democráticos[20] que se formaban siguiendo los modelos nicaragüenses y salvadoreños. La represión ejercida contra la oposición política y sindical contribuyó a desmantelar esos proyectos, pero también el militarismo de los grupos revolucionarios y las rivalidades entre ellos. Se sospechó que el EGP trataba de imponer su preeminencia en la perspectiva de una victoria que consideraba cercana y de la que se presentaba como principal actor. La Unidad Revolucionaria Nacional Guatemalteca (URNG) acabó por surgir en enero de 1982,[21] mientras que la guerrilla ya había recibido golpes de los que no volvería a levantarse.

En el momento en que los guerrilleros preconizaban algunas "insurrecciones parciales"[22] consideraron que "el ejército enemigo perdió la iniciativa prácticamente en todos los frentes"[23] y anunciaron como inminente la toma del poder, su estrategia reveló unas flaquezas de las que no parecía haber tomado la medida. De ese abismo entre el sueño y la realidad, que explica su sorpresa ante la eficacia de la contraofensiva militar, la aventura de la guerrilla urbana ofrece una ilustración que raya en la caricatura.

LA AVENTURA URBANA

En el texto de marzo de 1967, que después sería considerado el documento de orientación del EGR, Ricardo Ramírez afirmaba que la guerra revolucionaria en Guatemala había comenzado con unas operaciones urbanas de "terrorismo y de sabotaje" antes de convertirse en una guerrilla rural, y que debía desarrollarse en los campos hasta adquirir la fuerza suficiente para hacer tambalearse al régimen. Sólo en ese estadio los trabajadores de la ciudad, "prisioneros del reformismo, del econo-

[20] Esas disputas paralizaron, por ejemplo, al Frente Democrático Contra la Represión (FDCR), creado en 1979; el EGP hizo nacer en 1981 el FP 31 (Frente Popular 31 de enero) a partir de organizaciones de masas que estaban próximas a él, algunas de las cuales fueron creadas en su totalidad, como en esta ocasión.
[21] Se había intentado en 1979 una primera asociación entre el EGP, las FAR y el PGT —el Núcleo de Dirección Nacional—. Y la ORPA se había unido, en principio, en 1980. Pero las relaciones entre esas organizaciones distaban mucho de ser armoniosas (véase M. Harnecker, 1983, p. 83; y *Opinión Política [OP]*, núm. 2, p. 5).
[22] Morán, en M. Harnecker, 1983, p. 75.
[23] *Opinión Política [OP]*, núm. 2, p. 8.

¿CUÁNTOS GUERRILLEROS?

Cada uno de los grupos pioneros —de la ORPA y del EGP— contaba con una quincena de hombres en armas. Diez años después, en su apogeo (1981-1982), el conjunto de la guerrilla guatemalteca totalizaba unos 6 000 combatientes de tiempo completo; diversas fuentes (organizaciones simpatizantes, autoridades militares) evaluaron la población de sus "bases de apoyo" en esa época, en más de 250 000 personas, de las cuales sólo algunos miles estuvieron provisional y precariamente armados. En términos cuantitativos, esta guerrilla era al menos diez veces más importante que la de los años sesenta: las pérdidas de vidas humanas provocadas por el conflicto también fueron diez veces mayores.

El número de guerrilleros había caído por debajo de 2 500 en 1983, y ha seguido disminuyendo desde entonces (mientras que en los años decisivos, la falta de armas fue una de las principales flaquezas de la insurrección, en 1987, los militares estimaban que la ORPA, la organización más activa en este periodo, tenía en su posesión el doble de fusiles que de combatientes). La baja de los efectivos fue aún más importante en lo que toca a la población enmarcada por la guerrilla (en 1990, el EGP mantenía, empero, varios millares de civiles bajo su influencia en las montañas).

mismo y del aburguesamiento ideológico", podrían salir de su torpor y unirse a los guerrilleros, volviendo a la principal fortaleza del enemigo para tomarla por asalto. Según ese esquema, la guerra revolucionaria debe desarrollarse en la periferia, allí donde el Estado está menos presente, entre los campesinos que son una "fuente inagotable de energía para la Revolución", al mismo tiempo que constituyen el sector clave del aparato productivo.

Desde su implantación en el país en 1972, el EGP estaba presente en la ciudad de Guatemala en forma de una pequeña célula, y pocos meses después de su aparición pública en el Quiché, procedía a su primera ejecución en la capital. En todo caso, hasta 1980 esta célula se consagró más que nada a acciones de apoyo a la guerrilla rural, a las tareas logísticas de una base de retaguardia, a ataques de furgones, a secuestros con exigencias de rescate, etc. Se trataba de acciones aisladas, sin articulación con las luchas sociales que se desarrollaban en la zona urbana en ese periodo.

En 1980-1981, el *comandante* Benedicto, entonces responsable del frente urbano (Frente Otto René Castillo) y convencido del carácter erróneo de la estrategia anterior, decidía llevar la guerra al "propio corazón del enemigo".[24] El objetivo consistía en acudir en ayuda de la guerrilla rural que estaba organizándose en el departamento de Chimaltenango, a las puertas de la capital, y contribuir de esa manera a la estrategia tendente a sustraer el altiplano al control del enemigo. Sin embargo, se trataba también, al mismo tiempo, de incorporar a sectores urbanos en la lucha revolucionaria.

El grupo estaba constituido por algunos sobrevivientes de la guerrilla de los años sesenta, enmarcando a un puñado de obreros, así como a estudiantes salidos de la clase media o de los barrios populares que parecían jugar a la guerra:

> Estaban en una vivienda común de pequeña burguesía, en la zona 2 de la ciudad. Zoila, miembro del mando de la unidad militar, con uniforme guerrillero y subametralladora, les hizo encuentro en el vestíbulo. Les entregó armas cortas y les pidió que esperaran un momento. Pasaron unos segundos, y a una señal de la muchacha entraron en lo que debía ser una sala comedor, acondicionada para la ceremonia. En el fondo, en el lugar de honor, tras la mesita desde la que se presidiría el acto, se veían las banderas nacional y de la organización. Azul y blanco, la primera, con sus reminiscencias de acto escolar de la infancia y su color de viejo cielo guatemalteco. La nuestra, roja como la sangre, esquema de firmamento y a la vez programa para el pueblo. A mitad del saloncito, con las armas en descansen, lo mejor de la juventud patria, la boina en sesgo marcial y la mirada en las banderas. Otoniel, Raúl, Efraín, Víctor, Zoila, Agustín, la mitad de la guerrilla que había hecho arder la ciudad con el fuego de la guerra revolucionaria. A una orden de Agustín, enérgica pero confidencial, la guerrilla saludó presentando armas. El ruido del acero resonó en el recinto. Ninguno tenía más de veinticuatro años...

Esos adolescentes "dispuestos a tomar la alegría por asalto" apenas tuvieron tiempo de asestar algunos golpes a la policía y al ejército antes de perecer en lo que resultaría la primera fase de una victoriosa contraofensiva del poder. El primer blanco fue la red de la ORPA en la capital: las "casas de seguridad" de esta organización, refugio de los combatientes, de cuadros y de armamentos, cayeron unas tras otras en julio y agosto de 1981. Y después tocó el turno a la red del EGP, desmantelada en dos días.[25] La guerrilla urbana había quedado aplastada para varios

[24] La historia del frente urbano del EGP ha sido relatada con todo detalle por Mario Payeras, 1987. Las citas que siguen en este párrafo fueron tomadas de este documento.
[25] La guerrilla atribuyó la eficacia y el éxito de esta serie de operaciones a los técnicos y consejeros israelíes y argentinos. Esos acontecimientos dejaron huellas y puntos en disputa en las relaciones entre ambas organizaciones y en el seno del EGP.

años. El que, en un tiempo, dirigió una de sus ramas, no por ello dejó de perseguir su sueño, estereotipado y anacrónico: "En nuestra insurrección urbana se verán, como en las fotografías de las revoluciones clásicas, destacamentos de obreros y ciudadanos, a bordo de camiones erizados de fusiles, entonando cantos de guerra y gritando consignas de victoria, en el momento de marchar a los combates finales".

IX. BREVE RELACIÓN DE LA NUEVA DESTRUCCIÓN DE LAS INDIAS (GUATEMALTECAS)

Sólo el que lucha tiene derecho a vencer, sólo el que vence tiene derecho a vivir.

Lema inscrito a la entrada del cuartel de Sacapulas, marzo de 1988

LA CONTRAOFENSIVA MILITAR EN EL ALTIPLANO

En septiembre-octubre de 1981, el EGP y la ORPA unieron sus esfuerzos con vistas a controlar el núcleo de los altiplanos, la región central al encuentro de los departamentos de Quiché, de Sololá y de Chimaltenango, por donde pasan las principales comunicaciones del mundo indígena con la "Guatemala útil" (capital y costa sur). Las fuerzas armadas que la guerrilla seguía creyendo desmoralizadas y a la defensiva,[1] pese a que habían logrado aplastar los núcleos urbanos en julio-agosto, lanzaron entonces una ofensiva militar, organizada y dirigida por el general Benedicto Lucas, hermano del presidente y jefe del Estado Mayor del Ejército. El momento decisivo fue la toma de Chupol, pueblo desde donde la EGP dominaba la Panamericana en uno de sus puntos neurálgicos (cruce de Los Encuentros). El 30 de octubre, los militares ocupaban sin mayor dificultad el conglomerado y los caminos principales. La población desarmada se refugiaba en los campos y trataba de protegerse la retirada por los medios rudimentarios preconizados por los guerrilleros: bombas pirotécnicas (que los indios utilizan para sus fiestas), trampas "a la vietnamita", excavadas en los senderos de tierra... Durante un mes, el ejército aisló la región, poniéndole sitio, antes de lanzarse al asalto de "3 000 familias secuestradas por la guerrilla", según los términos del comandante de la operación. Las pérdidas de vidas humanas fueron numerosas, y los sobrevivientes no tuvieron más recurso que huir en desorden. "Lo que nos hace falta —termina diciendo Anastacio— son armas. La gente está entrenada pero no tienen más que la buena voluntad. Eso es lo que hace falta y no otra cosa: CON QUÉ

[1] Un responsable militar afirmará después que en esa época existía un plan de repliegue del gobierno sobre la costa sur. De todos modos, las autoridades temían menos la toma de la capital por los insurgentes que la división del país en dos.

PELEAR Y DEFENDERNOS", comenta un aldeano.[2] Negándose a apreciar la magnitud de la contraofensiva, el EGP aún presentaba el episodio de Chupol como un esfuerzo desesperado del ejército por contrarrestar el progreso de las guerrillas.[3] Sin embargo, la estrategia del nuevo jefe del Estado Mayor aparecía allí a plena luz y revelaba su eficacia: se trataba de desalojar a los insurgentes de sus bases de apoyo, atacando a éstas como quien pisotea hormigueros.

Una vez desmanteladas las principales cabezas de puente del EGP en el departamento de Chimaltenango y en el sur del Quiché, la campaña antinsurreccional prosiguió hacia el norte. A falta de una línea de frente propiamente dicha, el eje del conflicto se desplazó de la Panamericana en noviembre de 1981 a la Sierra de los Chuacús en enero de 1982, y luego a la Sierra de los Cuchumatanes. En la retaguardia, el ejército, apoyado por grupos paramilitares, continuaba la operación de limpieza. La guerrilla no permanecía inactiva, pero era incapaz de contener el avance de los militares.[4] Aquí o allá, civiles simpatizantes se oponían a la marcha macabra del ejército; mal sostenidos, y armados sólo con sus machetes, eran masacrados.[5] Más a menudo, la población intentaba refugiarse en las montañas y en la cañada, en la costa sur o, los que estaban más al norte, en México. Los sobrevivientes que se quedaban en el lugar eran rodeados por el ejército. Desde finales del año de 1981, Benedicto Lucas decidió organizar las primeras Patrullas de Autodefensa Civil (PAC), y en junio de 1982 aparecían las primeras ciudades de reagrupamiento, llamadas "aldeas modelo" por las autoridades.

Uno de los objetivos de la creación de las PAC era aumentar, con pocos gastos, el número de hombres movilizados del lado gubernamental: el Plan Nacional de Seguridad y de Desarrollo sostenía que "la potencia total, el armamento y el equipo del ejército guatemalteco no bastaban para cubrir los diversos frentes de la guerrilla".[6] A menudo, esas tropas indígenas fueron empleadas como escudos humanos y como carne de cañón en los enfrentamientos con la guerrilla. Pero no se trataba tanto de reclutar combatientes cuanto de rodear la población y de

[2] IGE, *Compendio 1980-1982*, p. 56.

[3] Véase por ejemplo *Noticias de Guatemala*, núm. 74, 16 de diciembre de 1981.

[4] La ocupación de la embajada de Brasil, que ocurrió en mayo de 1982 para denunciar las matanzas, puede interpretarse como una confesión de impotencia del EGP. Los militantes del CUC y de otras organizaciones de masas que participaron en ella salieron sanos y salvos al extranjero, a diferencia de quienes habían ocupado la embajada de España dos años antes.

[5] Así, el 4 de abril de 1982, en la finca Covadonga (Chajul), un destacamento militar exigió a los campesinos que denunciaran a los guerrilleros; ellos sacaron el machete y mataron al oficial y a nueve soldados, antes de ser masacrados a su vez (*Noticias de Guatemala*, 15 de mayo de 1982, p. 9).

[6] *Plan Nacional de Seguridad y Desarrollo*, texto mimeografiado.

establecer un cordón sanitario, entre las organizaciones de lucha armada y sus bases sociales. Permitieron consolidar y establecer, a largo plazo, el dominio del ejército en los campos, gracias especialmente a una delegación, parcial y bajo tutela, de la fuerza militar (distribución de fusiles, impunidad de los crímenes...).

Más precisamente, las PAC eran la pieza esencial de un ambicioso proyecto militar (en 1985, según las fuentes oficiales, movilizaban 900 000 hombres en el conjunto de los altiplanos), tendiendo a hacer responsables a las comunidades de su propia "seguridad". El cambio, decisivo en la evolución del conflicto, consistió en que el ejército se puso a predicar "el autocontrol" y a buscar la movilización de las estructuras y de los mecanismos comunitarios tradicionales contra una guerrilla denunciada por las autoridades, y a menudo considerada por la población india un elemento ajeno y perturbador que, en ocasión de sus tentativas de movilizar sectores de comunidades, se había apoyado, ante todo, en las divisiones que había en el seno de éstas y había exacerbado las oposiciones entre los catequistas y los costumbristas, entre los jóvenes y los ancianos, entre los pobres y los ricos, etc. Los responsables militares guatemaltecos que se atribuyen la paternidad de la estrategia y de los métodos[7] —en realidad, ya experimentados en el Sudeste de Asia— son explícitos: se trataba de apoderarse del proyecto y de las prácticas de movilización de las comunidades por la guerrilla; de volverlos contra ella y de aprovechar sus torpezas en ese dominio. La meta fue alcanzada en gran medida. Los militares demostraron ser más eficientes que los guerrilleros en la manipulación simultánea de dos lógicas, opuestas sólo en apariencia: una lógica comunitaria y una lógica de división, en particular porque utilizaron más hábilmente el principio de autoridad: se aseguraron la lealtad y, con el tiempo, el concurso de responsables locales, civiles o religiosos, habituales o no, cuyo poder reforzaron en la misma ocasión: entre esos relevos figuraban los comisionados, pero también autoridades "legítimas", como alcaldes, *principales*, pastores protestantes... Esas personalidades y sus clientelas se sentían tanto más inclinadas a "colaborar" cuanto que eran rechazadas y a menudo transformadas en blanco por revolucionarios que imponían a las comunidades una autoridad exterior: la suya; la de la "organización".

Bajo amenazas o por su propia iniciativa, las PAC denunciaron y eliminaron a otros pueblerinos, se hicieron culpables de matanzas (en el norte de Huehuetenango, en Chichicastenango, en Rabinal...). También

[7] Un ex portavoz del ejército se enorgulleció de haber tenido la idea, durante el conflicto de los años sesenta, de enredar a los pueblerinos en la lucha antinsurreccional, y de encontrarse también en el origen de la transposición de esta técnica al medio indígena, a comienzos de los años ochenta.

hubo casos en que el ejército, sospechando una infiltración de la guerrilla o por alguna otra razón, ejecutó a miembros de esas patrullas.

"Nuestra santa tierra del Ixcán" a sangre y fuego

Concentrando sus tropas en los altiplanos, el ejército había dejado des-
guarnecido el Ixcán a fines de 1981. El respiro fue de breve duración.
En febrero de 1982, cerca de trescientos soldados volvieron a invadir la
zona por el este y, avanzando de pueblo en pueblo sin encontrar resistencia, sembraban la muerte y la desolación a su paso. Las más de las
veces la población, alertada, lograba huir. Los pueblos eran entonces sistemáticamente saqueados y destruidos, muerto el ganado, quemadas las
casas y los edificios (escuelas, tiendas, hangares, iglesias). Pudo verse así
un desordenado "¡sálvese quien pueda!", una fuga muy mal preparada
por la guerrilla. A veces, mal informados, mal orientados, incrédulos o
demasiado confiados, los colonos se quedaban en el lugar. Entonces
eran implacablemente exterminados. Así, en Cuatro Pueblos-La Unión,
como para vengarse del revés sufrido un año antes, el ejército se encar-
nizó durante tres días con la población, dejando cerca de trescientas
víctimas.

El 14 de marzo de 1982, los habitantes de Cuatro Pueblos estaban
reunidos como todos los domingos para el mercado y para los oficios religiosos. Corrió el rumor de que la víspera habían visto a los militares
cerca del río Xalbal. Pero, ¿no tenían ellos la conciencia tranquila y sus
papeles en regla? ("¿Por qué huir, si no debemos nada?") Y, sin embargo, a las nueve de la mañana, después que un helicóptero sobrevoló el
lugar, algunos presintieron que algo se preparaba, y se ocultaron. Media
hora después, cuando los soldados surgieron por diversas partes abriendo fuego, lanzando granadas sobre los grupos reunidos, aún logró sal-
varse una parte de los habitantes. Los que no pudieron o no quisieron
huir fueron masacrados durante tres días. Algunos aldeanos, ocultos en
los bosques, presenciaron sin poder intervenir las torturas, las violaciones y la matanza. Una vez que se fueron los soldados, ellos volvieron
al pueblo, convertido en osario.[8]

Después del golpe de Estado del 23 de marzo, el ejército prosiguió en
la región su política de tierra quemada, pero las matanzas se hicieron
menos frecuentes y menos masivas, fuese porque el nuevo poder había
dado instrucciones en ese sentido, fuese porque los habitantes, ya pre-

---

[8] Este resumen de la matanza de Cuarto Pueblo se basa en el relato hecho por los
sobrevivientes (IGE, 1987, pp. 137-139; R. Falla, texto mimeografiado, 15 de septiembre de
1985 y 1992; y entrevista personal).

venidos, lograsen escapar. Los fugitivos erraban por el bosque tratando de reunir a sus familias dispersas, con la esperanza de recuperar su aldea y sus parcelas. Perseguidos por el ejército, hambrientos, enfermos, acabaron por rendirse o por pasar la frontera. Las llegadas en masa a los campos de refugiados de Puerto Rico, de Ixcán y de Chajul en México[9] ocurrieron a partir de abril-octubre de 1982. El EGP conservó o recuperó un cierto control sobre esta población. También intentó mantener en los bosques y las montañas del Ixcán a grupos de refugiados internos que bautizó como *poblaciones en resistencia*. Suponíase que esos grupos, que habían tenido la mayor dificultad para encontrar medios de subsistencia, mantendrían las apariencias de una base social de la insurrección.

En realidad, la sociedad pionera edificada en el lapso de unos quince años fue dislocada y devastada en unas cuantas semanas. A partir de 1984, las autoridades decidieron reconstruirla bajo su propio dominio, con nuevos colonos y con los antiguos que aceptaron plegarse a sus condiciones.[10]

LA "PACIFICACIÓN" DE LOS CUCHUMATANES

La ofensiva del ejército se topó con mayores dificultades en la zona ixil. Se necesitó el cambio de gobierno y el añadido de una "acción psicológica" a la acción militar para que se invirtiera la relación de fuerzas; para que el dominio de la guerrilla sobre la población cediera el lugar al dominio del ejército. La Cruzada del Verbo (véase el capítulo siguiente) fue ahí un auxiliar decisivo de la campaña antinsurreccional. El norte del Huehuetenango, otra plaza fuerte de la insurrección, por la misma época volvió a caer bajo el dominio de los militares, pero no apareció ahí la inflexión "civilista" y religiosa que Ríos Montt trató de imprimir a su estrategia, al menos en la primera etapa. Las matanzas y no el Verbo, la sangre, con exclusión de la palabra, fueron ahí las características dominantes de la contraofensiva.

Como en el Ixcán o en el triángulo ixil, el teatro de operaciones del Frente Comandante Ernesto Guevara no se había transformado en "territorio liberado", aun si las acciones de sabotaje habían acentuado su aislamiento tradicional.[11] El ejército no estaba ausente del todo. Ya a las

[9] Los dos últimos nombres indican la procedencia de los refugiados. Las tierras del Ixcán formaban parte, en aquella época, del municipio de Chajul.

[10] En 1985, el municipio de Ixcán, recién creado, contaba con 116 pueblos y 35 000 habitantes (B. Mans, en Carmack, 1988, p. 80), pero todos los pueblos no habían sido destruidos, y en 1990-1991, la mayor parte de los que lo habían sido no estaban aún reconstruidos; la mayoría de los sobrevivientes seguían exiliados en México.

[11] A comienzos de junio de 1982, el EGP afirmaba que sus acciones habían privado a 27

órdenes de Lucas García había perpretrado matanzas y comenzado a organizar patrullas de autodefensa civil, aprovechando y acentuando las divisiones que había en el seno de la población. En junio de 1982, so pretexto de censar ésta, de desarrollar las PAC y de dar a conocer la "amnistía" ofrecida por Ríos Montt, se preparaba para iniciar movimientos que, por su ferocidad y su eficacia, le aseguraron en pocas semanas el dominio de la región. Destrucciones de pueblos, tortura, asesinatos, matanzas colectivas y atrocidades de todas clases se multiplicaron a partir de julio: un correo de la guerrilla colgado de una lámpara, y diez, enrolados por la fuerza, ejecutados en el barrio de San Mateo Ixtatán; matanzas en Sebep, en Petenac, Yocultac, Bulej (pueblos de San Mateo), en Chimbán (San Miguel Acatán), en San Francisco y en Yaltoya (Nentón)... A menudo, el ejército obligaba a las PAC a ejecutar a las personas acusadas de colaborar con los insurgentes. Las patrullas de ciertos pueblos indios (Matazanos, Ixbajau, Jolimquisis...) se anticipaban a esas órdenes. La guerrilla, en esta región, atacó más a esas milicias que directamente al ejército,[12] cuya ofensiva en ningún momento pudo contrarrestar.

La población a veces era tomada entre dos fuegos,[13] y la única protección eficaz ante el avance del ejército, era la huida a México. De junio a septiembre, el éxodo (que había comenzado en 1981) fue en masa. Miles de indios pasaron la frontera,[14] y los que se quedaron en su mayoría fueron reagrupados bajo control militar. Sin embargo, la "pacificación" del norte de Huehuetenango no estaba terminada: el EGP siguió manifestando su presencia mediante acciones episódicas, pero también aquí, en lo sucesivo quedaría privado de lo esencial de su base social.

BANDERA BLANCA

El éxito de la ofensiva lanzada en octubre de 1981 sobre el frente de Chimaltenango se dio a conocer a la opinión nacional e internacional mediante un acontecimiento ocurrido un año después, en ese mismo de-

de los 31 municipios de Huehuetenango de luz, de teléfono, de telégrafo y de radio y, a 16 de ellos de toda comunicación terrestre. Multiplicaban los mítines en los pueblos (*Informador Guerrillero*, núm. 9, 1-15 de junio de 1982).

[12] Tribunal Permanente de los Pueblos (TPP), pp. 187-188.

[13] TPP, p. 184; Shelton Davis, 1983 (p. 6); testimonio de R. Hennesey, en *Masacre de la finca San Francisco*, documentación preparada por el Comité pro-Justicia y Paz, documento núm. 15, México, 3 de marzo de 1982.

[14] La población ladina de los burgos, frecuentemente fiel al gobierno, también se había ido de la región hacia la capital u otras ciudades del interior. Tal fue, por ejemplo, el caso de los ladinos de Todos Santos (PAVA, 1984).

partamento. Ya, como se verá, en agosto-septiembre de 1982, en favor de
la Cruzada del Verbo, grupos importantes de civiles habían abandonado
pacíficamente la guerrilla y se habían alineado bajo la autoridad del ejército. Pero el episodio era discutido y se había desarrollado en una región
remota, sin la presencia de observadores imparciales. Otra cosa serían
las rendiciones de civiles, que ocurrieron pocas semanas después en una
zona cercana a la capital.

Al correr de los meses, el ejército, secundado por las PAC, había acentuado allí la presión sobre grupos de "refugiados internos", quemando
sus viviendas, devastando sus cosechas y "peinando" finamente la región... Antes y después del golpe de Estado del 23 de marzo de 1982
había atacado varios pueblos de San Martín Jilotepeque. Los sobrevivientes, una veintena de grupos de 200 a 300 personas cada uno, fueron
rodeados progresivamente y arrinconados frente al río Motagua. Como
su situación alimentaria y sanitaria era ya intolerable, en octubre varios
miles de ellos se rindieron a las autoridades.

La ofensiva del enemigo, declaró un dirigente del EGP,

> nos pone frente a las tareas de un Estado revolucionario. Es necesario que
> respondamos militarmente y que, a la vez, apliquemos en el lugar toda la
> logística necesaria para la protección y la subsistencia de las poblaciones que
> se nos unen. Por desgracia, aún no podemos hacerlo para decenas de miles
> de personas. Pero movilizaremos la opinión pública internacional para evitar
> lo peor...[15]

Lo cual, en efecto, hizo la organización, reconociendo así el abismo
que había entre sus pretensiones y la realidad. Los observadores extranjeros presentes en los lugares recibieron múltiples testimonios sobre las
exacciones del ejército. A un grupo de 2 500 personas que se presentó
con bandera blanca, el coronel que los recibía declaró: "No tienen que
rendirse. El ejército no está en guerra contra los indios". Pero "los indios
—observaba un periodista norteamericano— no eran de esta opinión.
Decían que la tropa había prendido fuego a sus casas tres veces aquel
mismo año, que muchos no tenían dónde vivir, que la zona había sido
cercada..."[16] También los guerrilleros eran objeto de recriminaciones:

> Sí hemos tenido contacto con ellos. Nos dieron un poco de alimentos, de
> medicinas. Nos dijeron que no podían hacer nada más. Muchos jóvenes se
> quedaron con ellos [...]. Los *muchachos* habían prometido ayudarnos y no lo
> han hecho. Los que no podían llevar el fusil no tenían derecho más que a dis-

[15] Yves Hardy, *"Guatemala: le calvaire des Indies cakchiquel"*, *Le Matin*, 26 de octubre
de 1982.
[16] Julie Preston, citada en *Americas Watch*, 1982, p. 24.

cursos: después del triunfo, tendríamos la propiedad de la tierra... Mientras tanto, nos moríamos de hambre.[17]

Si bien es cierto que "la fuerza de la organización revolucionaria se basa en la 'seguridad' que la organización puede brindar a sus miembros",[18] el EGP demostró su debilidad durante este episodio, en que tuvo que recurrir *in extremis* a la solidaridad internacional, al no poder por sí mismo "alimentar a quienes lo habían alimentado". Los refugiados tenían la sensación de una capitulación.[19]

Las rendiciones de refugiados internos prosiguieron durante el resto del periodo de los gobiernos militares, y duplicaron su intensidad en los primeros años del gobierno de Cerezo. Con o sin el acuerdo de la guerrilla,[20] familias agotadas por meses y años pasados en el límite de la supervivencia volvían a confiar su suerte en manos de los mismos cuyas exacciones los habían condenado a errar así.

BALANCE

De 1981 a 1983, decenas de pueblos y aldeas, en su gran mayoría situados en las comunidades indias, fueron destruidos y masacradas sus poblaciones, parcial o totalmente. Varias decenas de miles de personas perecieron, y centenas de miles fueron desplazadas.[21]

Esas estimaciones son, por necesidad, aproximadas. Habría que tomar en cuenta, en particular, las fluctuaciones de cada categoría durante el periodo. En el paroxismo de la guerra (1982), la Iglesia católica estimaba en un millón y las autoridades en 250 000 el número de los desplazados internos. La verdad se encuentra, sin duda, entre esas dos cifras. El número de víctimas se incrementó mucho con el lanzamiento de la ofensiva militar a fines de 1981. No cayó globalmente tras el golpe de Estado del 23 de marzo de 1982. Los primeros meses del gobierno de Ríos Montt presenciaron una disminución muy considerable de la violencia en la capital y en las zonas de los altiplanos, que el ejército había vuelto a

---

[17] Yves Hardy, *op. cit.*

[18] R. Cabarrús, 1984, p. 195.

[19] *Americas Watch*, 1982, p. 54.

[20] En Alta Verapaz, un grupo se mantuvo en la montaña varios años, blanco de los ataques, a la vez, del ejército y de la guerrilla.

[21] El ejército, que da una cifra de 440 aldeas y pueblos destruidos, hace responsable a la guerrilla. De hecho, la casi totalidad de las matanzas fueron perpetradas por militares o por paramilitares. Por su parte, uno de los principales dirigentes de la guerrilla estima en "más de 35000 muertos" el número de víctimas del conflicto en los años 1981-1983 (*Opinión Política*, núm. 2, p. 11).

dominar. En las zonas de conflicto, las matanzas continuaban de manera más centralizada, bajo la responsabilidad o el control más sistemático del ejército (los escuadrones de la muerte y otras bandas de asesinos cedían el lugar, o eran enrolados en las patrullas de autodefensa civil, muy a menudo igualmente sanguinarias).

El principal teatro de la guerra fue el occidente indígena. La población del Quiché fue la más afectada.[22] En el solo triángulo ixil, una cincuentena de pueblos fue enteramente destruida. El Oriente, sede central de la guerrilla y de la depresión durante los años sesenta, esta vez quedó relativamente a salvo (el departamento menos afectado, Zacapa, es el que más lo había sido en aquella época).

CUADRO IX.1. *Estimación de las personas desplazadas a causa del conflicto*

Refugiados en la capital	250 000 a 300 000
Refugiados en las otras ciudades, los barrios y la costa sur	200 000 a 300 000
Refugiados en las montañas y los bosques (en 1982, en el paroxismo de la ofensiva del ejército)	50 000
Reagrupados en "aldeas modelo" (en 1982-1985) (reconocidos oficialmente: 16 000)	40 000 a 50 000
Refugiados en México (reconocidos oficialmente: 46 000)	100 000
Refugiados en otros países (Belice, Honduras, Estados Unidos, Canadá...)	20 000

LA "NORMALIZACIÓN"

Desde el fin del año de 1982 se mitigó la intensidad del conflicto. Las matanzas se espaciaban, al tiempo que se multiplicaban y se extendían los programas y las técnicas de ayuda y de encuadre ("fusiles y frijoles", "techo, tortilla y trabajo", "plan de asistencia a las áreas en conflicto"). El ejército recuperaba progresivamente el dominio de la casi totalidad del territorio y de la población. Firmeza 83 sucedió a Victoria 82. Cuando remplazó a Ríos Montt, a la cabeza del Estado, su ministro de la Defensa, el general Mejía Víctores, prosiguió y consolidó la misma estrategia antinsurreccional, pero la represión en conjunto se volvió más selectiva, apuntando o bien a familias sospechosas de abrigar a simpatizantes de

[22] En 1983-1984, la Suprema Corte de Guatemala enumeraba allí a 20 000 huérfanos.

la guerrilla o de mantener relaciones con ella, a animadores comunitarios o militantes de organizaciones populares, o bien a hombres que trataban de no ser enrolados en las patrullas civiles, que desobedecían las órdenes o que mostraban poco entusiasmo por ejecutarlas; o bien, a personas denunciadas por motivos sin relación directa con el conflicto (ajustes de cuentas disimulados), etcétera.

En 1984-1985, salvo en las zonas en que la guerrilla seguía activa, el ejército se hacía menos visible y esbozaba un movimiento de reflujo hacia las guarniciones que habían sido reforzadas en los 22 departamentos. Dejaba en los campos unas estructuras de relevo que garantizaran su dominio. La principal, descrita más adelante, se extendió al conjunto de los altiplanos: las PAC también fueron, y aún son (en 1992), donde no han sido desmanteladas o limitadas, un factor de división de las comunidades, de difusión y de perpetuación de la violencia.

Las aldeas modelo han constituido otra técnica de la estrategia antinsurreccional, menos generalizada, limitada a las zonas donde más intenso era el conflicto. Siendo una cincuentena, fueron pobladas por los sobrevivientes de los pueblos y las aldeas destruidos por el ejército, por familias a menudo "recuperadas" de la guerrilla. Esos nuevos *pueblos de reducción*, algunos de los cuales sirven de vitrina ante los observadores extranjeros, fueron dotados de infraestructuras modernas, e ilustran, para las autoridades militares, "un nuevo concepto de asentamientos humanos en las áreas rurales, que se basa en la experiencia obtenida en centros de control y seguridad, al mismo tiempo que proporciona servicios a la población".[23] El gobierno de Mejía Víctores las ha exhibido como componentes de "polos de desarrollo",[24] queriendo significar con ello que a la fase de "reconstrucción" debía añadirse una fase de renovación de la economía en las zonas de guerra. En realidad, ese programa, con un presupuesto exorbitante, pronto se canceló por falta de financiamiento, y se ha quedado inconcluso. El gobierno civil siguió inaugurando algunas "aldeas modelo", pero a fines del decenio las autoridades, incluso las autoridades militares, ya no se oponían a la reconstrucción de las aldeas y de los pueblos de origen ni al retorno a las parcelas cuando la región ya no estaba bajo la influencia de las guerrillas. En ello se conformaban a los deseos y a la tendencia recurrente de la población. Las aldeas modelo no responden a los modelos de hábi-

[23] Declaración de un arquitecto del Banco Nacional de la Vivienda (instituto gubernamental del hábitat), reproducida en IGE, *Guatemala, un nuevo estilo de vida: los polos de desarrollo*, septiembre-octubre de 1984, p. 26.

[24] Cinco "polos de desarrollo" fueron inaugurados oficialmente: Triángulo Ixil y Playa Grande en el norte del Quiché, Chacaj en el norte de Huehuetenango, Chisec en Alta Verapaz, Yanahi en el Petén.

tat, de ocupación del espacio, de funcionamiento económico y de organización social de la sociedad india. El desarrollo sólo es posible sobre la base de una renovación de las dinámicas comunitarias, y no a partir de la imposición de estructuras y de infraestructuras "modernas" que tienen, esencialmente, una función político-militar. Todo indica que los nuevos *pueblos de reducción* guatemaltecos, cuyo número no ha pasado de los límites experimentales,[25] tendrán la misma suerte que los antiguos, volviéndose principalmente centros comerciales, ceremoniales y administrativos, para unas comunidades que retornarán al hábitat disperso, y algunos de cuyos miembros conservarán un pie dentro de las aglomeraciones que no se distinguirán de otros burgos. El proyecto de "reducir" a los indios de Guatemala habrá fracasado una vez más.

En la perspectiva global del proyecto, las patrullas de autodefensa, los pueblos de reducción y los polos de desarrollo debieran quedar insertados en una nueva malla administrativa, proyección sobre la sociedad de la estructura jerárquica, centralizada y autoritaria del ejército. Un sistema de comités de coordinación, presididos por militares debía unir, encabezar y supervisar los diversos organismos gubernamentales y no gubernamentales en los niveles local, municipal, departamental y nacional. En esta pirámide, el gobernador civil estaba colocado bajo la autoridad del comandante de la zona; el alcalde, bajo el comandante del destacamento local y del jefe de *comisionados*... El gobierno demócrata-cristiano se esforzó por neutralizar las instancias cuyo funcionamiento habría quitado todo sentido al restablecimiento de las municipalidades elegidas, el poder del Ejecutivo de nombrar a los gobernadores y otras prerrogativas del poder civil en el marco de la Constitución de 1985.

INCIDENCIAS SOBRE LA ECONOMÍA

La guerra y la "normalización" también tuvieron efectos sobre la economía, pero en grado menor que en El Salvador o en Nicaragua. La economía campesina fue perturbada por la política de tierras quemadas, por los desplazamientos y reagrupamientos de población, por la contracción del mercado, por el enrolamiento en los trabajos de infraestructura y las patrullas de autodefensa... Ahí donde la población masculina ha sido diezmada, las rondas demasiado continuadas afectaban los trabajos agrícolas y eran unas de las principales causas de descontento. Esta comprobación es válida, ante todo, en las zonas y los periodos más con-

[25] Esto está lejos de la escala alcanzada por los *pueblos de reducción* en el siglo XVI, pero también por los poblados estratégicos durante la guerra de Malasia, o por las aldeas de reagrupación de la Guerra de Argelia.

flictivos,[26] especialmente en los llamados "polos de desarrollo" donde, pese a la tendencia del retorno a la dispersión, a muchos campesinos aún se les prohibía a finales de los años ochenta el acceso a las tierras que poco antes habían cultivado.

Pero, en general, desde 1984-1985, la actividad económica se ha reanudado progresivamente en el conjunto del Occidente. Ya se ha mencionado la expansión de los cultivos comerciales nuevos (cardamomo, coles de Bruselas, brócoli, frutas, flores...). Los militares han sido acusados a veces de imponer éstos, en lugar de los cultivos alimentarios tradicionales y de querer extirpar las raíces fundamentales de los "hombres del maíz". En realidad, no ha cesado la producción de maíz y de frijol. Las incitaciones a los cultivos especulativos eran, por cierto, menos un efecto del conflicto que una prolongación de los programas de desarrollo organizados después del terremoto, y concebidos como medios de prevenir la radicalización campesina. La horticultura de exportación se ha desarrollado, sobre todo con el reflujo de la violencia, en los altiplanos cercanos a la capital, y no en las zonas más afectadas por la guerra y más sometidas al control militar. Ha encontrado eco favorable entre muchos campesinos, a quienes asegura un ingreso monetario más cuantioso que los cultivos tradicionales.

Esta diversificación no anula la fragilidad de la agricultura campesina, en la medida en que la hace depender de mercados fluctuantes y de empresas comerciales a las que los productores de los nuevos artículos a menudo están ligados por un contrato. No por ello deja de ser una de las numerosas manifestaciones económicas de las capacidades generales de la sociedad india para resistir a las fuerzas y a los procesos de destrucción, para apropiarse de algunos de sus componentes, para volverlos o para servirse de ellos como escudo contra sus adversarios; para ponerlos al servicio de unas dinámicas de reconstrucción y de desarrollo. Esta estrategia de la ambivalencia, activa en la adopción de los "cultivos nuevos", no está ausente en las conductas ante la "religión nueva": el protestantismo.

---

[26] De todos modos, la guerra tuvo, asimismo, incidencias económicas sobre comunidades de los altiplanos que habían permanecido relativamente al margen: véase el estudio de C. Smith (en R. Carmack, 1988) sobre el declinar de la artesanía en Totonicapán.

X. LA CRUZADA DEL VERBO

> Guatemala tiene predilección por creencias excéntricas [...]. Cuando la Reforma liberal arrojó todas las ataduras del clero, todas ésas vinieron a la superficie y su crecimiento fue fenomenal. Teníamos Ateísmo, Positivismo, Espiritualismo, el Espiritualismo indígena (brujería), y también tenemos representantes de todas nuestras excentricidades de Estados Unidos: Mormonismo, Adventismo, Russelismo, Ingersolismo y lo que ustedes quieran.
>
> EDWARD HAYMAKER*

IMPLANTACIÓN Y EXPANSIÓN DEL PROTESTANTISMO EN GUATEMALA (1882-1982)

Guatemala es el país de América Latina donde más fuerte ha sido el avance del protestantismo en los últimos decenios. Se considera que entre una cuarta parte y un tercio de la población se adhiere hoy a una de las numerosas Iglesias y sectas pertenecientes a las casi 110 diez denominaciones evangélicas presentes en el país.

Este fenómeno tuvo resonancia internacional en 1982, año del centenario del protestantismo guatemalteco, con el ascenso al poder de un "converso": el general Ríos Montt. Éste, mezclando el proselitismo religioso con la propaganda política, trató de lanzar a la corriente evangélica por la "guerra de pacificación" que dirigió con cierto éxito hasta su destitución, en 1983. Este episodio dio lugar a múltiples denuncias, a comentarios frecuentemente unilaterales, respecto a las relaciones en realidad ambiguas y variables entre protestantismo y política en América Latina. Esa resonancia justifica que se preste particular atención al papel y al efecto de las sectas evangélicas en la campaña contrainsurreccional en Guatemala. Antes es necesario hacer un breve panorama de la historia, poco conocida, del protestantismo en este país.

* Misionero presbiteriano en Guatemala a comienzos del siglo.

Protestantismo, liberalismo y penetración norteamericana

La América Central había permanecido cerrada hasta fines del siglo XIX a toda implantación protestante, con excepción de la costa atlántica bajo la influencia británica (misiones moravas en la actual Mosquitia nicaragüense a partir de 1849, grupos de colonos en el territorio del actual Belice).

En Guatemala, el monopolio religioso establecido en la Colonia, no empezó a ceder sino con la Reforma liberal. Barrios decretó la libertad de conciencia y de culto e introdujo la "Reforma" (un misionero presbiteriano estadunidense llegó en 1882). Se trataba, a la vez, de hacer un contrapeso a una Iglesia católica que estaba unida a los conservadores, de luchar contra el "oscurantismo" indígena y de desarrollar nexos con los Estados Unidos. Entonces, el protestantismo apareció como una fuerza del progreso.

El injerto no prendió, de hecho, sino a comienzos del siglo XX, paralelo al desarrollo de los intereses norteamericanos en el país. Las Iglesias (la principal entre ellas es la Misión Centroamericana) que se implantaron en esta época pertenecían a un protestantismo que se manifestaba por un proselitismo celoso, una perspectiva escatológica, una relativa desconfianza a las instituciones y un escaso interés por las obras sociales. Rasgos que, con matices y variantes y a pesar de los procesos de institucionalización y de secularización (creación de escuelas, hospitales, etc.), seguirán siendo dominantes en la historia del protestantismo guatemalteco hasta nuestros días.

El injerto en el medio indígena

En Guatemala, a comienzos de los años veinte, un pastor norteamericano de la Iglesia centroamericana, William Cameron Towsend, concibió y comenzó a experimentar la estrategia misionera que después extendería por otros países y otros continentes, con la creación del *Summer Institute of Linguistics* (en español, Instituto Lingüístico de Verano, ILV), una institución que daba a las Iglesias evangélicas los medios lingüísticos y logísticos para la evangelización de las poblaciones indígenas por todo el mundo (el ILV se instalará oficialmente en Guatemala en 1952).

A partir de los años treinta, en un contexto marcado por los efectos de la crisis mundial y por la dictadura de Ubico, el protestantismo arraigó considerablemente en el medio indígena, sobre todo en su forma pentecostalista. El desarrollo del pentecostalismo guatemalteco, preparado y mantenido por misioneros norteamericanos, se efectuó ante todo y sobre todo en el seno de la sociedad india. Manifestando un proselitismo muy activo y desarrollándose en forma mimética, hizo surgir una plétora de iglesias, cuyos responsables son, hoy, nacionales casi todos (muchos son indígenas).

El componente fundamentalista

Desde comienzos del siglo, el protestantismo en Guatemala recibió la influencia de las comunidades fundamentalistas del sur de los Estados Unidos. Con el tiempo, las asociaciones pioneras se han calmado un poco. El milenio se aleja a medida que se tratan de acercar a él, y con el tiempo, las sectas se institucionalizan convirtiéndose en Iglesias. Pero han surgido nuevas, sea por escisión, sea por importación. En los últimos decenios se han organizado campañas de conversión en masa, por obra de animadores del tipo de Billy Graham o de Luis Palau.

La Iglesia del Verbo apareció en ese contexto de cruzada. En 1970, Jim Durkin, ex pastor establecido en Eureka (California), creó allí una comunidad llamada *Gospel Outreach*. Seis años después, en la confusión causada por el terremoto en Guatemala, que dio ocasión a la llegada en masa de misioneros y al redoblamiento de discursos escatológicos, uno de los miembros fundadores de la secta se dirigió a ese país y puso allí en pie una filial. A ella se unió pronto (1979) el general Efraín Ríos Montt, candidato victorioso pero frustrado de su victoria en las elecciones de 1974.

El 23 de marzo de 1982, en pleno año del "centenario", los autores del golpe de Estado apelaron a Ríos Montt para dirigir la Junta. La Iglesia del Verbo vio en este súbito ascenso de uno de los suyos a la cumbre del Estado, una orden divina. Se esforzó por aprovecharla prolongando la cruzada religiosa hasta el campo político, y en particular, el de la guerra.

LA "SUBVERSIÓN DE LA SUBVERSIÓN"

De los hermanos Lucas al "hermano" Efraín

La zona ixil, como hemos visto, había sido escogida por el EGP para ser uno de los santuarios de la guerrilla. Sus habitantes se encontraron en el centro de una guerra que no había nacido por su iniciativa, pero ante la cual tampoco permanecieron pasivos. Después del ascenso de Ríos Montt al poder, y especialmente al término del plazo de rendición fijado por él a los insurgentes (30 de junio de 1982), la contraofensiva militar se volvió sistemática y eficaz, combinando estrechamente el uso de las

armas, la "acción cívica" y la propaganda religiosa. El país ixil fue la
principal zona de aplicación de una política de represión, de encuadre y
de asistencia lograda con fusiles y machetes, pero también con alimentos, ropa y palabras bíblicas.

Sin duda la utilización del arma alimentaria y del arma religiosa al
servicio de objetivos militares no comenzó con Ríos Montt y la puesta
en acción del "plan de desarrollo y de seguridad nacional"; sin embargo,
la represión lanzada por los hermanos Lucas casi no establecía diferencia entre neocatólicos y protestantes: todos los indios tocados por el
movimiento de conversión eran considerados sospechosos. Los pentecostalistas, representantes de la corriente evangélica más dinámica en el
seno de las comunidades no eran, al parecer, objeto de un trato especial. Decenas de ellos fueron eliminados. La Biblia, a la que se referían
unos y otros, era vista con malos ojos, y los oficiales no hacían muchos
distingos teológicos. La propia represión contribuyó a que incontables
protestantes se acercaran a la guerrilla, de grado o por fuerza, y pese a
su interpretación del mensaje evangélico que habría debido alejarlos de
ella o mantenerse a distancia.

El nuevo gobierno tendió a sustituir esta persecución relativamente
indiscriminada por una táctica de división (algunos han hablado de
"guerra de religión", lo cual es exagerado, a menos que se le interprete
metafóricamente), con fines de recuperación de los estratos intermedios
urbanos, pero también de la población rural, en especial de la población
india. En ciertas comunidades bajo la influencia de la guerrilla, la cruzada que organizaron las sectas fundamentalistas (la prédica dominical
de su animador más notorio, el propio Jefe de Estado, se difundía por
las ondas radiofónicas hasta los rincones más remotos del país) encontró unos relevos "naturales" en el seno de las minorías protestantes
locales.[1]

Tres episodios entre los más decisivos de la guerra en la zona ixil y
entre los más significativos del conjunto del conflicto ilustran las condiciones y los mecanismos de la articulación de la cruzada religiosa con la
campaña militar. Su análisis nos permite interrogarnos sobre las razones y los límites de su eficacia, sobre la importancia respectiva de los
factores endógenos y de los factores exógenos, sobre la parte de iniciativa propia y sobre la de la manipulación político-religiosa, en el comportamiento de ciertos sectores protestantes favorables al ejército.

---

[1] Mientras tanto, aun en este periodo, la represión no perdona por completo a los protestantes: ciertas Iglesias (como la Iglesia metodista unificada) son sospechosas, para los militares, de simpatías hacia los "rebeldes"; algunos pastores son asesinados, declarados
"desaparecidos" o expulsados, y se destruyen templos.

La inversión de Cotzal

Los primeros civiles de la región que tuvieron contacto con la guerrilla a comienzos de los años setenta fueron los habitantes de Cotzal, quienes, al hacerlo, despejaban al EGP el camino que le permitiría movilizar una parte de la población indígena. Unos diez años después, también fue un indio de Cotzal, el pastor Nicolás, encargado de la Iglesia pentecostalista del pueblo, el que abrió la vía en sentido inverso. La comparación de esos hechos es significativa. Las dos fechas delimitan el periodo de progresión del EGP: la segunda señala el comienzo de su decadencia política, aún más que militar. En ambos casos fueron miembros de la guerrilla los que dieron el primer paso, a pesar de que la guerrilla por una parte y el ejército por la otra habían creado las condiciones propicias. El contacto con la guerrilla lo habían establecido neocatólicos; la decisión de pedir la protección del ejército surgió entre los protestantes.

Resumamos los hechos.[2] Después de un ataque del EGP contra la guarnición de Cotzal, el 28 de julio de 1980, el ejército masacró, como represión, a 62 civiles, entre ellos el hermano y el suegro de Nicolás. Cuando el EGP atacó la guarnición por segunda vez, ésta, temiendo que se repitiera lo anterior, ayudó a los soldados a perseguir a los insurgentes. La fecha, 19 de enero de 1982, tiene cierto interés: mediante esta acción y otras del mismo tipo, el EGP conmemoraba diez años de lucha. No sabía que, al hacerlo, iba a provocar una reacción que le sería funesta.

Habiendo experimentado en forma directa y dolorosa la incapacidad de los insurgentes para proteger a la población ("la guerrilla sólo provoca al ejército y luego los guerrilleros se van"), el pastor había tomado su decisión con el único objetivo de salvar a aquéllos, entre los suyos, que aún no habían sido arrastrados por el conflicto. Sin duda, no se hacía ilusiones sobre sus propias oportunidades de supervivencia.[3] Tampoco se las hacía sobre el ejército, del que afirmaba que había masacrado a millares de personas en su municipio y que amenazaba con "acabar con Cotzal". En efecto, la política de destrucción se prolongó en los meses siguientes. Al llegar a la zona, llevando en mano una lista de 29 poblados, un promotor de las cooperativas descubrió que 26 de ellos ya no existían.[4] El ejército consideraba miembro o simpatizante de la guerrilla a toda persona que no se refugiara en el pueblo. La neutralidad era imposible. La colaboración de Nicolás y de algunos de sus co-

---

[2] Véase David Stoll, 1985, p. 96 y ss. Las declaraciones del pastor Nicolás, reproducidas en lo que sigue del texto, se tomaron de ese documento.

[3] Será asesinado en marzo de 1983, pocas semanas después de haber sido nombrado jefe de la patrulla civil que él había ayudado a formar un año antes.

[4] S. Davis, 1983, p. 8.

rreligionarios dio lugar a la formación de las primeras patrullas de auto-defensa civil en la zona ixil.

"Mash" en Nebaj

En julio de 1982, Nebaj se convirtió en el centro de una agitación de col-mena. Un vaivén de helicópteros transportaba municiones y militares, pero también dentistas, misioneros y lingüistas. Uno de éstos, especia-lista en ixil en el seno del ILV, redactó un relato detallado[5] que evoca la película *Mash*, con la única reserva de que está totalmente desprovisto de humorismo (cierto que las circunstancias no se prestaban mucho). Ahí, el pueblo aparece como una especie de campamento apartado, des-de donde los militares dirigían sus operaciones en la zona ixil y luego al norte, hacia la frontera mexicana. La guerrilla estaba muy activa en los campos circundantes y hasta los aledaños del pueblo, al que, en oca-siones, le cortaba la electricidad o las vías de comunicación con el resto del país, y cuya población (que había crecido considerablemente) atra-vesaba por graves problemas de alimentación y de salud.

Mientras que unos enviados de la *Gospel Outreach* llegados espe-cialmente de California proceden a arrancar los dientes a todos, a su alrededor los militares se agitan, apilando cadáveres de "guerrilleros", que luego son arrojados a una cañada. El episodio inspira al lingüista este comentario: en lugar de arrancar los dientes a todos, habría sido pre-ferible atender los que eran recuperables, pero eso habría requerido mucho más tiempo; asimismo, algunos quieren exterminar a todos los indios para terminar cuanto antes con los problemas de la región; mejor valdría enmarcarlos, alimentarlos, vestirlos y cuidarlos para separarlos de la guerrilla, y ponerlos en el buen camino (en esta perspectiva, el re-presentante del ILV exigió y obtuvo el remplazo del comandante en el puesto de Nebaj, por un oficial menos sanguinario).

Los "cruzados del Verbo" se relevan con las autoridades evangélicas locales (de la decena de asociaciones por entonces en actividad, la Iglesia metodista es la mejor arraigada). Su "clientela" está compuesta, en primer lugar, por personas necesitadas: un artesano sin empleo, una mujer cuyo hijo tiene cáncer, un hombre con grandes deudas, una pareja cuyas hijas (una de ellas de 13 años) están aterrorizadas ante la perspectiva de vol-

---

[5] Las citas en las páginas que siguen fueron tomadas de una copia del original en inglés, de la relación de Ray Elliot (una supuesta versión española fue publicada en IGE, núm. 13, enero de 1983). R. Elliot tiene una fórmula agradable para evocar las circunstan-cias de su retorno a Nebaj: "El viaje al que fuimos convidados, Helen y yo, era el resultado de cierto número de trámites y de factores reunidos por el Señor".

verse prostitutas al servicio de los militares; un alcohólico, ancianos y jóvenes reducidos a la mendicidad... También se dirigen a jóvenes que manifiestan la firme voluntad de "salir del paso" (un estudiante de medicina en la ciudad de Guatemala, el habitante de un poblado situado a seis horas de camino del pueblo y que ha terminado sus cursos por correspondencia para ser enfermero, etc.). La penetración del protestantismo se basa a la vez en la dependencia y en la disgregación de la sociedad indígena, y en un deseo de emancipación que puede ser individual, pero que las más de las veces no rompe las relaciones de parentesco, de vecindad y de comunidad.

Salquil: la rendición de los dos mil

Entre los motivos de preocupación del misionero lingüista del ILV figuraban, en buen lugar, los protestantes de Salquil (municipio de Nebaj), plaza fuerte del EGP. Al acentuarse la presión militar, la población de ese pueblo exclusivamente indígena se había encontrado entre dos fuegos. Las represalias de ambos bandos habían dejado víctimas civiles. En mayo, después de descubrir un escondite de la guerrilla, el ejército había degollado a 29 adeptos de la Iglesia de Pentecostés, hombres, mujeres y niños, del pueblo de Tu Chabuc, y luego había destruido el pueblo de Salquil. En junio, el EGP ejecutaba a cuatro pentecostalistas del pueblo de Tu Jolom por haber rellenado las trampas que había excavado cerca de su capilla. El 3 de agosto, el pastor de la Iglesia pentecostalista de Salquil, artesano que antes había colaborado con la guerrilla (uno de sus hermanos formaba parte de ella), salía del pueblo de noche, rumbo a Aguacatán, con más de 200 compañeros, e invocando la oferta de amnistía se colocaba bajo la protección del ejército. En septiembre, éste lograba persuadir a cerca de otras dos mil personas de ese paraje a que hicieran lo mismo y las instalaba en un campamento en las cercanías del pueblo de Nebaj. Antes de desplazarlos, los militares habían exhortado a los aldeanos a defenderse contra los guerrilleros, calificados de bandidos, de "delincuentes subversivos", de comunistas que, según afirmaban, "no pueden vivir sin vuestra ayuda obtenida por la fuerza".[6] Signo del cambio: también ellos invocaban a Dios y la Biblia.

Centenas de personas desplazadas lo fueron, sin duda, contra su voluntad, o se plegaron a las órdenes del ejército porque no podían hacer otra cosa. No por ello deja de ser cierto que las del primer grupo tomaron su decisión de manera relativamente autónoma, corriendo riesgos ante la guerrilla. El propio segundo grupo fue preparado a dar el paso desde el in-

---

[6] Según un registro de los discursos pronunciados durante el mitin.

terior por aldeanos cansados del conflicto.[7] La eficacia de la Cruzada del Verbo no se explica en términos de simple imposición o manipulación: encuentra un eco en el seno de la población porque corresponde a una aspiración y suscita o coincide con iniciativas locales. También contribuyó a ello el comportamiento de la guerrilla. Las "ejecuciones" de Tu Jolom, por ejemplo, figuran entre esos "errores" de la guerrilla que se han vuelto contra ella. El pastor indígena de Salquil declaró que los guerrilleros los habían decepcionado al no cumplir sus promesas de "alimentar a quienes los habían alimentado, procurarles armas para defenderse contra el ejército, y ganar la guerra antes de las elecciones de marzo de 1982".[8]

Las matanzas, el Verbo y los dólares

La eficacia de la nueva estrategia del poder militar se debía, en buena parte, a su ambivalencia; al hecho de tocar en dos teclados: por una parte, las declaraciones y las acciones ofensivas en dirección de los "subversivos" (concepto deliberadamente impreciso y vasto); por otra parte, la mano tendida, la oferta de amnistía, la ayuda alimentaria. El resultado fue, efectivamente, una progresiva disminución del recurso a las formas más crueles de la guerra para la población civil.

Ciertos discursos ambiguos de Ríos Montt (que estilaba, más o menos voluntariamente, una retórica muy confusa), o de uno u otro de sus más cercanos consejeros, se utilizaron para imponer en el extranjero la imagen de un gobierno "genocida". Sin embargo, ese punto de vista, en general, no es compartido por las poblaciones directamente afectadas. En muchas regiones de los altiplanos se reconoce que ese gobierno puso fin al periodo más negro, aquél en que la violencia se ejercía tanto por los militares como por bandas de asesinos locales, habitualmente ladinos deseosos "de acabar con los indios". Cierto es —de esto hemos visto ya numerosos ejemplos— que las matanzas con tendencias racistas no cesaron con el ascenso al poder del adepto del Verbo. Sin embargo, puede afirmarse que las nuevas autoridades, topando a veces con la resistencia de comandantes que practicaban una guerra de exterminio, han tratado de centralizar y de institucionalizar la violencia, inscribirla en un marco más estrictamente político-militar: las matanzas colectivas eran perpetradas ahora casi exclusivamente por el ejército o por las patrullas civiles obedeciendo directamente órdenes, y tendían a quedar circunscritas a las zonas disputadas por la guerrilla; de ahí su casi des-

[7] R. Falla, El hambre..., p. 862.
[8] D. Stoll, 1983.

aparición en el altiplano central, su retirada a la periferia y su disminución progresiva; a medida que la población pasaba del dominio de la guerrilla al del ejército, la estrategia del terror generalizado se volvía "menos necesaria", y los proyectos y programas de enmarque y de reconstrucción podían entrar al relevo de las prácticas de destrucción.

Los cambios de actitud y los desplazamientos de población fueron recibidos con entusiasmo por los promotores de la Cruzada del Verbo. Daban credibilidad a la política que ellos mismos habían contribuido a definir, y que consistía en proponer a los habitantes de las zonas bajo la influencia de la guerrilla una posibilidad de separarse de ésta sin correr hacia una muerte probable, "recuperarlos" en lugar de exterminarlos, devolverles la confianza en el ejército, "humanizando" a éste. De todas maneras, tanto sus detractores como sus partidarios han exagerado a veces la amplitud y la eficacia de esta cruzada en la puesta en acción y el éxito relativo de la variante estratégica. El "vasto movimiento" de ayuda suscitado entre las Iglesias evangélicas en los Estados Unidos no dio los resultados previstos, y la divina lluvia de dólares no pasó de ser una promesa sin mañana.[9] La acción de asociaciones-relevo Fundación para Ayuda a los Pueblos Indígenas (FUNDAPI), circunscrita a la zona ixil, tuvo sus sinsabores y se disgregó rápidamente. En términos materiales y cuantitativos, la aportación de la corriente fundamentalista a la campaña contrainsurreccional fue marginal, si no insignificante. Pero ésta no es la única manera, ni la más pertinente, de evaluar su participación.

Su impacto fue, ante todo, político y religioso, político-religioso. Si no hicieron llover dólares, si sólo contribuyeron a mejorar poco las condiciones de los refugiados, los pastores que descendían de los helicópteros o de furgones del ejército servían de prenda del cambio proclamado por el poder, y facilitaron así la recuperación de la población. Como pago, al presentarse en calidad de garantes de una vida a salvo, atrajeron hacia ellos a fracciones importantes de esta población. En las zonas que el go-

---

[9] Dejándose llevar por su énfasis habitual, Ríos Montt había declarado que esta búsqueda permitiría reunir mil millones de dólares (D. Stoll, 1985, p. 103). Otra información precisa la promesa de la *Gospel Outreach* de reunir 20 millones de dólares (*New York Times*, 18 de julio de 1982).

La suma de mil millones de dólares equivale al monto de tres años de programa internacional de ayuda a Camboya, que fue —en dólares gastados por persona— uno de los programas de ese tipo más importantes jamás organizados en el mundo (W. Shawcross, 1985, p. 354). La población de ese país es comparable a la de Guatemala, pero los desastres y, en particular, los desplazamientos de población ocasionados por el régimen de Pol Pot y la guerra no tenían ninguna medida común con los engendrados por el conflicto guatemalteco.

En 1985, la ayuda alimentaria total enviada a Guatemala (principales aportadores: Programa Alimentario Mundial y la USAID) fue evaluada en 35 millones de dólares. Aun incluyendo todas las aportaciones, cualesquiera que fuesen su procedencia y sus beneficiarios, se estaba lejos, pues, de las delirantes promesas de Ríos Montt hechas tres años antes.

bierno presentó como "polos de desarrollo", el principal desarrollo (con el de los caminos de penetración) fue el de las sectas.

COMUNIDADES, BRECHAS RELIGIOSAS Y DISENSIONES POLÍTICAS

Traducción política de una separación religiosa

Hubo, sin duda, protestantes en el bando de los insurgentes. Mario Payeras se hace eco de la recepción favorable (hasta entusiasta, según él) que dieron a la guerrilla los evangélicos del norte del Quiché antes de que la represión se abatiera sobre la zona. Y el que fue uno de los principales animadores del CUC en Santa Cruz del Quiché sostiene que *todos* los pentecostalistas del municipio se encontraban en el movimiento al lado de los neocatólicos.[10] Los lazos comunitarios condicionan las movilizaciones políticas y religiosas y pesan más que las motivaciones ideológicas. Ni la represión ni la Cruzada del Verbo bastaron para quebrantar las solidaridades locales: así, en 1982, católicos y protestantes de una aldea de San Martín Jilotepeque huían juntos ante el ejército, que masacró a muchos; uno de los sobrevivientes, evangélico, comparaba a Ríos Montt con los falsos profetas de la Biblia y con el Anticristo.[11]

Sigue siendo pertinente esta pregunta: ¿cómo es posible que en el seno de las comunidades indias fueran más a menudo los líderes y los grupos protestantes (particularmente los pentecostalistas) los que tomaran la iniciativa de ponerse del lado del ejército? ¿Por qué razones este cambio de actitud ante la guerrilla fue obra, al principio, de minorías evangélicas?

Hay que ver en esto, en primer lugar, el resultado de la Cruzada del Verbo. En una situación en que pertenecer a un agrupamiento evangélico era considerado por las autoridades como una norma de separación entre indios buenos e indios malos, el hecho de declararse protestante o de convertirse al protestantismo respondía a un principio de supervivencia. Los llamados a la unión eran lanzados por los *creyentes*, en dirección del primer jefe de sus *hermanos*, naturalmente dispuestos a prestarle oído, en especial cuando el llamado emanaba de la autoridad política superior. El remplazo de una actitud agresiva hacia la religión por el empleo punzante de un discurso religioso y moralizador contra un enemigo acusado de comunismo y de ateísmo, era tanto más capaz de encontrar eco entre los evangelistas cuanto que despertaba rivalidad, resentimientos y rencores contra los neocatólicos.

[10] Domingo Hernández Ixcoy, 1984, pp. 297 y 321. También se recuerda que el único líder indígena en la guerrilla de los años sesenta era un pastor protestante.
[11] Tribunal Permanente de los Pueblos, p. 204.

Los puntos de disputa se agudizaron con ciertos errores del movimiento revolucionario. Los indígenas que ejercían responsabilidades en el seno del EGP o del CUC, habían salido en su mayor parte de la corriente neocatólica, y no siempre ocultaban su desconfianza o su hostilidad hacia los adeptos de las sectas. Por el juego de una lógica de oposición, una separación de naturaleza principalmente religiosa se había transformado así en división política. Desde la época de Lucas García, el poder militar, al repetir incansablemente la ecuación *catequista = comunista*, contribuyó fuertemente a esa transmutación. Con Ríos Montt, hizo el empleo deliberado y sistemático de una potencialidad que hasta entonces podía ser neutralizada por la fuerza de la pertenencia comunitaria, de las redes de parentesco y de vecindad, por la similitud de los procesos de conversión y de las condiciones socioeconómicas, por la identidad de la condición india.

Ética protestante, disciplina guerrillera y comunidad india

La diferencia podía nacer o alimentarse de las diferencias entre las prácticas económicas de los protestantes y el modelo de sociedad que preconizaban los guerrilleros. Así, el pastor pentecostalista de Salquil, artesano de oficio y que al parecer vivía en condiciones relativamente desahogadas, se adaptaba mal a la "vida comunitaria regida por los responsables revolucionarios de la aldea y llevada a cabo en los tiempos de guerra, con disciplina fuerte y con un espíritu de igualdad económica al que él no estaba ya acostumbrado".[12] En otros términos, éste, ganado por el individualismo protestante y el espíritu del capitalismo, se había vuelto inepto para el "comunismo de guerra" en el cual los revolucionarios deseaban modelar la vida comunitaria.

Esta observación merece algunos comentarios: *1)* El discurso revolucionario confunde el principio de igualdad con un *igualitarismo* económico. En realidad, la comunidad india presenta diferenciaciones y desigualdades que no impiden —a veces, todo lo contrario— los nexos de solidaridad ni el reconocimiento de una igualdad fundamental de todos los miembros de la comunidad (todo indio es un "hermano"); *2)* Si la conversión al protestantismo se ha traducido, más frecuentemente sin duda que la conversión al neocatolicismo, en unos comportamientos que se pueden calificar de individualistas o de oportunistas, también pudo dar lugar en ciertos casos a la definición de una nueva ética comunitaria y a la formación de una nueva identidad india. Por lo demás, el pastor de Salquil no "deserta" solo, sino que trata de sustraer del domi-

[12] R. Falla, *El hambre...*, p. 862.

nio de la guerrilla al conjunto de su comunidad, por encima del simple grupo de sus correligionarios.

La interpretación militante, mientras quiere marcar la proximidad, permite subrayar a la vez la distancia y la incompatibilidad entre la comunidad india "civil" y la "comunidad armada": la primera está siempre en busca de un consenso que se establezca por medio de mecanismos internos de resolución de conflictos; la segunda excluye ese tipo de funcionamiento democrático y lo remplaza por el autoritarismo, el verticalismo y el igualitarismo: unos responsables designados por la organización extracomunitaria ordenan a una base de la que exigen disciplina y rechazo de todas las singularidades.

El apoliticismo como actitud política

Pero la alineación de los *creyentes* con el poder, si se inscribe en la perspectiva de una competencia religiosa con los catequistas y deriva divergencias con los revolucionarios en cuanto al modelo y a las prácticas socioeconómicas, también remite a una concepción diferente de lo político. Cualesquiera que fuesen sus similitudes, por otra parte, la conversión al neocatolicismo y la conversión a formas sectarias del protestantismo tendían a evolucionar, en el medio guatemalteco de los últimos decenios, hacia direcciones políticas opuestas: de la reacción a la revolución en el primer caso; del apoyo a las reformas al apoliticismo y al anticomunismo, en el segundo.

Un estudio de las relaciones entre el protestantismo y el poder en la América Latina revelaría la heterogeneidad sin duda tan grande como en el caso del catolicismo. Ateniéndonos a los pentecostalistas, Carlos Garma Navarro ha analizado el caso de un poblado mexicano en que éstos son, junto con una minoría católica, los animadores de una oposición al poder mestizo, que ha llegado a apoderarse de la municipalidad.[13] El estudio debiera tener en cuenta que el pentecostalismo es dependiente de un feudo; que es una red de Iglesias y no una Iglesia estructurada según el modelo piramidal. Por tanto, debiera tomar en consideración las especificidades locales, los diversos conceptos históricos, los sistemas de oposiciones complejas y fluctuantes y, particularmente cuando se trata de sociedades indias, la fuerza de las estructuras y de las dinámicas capaces de resistir a la desintegración de la comunidad tradicional por esa corriente o de incorporarla y utilizarla, con el objetivo de reconstruir la comunidad o de constituir una nueva.

[13] Carlos Garma Navarro, enero-marzo de 1984.

La diversidad y las variaciones observables no debieran hacer imposible, empero, la elaboración de un "tipo ideal" del protestantismo sectario o fundamentalista cuya relación con la política sería un elemento de definición y ante el cual las verdaderas sectas se encontrarían en la misma posición que las diversas Iglesias y sectas protestantes clásicas, en relación con la ética protestante en la obra de Max Weber. Varios lineamientos serían:

1. El respeto al orden y la sumisión a las autoridades. El rechazo de la política por los fieles persuadidos de la vanidad de las cosas de este mundo y de la inminencia de su fin se conjuga armoniosamente con los discursos y las prácticas de regímenes autoritarios que niegan a la población el derecho a decidir su destino, el acceso a la ciudadanía plena y cabal. Este afán de situarse fuera de la esfera política da lugar, a veces, a declaraciones paradójicas, como la de ese pastor ladino según la cual, aunque el ejército haya cometido matanzas, no se le podría culpar, pues era simplemente el instrumento de Satanás y, por tanto, no se le puede considerar responsable de sus acciones.[14]

2. La aceptación del propio destino. Mientras que el catolicismo, y particularmente el catolicismo latinoamericano, se ve llevado a la exaltación del sacrificio, del martirio, la ética protestante es, más bien, una ética profesional, del deber cotidiano: se trata de hacer lo que haya que hacer sin rebelarse. Es más importante vivir la cotidianidad en el lugar propio, que sacrificar la vida por una causa política o religiosa. Este rasgo aleja a los adeptos de las sectas evangélicas de una ideología revolucionaria que mezcla elementos de marxismo y de catolicismo y que se distingue por el culto al heroísmo y a los mártires.

LOS PROTESTANTES, LA PROTESTA Y EL PODER

La inclinación de los protestantes hacia las ideas y las corrientes de izquierda encuentra numerosas ilustraciones históricas, sobre todo en Europa, donde la disidencia religiosa a menudo se ha expresado en disidencia política, o se ha articulado a ella. Como en ese caso descrito por Eric Hobsbawm:

> En condiciones como las que prevalecen en la Italia meridional, es virtualmente imposible para un hereje en religión no ser igualmente un aliado de los movimientos anticlericales, y no tener simpatías revolucionarias. No se puede hacer ninguna distinción clara entre el campesino socialista o comunista y el que solamente pertenece a una secta [...]. Varios protestantes hasta

[14] Investigación (1983) de K. Duncan, documento mimeografiado.

son militantes comunistas y se conocen diversos ejemplos de Testigos de Jehová elegidos secretarios de sindicatos locales o, lo que resulta aún más embarazoso para los dirigentes del partido en los niveles superiores, secretarios de células del Partido.[15]

En Guatemala, como en el resto de América Latina, la introducción del protestantismo ha gozado del apoyo o de la benevolencia de gobiernos de ideología liberal, interesados en combatir la hegemonía de una Iglesia católica autoritaria y conservadora; que las ideas liberales estuviesen ligadas a un régimen dictatorial, oligárquico y norteamericanófilo (Barrios) o, por lo contrario, a un régimen democrático, con clase media y nacionalista (Arévalo y Arbenz). En cambio, los protestantes han tendido a apoyar esas experiencias de reformas políticas, pero también hicieron buena pareja con la dictadura ultraconservadora de Estrada Cabrera que, cierto es, se atribuía la ideología liberal. En el caso de Ubico, en el mantenimiento de esta última referencia se daban aires aún más caricaturescos e irreales, y sus susceptibilidades antinorteamericanas, al no poder traducirse en el plano económico, se limitaron a oponerse a la penetración de las Iglesias protestantes; sin embargo, Ubico aceptó la llegada de misioneros pentecostalistas. A semejanza, también, de lo que ha ocurrido en muchos países de la América Latina, el pentecostalismo guatemalteco ha mantenido buenas relaciones con los regímenes dictatoriales: aparte del de Ubico, con los de la época reciente, desde Ydígoras Fuentes hasta Ríos Montt.

Vemos así que, en su conjunto, el protestantismo guatemalteco ha dado pruebas de conformismo político. Sus orígenes norteamericanos y su componente fundamentalista han contribuido mucho a ello. El apoyo moderado al gobierno de Arbenz nos induce a matizar esa comprobación, pero no la contradice. Sin embargo, es lícito imaginar que el desarrollo del pentecostalismo en el medio indígena, paralelo al renacimiento neocatólico, habría podido desembocar en un "protestantismo de protesta" como al que se refiere Hobsbawm. Algunos esbozos de evolución en ese sentido eran perceptibles en el mismo sitio, en las comunidades, en relación con la radicalización de la vertiente católica del movimiento de emancipación india. Pero los efectos de la imbricación y de las solidaridades comunitarias eran contrarrestados por los de la competencia y de las rivalidades religiosas: disputando a los neocatólicos una misma "clientela", los evangélicos tendían, naturalmente, a separarse de ellos.

El golpe maestro de Ríos Montt consistió en movilizar, en una perspectiva y en un contexto que daban la espalda a la antigua ideología li-

[15] E. Hobsbawm, 1966, pp. 88 y (sobre el pentecostalismo) 90.

beral, el conformismo liberal del protestantismo guatemalteco y las potencialidades políticas de una división religiosa en el seno de la sociedad
india. La Cruzada del Verbo combinó la propensión de los evangélicos a
alinearse con el poder, con el pretexto del apoliticismo y su recurso esencial, la oposición al catolicismo, tanto más eficazmente porque éste ya
se presentaba en forma de un rechazo radical del poder.

RÍOS MONTT O EL DESPECHO GUATEMALTECO (RETRATO)

La trayectoria de Ríos Montt es la de una ambición frustrada y tenaz
en una sociedad jerárquica, discriminatoria y brutal.

Efraín nació en 1926 en una familia ladina, católica, estricta y virtuosa (12 hijos), de la capital de un departamento indio en 90%: ahí
mismo (Huehuetenango) donde serán perpetradas las peores matanzas durante su breve paso por el poder en 1982-1983. La muerte
de un hermano mayor lo coloca en situación de primogénito, condición en cierto modo usurpada, pero el muchacho exaltado, rígido y
autoritario, ve ahí la voluntad de Dios y el signo de su destino. Él será
general. Un hermano menor será obispo. En suma, el Rojo y el Negro,
o bien una ilustración de los arquetipos hispánicos que se encuentran
en el fundamento de la historia ladina de Guatemala: el sanguinario
conquistador Pedro de Alvarado y el religioso pacificador Bartolomé
de las Casas. Pero las vías de Dios son, como se sabe, sinuosas y
llenas de acechanzas. Cuando el adolescente "sube" a la capital en
autobús, y toca a la fortaleza, irrisoria y falsamente militar que hace
las veces de escuela de formación de oficiales (la Escuela Politécnica), la puerta se cierra: ¡rechazado por astigmatismo! Que no quede
ahí; con el corazón lleno de ira, cerrando los puños, se inscribe como
simple soldado: cosa insólita en un país en que la tropa está integrada
casi exclusivamente por indios. Su futura mujer queda muy sorpren-
dida: "Ese muchacho chapudito —observa ella para disipar las pre-
venciones de su madre— no es indígena, es ladino". Y las declaraciones de amor del joven se adelantan a las prédicas que más tarde
le darán notoriedad: "Amada de mi alma, mírame, escúchame y en-
tiéndeme. En Dios hay fe. Rosas de fe es nuestro amor. Y estando
llenos de amor estamos con Dios por la eternidad".[16]

La "Revolución guatemalteca" (1944) es la de las clases medias.
Concede el desquite a Ríos Montt y le permite integrarse a la academia militar. Pero fue en 1972 cuando vería verdaderamente realiza-

---

[16] Las citas incluidas en este retrato fueron tomadas del libro apologético de Anfuso y
Sczepanski, 1984.

do el sueño de su vida: fue nombrado general y, pocos meses después, jefe del Estado Mayor de las fuerzas armadas. Los políticos comenzaron a cortejarlo; la oposición (demócrata-cristianos y socialdemócratas) nombra candidato a este oficial "que no es como los demás".

Las dificultades llegan junto con los honores. Ya a la cabeza del ejército, había caído —según su propia versión— en una trampa tendida por terratenientes para hacerlo responsable de una matanza de campesinos indios en Sansirisay, en Oriente. El golpe más fuerte es la negativa de sus compañeros a reconocer su victoria en las elecciones de 1974, y su decisión de enviarlo a España como agregado militar. Ríos Montt rechaza los llamados de sus aliados políticos a la rebelión, y cumple órdenes, sintiendo la muerte en el alma. Su mujer, que ya se veía primera dama, se aburre en el exilio, no soporta la necesidad de lavar ella misma los platos en un pequeño departamento madrileño. ("Aquí estoy, yo, la esposa del hombre que ganó la presidencia de su país, haciendo lo que más detesto.") Al cabo de cuatro años, acaban por hacer las maletas.

A su retorno al país, en 1978, Ríos Montt, por intermediación de un ex compañero de armas, se pone en contacto con hombres de negocios, cuadros y miembros de las profesiones liberales que se reúnen para "estudiar la Biblia" a iniciativa de misioneros de la secta norteamericana *Gospel Outreach*, establecida en Guatemala dos años antes, aprovechando el terremoto. Estos últimos pronto ven el partido que podrían sacar de este hombre amargado y acicateado por la sed de poder y aislado ("Nosotros no queremos tu terreno, Efraín —replican a una proposición de ayudarlos con una parcela, o de construirles un edificio—, nosotros te queremos a ti. Dios te ha dado dones y habilidades especiales que Él quiere que tú uses para Sus propósitos. Él logra esto uniéndote a otros. Y de esa unidad y compromiso saldrá el trabajo que glorificará a Dios. Hasta que tú comprendas el pacto que tú tienes con nosotros como tus hermanos en Cristo, los dones que Dios te ha dado no podrán desarrollarse ni ser usados completamente"). Ríos Montt recuerda entonces a su abuela, miembro de una de las Iglesias que habían propagado el protestantismo en Guatemala a principios del siglo, y acepta adherirse a la Iglesia del Verbo. Conforme a una práctica habitual en las sectas, los responsables someten al general a pruebas humillantes, como la de barrer sus locales. Su mujer ya no puede más: "Yo ya estoy cansada de empezar siempre desde abajo. ¿Por qué no podemos empezar alguna vez desde arriba?"

Paciencia. Los designios de Dios dan un giro inesperado el 23 de marzo de 1982, cuando unos oficiales levantados contra el clan militar en el poder, corrompido y sanguinario, llaman al ex director de la escuela militar de quien, al parecer, ignoran que ahora anima la escuela de una pequeña secta evangélica. Los Estados Unidos creen haber encontrado al equivalente guatemalteco de Ramón Magsaysay, líder filipino, "honrado y carismático", que utilizaron para acabar con la insurrección de los huks (1949-1953). La semejanza es grande: en ambos casos, consejeros norteamericanos rodean con sus cuidados una fuerte energía, hasta entonces contenida y subempleada, y tratan de servirse de ella para reformar el ejército y la policía, para poner fin a las formas más manifiestas del fraude, de la corrupción y de la arbitrariedad que socavaban el régimen, en tal forma que recuperen la confianza perdida de la población; en ambos casos, los campesinos deben elegir: rendición, amnistía y colaboración con las autoridades, o aplicación de la mano dura; y la estrategia da buenos dividendos: la rebelión, separada de sus bases, se ve reducida a grupos aislados y perseguidos.

Ríos Montt ha obtenido una victoria decisiva sobre una guerrilla ya maltratada por los golpes que le había asestado el general Benedicto Lucas en los últimos meses del gobierno de su hermano. Desde entonces, Ríos Montt es, más aún que los hermanos Lucas, la *bestia negra* de los revolucionarios que no le perdonan haber consumado su fracaso volviendo contra ellos sus propias armas y, en particular, apelando a los sentimientos morales y religiosos profundamente arraigados en los mayas guatemaltecos.

Con la ayuda de los "sabios" de su Iglesia del Verbo, éste se ha esforzado por modificar la estrategia antinsurreccional. Lo que estaba en juego se vuelve, más sistemáticamente, el control de la población. El ejército, a fuerza de ocupación y de destrucción, también opera como instrumento de encuadre (patrullas de autodefensa civil, "aldeas modelo"...) y, con el tiempo, de integración. Se trata de cerrar el capítulo de la "guerra sucia" en que las autoridades atizaban y protegían a bandas de asesinos; de acabar con una espiral del terror que se volvía contra sus propios agentes y amenazaba con anular toda posibilidad de vida civilizada. La violencia no termina, pero el nuevo poder afirma su vocación de monopolizarla y de administrarla por vías más oficiales (tribunales especiales, etc). Sin embargo, el ejército nunca se plegó por completo a ese designio. Ríos Montt elude las acusaciones por medio de paradojas y de piruetas: "Quiero pedirles perdón porque yo soy el responsable de todo lo que pasa y lo que permito que pase. Pero escúchenme. [...] ¿Qué puedo hacer con un sargento segundo que no entiende mis órdenes de no matar y para que sepa que existe un procedimiento legal que debe seguirse?"

El afán proclamado de centralización y de "humanización" del conflicto encuentra un eco favorable en las ciudades pero también en las regiones más pobladas del altiplano. En muchas comunidades indias se recuerda hoy que la violencia loca e indiscriminada se alejó con el ascenso de Ríos Montt y se da poco crédito a la campaña de sus adversarios, que lo presentan como un fanático sediento de sangre católica.

Llevado por su resentimiento y por su fuego moralizador ("Yo no miento, no robo, no cometo abusos"), el general-predicador amenaza con llevar a su gobierno a bandazos y deslices populistas: al mismo tiempo que uno de sus consejeros pronuncia frases agresivamente realistas, él se presenta como protector de los indígenas, que "son la mayoría, deberían ser quienes gobernaran Guatemala, no sus esclavos", se vuelve el apóstol de una confusa "guatemalidad", despide y regaña a los políticos, desafía al Papa y da lecciones de moral y de "sociología" a Reagan. Pero, sobre todo —error fatal—, pone en marcha un proyecto de reforma fiscal y deja planear la posibilidad de una reforma agraria. Ese "cristiano renacido" decididamente no es confiable (en 1984, en ciertos folletos se le comparaba con Lenin; ahora, sus enemigos lo llaman "dios Montt" o el "Ayatola") y al cabo de un año, sus tutores se ponen de acuerdo para destituirlo. Habiendo prestado el servicio pedido, se le dan las gracias.

Su hostilidad a los oligarcas, a los partidos y a la Iglesia católica, sus sentimientos ambivalentes para con el alto mando militar y los gobiernos norteamericanos alejados del pietismo original de la "nación modelo" pueden llegar a poner en peligro los mecanismos y las formas de la dominación y de la dependencia. Por ello, pese a su relativa popularidad, el "hermano Efraín", siempre impaciente por ocupar el lugar del hermano mayor, y sublimando ese deseo culpable que se convierte en certidumbre de ser llamado por Dios, encontró las mayores dificultades y en este punto fracasó en su tentativa de recuperar el poder y calmar así su frustración.[17]

[17] Después de una larga vacilación, la candidatura de Ríos Montt a las elecciones presidenciales de 1990 finalmente fue rechazada por las autoridades competentes. El importante apoyo de que se beneficiaba entre la población fue a parar, al menos parcialmente, a Serrano Elías, evangélico también él, y que había sido presidente del Consejo de Estado, en el gobierno de Ríos Montt.

CUARTA PARTE
RAZONES Y SINRAZONES DE LA VIOLENCIA

La historia de los mayas de Guatemala está salpicada de conflictos múltiples, entre los grupos étnicos (cacicazgos o casi Estados) antes de la Conquista, entre comunidades hasta nuestros días (pero en formas borrosas desde la segunda mitad del siglo XIX) y en el seno de las comunidades. Sobre todo, está dominada por dos traumatismos de singular violencia —la Conquista en el siglo XVI y la Reforma liberal—, ligados ambos a la Historia mundial y a la formación de la nación guatemalteca, a la imposición de una dominación extranjera (española en un caso, norteamericana en el otro) y de una dominación interna (la "patria criolla" en el primer caso, el "poder ladino" y sus dictaduras "liberales" en el segundo).

La violencia afloraba constantemente en las relaciones entre ladinos, y las relaciones entre éstos y los indios eran esencialmente relaciones de fuerza. Y si bien no es mi propósito ilustrar la tesis según la cual "en todo tiempo la violencia ha sido un medio de la cultura política de Guatemala",[1] no cabe duda de que al menos desde 1954, y con particular intensidad desde los años sesenta, la vida política guatemalteca tendió a confundirse con el ejercicio de la violencia. "Respirábamos la violencia, podíamos sentirla en la atmósfera, condicionaba nuestro comportamiento", pudo decir Vinicio Cerezo, evocando aquel periodo negro de la historia del país.[2] Hasta la segunda mitad de los años setenta, las comunidades indígenas, que nunca han sido autárquicas ni igualitarias ni armoniosas, se mantenían, empero, al margen de esta cultura política de la violencia. Desde hacía algunos decenios, en los altiplanos reinaba una paz relativa. Patzicía (1944) había sido la última manifestación de una larga y repetitiva serie de rebeliones, frecuentemente brutales y desesperadas, siempre ahogadas en sangre.

Ya hemos visto cómo se desgarró la paz. La irrupción de la violencia política moderna en el seno de la sociedad india plantea, empero, muchas otras preguntas, como la de sus articulaciones con las violencias simbólicas ligadas al racismo, pero también al movimiento de emancipación de las creencias tradicionales (la participación de *costumbristas* en numerosas matanzas de *catequistas*, ¿no puede ser interpretada como reacción a la desintegración o a la amenaza de desintegración de la tradición?). Me limitaré aquí, sobre la base de un análisis mejor documentado de la matanza, a una breve incursión en uno de esos territorios aún inexplorados en los estudios sobre Guatemala y, en general, poco estudiados cuando se trata de guerras de este fin de siglo, en que la connotación "étnica" es, sin embargo, frecuentemente esencial. Sin ser de la misma naturaleza ni de la misma dimensión que el terror ejercido directa o indirectamente por el poder, la "voluntad de violencia" de la guerrilla en sus relaciones con las comunidades también presenta una cara oscura.

---

[1] Villagrán de León, citado en *Le Monde*, 25 de abril de 1986.
[2] En Carmack, 1988, p. 35.

XI. MÁS ALLÁ DE LAS PALABRAS

Los dioses humillados desvían la mirada y olvidan a los hombres. Hay ahora un gran silencio, un enorme vacío, como si la deflagración de la violencia hubiese agotado de un solo golpe todas las fuerzas de la tierra

J. M. G. LE CLÉZIO

No va a estar la gente más, ya no se van a oír las palabras [...]. Qué lástima —dicen— que ya no va a haber quien diga las cosas.

Unos testigos de la matanza de San Francisco*

¿POR QUÉ esta violencia extremada? ¿Por qué esas matanzas de poblaciones civiles? A estos cuestionamientos se les han dado varias respuestas que van desde los orígenes y las causas del conflicto hasta las funciones de la represión. ¿Son suficientes? Tratar de dar razón de lo "irracional", esforzarse por avanzar en la comprensión de las zonas de sombra son las tareas siempre inconclusas que, a pesar de todo, hay que continuar sin caer en la trampa de las racionalizaciones, evitando el hecho de postular que la realidad existe a cualquier precio y es totalmente racionalizable.

LA MATANZA DE SAN FRANCISCO[1]

El sábado 17 de julio de 1982, a finales de la mañana, el ejército irrumpió en el pequeño pueblo de San Francisco, del municipio de Nentón, al

* Véase C. Navarrete, 1988.

[1] Este capítulo se basa en un abundante expediente completado por una investigación personal. Los documentos son los siguientes:

—Comité pro-Justicia y Paz de Guatemala, *Masacre de la finca San Francisco*, México, 3 de octubre de 1982, 236 pp.

—R. Falla, *Masacre de la finca San Francisco, Huehuetenango, Guatemala (17 de julio de 1982)*, IWGIA, Copenhague, septiembre de 1983, 117 pp.

—R. Falla, "Genocidio en Guatemala", en *Tribunal Permanente de los Pueblos, Sesión Guatemala*, IEPALA, Madrid, 1984, pp. 177-237.

—Cultural Survival and Anthropology Resource Center, *Voices of the survivors. The massacre at the finca San Francisco, Guatemala*, Cambridge, USA, septiembre de 1983, 106 pp.

norte del departamento de Huehuetenango, no lejos de la frontera con México. Los habitantes (varias decenas de familias, indias todas) eran peones *(mozos colonos)* de un dominio de unas 1 300 hectáreas de tierras accidentadas, dedicado principalmente a la cría de ganado (el hato contaba con cerca de un millar de cabezas). El propietario, coronel retirado desde hacía unos veinte años y que vivía en la capital, había adquirido esta finca en 1947. Desde hacía varios meses se abstenía de ir allí. La guerrilla (EGP) se desplazaba por la región con relativa libertad. En diciembre de 1981 había prendido fuego a la casa del amo *(casa de hacienda)*. Por la misma época, había ejecutado al administrador de una gran propiedad vecina, la hacienda de Chaculá.

En junio de 1982, en el marco de una operación de propaganda del nuevo gobierno, el ejército había visitado la finca San Francisco, como muchas otras localidades del norte de Huehuetenango, prometiendo amnistía y ayuda económica a quienes aceptaran ponerse bajo su protección, y amenazando con represalias a los que siguieran colaborando con la guerrilla. Al regresar, el 17 de julio, los soldados agruparon a las mujeres y a los niños en la capilla, y a los hombres en la alcaldía auxiliar, saquearon y prendieron fuego a las casas (simples chozas) y masacraron a más de 300 personas. Cinco hombres lograron huir y refugiarse al otro lado de la frontera mexicana.[2]

LA HIPÓTESIS ECONÓMICA

Conflictos de tierras

En los años setenta y ochenta, la tesis según la cual el ejército guatemalteco actúa como brazo armado de la oligarquía ha encontrado sus mejores ejemplos en las tierras de colonización de la Franja Transversal del Norte. En esta zona sometida a la presión de las migraciones campesinas y a la explotación petrolera, los terratenientes, como hemos visto, con frecuencia eran militares o ex militares que en ese lugar habían adquirido dominios durante los últimos decenios. Los litigios por tierras eran frecuentes, y los colonos vivían temerosos de ser desposeídos de

---

—Survival International, *Witness to genocide. The present situation of Indians in Guatemala*, Londres, 1983, 45 pp. Versión en francés: *Guatemala*, Survival International (Francia), París, 1983.

—Sylvain Dupuis, *Juillet noir au Guatémala*, manuscrito, 1982, 10 pp.

—Sylvain Dupuis, "Les Indiens du Guatémala, entre l'enfet et le paradis", *Journal de la Société des Américanistes*, París, Musée de l'Homme, tomo 69, 1983.

[2] Aparte de las cinco personas que escaparon de la matanza, unos 40 habitantes de Yulaurel lograron refugiarse en México.

sus parcelas por los grandes terratenientes, por dependencias gubernamentales, por compañías de explotación maderera, por los ricos mineros o petroleros.

La finca San Francisco estaba situada, en la prolongación montañosa de esta región de tierras bajas, al oeste del Ixcán. Sin embargo, nada permite pensar que la matanza haya tenido por origen un conflicto de tierras. Todo parece indicar que los peones mantenían con el propietario relaciones de estilo paternalista clásico. En 1955, el coronel había intercedido ante el gobierno de Castillo Armas, con quien mantenía nexos de amistad, para que les fuese atribuido a "sus" protegidos un dominio en Yulaurel, entre la finca y la frontera con México (las escrituras definitivas les habían sido otorgadas por la INTA en los años setenta). "Nosotros estamos de acuerdo con el patrón", afirman con insistencia los sobrevivientes.[3]

Robo de ganado

El propietario acusa a los religiosos y religiosas *maryknolls* de haber sido los primeros en tratar de desestabilizar el orden paternalista y clientelista en la región. El norte de Huehuetenango ya había sido tocado, aunque marginalmente, por la modernización. La región es una de las menos accesibles del país, pero los cambios que habían marcado el periodo en el conjunto de los altiplanos se habían dejado sentir también allí (Acción Católica, penetración protestante, escolarización, innovaciones agrícolas, desarrollo del comercio, de las vías de comunicación y de los medios informativos).[4] Las "ideas nuevas" se habían infiltrado hasta San Francisco, pero los verdaderos conflictos surgieron con la aparición de nuevos actores: "Cuando vienen esos cabrones entonces ya salen muy dificultad". ¿Quiénes son? ¿Guerrilleros o ladrones de ganado? La distinción no parece evidente a todos los interesados: "Aquel tiempo cuando pasaron los guerrilleros a quemar ese, ese casa grande. Ellos vinieron a robar tantos ganados", dice uno de ellos, pronto interrumpido por uno de sus compañeros. En cierta ocasión, los peones se opusieron al robo del ganado de la finca, uniéndolo con el suyo. La propia guerrilla pudo instituir una disciplina; no por ello dejó de abastecerse, contra un pago, con el rebaño de San Francisco, así como con los otros rebaños de la región. Esto bastaba para atraer sobre la población las sospechas de un ejército que, en ocasiones, se abastecía de ese mismo ganado.

---

[3] R. Falla, 1983. En lo que sigue del capítulo, las citas sin llamado de nota fueron tomadas de este documento.

[4] Véase Cultural Survival, 1983; S. Davis, 1986; C. Navarrete, 1988.

DEL CONTROL DE RECURSOS AL CONTROL DEL TERRITORIO
DE LAS POBLACIONES: LA HIPÓTESIS ESTRATÉGICA

Cualquiera que sea su peso, los componentes económicos del conflicto deben ser restituidos a la perspectiva de una lucha por el poder, de la que hemos visto bien en el caso presente que no es una lucha por el poder local, sino que pasa por el dominio del territorio y de las poblaciones en la escala local. La guerrilla elimina propietarios (tres ejecuciones en la zona, en febrero de 1981) y administradores de fincas; no procede a hacer redistribuciones de tierras. El ejército no perdona ni a las autoridades civiles oficiales ni a sus propios intermediarios (comisionado militar, patrulla de autodefensa).

En la variedad de las múltiples figuras de la articulación de un conflicto nacional con los conflictos locales, San Francisco se aproxima al caso límite en que los segundos son producidos por la irrupción de actores políticos nacionales en el escenario local. El propietario, el regidor (un indígena), las autoridades del pueblo, y los colonos, son protagonistas secundarios de los acontecimientos. La masacre es producto de un proceso en ocasión del cual dos fuerzas exteriores y "superiores" se enfrentan para imponer su ley. Más allá de su dimensión simplemente alimentaria, la cuestión del ganado ilustra esta situación: o bien los campesinos se someten a la legalidad oficial y respetan el derecho de propiedad del patrón, que el ejército pretende defender, o bien se adhieren al "orden revolucionario" predicado por la guerrilla, y que implica la expropiación de los bienes del patrón. Según el cura de la parroquia a la que se encuentra anexa la finca, el comportamiento de los habitantes es gobernado por el afán de protegerse y de sobrevivir, más allá de un conflicto en el que no toman parte activa:

> El administrador se esforzó por mantener unidas a sus gentes en los momentos de mayor dificultad con la guerrilla, hasta tal grado que en una ocasión estuvieron a punto de matarlo. Cuando el ejército se retiró de la zona, él escogió la única actitud posible, la misma que adoptaron muchos franceses para salvar su familia durante la ocupación alemana. Aprovisionó a las dos fuerzas contrarias cuando de ello dependía la vida de su gente. Yo mismo no tenía para ellos otra respuesta, sabiendo que por lo menos los líderes morirían si los guerrilleros se enteraban de que habían solicitado la ayuda del ejército. Se trata de un caso clásico en que los inocentes se ven en la imposibilidad de escapar de la injusticia de una u otra de las fuerzas armadas que se enfrentan. La hijita de Francisco, de unos ocho años, tenía los ojos más bonitos de toda la región.[5]

[5] Comité pro-Justicia y Paz, 1982, documento núm. 15.

En resumen, y cualquiera que pudiese ser el grado de complicidad de las gentes de San Francisco con la guerrilla, los métodos de ésta en la región, por aquella época, eran cuando menos autoritarios. Por su parte, el ejército se había lanzado a una operación tendiente a invertir la relación de fuerzas, a recuperar el dominio sobre la población y a aislar a los guerrilleros. Utilizando diversos medios: la zanahoria y el garrote, las promesas y las amenazas, los discursos y la violencia. No habiendo logrado localizar un campamento de rebeldes en las montañas vecinas, se vengó contra los habitantes de la finca. ¿Se limitó a buscar el contacto, el enfrentamiento con el enemigo? Sus acciones no tenían por objeto tanto destruir éste como quitarle sus bases de aprovisionamiento y de apoyo.[6]

Pero, se dirá, ¿por qué aniquilar a los civiles, cuando el objetivo era dominarlos? Una matanza como la de San Francisco tenía, sin ninguna duda, función de intimidación. Contribuía a la creación de un *no man's land (zona de fuego libre)* en una región en que habría sido demasiado costoso mantener una presencia militar permanente y cerrada. En los días y las semanas que siguieron, 9 000 personas abandonaron los pueblos y las aldeas vecinos y se refugiaron en México; los que se quedaron fueron reagrupados bajo control militar. Los guerrilleros se veían así condenados a errar sobre un territorio carente de su población u obligados a retirarse a zonas escasamente accesibles y poco habitadas. Esta política de "tierra quemada" respondía asimismo al deseo de las autoridades de establecer un cordón sanitario a lo largo de la frontera, con el fin de privar a la guerrilla de un refugio (se consideraba que Chiapas, estado mexicano, desempeñaba ese papel). La técnica del "pisotón al hormiguero" tendría por objetivo y por efecto separar a los insurgentes de su base social en el interior, y de una base de retaguardia en el exterior. Esta hipótesis estratégica concuerda con los testimonios de los sobrevivientes: no cabe duda, a sus ojos, de que el ejército trata de alcanzar indirectamente la guerrilla, y lo esencial de su defensa consiste en privarla de toda colaboración.

La percepción de una lógica de terror tras los comportamientos de los soldados, ¿suprime su aberración y su monstruosidad?

> ¡¡¡Cómo fueron ésos a ordenar el gobierno sin delito matar mujeres, chamaquitos!!! ¡Cómo! Si es cierto subversivo está buscando, ¿cuántos armas entregan esos patojos? ¿Cuántos armas entregan esas mujeres? Por eso, tenemos cólera. ¿Y cómo está eso? El gobierno mero loco. No más está mandando su ejército a matar sin delito. A saber qué es...

[6] En San Francisco, como durante la mayoría de esas matanzas, el ejército no se limitó a exterminar a la población; arrasó las habitaciones, destruyó las cosechas y mató al ganado.

Es tenue la distancia entre racionalidad e irracionalidad. En este intersticio reside todo el horror de un acontecimiento que, tanto para el observador como para las víctimas, conserva un carácter radicalmente escandaloso.[7]

EL EXCESO

Algunos hechos no parecen embonar bien en las interpretaciones funcionales.[8] ¿Por qué esta obstinación en no dejar testigos, si el efecto buscado es la fuga de los habitantes de los poblados vecinos? ¿Por qué matar dos días después a las mujeres y a los niños que, precisamente, trataban de huir a México?[9] Pensemos en otras situaciones: "Paradójicamente, los nazis, como querían deshacerse de los judíos, les impedían huir. Los guardaban para poder matarlos, despreciando toda racionalidad estratégica o económica".[10] ¿Por qué antes de proceder a la matanza separar a los hombres de las mujeres y de los niños, práctica que recuerda aquellos mismos hechos?

Según los sobrevivientes, los soldados estaban como locos. La manera en que sacrificaban a ciertos niños y ancianos y su insensibilidad —durante la matanza comen, cantan y ríen— son monstruosas. Las protestas de inocencia formuladas repetidas veces por las víctimas no son tan sólo argumento de defensa; subrayan la absoluta inmoralidad de los verdugos; su injusticia radical: "No dicen, 'Así está la delito, así comprobación'. ¡Nadie hizo! Saber qué pasó eso. Ninguno está sindicando, 'aquí está el delito uno, aquí está otro'. Nadie que está diciendo. Nada más que lo matan. Nada más". Matan por matar, comenta R. Falla, quien también él descubre en aquel comportamiento unos elementos que superan todas las "explicaciones extrínsecas".[11] Presenciamos así un desencadenamiento de positiva barbarie:

[7] También el propietario confiesa su incomprensión: "Esa matanza no tenía ninguna razón de ser" (conversación personal, marzo de 1989).

[8] En contra de lo que da a entender cierto discurso militante (CUC, *La nueva situación*, julio de 1984), reconocer un exceso no equivale a negar la funcionalidad de un acto o de una conducta.

[9] Las personas que escaparon de la matanza sin que los notara el ejército son los que avisaron a la población de los otros pueblos, antes que los militares irrumpieran allí.

[10] Catherine David, "Shoah. La mémoire lonque", *Le Nouvel Observateur*, 26 de abril-2 de mayo de 1985.

[11] "Y nos parece que las explicaciones extrínsecas, como que el ejército entrena a sus kaibiles a matar o que el imperialismo es asesino, etc., no son tampoco explicaciones suficientes, porque en el fondo en ellas se plantea la pregunta de la presencia del mal en el mundo" (R. Falla, 1983, p. 39). Esta última formulación postula una potencia del mal en acción en las acciones del ejército y del "imperialismo". Por su parte, los sobrevivientes no recurren a esas categorías; en sus declaraciones no hay ninguna mención a Satanás o al imperialismo ni, por tanto, el esbozo de un paralelo entre ambos; los actores y los respon-

¿Ya están loco será (el ejército)? Un señor que acaban de matar, está parado el cabrón soldado, así está mirando (hacia abajo). Ya está muerto el pobre señor. Cuando se embrocó otra vez encima de ese el muerto, entonces aquí pues (gesto de abrirle el estómago), así se ha abierto. Le sacaron el corazón. [...]

Primeramente por mi vista bueno lo miré ya como está echando babosadas. ¿Se lo comieron o llevaron en su maleta? No sé. Tengo cólera y me senté.

¿Un retorno de lo reprimido en los rituales precolombinos?[12] ¿Producto del entrenamiento de las tropas especiales (los *kaibiles*) y de soldados en general, en comportamientos sádicos? Elementos dispersos en testimonios concernientes a otras matanzas tienden a apoyar esta última hipótesis.[13] ¿O combinación de las dos, las prácticas guerreras que reactualizan unas conductas rituales, arcaicas y macabras, con el fin de despertar unos temores igualmente ancestrales? El recurso de los militares a lo imaginario en la perspectiva de una seudoestrategia del espanto no parece dudoso. Pero la materialidad de los hechos no se ha establecido por completo, y la hipótesis del resurgimiento de un comportamiento ritual sigue siendo extremadamente tenue. El principal narrador, un "anciano" que, aunque convertido al neocatolicismo, sigue impregnado de su cultura maya, lejos de sugerir esta dimensión no ve en las acciones de los soldados más que manifestaciones bestiales ("son animales"). Lejos de evocar las prácticas simbólicas, se caracterizan, a sus ojos, por la pérdida de toda referencia moral y religiosa; dan prueba de que se ha borrado la distinción entre el bien y el mal, entre la culpa y la inocencia, la falta del temor al castigo divino, cosas todas ellas inconcebibles para él. El comportamiento de los soldados escapa de las normas de toda sociedad humana. Como lo observa Falla: "Uno de los aspectos que conforma la incredibilidad del acontecimiento para los que lo presencian es que humanos sean capaces de cometer actos bestiales". *A fortiori*, tratándose de miembros de la comunidad india: "¿Por qué los mismos hermanos vienen a matarnos?" Pregunta más angustiosa acaso que todas las demás.

sables aparecen ahí más inmediatos y más concretos: los militares, el gobierno, "los ricos"... y la pregunta realmente sin respuesta es más ética que política o teológica: ¿cómo sus semejantes, "hermanos" y unas autoridades que se atribuyen el peso de la ley son capaces de tales actos inhumanos?

[12] El antropólogo R. Falla sugiere la existencia de esta dimensión ritual: "Las matanzas duran varias horas. No se hacen por puro furor. Es, un poco, como un rito. El paroxismo simbólico ayuda a continuar" (conversación personal, mayo de 1984). Por su parte, el propietario evoca, a propósito de la extracción del corazón, las prácticas rituales chuj (lo que corresponde a un estereotipo corriente en la representación ladina del indio en Guatemala). Señalemos, por otra parte, que durante la matanza de Uchuracay, en el Perú (enero de 1983), también se habló de asesinatos rituales y de conductas antropofágicas.

[13] Por ejemplo *en* Tribunal Permanente de los Pueblos, 1984, p. 223.

LEVANTAR A INDIOS CONTRA INDIOS

Todas las víctimas eran indígenas. Los autores de la matanza también lo eran en su gran mayoría. Soldados reclutados en comunidades cercanas, pero de lenguas diferentes de la [chuj] que hablan los habitantes de San Francisco.[14] No cabe duda de que actuaron obedeciendo órdenes. La tropa estaba al mando de un oficial ladino. En esta operación puede verse una aplicación de la estrategia de la sociedad india de la que ya hemos evocado otros ejemplos.

El hecho de que ciertos elementos del ejército y de la policía, y sobre todo de los escuadrones de la muerte, recurran a prácticas que destruyen los fundamentos de toda sociabilidad es habitual en el ámbito ladino desde hace decenios. Lo nuevo es su utilización en masa y sistemática en el medio indio. En los años sesenta, el terror ya había sido uno de los medios principales de la campaña antinsurreccional en el Oriente; pero si la tropa también allí estaba compuesta por indígenas, los regimientos de élite y las milicias especialmente encargadas de aplicar esta política estaban formados por ladinos. Y también las víctimas eran esencialmente ladinos.

San Francisco no es un caso aislado. Aun si la guerrilla fue un factor de división, especialmente en el norte de Huehuetenango, aun si allí se hizo responsable de ejecuciones y de otras exacciones que no recibían la aprobación del conjunto de la población, fueron los militares los que erigieron como estrategia la práctica de llevar a indios a torturar y a masacrar a otros indios; de hacer de los unos los torturadores de sus hermanos.

"Ya no hay paz. Ya no hay paz, enteramente", exclama el principal narrador de los acontecimientos en el momento en que nota que los soldados desenfrenados también son indios. La coexistencia —a veces conflictiva, pero sin otra violencia que la esporádica y común— entre comunidades en el seno de comunidades, la fraternidad entre indígenas, el sentimiento de pertenecer a la misma comunidad extensa: todo ello parece haber volado en pedazos bajo el efecto de la guerra.

REDUCIR, DESTRUIR

"Nosotros estamos levantando nuestro conocimiento de trabajar nosotros. Pero ahora pues no quiere él [el gobierno], por eso nos estaban ma-

[14] Hay aquí una diferencia esencial entre la mayor parte de las matanzas cometidas en el marco de la guerra guatemalteca y, por ejemplo, las matanzas de Oradour-sur-Glane o de My Lai, que presentan, por lo demás, numerosos rasgos similares.

tando", afirma uno de los supervivientes. La emancipación india es insoportable para un poder fundado en la discriminación racial. De ahí esta reacción, cuya rabia y violencia desbordan las categorías de la simple racionalidad económica o militar. El poder ladino no se limita a conjurar la amenaza: se venga de su miedo. Trata de "reducir" a los indios a lo que siempre ha considerado que eran y que ellos no quieren ser: subhombres *(indios, inditos, naturales)...* o destruirlos.

Tal vez hayamos llegado al meollo mismo de lo inexplicado: esta rabia racista que estalla sin otra forma de proceso, que no se interesa por la culpabilidad o la inocencia de las víctimas, a la que no bastan para explicar las categorías de una pura lógica funcional, que depende tanto de pulsiones como de estrategias. Pero, se dirá, ¿cómo hablar de racismo cuando los verdugos son indios, tanto como las víctimas que sólo están separados de ellas por la pertenencia a comunidades vecinas y por tenues barreras lingüísticas? R. Falla ve en el empleo de soldados reclutados en el seno del campesinado indígena para masacrar a familias de campesinos indígenas una técnica tendiente a atenuar o a escamotear la lucha de clases y el conflicto indio-ladino, así como un procedimiento que permite a las autoridades defenderse de las acusaciones de genocidio. "Pero no se sabe qué cosa es una violación más profunda de la dignidad del hombre, si eliminarlo o convertirlo en bestia." Añadamos que se encuentra precisamente en la "lógica" racista de combinar los dos. Muchos son, en la historia —incluso en la historia europea reciente— los casos en que el racista no se contenta con matar a su "adversario", sino que antes intenta humillarlo, envilecerlo. Tomar a los verdugos de entre las víctimas para que después esos verdugos puedan sufrir la misma suerte que sus víctimas ha sido uno de los refinamientos preferidos de muchos responsables de exterminios colectivos. El ejército guatemalteco convirtió en sistema la humillación de sus propios soldados indígenas y no vaciló en liquidar a los soldados y, más a menudo, a los milicianos a los que antes había obligado a perpetrar las matanzas. Los ejecutantes de la carnicería de San Francisco tal vez no hayan sufrido esta suerte.[15] No por eso son los actos que se les obligó a cometer menos degradantes para ellos que para sus víctimas. Dejan en la sociedad india una profunda herida. ¿No era éste, más o menos confusamente, uno de los objetivos que se buscaban?

[15] Tampoco se conoce el destino reservado a los responsables. Las autoridades siempre se han negado a rendir cuentas a propósito de esa matanza, como de todas las demás. Durante largo tiempo se limitaron a negar los hechos. Cuando eso ya no fue posible, los que rodeaban a Ríos Montt afirmaron que se había ordenado una investigación y que el jefe del Estado no podía ejercer un control directo sobre todos los militares (Antuso y Sczepanski, 1984, pp. 148-149). Nunca se han conocido los resultados de la eventual investigación ni las consecuencias que habría podido tener.

Este esfuerzo por tratar de comprender lo que para unos depende de categorías comunes y que para otros conservará siempre un núcleo de incomprensibilidad, puede parecer irrisorio. En efecto, lo es, en relación con el sufrimiento de las víctimas y con el dolor de los sobrevivientes. Ya es tiempo, ahora, de dejar lugar a este dolor y al silencio: *"Estoy llorando mi corazón toda la vida"*.

XII. "UNA MAÑANA EN QUE CANTABAN MUCHOS PÁJAROS"
Ejecuciones, exacciones, responsabilidad de la guerrilla

Acaban ustedes de enumerar las fuerzas de que disponen; el funcionalismo, el sentimentalismo, constituyen, en efecto, un cimiento excelente; pero hay algo mejor: empujen a cuatro miembros de su grupo a matar al quinto, so pretexto de que es un soplón; en cuanto hayan derramado la sangre, quedarán atados. Se volverán sus esclavos; ya no se atreverán a rebelarse ni a exigir cuentas.

STAVROGUIN, en *Los poseídos* de Dostoievski

Lo fusilamos en abril, una mañana en que cantaban muchos pájaros [...]. Probablemente, a partir de ese momento, todos fuimos mejores.

MARIO PAYERAS

LAS EJECUCIONES SUMARIAS

Uno de los actos por los cuales el grupo pionero del EGP forjó su cohesión interna fue el asesinato de uno de sus miembros, muy en los comienzos de la guerrilla: "Lo fusilamos en abril, una mañana en que cantaban muchos pájaros [...]. Al volver a nuestros puestos, un silencio significativo se hizo en el campamento. La guerrilla había alcanzado la madurez. Probablemente, a partir de entonces todos fuimos mejores".[1] Esta "pureza" y esta solidaridad adquiridas y selladas por la sangre, son las de los terroristas. De una organización de la que éste es el primer paso a los hechos se puede esperar que haga de las ejecuciones sumarias un método de acción corriente. Tal ha sido el caso.

Esta primera ejecución había quedado como algo interno, a lo que no se dio ninguna publicidad. La siguieron otras "liquidaciones": "Por su traición muchos compañeros han perdido la vida".[2] La propia guerrilla

[1] M. Payeras, 1980, pp. 51-52.
[2] Una "combatiente" citada por N. Andersen, 1983, p. 34.

ha reivindicado esta manera de "hacer justicia" *(ajusticiamientos)*, y uno de sus hagiógrafos se ha vuelto su defensor en estos términos:

> Mi amigo Soren, aunque simpatiza con la revolución, me comunica que le gustarían métodos menos sangrientos que el ajusticiamiento de los enemigos del pueblo. Este deseo, por delicado y humano que suene, no toma en cuenta al enemigo que no entiende más que el lenguaje de las armas. Mientras tiene el poder impera el reino de la muerte. Tortura, mutila y asesina a niños y mujeres, ancianos y compañeros. Después de la victoria los métodos pueden cambiar así como han cambiado en Nicaragua. Pero la generosidad con el enemigo en el poder no sería otra cosa que el apoyo al torturador, al asesino.[3]

El EGP siempre ha pretendido reservar ese método a "enemigos" o a "traidores". El guerrillero ejecutado por sus compañeros al comienzo del movimiento lo fue como "traidor potencial", categoría peligrosamente elástica. El "tigre del Ixcán" había sido condenado en tanto que gran propietario, explotador de la mano de obra y colaborador activo del régimen. Simbolizaba sin ambigüedad al enemigo de clase y al enemigo político tal como los definía la organización guerrillera. Otros muchos grandes propietarios, así como un número limitado de hombres de negocios o funcionarios guatemaltecos o norteamericanos, fueron ejecutados por motivos similares. Otra categoría especialmente castigada fue la de los comisarios militares. Pero el concepto de enemigo de clase no siempre es fácil de delimitar. En una ocasión, el EGP creyó necesario defenderse, con argumentos detallados, de la acusación de extender las ejecuciones sumarias a personas respetadas por la población y cuya colaboración con el régimen no se había probado con certidumbre, no era activa o no bastaba para justificar esta sanción radical. El caso merece una mayor atención.

VIOLENCIA REVOLUCIONARIA Y AUTORIDAD
CONSUETUDINARIA (LA EJECUCIÓN DE UN "PADRINO" IXIL)

La propia guerrilla subraya la importancia y la gravedad de esta ejecución:

> Sebastián Guzmán era principal de principales, el primero, el más grande entre los principales que son la autoridad, en los que se concentra la esencia de la tradición, la cultura, la fuerza étnica y las costumbres mayas, y sobre cuyas espaldas recae la vida y el futuro de la comunidad.[4]

[3] *Ibid.*, pp. 70-71.
[4] EGP, *Lecturas y testimonios núm. 1: Sebastián Guzmán: principal de principales*, Méxi-

Pa Shap'o —tal era su nombre ixil— tenía la presencia, la inteligencia y la experiencia de un jefe habitual en torno a quien se había articulado la historia de la comunidad indígena de Nebaj desde hacía decenios. ¿Por qué haberlo eliminado? En los términos del EGP, se trató de la ejecución de un líder "traidor a su etnia" y explotador de sus hermanos.

Los antecedentes de este episodio se remontan a 1895, año en que se estableció en Nebaj el primer ladino: don Isaías Palacios, proveniente de Aguacatán, fue a la vez profesor, secretario municipal, boticario... Dejó en el lugar una numerosa descendencia antes de penetrar en el bosque, del lado de la Zona Reina. Después de él, se establecieron en Nebaj algunos españoles llegados de Cuba en el momento de la Independencia y mexicanos que huían de la Revolución mexicana... Esos no indios monopolizaron el poder local y la representación del poder central: fueron alcaldes, intermediarios de las autoridades y de los partidos, comerciantes, usureros, contratistas, terratenientes... Sus relaciones con las autoridades eran tan pronto conflictivas como de alianza. En el decenio de los años treinta, Pa Shap'o comenzó a sobresalir como intermediario entre su comunidad y las autoridades gubernamentales. Al principio, en ocasión de conflictos de tierras entre indios de Nebaj e indios de Chiantla. También figuraba a la cabeza de las delegaciones que se dirigieron a Ubico para pedirle una exención o cierta flexibilidad del reglamento de trabajo forzado para los nebajeños. La negativa del presidente se encontró en el origen del levantamiento de 1936, duramente reprimido. Pa Shap'o salvó la vida gracias, dice el EGP, a sus relaciones con las autoridades de Santa Cruz del Quiché. Desde esa época fue ascendiendo por los diversos escalones de la jerarquía civil-religiosa del sistema consuetudinario hasta llegar a ser *principal*. Obtuvo así la doble legitimación, interna y externa, anexa a la autoridad actual.

Hasta entonces no había nada que no fuese muy clásico. La mayor parte de los "ancianos" siguieron la misma trayectoria o una similar. Pero su riqueza y su poder los debía Sebastián Guzmán, sobre todo, a su función de contratista, de enganchador de mano de obra para las plantaciones de la región o de la costa sur. Como hemos visto, la zona ixil es gran aportadora de mano de obra para las cosechas. Tal es su principal riqueza. La casi totalidad de las familias participa en las migraciones de temporada. En Nebaj, puede nombrarse a una treintena de contratistas. Sebastián Guzmán figuraba entre los más poderosos. También era propietario de camiones, de un molino de nixtamal y de varios terrenos. Aliado al ladino más eminente de la región, el gran

co, 1982. Las citas sin llamado de nota en las páginas que siguen fueron tomadas de ese documento.

propietario y representante del Partido Revolucionario (centro-derecha), Enrique Brol, ejercía gran influencia sobre la vida política local. Según la guerrilla, el notable ladino ayudaba al cacique indio a enriquecerse utilizándolo al servicio de su propio poder, como conseguidor de mano de obra y de clientela política. De todos modos, debe observarse que cuando el hijo de Pa Shap'o se volvió alcalde en 1974, con el apoyo de su padre y de otros ancianos, fue a expensas del partido de la extrema derecha (el MLN), por medio del cual los ladinos habían ejercido hasta entonces su poder sobre los asuntos municipales. Él cesó al secretario de la alcaldía, un ladino que ocupaba el puesto desde hacía dos decenios, y tomó otras medidas favorables a la comunidad india.[5]

Pa Shap'o se había hecho notar, asimismo, como resuelto adversario de los misioneros católicos, sin oponerse, empero, a la introducción de ciertos elementos de modernidad en la sociedad indígena (una de sus hijas fue de las primeras mujeres ixiles en recibir título de maestra).[6] En la descripción que de él hace la guerrilla, ese *compadre* (aunque se negó a casarse por la iglesia, era el padrino de bautizo de más de 600 niños) aparece como un verdadero "padrino" a la manera siciliana. Nombraba a los encargados de los puestos civil-religiosos. Disponía de una pléyade de sirvientes y se alió a familias ladinas por matrimonio de dos de sus hijos. Ningún indígena podía obtener un empleo ni tratar un asunto con las autoridades locales, regionales o nacionales, si no era por su intermediación:

> Su despacho: dos ventanas hacia la calle, siempre cerradas, cortinas oscuras, tres divanes gastados de terciopelo, dos máquinas de escribir, un secretario silencioso, luz artificial siempre. En este despacho, único en la etnia ixil, se cuecen las intrigas y trampas, los expolios, las denuncias, los contratos para la costa y el empobrecimiento, en fin, del pueblo de Nabaj. Los hilos públicos y secretos del pueblo se entrecruzan todos aquí.

Con el progreso del movimiento de conversión al neocatolicismo y de modernización, una parte cada vez mayor de la comunidad india puso en peligro el sistema de reclutamiento para las plantaciones, así como ciertos elementos de la tradición. El jefe habitual sintió amenazado su

---

[5] En 1976 será elegido un ladino, pero del bando de Pa Shap'o. En 1978, la DC representada localmente por indígenas (en sus comienzos, lo era por ladinos), triunfaba, aliada al PR. En 1982, este elegido demócrata-cristiano era remplazado por un alcalde elegido por la población y confirmado por Ríos Montt, asimismo indígena (promotor bilingüe que había vivido dos años en los Estados Unidos). En 1986, la Democracia Cristiana recuperaba la alcaldía. En 1988, las elecciones dieron lugar a diversas protestas, pero finalmente la DC volvió a triunfar.

[6] También ella fue asesinada.

poder. Según el EDP, desde 1973 escribió al presidente Arana para denunciar la penetración de Nebaj por los "comunistas" por medio de las cooperativas, y en 1975-1976 movilizó a los contratistas, formó listas negras, llamó al ejército a venir a acabar con "los guerrilleros que son los católicos, los cubanos". Sebastián no ignoraba que los guerrilleros reclutaban y encontraban sus bases sociales entre sus enemigos. A partir de su implantación en Nebaj en marzo de 1976, el ejército multiplica las exacciones, los asesinatos, las desapariciones y las matanzas. El EGP redobla las ejecuciones de caciques ladinos (entre ellos, en 1979, Enrique Brol, el "protector" de Pa Shap'o), de reclutadores de mano de obra (entre ellos, indios de Cotzal), de *comisionados militares*, etc. Como en otros lugares de los altiplanos, numerosos ladinos se van del pueblo, para satisfacción de los indios ganados por la guerrilla ("el ladino explotador llegó al pueblo, no es del pueblo"). Sebastián se quedó. El 13 de diciembre de 1981 fue abatido en la plaza central de Nebaj.

Según el EGP, "su pueblo lo ajustició. Con su muerte se cierra una etapa de explotación, intrigas y genocidio en el pueblo ixil. Es el resultado de una confrontación clasista entretejida en el macerado telar étnico". Esta interpretación no la comparte el conjunto del pueblo ixil en el seno del cual Pa Shap'o tenía numerosos partidarios y simpatizantes. Y tampoco ha convencido a todos los combatientes y simpatizantes de la guerrilla. Su principal error consistió en colocar, sobre una organización social y unas relaciones étnicas relativamente complicadas, una cuadrícula de interpretación en términos unívocos de lucha de clases. También era falsa en su triunfalismo: la ejecución del propietario Luis Arenas ocurrida en 1975 marcó el comienzo de la fase ofensiva del EGP; la del líder indio Sebastián Guzmán, lejos de anunciar el fin de la dominación y de la matanza del pueblo ixil, se producía en un momento en que la guerrilla, incapaz de enfrentarse a la ofensiva militar contra sus bases sociales, se batía en retirada y atravesaba por una fase de descomposición.

LA DERIVA DELINCUENTE

Si el EGP reconoció haber recurrido a las ejecuciones sumarias e intentó justificar esta práctica, siempre se defendió con vehemencia de haber cometido matanzas, y no dejó de proclamar que todas las que se perpetraron fueron obra de militares o de paramilitares. Y sin embargo, los guerrilleros eliminaron a civiles, a veces a familias enteras, por una simple denuncia, sin ninguna otra forma de proceso. A comienzos de los años ochenta un grupo indio difundió un documento en el cual, paralelamente a la denuncia de exacciones y de matanzas cometidas por las fuerzas de la represión, se mencionan ejecuciones sumarias, así como asesinatos colectivos cometidos por combatientes del EGP en el norte de Huehuetenango. En un texto confidencial, la ORPA confirmó parcialmente esas informaciones. Tuvo que hacerlo así, tanto más naturalmente cuanto que entre las víctimas figuraban algunos de sus propios combatientes y simpatizantes. Quería atraer la atención de los responsables de la organización hermana sobre la degradación de la lucha armada en bandidismo en el Frente Ernesto Guevara. Pero las prácticas denunciadas no se limitaron a esta región y a este frente. También en el departamento de Chimaltenango, algunos insurgentes se dedicaron a "ajustar cuentas", eliminando por simple denuncia a personas acusadas de soplonas (orejas).

Varias de esas exacciones fueron cometidas por las Fuerzas Irregulares Locales (FIL), es decir, combatientes no permanentes del EGP. La dirección de la organización casi no ejercía ningún control sobre la manera en que se cumplían sus órdenes de librarse de contrarrevolucionarios. Si hemos de creer a un observador autorizado, la degeneración había penetrado muy profundamente en el movimiento revolucionario:

El año 1981 fue el punto más alto del triunfalismo revolucionario. Consecuencia de esto, en varias zonas del altiplano donde las organizaciones político-militares o el CUC no habían llegado aún, la población se organizó espontáneamente, pero sin directrices ideológicas de ninguna índole. Una de las consecuencias negativas de esto fue que algunos dirigentes regionales del CUC que por diversos motivos se habían separado o alejado, pasaron a capitalizar dicho espontaneísmo, y a servirse de la efervescencia revolucionaria para fines propios. Así, dirigentes regionales de una organización de masas pasaron de la noche a la mañana a ser "dirección de frentes guerrilleros" sin tener, evidentemente, la más mínima preparación para dicho cargo, ni los vínculos orgánicos que permitieran un control real y efectivo, por parte de las OPM, de esos "frentes" o "zonas de frente". En consecuencia, lo único que esa actitud ocasionó fue que, producto de esos movimientos, en fechas posteriores el ejército desatara una feroz represión sobre esas zonas, que golpeó duramente a la población civil, y ocasionó una descomposición acelerada en los supuestos dirigentes, quienes se erigieron en caciques tradicionales del lugar, abandonando en gran medida muchos de los supuestos principios revolucionarios que profesaban y revirtiéndose a un comportamiento bandoleril —violación de mujeres, asaltos, usufructo del dinero que llegaba a sus manos por los canales de la solidaridad para consumo de alcohol, beneficios personales—.[7]

[7] En D. Camacho y R. Menjívar, 1985, pp. 106-107.

¿MATANZAS O ENFRENTAMIENTOS?

El EGP sostenía que, por política, debía evitar todo enfrentamiento con las patrullas de autodefensa civil. No siempre se apegó a esta regla y, aunque lo niegue, a veces infligió pérdidas a la población de los pueblos así organizados, en proporciones y en condiciones que han hecho que sus enemigos y sus adversarios hablen de matanzas.

Ese punto ha dado lugar a controversias. En una relación de 1982, Amnistía Internacional censa, para los tres meses que siguieron al golpe de Estado del 23 de marzo, más de 60 matanzas, que dejaron más de 2 000 víctimas civiles. Según sus informes, una quincena de esas matanzas son imputables, sin duda, al ejército; de tres o cuatro de ellas, la guerrilla es la única responsable designada por las fuentes conocidas; las otras siguen sin imputación o se echan a la cuenta de uno u otro bando, según la fuente informativa. Para la Organización de la Defensa de los Derechos Humanos no hay duda, sin embargo, de que la mayor parte de las exacciones y de los crímenes atribuidos a la guerrilla por las autoridades deben echarse, en realidad, a la cuenta del ejército, de la policía, de los grupos paramilitares o parapoliciacos o de las PAC. El informe precisa que "según conocimiento de Amnistía Internacional, no ha habido caso en que un campesino que haya encontrado una relativa seguridad, sea en Honduras o en México, haya afirmado que las fuerzas de oposición fuesen las responsables de ejecuciones extrajudiciales masivas de civiles no combatientes".[8] Una observación que no pone fin al debate.

El informe dio lugar a un comentario del Departamento de Estado, afirmando la responsabilidad de la guerrilla en las matanzas cuyas víctimas eran, sobre todo, hombres reclutados en las patrullas civiles, pero también, a veces, niños, mujeres y ancianos:

> Los guerrilleros no vacilaron en atacar a las fuerzas de defensa civil. La sola organización y la sola presencia de tales unidades desmiente la impresión de que el gobierno está en guerra con el pueblo. Eso puede explicar la ferocidad de ciertos ataques de las guerrillas contra tales fuerzas o contra los pueblos en que fueron constituidas.[9]

---

[8] Amnesty International, *Massacres dans les zones rurales: les assassinats politiques continuent au Guatemala*, julio de 1982. Hemos reintroducido el calificativo de "masivas" que desapareció de la versión francesa, lo que altera su sentido por relación al texto original en inglés (*Testimony on Guatemala*, AIUSA, 5 de agosto de 1982, p. 18).

[9] Carta (15 de septiembre de 1982) a Amnistía Internacional de T. Enders, subsecretario de Estado para asuntos interamericanos.

En algunos de los ejemplos que el gobierno norteamericano citaba apoyando la tesis de la responsabilidad de las fuerzas armadas o de sus protegidos, no quedaba la menor duda. Queda en pie el hecho de que la generalización de las patrullas civiles colocó a la guerrilla en una situación delicada, donde los deslices fueron numerosos. Mientras se esforzaba por rebatir la argumentación del Departamento de Estado, la organización humanitaria Americas Watch afirmaba:

> Fuentes fidedignas acusan a los guerrilleros de abusos en los campos, incluyendo intimidación y represalias contra representantes del gobierno e informantes, confesados o supuestos. Nos hemos encontrado ante alegatos provenientes de personas bien informadas que no daban detalles, pero según los cuales existían casos en que los guerrilleros habían participado en las matanzas.[10]

Si los *comisionados militares* casi siempre son ex soldados, los miembros de esas patrullas son, en su gran mayoría, simples civiles, pueblerinos ordinarios. Una de las estratagemas del ejército consistía en crear condiciones de choque entre ellos y los guerrilleros, con la idea de que tales incidentes contribuirían a aumentar el foso que separa a la población de la guerrilla. El EGP no siempre pudo evitar la trampa. Aun suponiendo que pudiese presentar cada caso como un enfrentamiento y no como una matanza, que fuera capaz de alegar el carácter militar de esas acciones, no por ello sería menos cierto que el resultado fue, en gran medida, el que buscaban las autoridades.

EL AUTORITARISMO ORDINARIO

Aun los observadores que presentan las exacciones señaladas como consecuencia secundaria, como efectos de una relajación del control de la dirección sobre las unidades de base, coinciden en subrayar el autoritarismo excesivo del EGP en sus relaciones con la población.

Los guerrilleros vivían del habitante.[11] La ORPA criticó esta práctica de la organización hermana, fingiendo, en lo que la concierne, no exigir

[10] Americas Watch, 1982, p. 13.

[11] "Mientras estamos con la población, los compañeros campesinos se turnan para traernos comida. A menudo las comidas son tan abundantes que no podemos acabarlas. Hoy nos han servido pavo y, además, gallina. Comemos hasta no poder más" (N. Andersen, *op. cit.*, p. 127). "Las poblaciones aportan toneladas de alimentos a las columnas insurgentes y entre las aportaciones destaca el ganado" (Mario Meléndez, *Por Esto*, núm. 11, 10 de septiembre de 1981). Según su comandante en jefe, las FAR recurren a la misma práctica (*Le Monde Diplomatique* en español, septiembre de 1982).

una contribución económica más que a la categoría de los poseedores *(finqueros*, etc.).[12] El EGP presentaba su forma de cohabitación con las bases como una prefiguración de la "sociedad nueva":

> La población participa en este proceso. Proporciona la mayor parte para la satisfacción de las necesidades de la guerrilla mediante la producción agrícola o fabril y aportaciones en efectivo. Por ejemplo, los campesinos trabajan en colectivo y hasta colectivizan sus tierras. Parte de sus productos la destinan para la revolución y otra parte para sí mismos. Es decir, se está cambiando el modo de producción al establecerse la colectivización del trabajo e incluso de los medios de producción. De esta manera, *bajo la dirección de la organización* la población misma participa en la misma transformación que se da en la guerrilla. Ya no se trabaja simplemente para ganarse la vida y menos para enriquecerse, sino para el bien de todos, es decir, para construir la nueva sociedad.
>
> En este proceso revolucionario sí existe una división de trabajo entre aquellos que son combatientes y los otros que son ante todo productores.[13]

Una división decretada en su provecho por la organización, y que se comprende que no siempre fuera del gusto de los "productores".[14]

Ésta no era la única obligación que los insurgentes imponían a la población. El EGP practicó asimismo el reclutamiento forzoso y, según Shelton Davis, en tal municipio del norte de Huehuetenango, los guerrilleros habían dejado un recuerdo tan malo como los militares, aunque no se habían mostrado igualmente sanguinarios.[15] Hoy, no es raro oír decir en el Quiché que la guerrilla cambió sus métodos, que en adelante intentó convencer y persuadir, mientras que poco antes imponía su ley.

El EGP pretende regirse por el centralismo democrático: "El mando sí está rigurosamente centralizado, pero de manera tal que siempre se toman en cuenta las opiniones y necesidades de la base".[16] En realidad, no eran consultadas ni la población ni los simples combatientes. La centralización del poder en el seno de la organización constituyó un principio que ocultaba mal la debilidad de la dirección, pero que servía para justificar la imposición de la voluntad de los jefes, pequeños y grandes.

---

[12] La ORPA se jacta de tener una actitud "correcta", incluso ante los terratenientes (testimonio de un *finquero* de la Costa Cuca).

[13] N. Andersen, 1983, pp. 83-84.

[14] "En ese tiempo —relatan los campesinos— tuvimos a un principio un acercamiento fraterno, lo cual fue cambiando paulatinamente conforme ellos —añade uno de nuestros entrevistados— se fueron apoderando de nuestras gallinas, vacas y otros productos. Todo esto, según afirmaban los jefes guerrilleros, pasaba desde ese momento al poder de la revolución."

[15] S. Davis, 1986.

[16] N. Andersen, 1983, p. 84. En esa ocasión (por ejemplo, p. 127), este mismo autor aportó detalles que contradicen su visión general, más moderada.

Este funcionamiento se puso en evidencia en ocasión de la polémica que opuso, después de la derrota, a los dos principales responsables.

En contra de la afirmación de Stravoguine, el asesinato inaugural de uno de los suyos no impidió, en efecto, a los guerrilleros, combatirse unos a otros. Escisiones, requisitorias y "ajustes de cuentas" han marcado la historia del EGP, aun si los interesados se han guardado bien de debatir esto en la plaza pública.

QUINTA PARTE

DOGMAS, IMÁGENES Y PRÁCTICAS DE LA REVOLUCIÓN

(Lucha armada, religión e identidad)

Las interpretaciones que dan los actores de su acción son uno de sus componentes, aunque, en contra de lo que postula cierta "ilusión ideológica", no son su resorte principal. Tratándose de revolucionarios, revelan un imaginario político, más que ayudar a comprender la realidad de los hechos, con la cual piden que se les confronte.

Los análisis anteriores evocan, en forma fragmentaria y dispersa, los principales elementos ideológicos característicos de la guerrilla guatemalteca. Sin embargo, no es inútil hacer un análisis sistemático a la luz de la conducta de los actores y de los resultados obtenidos. Se ordenan casi naturalmente en torno de tres ejes (concepción relativamente clásica de la guerra revolucionaria; la teología de la liberación; la toma en cuenta de la "cuestión india"), cuya imbricación se impone como uno de los datos centrales de la evolución de esta guerrilla en los años setenta y ochenta. Procederemos a hacer una exposición en espiral, de la definición de la Revolución, núcleo teórico central (capítulo XIII), a la incorporación de la teología de la liberación (capítulo XIV) y a la "cuestión étnica" (capítulo XV).

XIII. VOLUNTAD DE GUERRA POPULAR Y DESEO DE NACIÓN

> Núcleos de conspiradores profesionales, orientados por las ideas de la clase obrera, habrán de organizar pacientemente a las masas, y en el proceso aleccionador de la lucha de clases las llevarán del reclamo por los bienes elementales a pelear su derecho a gobernar el mundo
>
> MARIO PAYERAS

> ... y del centralismo democrático aplicamos, preferentemente, el centralismo.
>
> MARIO SÁNCHEZ*

LAS diversas organizaciones revolucionarias guatemaltecas tienen un mismo objetivo: la toma del poder del Estado, con vistas a instaurar un régimen socialista. Se separan en lo relativo a las estrategias de la lucha armada, al ritmo y, tal vez, en alguna de ellas, a la naturaleza exacta de ese régimen.[1] Los principales jefes guerrilleros provienen del mismo molde, de la misma matriz. Dieron sus primeros pasos políticos en el movimiento de un Partido Comunista creado en la época estaliniana en plena Guerra Fría, y han seguido marcados, en diversos grados, por una formación leninista clásica, que los debates a que dieron lugar las guerrillas de los años sesenta pudieron modificar sin contradecirla fundamentalmente. El comunismo soviético y su réplica guatemalteca siguen siendo un polo de referencia cuyo origen se atribuyen o por relación al cual se afirma su diferencia.[2] En Guatemala, los grandes cismas del mundo comunista han dejado menos huella que las luchas intestinas

---

* Dirigente de una fracción del PGT, en M. Harnecker, 1983, p. 51.

[1] Los títulos de los capítulos de presentación de las organizaciones revolucionarias guatemaltecas en M. Harnecker, 1973, evocan algunas de las diferencias de orientación que existen entre ellas:

"— El pueblo de Guatemala lucha por tomar el poder (FAR).

— Un trabajo de masas para la guerra (EGP).

— Respuesta a las esperanzas indígenas (ORPA).

— Un partido que se prepara para la guerra (PTG - Núcleo de dirección nacional).

— Unidad sin condiciones ni pretensiones vanguardistas (PGT - *Comité central)*".

[2] Dos meses antes de la invasión de Afganistán por el ejército soviético, el EGP proclamaba: "La política exterior de la Unión Soviética y de otros países del campo socialista ha

en el lugar y la importancia que debe darse, respectivamente, a la lucha armada y a la lucha política, a las estrategias de ruptura revolucionaria y a la busca de la integración nacional. Fundamentalmente, en el periodo estudiado, la violencia política siguió nutriéndose de un comunismo y de un anticomunismo de Guerra Fría cristalizados en el trauma de 1954, reforzados en ocasión de la guerrilla y de la contraguerrilla de los años sesenta.

Las FAR siguen siendo, en lo esencial, fieles a lo que eran en su primera fase: añaden a su proyecto inicial (toma del poder por una vanguardia política y militar) la ambición de interesar y de movilizar a las "masas". El EGP que se ha separado de las FAR, arguyendo la necesidad de volver a dar prioridad a la lucha armada, también se ha caracterizado por el afán de incorporar a ella a los sectores populares. La ORPA se distingue del EGP y de las FAR por la negativa a apoyarse en organizaciones de masas y por su enfoque a la cuestión india; con diversos matices, también apela a la guerra popular. En cuanto al PGT, fue aniquilado a finales de los setenta; una de sus fracciones se proponía unirse a la lucha armada, mientras que la dirección "mantenida" denunciaba el vanguardismo de los disidentes y de las organizaciones guerrilleras.

En cuanto a la sociedad futura que la lucha por el poder supuestamente prepara, los documentos de las organizaciones revolucionarias son pobres, por no decir misérrimas, y los debates no existen.[3] En comparación con la inflación teórica de muchas organizaciones de izquierda en la América Latina, podríamos vernos tentados a ver aquí una calidad, prudencia o afán loable de pragmatismo[4] si no se tratara de una dificultad para definir proyectos y programa políticos, de una lamentable tendencia a remitir las cuestiones de la sociedad al mañana de la ruptura revolucionaria, y a subordinarlas del todo al poder del Estado. La referencia —casi ritual en los años setenta— a una etapa de "transición al socialismo" oculta mal ese vacío. En cuanto al programa de la URNG, no es más que un enunciado de principios generales, especie de menor común denominador, uno de cuyos efectos fue impedir las discusiones políticas

retomado el carácter combativo y militante que por naturaleza le corresponde, después de un *impasse* que provocó muchas confusiones" (Comunicado publicado en *El Gráfico*, 25 de octubre de 1979). Y M. Payeras, después de haber roto con el EGP, decía que deseaba aproximarse al "Partido de la clase obrera" y a los países del Este (declaración anterior a la *perestroika* y al derrumbe de los regímenes comunistas).

[3] "La discusión de las ideas no ha sido una práctica que se haya desarrollado al interior del movimiento revolucionario guatemalteco, por el contrario existe en general subestimación de su importancia " (*Opinión Política [OP]*, núm. 1 p. 3).

[4] El carácter de jerga técnica y confusa de las pocas discusiones teóricas que se entablaron podría conducir igualmente a felicitarse por su escasez, si ésta no fuese, para empezar, señal de una tolerancia a la crítica, so pretexto de que el debate sirve al enemigo (véase *Opinión Política [OP]*, núm. 2, p. 2).

que habrían podido nacer de la confrontación de los puntos de vista de sus diversos componentes. En el análisis de las principales orientaciones y de los principales modelos del movimiento revolucionario, el EGP nos servirá, una vez más, de hilo conductor. Las posiciones de las otras organizaciones aparecerán por comparación.

UNA REVOLUCIÓN AL EXTREMO DE LA TIRILLA...

Marxismo, leninismo

El EGP se presenta como marxismo-leninismo.[5] Un marxismo de referencia, más que una teoría elaborada o que un método de análisis de la sociedad guatemalteca (ya hemos visto cuán vacilante y contradictoria era ésta, entre los autores que declaraban depender de esta organización). Y que a menudo se expresa en un pesado lenguaje técnico. El afán de acción triunfa sobre el de conocimiento. En ello, el EGP se adhiere sin duda a un conocido postulado de Marx, pero se inscribe, sobre todo, en la línea del leninismo. Todo queda subordinado al objetivo de la toma del poder del Estado.[6] La lucha político-militar es el *alfa* y la *omega*. El movimiento social debe plegarse a ella; en la perspectiva revolucionaria, es nula su autonomía en relación con la vanguardia, que constituye la guerrilla.[7] El poder de tomar decisiones está concentrado en manos de unos cuantos responsables.

Las mismas orientaciones y el mismo funcionamiento caracterizan, sin variaciones importantes, a las FAR y al PGT. Es así como las primeras pretenden haber dirigido, bajo cuerda, las luchas sindicales de los años 1973-1978, con el objetivo de hacerles desembocar en la lucha armada. Mientras el Partido Comunista se desintegraba, una de sus fracciones seguía sosteniendo, no sin vacilación, que era la vanguardia "ideológica" de la "clase obrera en Guatemala".[8] Afirmación que se puede cuestionar,

[5] "Aquí todos somos marxistas-leninistas aunque sabemos poco de los escritos de Marx, Engels y Lenin. Practicamos el marxismo-leninismo en nuestra lucha político-militar, que abarca toda nuestra organización. Nos hace falta leer los clásicos del marxismo-leninismo para que nos superemos en la teoría revolucionaria también" (N. Andersen, 1983, p. 111). "Hemos tratado en lo que nos han permitido las fuerzas, ser un organismo político militar, marxista-leninista ..." (R. Morán, en González y Campos, 1983, p. 156). Véase también entrevista de R. Morán en *Por Esto*, núm. 7, 13 de agosto de 1981.

[6] Aislados en los bosques del Ixcán, los guerrilleros soñaban con la toma del palacio presidencial: "Todos esperamos encontrarnos en el Parque Central de Guatemala el día del triunfo" (N. Andersen, 1983, p. 146).

[7] El propio Morán afirma que las organizaciones de masas (CUC, FERC, etc.) están ligadas orgánicamente al grupo que él dirige (en M. Harnecker, 1983, p. 77).

[8] M. Sánchez, en M. Harnecker, 1983, p. 53.

por tres razones: ¿Qué influencia ideológica, sobre qué "clase obrera"? La otra fracción logró la hazaña de no evocar nunca, en la presentación que da de sí misma, ni a los campesinos ni a los indios, y de referirse exclusivamente al "Partido" y a la clase obrera. En los textos de esas organizaciones se invoca constantemente a Lenin.

Cuba, Vietnam, Nicaragua, El Salvador...

Al comandante en jefe del EGP le gusta calcar el comportamiento del Che Guevara, y esta guerrilla cultiva las imágenes, los símbolos y las fórmulas estereotipadas que recuerdan la gesta y la utopía guevarianas. La invocación de "la sociedad de nuevos hombres que se tratan como hermanos",[9] va paralela, empero, a unas referencias más políticas al gran hermano cubano al que se presentan quejas en caso de diferencias o de divisiones, que prodiga formación, consejos y censuras. Así como las referencias a Vietnam que, asimismo, son herencia de los años sesenta, de la época en que el Che asignaba como tarea a los revolucionarios multiplicar los Vietnam, y cuando Hanoi era una Meca de los movimientos de liberación nacional. A los guerrilleros del EGP les gusta presentar a los vietnamitas como su verdadero modelo.[10] Su principal frente, el del Quiché, fue bautizado con el nombre de Ho Chi Minh. Las prácticas de autodefensa (trampas camufladas en los caminos de los campos, etc.) y, en general, las relaciones entre la organización político-militar y la población, pretenden estar inspiradas en ese modelo. Pero la comparación es desproporcionada: en Vietnam, en el momento de la ofensiva final, se enfrentaban dos ejércitos de varios centenares de miles de hombres cada uno. En Guatemala, con una población nacional diez veces menor, es cierto, el número de los combatientes en el cenit de la lucha se estimaba, tomando en cuenta todas las guerrillas, en cerca de 6 000, ante unos 30 000 soldados y algunos puñados de consejeros militares extranjeros, norteamericanos y otros.[11] Aparte de esta diferencia de escala, se habrá notado que la lucha de liberación de Vietnam en su última fase era en realidad una guerra entre Estados (Vietnam del Norte, por una parte, Vietnam del Sur y los Estados Unidos, por la otra), mientras que el conflicto guatemalteco oponía un Estado a una guerrilla que, cualesquiera que fuesen sus apoyos exteriores, no era la emanación o el brote de ningún Estado. Invocar a Vietnam se debía, ante todo, a la pretensión de apartarse del

---

[9] N. Andersen, 1983, p. 45.

[10] N. Andersen, 1983, p. 112; R. Debray y R. Ramírez, 1974, p. 379; M. Harnecker, 1983, p. 80.

[11] La misma desproporción se encuentra en la comparación entre las "aldeas modelo" de Guatemala y las "aldeas estratégicas" en Vietnam.

"foquismo", a una evolución del EGP que lo llevó de su aislamiento original en los bosques y la montaña a la tentativa de captar el movimiento social, de fomentar las luchas de clases y de preparar la insurrección.

Si bien sus nexos con Nicaragua, como sus nexos con Cuba, pudieron ser más reales que los establecidos con Vietnam, el EGP, que afirma que no se atiene estrictamente al modelo cubano, tampoco se adhiere exactamente al modelo sandinista. El ejemplo nicaragüense cobró importancia a partir de finales de los años setenta en el sentido de una unificación de los grupos de guerrillas y de la formación de un frente con organizaciones populares, de fuerzas reformistas y de personalidades prestigiadas. El fracaso de esta última tentativa se debió en gran parte a las posiciones maximalistas del EGP. Alain Touraine afirma que "la lucha armada de Nicaragua fue, cuando menos a partir de 1974, mucho menos una guerrilla que una guerra de liberación nacional o hasta una guerra de creación nacional, ya que ese país estaba débilmente integrado".[12] El EGP siguió siendo una organización de tipo castrista pero que, teniendo en cuenta un contexto diferente del de la Cuba de Batista (dependencia menos directa de los Estados Unidos; existencia de un Estado, de un sistema político y de sectores dominantes con su propio funcionamiento), quiso recurrir a la movilización de las masas. Y al hacerlo, antepuso la lucha de clases, los enfrentamientos y las divisiones al proyecto de una nueva nación que la ORPA, en cambio, tendía a favorecer.

La mayor aproximación es con la guerrilla salvadoreña. Desde luego, en términos espacio-temporales: la victoria de los revolucionarios del país vecino habría asegurado a los rebeldes guatemaltecos la base estatal, en la retaguardia, que necesita toda guerrilla; el fracaso de la ofensiva general del Frente Farabundo Martí de Liberación Nacional (FMLN) en El Salvador en 1981 fue seguido, poco después, en Guatemala, por el comienzo de la ofensiva decisiva del ejército y el reflujo de la guerrilla. Y también en función de contactos y de semejanzas estratégicas e ideológicas: muchos combatientes y militantes, sobre todo del EGP, habían recibido una formación que se habían replegado en el seno de organizaciones hermanas salvadoreñas; el EGP todavía se emparenta con las Fuerzas Populares de Liberación (FPL) por el lugar que atribuye a la lucha campesina y a la movilización de los cristianos.[13] En ambos países, el radicalismo y las divisiones en el seno del movimiento revolucionario hicieron el juego a sus

---

[12] A. Touraine, 1988, p. 338.

[13] El libro del guatemalteco C. R. Cabarrús, *Génesis de una revolución*, atestigua de esta proximidad entre el proyecto del EGP y del CUC y de las FPL y de la Federación Cristiana de los Campesinos Salvadoreños (FECCAS). El ex guerrillero salvadoreño Miguel Castellanos afirma, sin embargo, que las FPL no tuvieron relaciones sino con la ORPA (*L'Ordinaire du Mexicaniste*, núm. 120, p. 50).

adversarios. En Guatemala, contribuyeron a marginar lo bastante la guerrilla a fin de que la Democracia Cristiana pareciera el único camino para salir de la guerra.

"La guerra necesaria"

La Revolución estaba en la punta del fusil. Todos los esfuerzos de los revolucionarios debían tender a arrastrar al país a la guerra. Las formas y las etapas podían variar de una organización a otra y con el tiempo, a medida que evolucionara cada organización. El EGP y las FAR han tildado de error de juventud el "foquismo" de sus comienzos respectivos, pero lejos de significar una renuncia al militarismo, la estrategia de la generalización de la guerra tendía a transformar los conflictos sociales y políticos en enfrentamientos armados. Al desinteresarse de la sociedad, el "foquismo" puede dejar al movimiento social un campo propio en el cual desarrollarse.[14] La lógica de la guerra popular condujo a la asfixia del movimiento social. Las "leyes ineluctables de la guerra" invocadas por los dirigentes guerrilleros, podrían ser imprecisas y fluctuantes; no por ello dejaban de ir en el sentido de la polarización de la sociedad. A veces sirvieron para justificar una política de lo peor, a desear que "los halcones" triunfaran en el seno del ejército, a ver en la represión una excelente palanca para la insurrección. Su pretendido rigor "científico" no impidió que hubiese declaraciones y actitudes triunfalistas, en contradicción flagrante con la situación. "Guatemala es un país que se construye en la guerra"[15] proclaman los revolucionarios, mientras está en marcha el conflicto armado más destructor de la historia del país, desde la Conquista.

"Democracia" espartana (cuentos de Andersen a la manera de Orwell)

La sociedad futura se está gestando en la guerra revolucionaria. La integración de los indios a la nación se hace incorporándolos a la insurrección; la vida en los campamentos de la guerrilla y de la "población resistente" prefigura la sociedad nueva; *es* la sociedad nueva... Estas afirmaciones, repetidas hasta el cansancio, no hacían presagiar el carácter democrático del sistema político que la lucha armada se había propuesto poner en pie.

¿Qué es la democracia, según el EGP? "Democrático es como nuestra organización. Todos somos participantes e iguales, no como en México,

[14] Ejemplos de la Cuba de los años cincuenta, de la Colombia de los años sesenta y setenta, de la Bolivia de 1967.
[15] *Le Monde Diplomatique* en español, octubre de 1979.

donde hay ricos y pobres. [...] Nuestra organización es democrática porque todos trabajamos para todos y todos comemos la misma comida..."[16]

En realidad, las funciones militares están separadas de las tareas productivas y revisten una categoría más noble; a ciertas funciones políticas se les dan privilegios aún más marcados.

La "escuela revolucionaria de los hombres nuevos" que pretende ser la guerrilla está regenteada por el principio de "todo político", que anula la esfera de lo privado:

> Aquí en la nueva sociedad en formación todo se vuelve político. Si estamos politizados subordinamos todo lo individual al bien del colectivo. El comportamiento militar, la manera de hablar, la ropa que escogemos, hasta el uso de la letrina, todo, todo toma un cariz político, tal como se observa en la formación de los guerrilleros. [...]
> El colectivo nos acompaña y nos observa en todo lo que estamos haciendo.[17]

Las sesiones de "crítica y de autocrítica" no tienen nada que envidiar a las confesiones públicas de los pentecostalistas ni a las "reuniones de vida" en las cuales los *Khmers Rouges* exigían "un balance cotidiano de las actividades revolucionarias" (Kieu Samphan). Y como en estos últimos, "cada acción, cada pensamiento de los combatientes deben remitirse a los lemas revolucionarios del momento".[18] Este afán de la "organización" por saberlo todo y controlarlo todo, este clima inquisitorial, fueron legitimados y reforzados por los adeptos a la teología de la liberación. Si le restamos el acento religioso, las mismas prácticas caracterizaban el funcionamiento de las FAR y del PGT.

Ciertas restricciones a las normas democráticas pueden comprenderse en el marco de una guerra. Pero la aspiración a un poder no compartido llevaba a los revolucionarios guatemaltecos a negar la perspectiva de una democracia pluralista después de la victoria: el régimen por el cual luchaban debía ser a la imagen del funcionamiento de sus organizaciones, y en ningún momento pensaban en dejar un espacio político a sus adversarios.

¿Originalidad de la ORPA?

La ORPA es, en conjunto, más sobria y más enigmática que las demás guerrillas guatemaltecas. No hace profesión de fe marxista ni leninista.

---

[16] N. Andersen, 1983, pp. 37-38.
[17] *Ibid.*, 1983, p. 105 y p. 49.
[18] L. Picq, 1984, p. 47.

No muestra modelos ni ídolos.[19] Su emblema —un volcán en erupción— y su invocación al "pueblo maya" revelan su afán de originalidad. La idea de una revolución nacional que también sería una lucha de emancipación india (más adelante veremos los límites de la "especificidad étnica" de la ORPA). Más que un "proyecto de clase", lo que orienta su lucha es un proyecto nacional. Mientras que para las otras organizaciones el antimperialismo es una expresión de la lucha de clases en la etapa de la dominación capitalista transnacional, para la ORPA se inscribe en una historia más larga: los oligarcas, pero también los capitalistas modernos, son los sucesores de los invasores del siglo XVI.[20]

La ORPA no predica la subordinación de las organizaciones de masas a la vanguardia político-militar ni a un eventual partido, porque considera que en el contexto de terror que reina en Guatemala, la formación de tales organizaciones constituye un error peligroso. La toma del poder que es, también para ella, el objetivo primordial, depende esencial si no exclusivamente de la lucha armada clandestina. Si el "foquismo" es "la afirmación de que, en ciertas condiciones históricas particulares, una vanguardia militar puede engendrar, en el curso de una prolongada guerra de guerrillas, una vanguardia política",[21] y si "nada está más lejos del 'foquismo' que el llamado a un movimiento social",[22] la ORPA merece, mucho más que el EGP, ser tildada de "foquista". Y efectivamente, comparte con el castrismo la prioridad dada "a la ruptura con la dominación imperialista y a la construcción de una nación y de un régimen".[23] Sin embargo, se distingue del modelo castrista puro por su afán de transformar la actual guerrilla en una guerra popular (quiere ser "la organización del pueblo en armas") y por su interpretación histórica del imperialismo (no hay ya en Cuba un *pueblo natural).*

Tras el hundimiento del EGP en 1981-1982, la ORPA apareció como el componente más sólido, más consistente del movimiento revolucionario guatemalteco. Ha seguido dominada por la personalidad y la figura de su jefe y fuertemente marcada por una lógica militarista. Pero su interpretación "nacional" del proyecto revolucionario la convierte, en una situación nueva, en la rama de la guerrilla más capaz de considerar

---

[19] Edén Pastora había deducido de ello que era la única organización de guerrillas en la América Central que no estaba bajo la influencia de Cuba y de Moscú (S. Christian, 1986, p. 277). Y, sin embargo, no deja de tener una afinidad con el castrismo.

[20] "El desarrollo del sistema de explotación con las características actuales tiene su origen en la ocupación militar española hace más de 450 años" (ORPA, *Estructura de clases en Guatemala*, texto mimeografiado, s. f., p. 4). También José Martí estableció una continuidad entre el imperialismo español y el imperialismo norteamericano.

[21] R. Debray, 1974, p. 253.

[22] A. Touraine, 1988, p. 346.

[23] *Ibid.*, p. 347.

la integración en el sistema político, en forma de reconversiones individuales o, si se dieran las condiciones favorables, en forma de una reconversión de la organización, a la manera del M-19 colombiano.

... EN BUSCA DE UN SEGUNDO AIRE

En Guatemala, desde principios de los años sesenta, el proyecto revolucionario se ha identificado con la lucha armada. Ésta nació de la comprobación de frenos puestos a la participación social y política, y de la imposibilidad de la integración nacional por la vía reformista. Su versión de los años setenta y ochenta se fundó en la observación de que la falta de participación y de integración afecta en primer lugar y masivamente a la población india. En la visión que de ella tienen los guerrilleros guatemaltecos, la sociedad guatemalteca se caracteriza hasta tal punto por unas relaciones de dependencia, de dominación y de exclusión, que no es posible producir cambios sino por medio de enfrentamientos violentos y de rupturas radicales. La lucha no se define en términos reivindicativos; el conflicto no podría limitarse a un conflicto de intereses. Lo que está en juego es el poder político, clave del sistema.

¿Salir del "foquismo"?

Las FAR, el EGP y la ORPA provienen, los tres, de experiencias "foquistas". Las dos primeras organizaciones intentaron salir de ese campo cerrado por medio de una lucha armada que arrastrara a grandes sectores sociales, definidos en términos de clase. La tercera concibió el proyecto de guerra popular de formación de una nación.

Esta tentativa de salir del "foquismo", que finalmente terminó en un fracaso, se manifestó especialmente en las inflexiones del antimperialismo. Recordemos que en los años sesenta ese tema ocupaba el centro de la problemática revolucionaria: la participación norteamericana en el golpe de Estado de 1954 puede considerarse como una de las causas del nacimiento de la guerrilla; la aventura de Bahía de Cochinos, preparada en Guatemala, fue uno de sus detonadores; y el apoyo de los Estados Unidos en la lucha antinsurreccional era lo bastante activo para transformar el sentimiento antinorteamericano en principio de acción. La nueva guerrilla quiere estar más atenta a la situación interior del país, y presenciamos un deslizamiento hacia preocupaciones sociales y étnicas que ya estaban en germen en un Turcios Lima.

Las FAR dan el rodeo mediante la lucha sindical. El EGP se considera el motor de una guerra de clases. La ORPA opera una especie de desplazamiento y de interiorización del antimperialismo: el imperialismo norteamericano es una figura particular y una continuación; la prolongación de una historia de dependencia que comenzó en el siglo XVI, cuya heredera directa es la oligarquía local. Ese recentramiento relativo sobre condiciones y separaciones internas de la sociedad guatemalteca constituye un tímido ensayo de aclarar la ideología de la guerrilla: con la retirada de la United Fruit, Guatemala dejó de ser una "república bananera", aunque ahí se han constituido nuevos enclaves (mineros, petroleros...) más circunscritos y menos triunfantes. El país ha entrado en una época de dependencia menos directa. En el dominio económico, y también, más adelante, en la esfera geopolítica: mientras que la ayuda norteamericana había sido decisiva para aplastar la primera guerrilla, el ejército guatemalteco ha logrado neutralizar y marginalizar la segunda guerrilla en un periodo de suspensión de la ayuda militar de los Estados Unidos (que no podía ser sustituida sino parcialmente por el material vendido y los consejos de otros aliados). En ese marco, el llamado a una lucha que sea exclusivamente de liberación nacional ha perdido una parte de su pertinencia. El enemigo principal no es —aunque otra cosa proclamen los discursos rituales— el imperialismo norteamericano, sino una oligarquía y un poder militar nacionales.

Nostalgia y represión del populismo

El deslizamiento del militarismo, exclusivo de los comienzos, hacia una voluntad de hacerse cargo de las luchas sociales parece desbordar a veces hasta el populismo: las organizaciones de guerrillas (salvo, tal vez, las FAR) gustan de presentarse como portavoces y como brazo armado de los excluidos, más que de una clase estrictamente definida.

Como su nombre lo indica, al Ejército Guerrillero de los Pobres no le disgusta recurrir a categorías y a acentos populistas. Apela a una comunidad de pobres que se realiza políticamente en la acción violenta contra los ricos: una visión diferente de un análisis "científico" de la explotación, pero que tiene la ventaja de ser más movilizadora y, por lo demás, más conforme a la realidad social y económica guatemalteca. A falta de poder explicar, de entrada, los mecanismos de la explotación y movilizar sobre esta base, apela a unas nociones inmediatamente comprensibles para todos, a percepciones de diferencias y a sentimientos de pertenencia corrientes, y se sirve de ellos como trampolines para hacer acceder la población a una "concepción científica y coherente",[24] y a incorporarla a

---

[24] E. García Peláez, "El indígena, en el proceso revolucionario", *Polémica*, núm. 3, enero-febrero de 1982, p. 61.

un proceso revolucionario. El empleo de esas simples ideas en las relaciones con la población se acentuó bajo la influencia de la teología de la liberación, en contraste con el carácter de jerga técnica que sigue siendo el de las comunicaciones internas de la organización.

Pero esas referencias constituyen elementos retóricos, en vez de definir con profundidad la lógica de acción de la guerrilla. Ésta conserva una profunda desconfianza del populismo y se mantiene en la línea cubana de ruptura con esta tradición latinoamericana. Ha seguido siendo fundamentalmente vanguardista y militarista. No hay populismo sin movimiento social. Ahora bien, para el EGP la tentativa de movilizar a las masas en la perspectiva de una insurrección generalizada es instrumental y táctica; lejos de protegerlas contra la represión, las arrastra a una lógica de guerra. La Organización del Pueblo en Armas se muestra aún más celosa de la supremacía y de la "pureza" de la acción militar, cuanto que no trata de apoyarse sobre luchas sociales ni, en esta fase, de desembocar en una lucha propiamente política. Es la ilustración más depurada de esta constante del movimiento revolucionario guatemalteco de los últimos decenios: la nostalgia del populismo y su inhibición. Es la organización cuyos temas están más cercanos a un populismo revolucionario (lucha de clases diluida en el conflicto de pueblo contra oligarquía; la nación "auténtica" opuesta al "partido del extranjero"; el pueblo de los excluidos convertido en tema de la Revolución, etc.) y cuya acción permanece más alejada de él. Da prueba de esta disyunción entre lucha armada y lucha política que causa la debilidad de la guerrilla guatemalteca desde sus comienzos, y que en parte explica su dificultad para encontrar un lugar en el nuevo contexto instaurado a partir de 1986.

Recurrir a la religiosidad popular y al sentimiento de identidad debiera permitir superar esta dificultad. Constituía la principal innovación de esta búsqueda de un segundo aire, de la que hemos visto que suscitó dramáticas esperanzas antes de terminar en un nuevo fracaso. El llamado a resortes comunitarios, ¿lograría unir lo que hasta entonces no había podido mantenerse unido, o no introduciría nuevas contradicciones, nuevas incompatibilidades y nuevas disyunciones? El examen detallado del discurso y de las prácticas de la guerrilla guatemalteca en esos dominios muestra su dificultad para concebir el problema de la articulación de una lucha armada guiada por una lógica de clases y unas conductas orientadas por una lógica comunitaria; pero, ¿no muestra también, más profundamente, la imposibilidad de hacer que se correspondan o se unan esas dos lógicas?

XIV. "LA REVOLUCIÓN ES EL REINO DE DIOS"

La República es el Reino de Dios.

Divisa de los lazaretistas tosca-
nos de finales del siglo XIX*

El deber de un cristiano es pensar cómo hacer que
exista el reino de Dios en la Tierra con nuestros hermanos.

RIGOBERTA MENCHÚ

Somos los hijos de rígidas sociedades eclesiásticas. El
duro destino de la América Latina es ir de una Iglesia a
otra, del catolicismo al marxismo, cargados con todos
los dogmas y todos los rituales. Así nos sentimos protegidos.

CARLOS FUENTES**

¿TEOLOGÍA DE LA LIBERACIÓN O TEOLOGÍA DE LA REVOLUCIÓN?

La "violencia justa"

Ya hemos visto la importancia del movimiento de conversión, de la Acción Católica y de los catequistas en la preparación (no deliberada) del
terreno de la guerrilla. Sin embargo, sería excesivo hablar de teología de
la liberación a propósito de ese movimiento en sus fases anteriores a
1975. En la primera mitad de los setenta, esta nueva interpretación del
Evangelio que acababa de hacer su aparición en la América Latina sólo
era conocida por un grupo limitado de clérigos, esencialmente de jesuitas. Fue el trabajo militante —político y religioso— de algunos de ellos
en los departamentos de Chimaltenango y el Quiché, su papel de primer
plano en la formación del CUC, sus contactos con la guerrilla y, al menos
en dos casos, su incorporación a las esferas dirigentes del EGP, los que
sirvieron de palancas en la elaboración y la difusión de una teoría de la

---

* Según E. Hobsbawn, 1966, p. 81.
** Citado por Alan Riding, "La Révolution et les intellectuels en Amérique latine", *Lettre
internationale*, núm. 1, otoño de 1984.

liberación a la manera guatemalteca, conforme, en sus grandes lineamientos, a sus equivalentes nicaragüense y salvadoreño, más radical que la versión brasileña. En Guatemala, el florecimiento de la "Iglesia de los pobres" o de la red que hace las veces de ésta, es contemporánea del "Ejército de guerrillas de los pobres".[1]

Teología de la liberación/CUC/EGP: las etapas de una convergencia

1971-1972	1974	1976	1978	1980
Formación de la nueva guerrilla	Nacimiento oficial del EGP	Terremoto	Nacimiento oficial del CUC	•Matanza de la embajada de España •Expulsión de los jesuitas •Desmantelamiento de la iglesia del Quiché

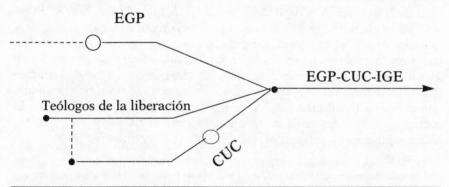

A ojos de esos intelectuales cristianos, el EGP tenía la ventaja de presentar una imagen humanista y generosa del marxismo, en la línea del pensamiento y la acción del Che Guevara. Otros religiosos o religiosas también ingresaron en la ORPA; al parecer, en menor número; su influencia sobre la ideología de esta organización resultó , en todo caso, menos visible.[2]

[1] No es imposible que la elección de ese nombre —que interviene dos o tres años después de la aparición de la propia organización— fuera influida por los teólogos de la liberación.

[2] Un misionero español, por el hecho de la ideología de las organizaciones revolucionarias, puede considerar así que "el EGP es cristiano y no comunista, mientras que la ORPA es maoísta" (entrevista con el autor).

En cuanto a las FAR y el PGT, siguieron siendo más ortodoxos, más sectarios, menos cercanos a la población india y, por tanto, menos atractivos para militantes cristianos que se inclinan a considerar al indio como el prójimo más cercano, por ser el más oprimido.

Semejante sensibilidad hacia la cuestión india no conduce, sin embargo, a los representantes de este movimiento a formular unas tesis indianistas. Tal o cual de ellos pudo vacilar, al principio, entre la apertura de la teología católica a la cultura maya, y la incorporación de elementos marxistas a esta teología. En la primera mitad de los años setenta era lícito preguntarse si no surgiría en Guatemala una teología de la liberación, con connotación india, si las ideas formuladas por algunos eclesiásticos en relación con la acción misionera en el medio indígena harían brotar una especie de cristianismo indigenista, llamado por algunos "pastoral indigenista". No hubo nada de ello. "Estas desviaciones son paulatinamente corregidas"[3] y sus partidarios siguieron en los años posteriores un camino divergente del que siguió la corriente de Barbados,[4] en la que participaron también cristianos, pero más bien protestantes que católicos. Acentuaron la orientación "lucha de clases" presente en la teología de la liberación[5] y dejaron de buscar el camino de una liberación específicamente india, por motivo de que semejante orientación era susceptible de "dividir el bando de los pobres". Algunos de ellos se orientaron hacia un marxismo esquemático, instrumental, en que las categorías de Marta Harnecker se ponían al servicio del idealismo escatológico del Che Guevara: curiosa unión, bajo auspicios religiosos, de un estructuralismo althusseriano (antihumanista) y de un romanticismo revolucionario. El encuentro con la guerrilla en Guatemala y en El Salvador y el ejemplo nicaragüense no fueron ajenos, sin duda, a esta "rectificación".[6]

[3] P. Richard y G. Meléndez, 1982, p. 216.

[4] Dos seminarios que se desarrollaron en la isla de Barbados durante los años setenta han ejercido una influencia marcada sobre las orientaciones del movimiento indio en América Latina.

[5] Sobre la teología de la liberación como "reinterpretación del cristianismo por el marxismo", léase J. L. Schlegel, *"Le christianisme en révolution"*, Esprit, octubre de 1983. Si hemos de creer a este autor, el camino descrito aquí como, en esa etapa, el de ciertas teologías de la liberación guatemalteca —de la búsqueda de un nuevo sincretismo maya-católico a un análisis y una concientización en términos marxistas— es inverso al de los teólogos de la liberación en otros países: "No sin ironía, hemos de comprobar que las primeras teologías de la liberación a veces consideraron, en una perspectiva marxista clásica, que decididamente no había nada que obtener de esta religión enajenada y que se imponía una concientización vigorosa para elevar, precisamente, el nivel de conciencia..." (p. 71). Esas teologías se mostraron, después, más inclinadas a tomar en cuenta los elementos de la religión popular. A fin de cuentas, se verá más adelante que también en Guatemala el afán de pureza doctrinaria de algunos intelectuales no impedirá el mantenimiento o el retorno de ciertos elementos de sincretismo en el seno mismo de la teología de la liberación.

[6] El itinerario del antropólogo jesuita Carlos Rafael Cabarrús es ejemplar en este aspecto. Después de haber redactado a comienzos de los años setenta un ensayo de "cos-

En realidad, es posible descubrir varias corrientes de sensibilidad en los adeptos guatemaltecos (o asimilados) de la teología de la liberación. Según las personas, las circunstancias y los momentos, se pone el acento sobre el análisis económico y la teoría marxista —"el análisis científico de la realidad"—,[7] sobre la acción política y el sentido leninista de la organización; sobre una visión (cripto) hegeliana de la historia; más excepcionalmente, sobre preocupaciones propiamente teológicas.[8] Pero cada uno de esos aspectos es concebido como complementario y solidario de los demás. Todos están reorientados y convergen en una perspectiva que aparece como el elemento central: una interpretación ética de lo político y una interpretación política de la ética, una definición de la justicia en términos de política revolucionaria. El grupo funda su cohesión en el afán de traducir una exigencia ética afirmada como cristiana en una acción revolucionaria, más que en la adhesión a una doctrina marxista-leninista o emparentada con ésta.

En esta perspectiva, la idea de la "violencia justa" encuentra muy naturalmente su lugar. Es un elemento determinante del afán de articular el movimiento social con la guerrilla. Habiendo recibido la venia de los teólogos con título, después será muy difundida por los cuadros y los militantes del movimiento revolucionario. Al comienzo, esta idea no es natural en los militantes de base: así, los de Santa Cruz del Quiché ruegan a Dios que les dé su perdón antes de cometer su primera ejecución, la de un delator. Invocan el carácter defensivo de su acción, y cuando se esfuerzan por convencer a la población de la necesidad de movilizarse en la lucha, recurren a la imagen del martirio y, por tanto, de la violencia injusta ejercida contra ellos, y no a la de una violencia justa ejercida contra sus enemigos: "Pero una cosa es importante, lo que no vino a desmoralizar a nuestra gente organizada, como te decía anteriormente, en la forma como entramos con ellos, que es a través de la Sagrada Escritura, es haciéndole ver al pueblo, desde ese momento de su incorporación, de que se está entrando en una guerra donde va a morir para conseguir la libertad de sus hijos."[9] Sin dejar de cultivar ese sentido del

movisión kekchi" (*La cosmovisión k'ekchi en proceso de cambio*, 1979, UCA editores, San Salvador. Véase también del mismo autor: *De la conquista de la identidad a la conquista del poder*, Guatemala, 1974), borró esta dimensión étnica y aplicó una cuadrícula marxista, economista, al análisis de las luchas campesinas salvadoreñas de finales del decenio (*Génesis de una revolución*, 1983).

[7] P. Richard y G. Meléndez, 1982, p. 211.

[8] En términos generales, se puede definir la teología de la liberación como una mezcla ideológica que toma elementos dispersos de diferentes sistemas y en particular de interpretaciones del marxismo, diversas y a veces contradictorias (Althusser *via* Harnecker, Gramsci, Guevara, teoría de la dependencia...). Y en la medida en que hay un desfase entre esos préstamos y la evolución del pensamiento marxista, ahí donde se construye y se destruye, no es arriesgado pronosticar la próxima desintegración de esta ideología.

[9] D. Hernández, 1984, pp. 306-307.

martirio, los adeptos de la teología de la liberación se esforzaron por predicar el recurso de una violencia que no es defensiva, sino en un sentido muy general, y desculpabilizarla: "En casos como el nuestro, la violencia de los pobres no es violencia, es justicia".[10]

Esta mística revolucionaria adquirirá a veces acentos inquietantes:

> Luego, nuestros sueños comenzaron a realizarse. Llegó el día en que hubo que pasar a los hechos y entrar en esta guerra popular de la que tanto se había hablado. Tuve que cambiar mis palabras por un arma, y mi fusil se volvió un instrumento de liberación. Hacer las cosas de tal modo que un arma ya no sea considerada como tal, es fácil cuando se tienen objetivos claros: cuando se la ha limpiado para que las balas salgan de ella con amor. Yo tenía 17 años. Una noche, esperando el paso del vehículo de los "mensajeros de la muerte", me puse a pensar en el significado de lo que estábamos haciendo [...]. El vehículo fantasma surgió en una carrera gloriosa y con un ruido de trueno —la mina estalló, extirpó el mal del cuerpo de los agentes de la muerte [...]. Toda una serie de imágenes desfilaba por mi espíritu que desbordaba de alegría [...]. De cuando en cuando la del pecado atravesaba mi espíritu, pero yo estaba profundamente convencida, yo sabía categóricamente que no hacía ningún mal, al contrario, yo daba mi vida por mis amigos. Obedecía al mandato de Cristo de crear su reino sobre la Tierra.[11]

En la exaltación, las imágenes se confunden: esta joven revolucionaria, hija de una buena familia de la ciudad de Guatemala, cree dar, matando, su vida a la Revolución; la salvará, eligiendo el camino del exilio.

Los militantes indios de Santa Cruz veían más claro: el pueblo iba a pagar el precio de la guerra. Sobre él caería, ante todo, la violencia, mucho más que sobre los "ricos" o los militares. La "violencia justa" de la guerrilla resultó impotente ante una violencia indiscutiblemente injusta que ella misma había contribuido a desencadenar sobre la población civil. La utopía, la idea de un mundo expurgado del mal, quería ser mortífera; lo fue al principio, como a menudo ocurre, para quienes supuestamente iba a liberar. La violencia se volvió, no tanto contra quienes la predicaban, sino contra aquéllos en nombre de quienes la predicaban. Sin duda, en contraste con lo que ocurrió en Camboya y en otras partes, las matanzas de Guatemala no fueron, en masa, obra de los revolucionarios. ¡Triste consuelo!

Congelación de la imagen: misa guerrillera

En Guatemala, la teología de la liberación no nació de la acción. Para empezar, fue un invento intelectual considerado por sus autores como

---

[10] McKenna, véase capítulo VI.
[11] "Je m'appelle Cristina", *Esprit*, octubre de 1983, p. 93.

medio de una acción. ¿Qué formas revistió en los sectores que movilizó y que pertenecen, en su mayoría, a una población india tradicionalmente indiferente y casi hostil a las especulaciones ideológico-políticas?

Congelamos una imagen: la de una de esas celebraciones religiosas que subrayan los momentos importantes de la vida de los combatientes del EGP y de la "población resistente".[12] Experiencia límite, sin duda, pero que por esta misma razón es reveladora.

Estamos en 1982, en alguna parte del Ixcán, en el clímax de la guerra. Acaba de haber un encuentro con el ejército. Terminó, para la guerrilla, en un fracaso y en bajas importantes: doce combatientes muertos y numerosos desaparecidos. Los refugiados allí unidos buscaron la protección del EGP después de la destrucción de sus pueblos y de las matanzas que dejaron de 200 a 300 víctimas. Sobreviven en condiciones muy precarias, viviendo al aire libre y consumiendo sus últimas reservas de víveres. La ceremonia es convocada oficialmente para pedir la curación de los heridos, por lo demás atendidos por el servicio médico de la organización. Pero desempeña una función mayor. Animada por catequistas indios (esos desplazados no han visto un sacerdote desde hace meses), consiste en plegarias, cánticos, lecturas comentadas de los Evangelios y del Antiguo Testamento, comuniones y bautizos... Los participantes se proponen aclarar los hechos —el revés sufrido, la muerte de sus compañeros— a la luz de los textos sagrados, con objeto de mantener la cohesión y levantar el ánimo del grupo.

Los lemas de la guerra revolucionaria (*"hasta la victoria siempre"*, *"estamos buscando la liberación"*...) se mezclan a los encantamientos religiosos. La confesión es remplazada por "la crítica y la autocrítica". Dios no sólo está al lado de las personas desplazadas: interviene como actor en esta "guerra justa" y las derrotas son otras tantas pruebas que él inflige a los combatientes. Se confunden la fe revolucionaria y la fe religiosa. Esta "misa de la guerrilla" en el corazón del bosque quiere ser manifestación de una Iglesia de las catacumbas, de una Iglesia popular sin jerarquía y sin edificio,[13] fundada en la rebelión de los oprimidos y guiada por ideales de justicia, de igualdad y de fraternidad. Los oradores oponen la solidaridad y la comunidad de los pobres a la dominación de los ricos y de su ejército de soldados manipulados y extraviados.

Es como si, a falta de eclesiásticos, la teología de la liberación se deslizara hacia una nueva forma de religión campesina. Deslizamiento facilitado por el lugar que atribuye a valores éticos, centrales en todas

[12] El análisis que sigue se apoya en la transcripción de una grabación (texto mecanografiado, San Cristóbal de las Casas, México; Comité de Ayuda a los Refugiados Guatemaltecos, s. f.).

[13] E. Burgos, 1983, p. 270.

las religiones campesinas. De todos modos, la utopía campesina queda subordinada aquí a unos objetivos y a una disciplina revolucionarios de carácter estatal. El encuadre político y militar hace sentir su presencia. La ceremonia es una exaltación de la lucha por el poder, guiada por la guerrilla.[14]

La Biblia y la palabra de los antiguos

Uno de los méritos de Rigoberta Menchú es haber sabido expresar, con fuerza y riqueza sin igual, una vivencia que desafía todas las ortodoxias, que se desborda de las categorías marxistas y cristianas[15] a las que, por lo demás, se refiere. Su palabra, más compleja, más sincrética, menos orientada políticamente, reintroduce, por cierto, una dimensión relativamente ausente en la anterior misa de la guerrilla:[16] la de la tradición maya.

Lejos de operar la reducción o la depuración por la política, que es uno de los principios de la teología de la liberación, ella concede importancia privilegiada al mensaje de los ancianos. Mientras que en la perspectiva habitual de los militantes marxistas o cristianos sus mensajes deben absorber, instrumentar o suplir la antigua visión del mundo, Rigoberta Menchú afirma que los elementos exteriores son asimilados y reinterpretados por los indios en la medida en que armonizan con su propia visión, en que aclaran su situación y contribuyen a redinamizar y rehabilitar su propia cultura. Dice así de la Biblia: "Nosotros empezamos a integrar esa realidad como nuestra realidad".[17] Inversión de perspectiva que no obtiene el asentimiento de los revolucionarios de profesión, pero que indica una de las constantes de la interacción entre el fondo maya y el cristianismo: en todos los procesos de conversión, desde

[14] La *misa de la guerrilla* es uno de esos "himnos al combate" de los que G. Petitdemange (*Le Monde Diplomatique*, junio de 1984) dice que no son un componente de la teología de la liberación. También es la manifestación inconfundible de una utopía revolucionaria y de un mesianismo político con los cuales el mismo autor afirma que esta doctrina y esta práctica han roto o se han alejado.

[15] "Yo le dije que toda la verdad no estaba en la Biblia, pero que tampoco en el marxismo estaba toda la verdad", en E. Burgos, 1983, p. 270.

[16] La dimensión india aparece ahí, empero, en forma de una protesta. En otro testimonio relativo al EGP y a los refugiados que viven en su órbita, se evoca la misma dimensión, en estos términos: "Renato, el cura guerrillero, me demuestra que ésta no es una cultura muerta. El respeto a la tierra, los ritos de la agricultura, la organización de la familia y la comunidad, todo ello diferencia a los indios de los mestizos de las ciudades, incluso en la religión. La mayoría son cristianos aunque para ellos las profecías de los ancianos van codo con codo con el evangelio de los pobres". (J. M. Simonet, "Guatemala: la guerrilla de los pobres", *Interviú*, núm. 401, 24 de enero de 1984, p. 52. Versión francesa en *Actuel*, septiembre de 1983.)

[17] E. Burgos, *op. cit.*, p. 156.

la Conquista, los indios acabaron por subvertir el cristianismo[18] que les habían inculcado y que habían adoptado, al menos tanto como fueron influidos por él; esto ha hecho hablar de sincretismo: manera de reconocer que los indios nunca han sido creyentes y practicantes ortodoxos.

Sería asombroso que hubiesen abrazado el nuevo ritual, la nueva fe, sin imprimirle su propia marca. De hecho, Rigoberta Menchú atestigua una experiencia colectiva cuyos actores reinterpretan la lucha de clases y los relatos bíblicos a la luz de su propia cultura, retienen los elementos asimilables y les dan vida a partir del corazón maya de esta cultura. Indica el sentido de una regresión o, mejor dicho, de una involución posible de lo que se presenta, a la inversa, como la etapa final de la evolución del cristianismo indio hacia la modernidad, comenzada hace algunos decenios. La teología de la liberación viene a entroncarse del exterior en un movimiento de conversión que pretende proyectar de manera radical y decisiva a la historia moderna. Es lícito imaginar que hubiese podido sufrir la misma suerte que los otros injertos que han puntuado cinco siglos de cristianización: Rigoberta Menchú evoca la posibilidad de un nuevo sincretismo. Reinterpretado y asimilado por una fracción de las comunidades indias, el nuevo dogma (el reino de Dios sobre la Tierra) habría podido disolverse en la dinámica propia de una religión popular, en el seno de la cual las creencias (arraigadas en el fondo maya) tienen más importancia que la doctrina (tomadas de la cultura occidental).

La experiencia presentaba diversas figuras y era portadora de potencialidades variadas. No debe excluirse la incorporación del cristianismo revolucionario a un mesianismo campesino maya. Pero fue la proyección violenta del campesinado indio en la historia la que finalmente se impuso. Aunque en una forma diferente y, sobre todo, con consecuencias muy alejadas de las que habrían deseado los revolucionarios.

El crecimiento de las utopías

La exterioridad

La unión del EGP y de fracciones importantes de las comunidades indias se esbozó, como se ha visto, por obra de catequistas portadores de ese neocatolicismo que ha sido el humus de la teología de la liberación. Se

---

[18] Conforme a un mecanismo descrito así por P. Bordieu: "Considerada como hecho cultural, la religión quedaría sometida a las leyes que rigen los fenómenos de toma (existencia de un fondo de civilización común como base de la comunicación y reinterpretación del rasgo tomado en función del contexto de recepción)". *Sociologie de l'Algérie*, París, PUF, *Que sais-je?*, 1958, p. 108.

consolidó y profundizó cuando los guerrilleros decidieron integrar elementos del discurso religioso a su propio discurso. El marxismo-leninismo de los fundadores ofrecía poco atractivo a una población educada en el rechazo del comunismo y escarmentada por las experiencias castristas de los años sesenta. Intelectuales, teólogos, ganados por el ideal y por la acción revolucionarios y que arrastraron tras de sí a jóvenes militantes, en mayoría ladinos y ciudadanos, hicieron el papel de mediadores. En buena parte gracias a ellos, el EGP encontró y ensanchó sus bases.

El discurso y la práctica tendientes a abrazar la causa de "toda una clase de marginados y de explotados"[19] no brotaron del medio indígena; fueron elaborados y puestos en acción por individuos y grupos exteriores, al menos en su origen, a los sectores sociales a los cuales tendían a aplicarse el discurso y la práctica.[20] Los teólogos de la liberación afirmaban la necesidad de una conversión que consideraban como una transformación de su propia visión del mundo y de su relación con la sociedad, una mutación personal y colectiva en el seno de la Iglesia. Pero también se trataba de convertir a los "pobres" a la nueva doctrina y de lanzarlos por una vía política decidida, fuera de ellos y en su nombre, por organizaciones revolucionarias. La ilustración de tal actitud más preñada de consecuencias es, sin duda, la inscripción en una lógica de guerra de clases, a sus espaldas, de sectores movilizados en el CUC sobre bases comunitarias: "Aunque en ese momento sabíamos nosotros que sí íbamos a ser una organización, pero no sabíamos todos los fines, lo que queríamos nosotros era quitar la discriminación, quitar la explotación, eso era un objetivo principal".[21] Los objetivos y la estrategia político-militares eran la exclusiva de una vanguardia, de círculos limitados que, por razones evidentes, se mantenían en la clandestinidad y destilaban verticalmente una información fragmentaria y cifrada. Hoy, algunos indios acusan a los religiosos y a las religiosas de haber abusado de la confianza que su categoría inspiraba a una población impregnada de cristianismo; de haber legitimado la elección de la lucha armada y de haber contribuido así a empujar a fracciones enteras de esta población, a sabiendas y sin informar a los interesados de los lemas y los resultados de

---

[19] L. Boff, "*La théologie de la libération*", *Esprit*, octubre de 1983.

[20] Ilustración caricaturesca de este aspecto: el testimonio ya citado de una joven cristiana de familia próspera de la capital que considera como buenas obras "el compromiso con las gentes del pueblo" y de allí a la lucha armada ("Je m'appelle Cristina", *op. cit.*, pp. 92-94).

[21] D. Hernández, 1984, p. 298. R. Carmack, 1983, atestigua en el mismo sentido cuando afirma que los campesinos indios de La Estancia movilizados por algunas de las principales figuras de la corriente aquí analizada no concebían su lucha como revolucionaria sino, tan sólo, como una protesta ética y social.

semejante aventura. Sin duda, la mayoría de esas personas estaban convencidas y eran sinceras (de buena fe cristiana y revolucionaria). No por ello participaban menos en la lógica de organizaciones que se distinguieron por su voluntarismo y autoritarismo, una de cuyas mejores imágenes seguirá siendo la de ese sacerdote guerrillero, rostro oculto y revólver al lado, celebrando la misa sobre un altar de maleza y hablando ante la cámara en nombre de su grey india.[22]

Inmanencia y correspondencias

"Queremos una Revolución con Dios, con Dios la haremos; Él nos la ha ofrecido."[23] Mientras que otros teólogos de la liberación reducen lo religioso a lo político, el misionero español que se expresa así hace remontar lo político a lo divino. La alternancia de esos dos movimientos constituye la singularidad de esta ideología y su carácter desconcertante. En la fusión que establece entre la economía, la ética, lo político y lo religioso, se pueden encontrar similitudes o puentes con las religiones campesinas de la inmanencia, cualesquiera que sean, por cierto, los caracteres que la distinguen (fascinación del Estado, de la historia...). Las conductas campesinas indias que, en Guatemala, se inscriben en este movimiento manifiestan, efectivamente, un fin de las separaciones de ese tipo.

La fe en la instauración del reino de Dios en la Tierra encuentra, asimismo, su respuesta en la creencia y la esperanza indias en una "tierra sin mal". Los sectores campesinos con los que vendrá a entroncarse la lucha armada están movidos, ellos mismos, por una esperanza inmensa de emancipación de la que "nuestra santa tierra del Ixcán" es la expresión emblemática. El encuentro de las columnas de la guerrilla y de las colonias indias en el bosque es, como se ha visto, el de dos movimientos de direcciones opuestas: tendiente, el uno, a apoderarse del poder; el otro, a sustraerse de él. Pero también están allí los dos proyectos de elementos que pueden velar esta divergencia profunda, que son susceptibles de hacerles converger, al menos en la fase de la rebelión y de la insurrección. El principal rasgo común es la utopía, la fe en la edificación de una sociedad sin explotación y sin discriminación. Colonos y guerrilleros se ven unos a otros como "constructores de sociedades nuevas".[24] Pueden creer o fingir creer, durante un tiempo, que se trata del mismo proyecto de sociedad.

En el conflicto guatemalteco se han entremezclado utopías religiosa,

---

[22] J.M. Simonet. *La guerre des Mayas*, FR3 Magazine, 21 de octubre de 1983.
[23] *Chrétiens en Amérique Centrale*, op. cit., p. 37.
[24] "Je m'appelle Cristina", *Esprit*, op. cit., p. 93.

campesina y política, sobre la base de aparentes convergencias que ocultaban profundos hiatos y dramáticos equívocos.

¿Milenarismo?

A propósito de esto, ¿se puede hablar de milenarismo?

¿Qué es un movimiento milenarista? Eric Hobsbawm pone de relieve tres características principales. "En primer lugar, un rechazo total al cruel mundo presente y la búsqueda apasionada de un mundo mejor."[25] Los *parcelarios* del Ixcán, en busca de una "tierra sin mal" y los *comuneros* de La Estancia víctimas de una represión feroz, para no ofrecer más que esos dos ejemplos, están cerca de esa actitud. En segundo lugar, "lo que hace a los milenaristas es la idea de que el mundo tal como es puede tener —y hasta tendrá— un fin, un día, para ser luego enteramente reconstruido".[26] Conocemos la idea andina de la inversión del mundo *(pachakuti)*, la representación azteca de los cinco soles... La cosmogonía maya se presta, asimismo, a unas visiones del devenir del mundo en términos de destrucción-renacimiento y se ha impregnado, en su forma actual, de imágenes judeocristianas que, a menudo, son igualmente apocalípticas.[27] Evidentemente, no se puede concluir de ello que toda representación del cambio se presente en la sociedad maya con esta segunda característica del milenarismo: el movimiento indio de emancipación y de modernización que tendía al establecimiento de un mundo mejor no consideraba el advenimiento de éste como la consecuencia de un cataclismo salvador, aun si a veces se ha podido interpretarlo en términos de crisis y de conversión radicales. Sólo con el sismo de 1976, la idea del fin del mundo o la del fin de un mundo fueron retomadas por sectores importantes de la sociedad india: la difusión de la primera se manifestó por la progresión acelerada de las sectas evangélicas; la de la segunda, por el progreso del movimiento revolucionario. Tiene particular interés comprobar esta oposición, ante el trasfondo de crisis de la sociedad guatemalteca, de dos variantes milenaristas del cristianismo, una de las cuales ve el retorno de Cristo en forma de la Revolución; la otra exige a los pecadores que se preparen para ella renunciando a toda ambición temporal y, en todo caso, a la esperanza de una revolución política.[28]

[25] E. Hobsbawm, 1966, p. 73.
[26] *Ibid.*
[27] B. Colby y L. Colby, 1986, p. 50 y ss. De todas maneras, esas páginas tratan de la cosmología ixil, y sólo incidentalmente de la cosmogonía.
[28] Unas sectas evangélicas anuncian el próximo retorno de Cristo y la instauración de su reino de mil años.

"En última instancia —dice Eric Hobsbawm—, los movimientos milenaristas tienen en común una oscuridad total sobre la manera en que verá el día esta sociedad nueva."[29] Esta característica se aplica fácilmente a las sectas evangélicas que tienden a ver en los terremotos, los eclipses de Sol, etc., signos precursores de la realización de muy dudosas profecías. ¿Está ausente, por entero, de la teología de la liberación? Cierto; para el parto de la nueva sociedad, los representantes de esa corriente se remiten, en lo esencial, a una "teoría moderna; es decir [...] temporal de la historia [y] de la Revolución". Ésta se define por "un programa, una doctrina sobre la transferencia del poder, y sobre todo un método de organización". Mientras que los adeptos de los movimientos milenaristas "no son creadores de revolución. Aguardan a que se haga por sí sola o por operación divina, por una proclamación del Altísimo, por milagro".[30] Los cristianos que se enrolan en el CUC y en el EGP son, por su parte, militantes revolucionarios en el sentido moderno, pero entre ellos, como entre otros muchos cristianos, el discurso y la acción política son muy a menudo sucedáneos de la religión; la adhesión a la revolución depende más de una creencia o de un acto de fe que de un afán y de una esperanza meditados y sopesados.[31]

En resumen, si aceptamos la definición que ofrece el historiador inglés, el movimiento indio guatemalteco no era sino débil y ocasionalmente milenarista antes de que en él se injertara la teología de la liberación: ciertamente, trataba de edificar un mundo mejor; pero por acumulación de transformaciones parciales y progresivas del mundo presente; no aguardaba ni pedía una destrucción apocalíptica o revolucionaria de éste; era claro y totalmente pragmático en cuanto a los medios del cambio (escuelas, cooperativas, abonos, poder municipal, etc.) y a sus fines: antes que cambiar el mundo, se trataba, para los indios modernistas, de cambiar la sociedad o, más modestamente aún, su situación en esta sociedad. La teología de la liberación introdujo una radicalidad, predicó unas rupturas y acentuó la concepción religiosa de la revolución hasta tal punto que pareciera justificado considerarla como el esbozo de un milenarismo nuevo.

En el próximo capítulo se verá que la guerrilla ha buscado a veces una

---

[29] *Op. cit.*, p. 74.
[30] *Op. cit.*, pp. 74-75.
[31] En los movimientos milenaristas, afirma E. Hobsbawm, "el papel del pueblo antes del gran cambio consiste en reunirse, en prepararse, en espiar los signos anunciadores de la ruina inminente, en escuchar a los profetas que predicen la llegada del gran día, y tal vez en realizar ciertos ritos en previsión del momento supremo, o en purificarse lavando las impurezas del presente antes de poder penetrar, inmaculados, en el nuevo mundo" *(op. cit.*, p. 74). Muchas conductas revolucionarias "modernas" corresponden a esta descripción.

legitimidad india mediante la invocación de convergencias con elementos dispersos de una tradición milenarista maya, y nos interrogaremos sobre el fundamento y el alcance de esta búsqueda de raíces improbables. Desde ahora parece que, si el componente milenarista de la teología de la liberación —y de la guerrilla— se arraiga en una tradición, también puede ser, al menos en parte, una tradición hispánica: la de los teólogos defensores de los pobres contra los ricos, de los sacerdotes que eran jefes guerrilleros...[32] La presencia de eclesiásticos o de ex eclesiásticos en puestos de responsabilidad en las guerrillas latinoamericanas recientes tuvo precedentes en América Latina, especialmente en las guerras de Independencia. Pero también evoca la guerra española contra los franceses de comienzos del siglo XIX. La filiación hispánica parece confirmada por el hecho de que los más notorios sacerdotes-guerrilleros modernos son, o eran, españoles.[33]

La eficacia de una ideología

La teología de la liberación tal como se aplicó en Guatemala fue, ante todo, un discurso y una práctica *sobre* y *para* los pobres, antes de ser un discurso y una práctica de algunos sectores populares. Sin embargo, no se le puede negar una relativa eficacia. Cualquiera que fuese su grado de exterioridad hacia la sociedad india, este aspecto le era menos exterior que un aspecto marxista clásico. Despertaba sentimientos religiosos profundamente arraigados, se inscribía en una perspectiva cristiana familiar y, pese a las rupturas preconizadas, en la relativa continuidad de una renovación comunitaria y étnica. Entre sus propagandistas figuraban sacerdotes y religiosas cercanas y apreciadas por el sector más dinámico de la población india. Apoyándose en aspiraciones y resortes internos de las comunidades, la teología de la liberación tenía una potencia de palanca que la guerrilla, por sí sola, no poseía.

Su injerto no dejaba de tener sus dudas, confusiones y equívocos. Pero los acontecimientos históricos, fecundos o dramáticos, rara vez son producto de la conjunción de proyectos límpidos y transparentes unos con los otros. Tanto como por la exacerbación de un afán de cambio en

[32] *Ibid.*, p. 93.
[33] En el juego de las diferencias y de las semejanzas entre la teología de la liberación y la tradición milenarista hispánica varias de cuyas transformaciones estudia Hobsbawm, también sería divertido hacer un paralelo de esas dos actitudes hacia el matrimonio: los anarquistas españoles de comienzos del siglo XX se negaban a casarse mientras no se hubiese instaurado el mundo nuevo. En Guatemala, en 1977, un sacerdote adepto a la teología de la liberación celebra la ceremonia religiosa de su propia boda (P. Richard y G. Meléndez, 1982, p. 235).

voluntarismo revolucionario, la variante guatemalteca de la teología de la liberación se ilustró por el empleo, con fines políticos, de aspiraciones éticas y de creencias religiosas características de un movimiento indio que no por ser menos político que el movimiento revolucionario era por ello menos moderno.

> Para el sociólogo —afirma Pierre Bourdieu—, la religión "verdadera" sería la que propusiera un mensaje capaz de ser entendido por una civilización determinada porque responde a las aspiraciones colectivas de quienes lo reciben; un mensaje lo bastante rico de significaciones actuales o virtuales —el equívoco o la ambigüedad son, en esta perspectiva, todo lo contrario de una flaqueza— para dejarse interpretar en función de contextos de aceptación diferente y recibir, por ese hecho, sentidos diferentes.[34]

La teología de la liberación, aunque sea momentáneamente, ¿habrá hecho las veces de "religión verdadera" para una parte de los mayas guatemaltecos, a pesar o a causa de los equívocos y de las ambigüedades que han acompañado a su encuentro con la sociedad india?

Hemos intentado aquí responder a esa pregunta manteniéndonos a distancia del debate teórico sobre el contenido de esta interpretación del cristianismo.[35] La pertinencia sociológica de la corriente —por lo demás fluctuante y difícilmente definible— no tiene que ver con su grado de ortodoxia o de heterodoxia, así como la de las tesis de las diversas organizaciones que se declaran marxistas no tienen que ver con su grado de conformidad con los dogmas que, por lo demás, son, o mejor dicho, eran objeto de unas discusiones tan escolásticas como los debates teológicos. Por lo contrario, del análisis sociológico se deriva la capacidad de esas ideologías para explicar, expresar o influir sobre situaciones, evoluciones y lógicas de acción. Desde este ángulo tenemos que concluir que, en los altiplanos de Guatemala, las diversas expresiones de la renovación cristiana han tenido un impacto considerablemente mayor que el marxismo y que si algunos elementos de éste penetraron en las comunidades indias[36] fue por medio de la influencia ejercida por un cristianismo revolucionario. El poder no se equivocó: vio su principal enemigo en los sacerdotes, las religiosas y los catequistas tildados de "comunistas", de "cubanos" o de "subversivos". Y, sin embargo, la teología de la liberación

---

[34] P. Bourdieu, *op. cit.*, p. 108.

[35] Para esta discusión podrá el lector remitirse a los artículos de J. L. Schlegel, J. Meyer y L. Boff en *Esprit*, octubre de 1983.

[36] La difusión de elementos del marxismo en las comunidades indias fue un fenómeno superficial y pasajero. También es la comprobación que, a su manera, hace M. Payeras cuando, aprendiendo la lección del fracaso de la guerrilla, considera que la tarea que queda por emprender es la de "meter el marxismo en la cabeza de los indios" (declaración hecha a Aragón, México, 1985).

ha seguido siendo, a fin de cuentas, relativamente ajena a la sociedad india. Sólo una minoría de ésta ha adoptado su discurso y sus prácticas. Y, con ayuda de la represión, su presencia se ha borrado, correlativamente, al reflujo de la guerrilla. El injerto no se logró.

La teología de la liberación, ¿no habrá sido, en Guatemala, más que una llamarada efímera? Desaparecidos sus principales animadores, u obligados a retirarse a la clandestinidad o al exilio, ¿está condenada esa corriente a la extinción?[37] Gran número de sus militantes de base, imposible de determinar con precisión, ha sido ya exterminado. La gran mayoría de los grupos de "resistentes" que durante años sobrevivieron en las montañas se rindieron unos tras otros. Muchos de sus viejos adeptos o de sus descendientes se han retirado, se han convertido al protestantismo, han adoptado posiciones políticas más matizadas...

Conscientes de que los campos no podían permanecer mucho tiempo sin el encuadre eclesiástico, so pena de una involución del tipo de la que siguió a la Reforma liberal,[38] so pena, asimismo, de dejar el terreno libre a las Iglesias y sectas evangélicas, temiendo perder el beneficio de varios decenios de reconquista, la Iglesia católica guatemalteca ha decidido reconstruir su red institucional en los altiplanos indígenas y orientarla hacia una perspectiva de reformismo moderado. Ha tenido buen cuidado de evitar las polarizaciones que en los años anteriores condujeron a escisiones internas. En ese contexto, parece imposible, por un periodo bastante largo, que la teología de la liberación recupere el carácter dinámico, visible y organizado que tenía antes de la destrucción. Pero algunas de sus aportaciones, como la idea de la "violencia justa", o la del derecho a la insurrección, podrán alimentar subterráneamente cóleras y rebeliones contenidas, preparando así futuras resurgencias en formas imprevisibles.

[37] Desde comienzos de los años ochenta, "la Iglesia popular" de Guatemala en su forma seudoinstitucional es una Iglesia del exilio (Iglesia Guatemalteca en el Exilio) que agrupa, en Nicaragua y principalmente en México, a sacerdotes y religiosas que tuvieron que abandonar sus terrenos de misión.

[38] Tras la retirada de los misioneros del Quiché en 1980, los catequistas se encargaron, momentáneamente, de la religión, fuera de toda influencia de la jerarquía católica, como hemos visto, aunque en una situación extrema y de encuadre por otra jerarquía, en la *Misa de la guerrilla*.

XV. ¿UNA GUERRA DE LOS MAYAS? LUCHA ARMADA Y CUESTIÓN ÉTNICA

> La integración de los indígenas a la elaboración, a las tareas de ejecución y de *dirección* de la guerra revolucionaria es el problema número uno de la Revolución guatemalteca, pero también el de más difícil solución. ¿Cómo podrá esta guerra llegar a ser algún día *su* guerra?
>
> R. Debray

> Esta guerrilla guatemalteca, ¿no será más que una pálida fotocopia de tantas otras, mil veces ya vistas? La pregunta se plantea y eso sorprende, tanto más cuanto que durante todo el reportaje, nos repiten a voz en cuello que esta guerrilla es única, compuesta exclusivamente de indios. Y por otra parte, se nos dice, ya no es una guerrilla; se trata ni más ni menos que de "la guerra de los mayas". ¿Cómo creer en esto?
>
> *Libération**

La GUERRILLA guatemalteca de los años setenta y ochenta ha presentado a menudo como su principal originalidad la decisión y el hecho de haber movilizado a la población india. Esta anotación vale para el EGP y para la ORPA, aunque los enfoques a la cuestión india por esas dos organizaciones presenten diferencias considerables. La primera centra el debate en la relación clase/etnia y permanece apegada a una perspectiva esencialmente clasista, mientras que la segunda parte de una reflexión sobre el racismo y ve en el pueblo autóctono *(pueblo natural)* un actor histórico en una perspectiva que va evolucionando hacia un nacionalismo revolucionario a la manera guatemalteca.

Disidentes de esas organizaciones, círculos de intelectuales indígenas y de observadores independientes han sostenido que tenían un enfoque reductor y erróneo de la cuestión étnica y que habían arrastrado a la

* Comentario sobre la película de Jean Marie Simonet, *La guerre des Mayas*, aparecido el 21 de octubre de 1983.

279

población india a una guerra que no era suya: críticas que durante mucho tiempo fueron discretas y confidenciales, que luego se volvieron más insistentes y mejor documentadas a medida que salían a la luz las responsabilidades y el fracaso de la guerrilla.

¿Una síntesis?

Al EGP le gusta remitir su posición, sobre la cuestión, a algunos textos del más prestigioso de los padres fundadores de la guerrilla, Luis Turcios Lima. El mérito del descubrimiento de la importancia de las "masas indígenas" y del papel que pueden desempeñar en la revolución correspondería, en segundo lugar, a Ricardo Ramírez. En realidad, los análisis que guerrilleros, simples militantes o simpatizantes de este movimiento hacen de la cuestión india en los años sesenta y setenta (y más allá) siguen siendo muy fragmentarios, vacilantes, a menudo contradictorios y a veces plagados de incongruencias: un decenio después de haber dado a la guerrilla un viraje presentado aquí o allá como una nueva "revolución en la revolución", ¡Ricardo Ramírez sigue calificando a los indígenas de "minorías étnicas nacionales"![1]

Sin embargo, poco a poco y sobre la base de la implantación en los campos indios y de un afán de separarse de la ORPA, así como de las corrientes llamadas "indigenistas" o "etnicistas", se ha formado una doctrina un poco más coherente, en torno de algunos principios y orientaciones:

—La toma en consideración de la población indígena en el proceso revolucionario reviste una importancia estratégica: en un país como Guatemala la toma del poder y la transformación radical de la sociedad son inconcebibles sin la participación del campesinado indio cuyo carácter mayoritario por fin se reconoce; la realización del objetivo revolucionario exige, pues, su "incorporación".

—Se presenta al indígena como sometido a una "doble condición": a la vez explotado y oprimido, víctima de una lucha de clases reforzada ("sobredeterminada") por una dominación étnica. La "contradicción étnica y cultural" se sobrepone a la estructura de clases, sin ajustarse a ella exactamente.

—La pertenencia a una clase y el "factor étnico-nacional" son "fundamentales" ambos, pero la primera sigue pareciendo "más fundamental" que el segundo: "En definitiva, la lucha de los indios se produce en el

---

[1] En M. Harnecker, 1983, p. 73. Sus frases son un tanto distintas en *Por Esto*, núms. 7 y 8, 1991.

marco de la lucha de clases".[2] Los intelectuales del EGP o cercanos a esa organización se esfuerzan por distinguirse de sus colegas alineados a las FAR o al PGT para quienes la cuestión india es simplemente residual. No siempre se libran de la tentación de volver a esta posición: "El problema indígena en Guatemala es sobre todo un problema agrario". [...] La etnia "es una entidad constituida por los remanentes de la organización político-religiosa prehispánica, la lengua y una conciencia de pertenencia a esta entidad. La estructura económica prehispánica se conserva también como un remanente que se manifiesta en la familia, parientes, vecinos o paisanos..."[3]

—El destino reservado a los grupos étnicos en la "nueva sociedad" sigue muy impreciso. Descartado el principio de autodeterminación, su categoría será, en resumen, subordinada a las nuevas estructuras estatales. El principio del Estado revolucionario no podría ponerse en duda (y, por tanto, tampoco el principio de la preeminencia del poder estatal sobre cualquier otra forma de organización política en el seno de la sociedad).

El indio entre comunidad y clase social

Según sus partidarios, el EGP hizo dar un gran paso hacia adelante al movimiento revolucionario, al asignar lugar central en su discurso a la "contradicción étnica-nacional". Pero esa categoría teórica, por lo demás confusa y vacilante, sigue marcada con el sello de la negatividad. En lo esencial, comunidad, etnicidad e indianidad siguen siendo concebidas como carencias. Lo que, en una versión más burda, puede traducirse así:

Aquí veo reunidos a muchos compañeros que, en su gran mayoría, son indios. Se han organizado para acabar con la explotación, represión y discriminación después de haberlas sufrido por siglos. Los indios son considerados como apáticos, desvergonzados, gente sin razón y apartados de la política. A menudo, una etnia lucha contra otra. El mero hecho de esta organización desmiente esas evaluaciones convencionales. Los indios están saliendo *de las etnias* que las aislaban. Se juntan y se organizan para luchar. Se dan cuenta de que el problema indígena, *en última instancia*, es inseparable *del problema de clase*.[4]

Y en una versión más elaborada, más intelectual:

---

[2] *Collectif Guatémala*, "Les Indiens et le processus révolutionnaire", *Guatemala: 20 ans de lutte*, París, sin fecha.

[3] A. M. Arriola, *s. f.*, pp. 9 y 18.

[4] N. Andersen, *op. cit.*, p. 22.

...el sentimiento de su identidad, originalmente ligado al grupo étnico —quiché, cakchiquel, mam, kekchi, etc.— y ulteriormente al "poblado indio" —Chichicastenango, Totonicapán, Nebaj, etc.— se libera en adelante de las antiguas barreras locales entre las comunidades, abriendo el camino a una solidaridad, a una identificación y a una afirmación de su calidad de indios en general, sin menoscabar, empero, la identidad propia de cada grupo.[5]

La revolución implica el paso de la conciencia comunitaria o étnica a la conciencia de clase. La condición de indio, genérica, transcomunitaria y transétnica, desempeña el papel de un eslabón intermedio. La noción de indio o de indígena, por el hecho de su extensión, presenta un interés estratégico que, sin embargo, no basta para hacer olvidar sus connotaciones negativas, que llevan a algunos indígenas a rechazarla: *"Nosotros los mayas mal llamados indios".*[6]

Algunos militantes o simpatizantes se han esforzado por hacer evolucionar el EGP hacia un enfoque más positivo de la cuestión india. Los límites de su empresa se manifiestan en el hecho de que ninguna de las organizaciones de masas creadas o captadas por la guerrilla ha sido programada sobre una base étnica. El CUC habría podido ser la organización del movimiento indio, del que provenía la mayoría de sus militantes. La guerrilla le asignó un papel de formación orientada por principios clasistas: establecer nexos entre indios de diversas comunidades y diversas etnias, pero, sobre todo, enseñar la solidaridad entre indios y ladinos pobres, manifestar los conflictos agrarios sobre una perspectiva nacional. Cuando unos militantes quisieron modificarlo, combinando de manera más equilibrada la lucha campesina y la lucha india, el EGP los combatió así como había combatido todas las tentativas de poner en pie organizaciones indias fuera de su esfera de influencia directa. (A finales de los años ochenta se produjo un cambio, llevando a este movimiento a adoptar un discurso "étnico" y a participar en las manifestaciones de contraconmemoración del V Centenario del Descubrimiento; desempeñó, especialmente, un papel activo en la organización de la reunión continental que se celebró en Quetzaltenango, en octubre de 1991.)

Lucha armada y tradición maya

Esto no impidió que la guerrilla invocara elementos de la tradición que, según ella, legitimarían sus objetivos y su estrategia:

[5] A. Arias, *"Les Indiens dans la Révolution", Imprecor*, núm. 115, diciembre de 1987. Sin embargo, R. Morán recusa la indianidad genérica y sólo acepta la identificación por el grupo étnico: ixil, quiché... *(Por Esto*, núm. 8, 1981, p. 21).
[6] *Carta abierta al pueblo de Guatemala*, sin fecha.

Cuando los guerrilleros descienden de la montaña los habitantes de las villas indígenas los reciben con un beso en la mano. En la tradición maya-quiché hay una leyenda que dice que hombres vestidos de verde como el Quetzal descenderán de la montaña y continuarán la guerra de liberación interrumpida hace 450 años contra los españoles. Entre los indígenas el beso en la mano es reservado sólo y únicamente a las personas importantes de cada comunidad indígena. Saludar así a los combatientes significa fundamentalmente reconocer que ellos son los que continúan llevando adelante la tradición de la cultura maya. Que está resurgiendo en Guatemala y que está teniendo una parte vital y decisiva en el proceso de liberación guatemalteco. Un proceso revolucionario que no es simplemente un hecho militar, sino también político y religioso.[7]

Si esta leyenda de los hombres de verde (como bien se sabe, el uniforme de la guerrilla es de color verde olivo) corresponde a una auténtica tradición oral, o si no es más que una simple invención, resulta exagerado concluir de allí que los guerrilleros serían, a ojos de la población indígena, los continuadores de la historia maya. Varios observadores o actores han abundado en el mismo sentido, citando oráculos del *Popol Vuh* o de cualquier otra autoridad maya que supuestamente anunciarían la actual lucha armada revolucionaria.[8] El testimonio de Rigoberta Menchú debió su éxito, en parte, a su manera de unir la Biblia de los mayas y la Biblia de los cristianos, de referirse a la sabiduría de los antiguos y a las creencias tradicionales.

Podemos preguntarnos si la utilización o la aceptación limitada por la guerrilla de una cierta retórica maya no iba destinada sobre todo a un público extranjero, sensible, por buenas razones, a la riqueza de esta civilización.[9] En lo tocante a su funcionamiento interno, el EGP daba prioridad a la guerra de clases. Reconociendo haber cometido errores en el manejo de las relaciones familiares y de las instancias comunitarias, sus responsables no por ello seguían menos convencidos de que unos y otros debían plegarse a los imperativos de la lucha revolucionaria y en consecuencia ser, eventualmente, remodelados. Era así como elementos de la organización político-religiosa local, como las cofradías y el gobierno indígena debían ser transformados en "nuevas estructuras revoluciona-

[7] P. Richard y G. Meléndez, 1982, pp. 249-250.

[8] Por ejemplo, R. Carmack hace eco de la invocación del "texto sagrado" del *Popol Vuh* por diversos protagonistas del conflicto y menciona la evocación por un chamán quiché de un retorno de Tecun Umán, el héroe de la resistencia contra los españoles, muy semejante al mito andino del Incari (1988, p. 69). Se encuentra un discurso del mismo tipo en boca de Gaspar Illom (en M. Harnecker, 1983).

[9] "Parecía muy importante que se dijera al mundo entero que los indios no sólo empezaban a levantarse, sino que también eran la base, y que eran el fundamento de la organización política revolucionaria de nuestro pueblo" (C. Pellecer, DIAL, núm. 743, p. 9).

rias encargadas de tareas como la de redistribuir la tierra, dar apoyo logístico a las unidades regulares de la guerrilla, adoptar las medidas de autodefensa en la aldea, etcétera".[10]

"La Revolución respeta y no destruye los vínculos familiares, pero la nueva familia de los revolucionarios es más fuerte que los lazos de sangre." Y, como para ilustrarlo, un combatiente reclama y justifica, para empezar, la ejecución de su hermano que ha traicionado a la organización.[11] Al nivel de las relaciones personales, diga lo que diga la guerrilla, no siempre ha tenido en cuenta los valores y las costumbres indígenas.

Por debajo del discurso con pretensiones teóricas o de.uso esencialmente político, corre una palabra india que de cuando en cuando sale a la superficie. El movimiento revolucionario se encuentra dividido entre el proyecto de captar fragmentos y la condescendencia de una élite con respecto a una tradición considerada infrapolítica, entre el afán de canalizarla y de utilizarla y las reacciones de rechazo. Aún más que la palabra maya, lo que desconcierta a los ideólogos y los políticos es la propensión de los indios a refugiarse en el silencio, a levantar una barrera de silencio para conservar sus secretos, para mantener con vida el mensaje de los antiguos.[12] En ellos, la palabra sólo tiene sentido ante un fondo de silencio, porque viene del silencio y a él retorna.

LAS VARIANTES

Tratándose de la cuestión étnica como de los otros temas de predilección de los revolucionarios guatemaltecos de los dos últimos decenios, el EGP ha sido la organización más prolija, aunque no fuera —ni mucho menos— la más clara, la más consecuente o la más original. También es la guerrilla, cuyo surgimiento y reflujo, cuyos triunfos y sinsabores, han sido los más claramente marcados por sus relaciones con un movimiento indio preexistente. Esto basta para justificar el lugar que le hemos atribuido. Pero el EGP no es toda la guerrilla guatemalteca, y la cuestión que tratamos en este capítulo es una de ésas a propósito de las cuales las diferencias entre organizaciones son perceptibles, y una de ellas es que a veces han sido utilizadas para declararse diferentes, aunque —en ese dominio como en los otros— lo que las acerca es más fundamental que lo que las separa.

[10] A. M. Arriola, *op. cit.*, p. 15.
[11] N. Andersen, *op. cit.*, p. 35.
[12] Una regla a la que se refiere varias veces Rigoberta Menchú y con la cual, significativamente, concluye su libro. En otra parte declara, empero: "Cuando se trata de defender nuestra vida, nosotros estamos dispuestos a defenderla aunque tengamos que sacar a luz nuestros secretos" *(op. cit.*, p. 196).

No sólo en términos geográficos ocupan los guerrilleros del Quiché una posición intermedia entre los guerrilleros de San Marcos y los de Petén:[13] la relativa confusión de los primeros resulta de las acrobacias que se ven obligados a hacer, intentando conciliar su adhesión a la supremacía de la lucha de clases y la toma en cuenta de la dimensión étnica; para definir una posición intermedia entre la de la ORPA, menos interesada por la ortodoxia, y la de las FAR o del PGT, reacios a todo lo que se aparte del catecismo marxista-leninista. Una breve exposición de esos otros puntos de vista permitirá aclarar la naturaleza y los límites de un debate que sólo fue esbozado en círculos intelectuales, militantes o simpatizantes de las organizaciones.

La ORPA: racismo, pueblo maya y nación guatemalteca

La ORPA suele ser considerada una guerrilla más abierta que el EGP a la cuestión india. El hecho de que apele al "pueblo maya", el seudónimo con resonancia india que ha adoptado su jefe, la presencia a su lado de un dirigente cakchiquel (después fallecido), la reflexión que en sus principios hizo sobre el racismo han contribuido a la formación de esta imagen.

Su crítica a la manera en que el EGP concebía "la incorporación" de los indígenas era válida, esencialmente, como hemos visto, para las organizaciones de masas. En lo tocante a la lucha armada, uno y otro grupos recurrieron a indígenas para formar las células y reclutar combatientes en los pueblos, y se apoyaron en cuadros intermedios, originarios de diversos grupos etnolingüísticos.

La ORPA ha podido dar la impresión de querer arraigarse más fuertemente en la tradición maya, de poner más atención a las aspiraciones seculares y de respetar más las costumbres que un EGP profundamente marcado por un proselitismo marxista y cristiano. Pero, progresivamente, Gaspar Illom ha vuelto a ser Rodrigo Asturias. Su organización ha puesto una sordina a la reivindicación de esta especificidad y se ha replegado a un discurso mínimo, con objeto de no agravar las diferencias con las otras organizaciones y no estorbar las pocas operaciones militares conjuntas. El "programa" de la URNG —del cual era la ORPA la favorecida— era la mejor ilustración de esta restricción mental que consiste en rechazar, mediante la expresión de grandes generalidades, todo debate sobre cuestiones espinosas como ésta.

[13] Quiché, San Marcos, Petén: departamentos de implantación del EGP, de la ORPA y de las FAR, respectivamente, en los años setenta, a partir de los cuales se extendieron, replegándose en los años ochenta.

La evolución del discurso de la ORPA debe echarse, también, sin duda, a la cuenta de una dinámica interna. No es posible, continuamente, apelar a la vez a la idea de nación e instalarse sobre la línea de fractura que atraviesa al conjunto de la sociedad guatemalteca, hipotecando así todo proyecto de integración nacional. El uso muy extendido del concepto de "pueblo natural" permite borrar las asperezas de la separación que hay entre indígenas y ladinos, y deslizarse imperceptiblemente hacia un nacionalismo guatemalteco capaz de reivindicar el pasado a la manera del nacionalismo mexicano, que se atribuye fundamentos prehispánicos. En el caso límite, la invocación al "pueblo maya" podría reducirse así a una fórmula ritual, tan poco polémica como la de la "nación azteca".

FAR-PGT: *el etnocentrismo ordinario*

La incomodidad del EGP, la reserva de la ORPA después de la "audacia" de esos textos iniciales, se explican en buena parte por la necesidad que tienen de no escandalizar a sus partidarios, cuyas posiciones al respecto siguen siendo muy clásicas, y por el hecho de que no se han desprendido ellas mismas, en forma decisiva, de la perspectiva etnocéntrica, dominante en las esferas políticas e intelectuales guatemaltecas. Punto de vista que una de las fracciones del PGT ha tenido el mérito de exponer con claridad y relativa coherencia, aun si la mayor parte de sus afirmaciones son discutibles:

—Los indígenas son minoritarios en el país (un poco menos de la mitad de la población total); la mayoría mestiza también presenta, en grados variables, caracteres indígenas.

—La masa indígena, a su vez, está dividida por razón de las diferencias lingüísticas y otras, en múltiples minorías que ya no son nacionalidades, si es que alguna vez lo fueron.

—Supervivencia de la estructura colonial *(pueblos de indios)*, la identificación con el grupo de lugareños triunfa sobre el sentimiento de pertenencia al conjunto indígena. Las relaciones interpoblados son raras o inexistentes (la primera observación es cierta; la segunda, falsa).

—Esos factores de división, deliberadamente reforzados por las clases dominantes, hacen que la población indígena no constituya verdaderamente una unidad: "Dicha unidad no existió a pesar del tronco común, antes de la conquista, mucho menos después que fueron violentamente sometidos y separados".[14]

---

[14] Reproducimos aquí las principales tesis expuestas en "La cuestión indígena", *Polémica*, núm. 3, 1982, p. 63 y ss. Los puntos de vista de las FAR y de las otras fracciones del PGT casi no difieren.

—El proceso revolucionario debe tener en cuenta la diferenciación social entre indígenas por razón del lugar que ocupan en el sistema de las relaciones de producción. Contra las "nuevas tesis raciales" y la tendencia a "suplantar la lucha de clases por una supuesta contradicción antagónica étnica entre indígenas y ladinos", hay que reafirmar el principio de la determinación por "la propiedad o no propiedad de los medios de producción, de tierras o de capital".

—Eso no contradice la existencia de una discriminación general y brutal contra los indígenas, en la cual participan hasta los ladinos pobres. Se trata de una estratagema de las clases dominantes para ocultar las relaciones de explotación y dividir a los explotados.

—Las barreras entre ladinos e indígenas pobres tienden a borrarse progresivamente con la modernización. "La lucha revolucionaria los unirá en una sola causa." Corresponde al partido "incorporar a todos los pueblos indígenas al proceso revolucionario sobre la base de su situación de clase y de su carácter de masas explotadas, sin dejar de tomar en cuenta las formas particulares en las cuales se expresa su conciencia social".

Contra las organizaciones revolucionarias que reconocen el carácter mayoritario de la población indígena, que se refieren —aunque con reservas— a las comunidades y a las etnias,[15] que dejan un lugar a principios de identidad, los partidarios de esas posiciones estrictamente clásicas y jacobinas se fundan sobre los datos demográficos oficiales y sobre estereotipos socioeconómicos. Rechazan enérgicamente la "contradicción étnica". Consideran que la noción de pueblo maya carece de fundamento histórico. No niegan la realidad del racismo, pero la tratan como fruto de una manipulación de la conciencia social de los dominados por las clases dominantes; un fantasma, una enajenación que, sin embargo, deberá tomar en cuenta la lucha revolucionaria para superarla o disiparla. La segregación entre ladinos pobres e indígenas pobres es llamada, de paso, "mutua" (una manera de minimizar la naturaleza inferiorizante del racismo); es contraria a los intereses y a las necesidades de unos y de otros. Y, sin embargo, la cuestión que se plantea es una "cuestión indígena"; la tarea que se propone es "incorporar a los indígenas a la revolución y a la sociedad guatemalteca. En ningún momento se hace alusión a una "cuestión ladina", y la incorporación de los ladinos pobres, así sean racistas, parece natural y no constituir problema.

[15] Y casi a las nacionalidades: la afirmación según la cual los grupos indígenas no constituyen nacionalidades está destinada a rechazar los argumentos de algunos intelectuales simpatizantes del EGP que invocan el "modelo" soviético para sugerir una categoría para las etnias en la futura sociedad guatemalteca.

El PGT y las FAR ofrecen una versión ordinaria, acrítica, sin perspectiva y sin culpabilización, de un etnocentrismo que, con matices y desviaciones entre los otros revolucionarios, lleva a imponer a la sociedad maya una visión occidental del poder, de la nación y de la historia.

¿UNA GUERRILLA INDIA?

Es necesario conocer los textos. Sin embargo, sería imposible atenerse a ellos. La función del discurso militante consiste menos en revelar la realidad social y los designios de la lucha armada que en adoctrinar, cerrar filas, y separarse de los otros discursos militantes. Se tendrá una idea más justa del proyecto de la guerrilla confrontando ese discurso —los principios generales, pero también, y sobre todo, las racionalizaciones de las conductas concretas, la escritura de la Historia que se está haciendo— con su práctica, e interrogándose sobre lo bien fundado y sobre el alcance de tres observaciones frecuentemente formuladas en los medios indígenas: esta guerra fue impuesta a los indios; ellos no la quisieron; y es verdad que éstos han aportado la parte esencial de los combatientes y de los muertos, los jefes y los que han decidido fueron casi siempre ladinos; la estrategia, los objetivos y la lógica de la lucha revolucionaria no eran los de los indios.

"La incorporación"

Por más de 400 años los naturales estamos buscando y probando caminos de vida para nuestro pueblo. Probamos por comisiones con el Presidente, por denuncias, por abogados, por partidos políticos, por religión, por levantamientos. Cada camino que abrimos, el rico, el gobierno, ataja con nosotros, siempre es igual. Sólo una puerta queda abierta, el camino de la guerra. Mas que no nos guste, si no hay modo, por ahí vamos a caminar.

Así se expresa "Pedro Ixil", portavoz ficticio de uno de los grupos étnicos que han aportado más simpatizantes y más combatientes a la guerrilla.[16]

El esfuerzo hecho al principio de los años setenta por militantes e intelectuales ladinos, originarios de la ciudad o de la costa sur, y que durante largos años se aplicaron en ganar para su causa a una población india prudente y a menudo reticente, ese esfuerzo ha encontrado un eco. Desde entonces, los dirigentes y los portavoces del movimiento armado no dejan de repetir que los resultados superaban todas las esperanzas,

---

[16] EGP, *Sebastián Guzmán, principal de principales, op. cit.*, p. 8.

que la "guerrilla de los pobres" se había vuelto también "la guerra de los mayas", que "la organización armada del pueblo" había desencadenado una "guerra del pueblo maya". "Por primera vez en América Latina, poblaciones indígenas se integran a un proceso revolucionario".[17] Este "estreno" histórico estaba llamado a servir de ejemplo:

El alzamiento de los indios, en alianza con campesinos, obreros, estudiantes y profesionales, va a hacer historia. Y *servirá de señal para todo el Continente.* Porque los indios han despertado de un modo definitivo al darse su propia organización. Ya no se trata de un levantamiento improvisado y espontáneo como ha pasado *tantas veces y se ha pagado no menos veces.*[18]

La lucha armada en Guatemala no nació de una revuelta india, pero la Revolución allí se habrá vuelto posible gracias a la insurrección india, y por ello cambiará su carácter.

El conjunto de la presente obra permitirá establecer los límites de tal discurso. Se recordará que la incorporación de una parte de la población indígena al proceso se hizo sobre la base de la erosión de una dinámica de emancipación, bajo el efecto de violencia en la que muy poco tenía que ver y por el canal de mediaciones ambiguas. Éstas intentaban articular conductas y lógicas pertenecientes a esferas separadas y que por último sólo se unieron superficialmente o en raras ocasiones. La lucha de liberación no vino a continuar el movimiento de emancipación, y tampoco aseguró su realización. Y si la espiral de la violencia ha contribuido mucho a lanzar a un gran número de indígenas a la guerrilla, los ha alejado en una fase ulterior.

¿Quién dirige?

Un argumento evocado frecuentemente, contra la pretensión de la guerrilla guatemalteca de presentarse como una guerrilla india, se refiere a la composición de los estados mayores.

Ninguno de los cuatro indígenas que figuraban entre los primeros combatientes del EGP ocupaba un puesto de responsabilidad, y en la dirección del exterior de que dependía esta columna pionera no figuraba ningún indio. En respuesta a las críticas hechas a la organización a este respecto, se le asignó un papel de jefe a "Milton". Lo que no impidió que esta cuestión fuese causa de conflicto en el seno mismo de la orga-

[17] Collectif Guatemala, *op. cit.*
[18] N. Andersen, 1983, p. 23.

nización, como lo había predicho (¿y pedido al cielo?) ante el pelotón de fusilamiento, la primera víctima de la "disciplina revolucionaria".[19]

Dos rebeliones internas tienen que ver, de cerca o de lejos, con el problema. La primera fue la de "Morazán", combatiente ixil originario de Nebaj. Habiendo expuesto a Milton su deseo de no recibir órdenes de los dirigentes ladinos, fue ganado por éstos, quienes creyeron así neutralizarlo. Pese a ello, un año después (1981) entraba en disidencia, arrastrando consigo a un grupo de guerrilleros. Durante varios meses logró sobrevivir en la montaña, perseguido por el EGP. Poco después, tocó el turno a Milton de separarse de la organización, en compañía de otro dirigente, también de origen popular: "Camilo", campesino ladino de la costa sur. En plena ofensiva del ejército, eran los únicos miembros de la dirección que se encontraban presentes en el interior del país. Se multiplicaron los problemas con los dirigentes del exterior, más intelectuales, más "políticos", menos cercanos a las capas populares y a las prácticas de terreno y que acusaron a Camilo y a Milton de aventurerismo, de poner en peligro a las poblaciones. Habiendo cortado sus puentes con la dirección, Camilo fue muerto en la capital, en agosto de 1983, según todas las probabilidades, por las fuerzas del orden.

De todos modos, los cuadros indios no fueron los únicos en abandonar el EGP, y no todos lo han abandonado. Después de la escisión del grupo del comandante Benedicto (1984), compuesto principalmente por ladinos, una circular proveniente de lo alto de la organización proclamaba que los ladinos habían traicionado una vez más, que no se podía contar con ellos, que sólo el pueblo indígena era confiable.

La guerra incluso habría permitido una "indianización" progresiva de la organización revolucionaria. Ésta, afirman sus portavoces, no puede ser una simple calca de la sociedad, un puro reflejo de la distribución étnica de la población: el hecho de que los indios sean mayoritarios en el país y hasta en la guerrilla no podría entrañar automáticamente una representación mayoritaria en el seno de las instancias dirigentes. El acceso a los puestos de responsabilidad es inseparable de la adquisición de una experiencia política y militar. Al principio, casi no había más que ladinos que poseyeran tal experiencia, provenientes en su mayor parte de la lucha armada de los años sesenta. Algunos indios la han adquirido en el fuego de la acción y gracias a la nueva orientación dada al movi-

---

[19] "Unos segundos antes de la orden de fuego intentó todavía un confuso discurso en el que pareció llamar a la discordia entre indios y ladinos" (M. Payeras, 1980, p. 52). Por lo demás, *Los días de la selva* termina con la relación de las circunstancias de la muerte de dos de los primeros reclutas ixiles, convertidos en cuadros de la guerrilla: "Fonseca", acusado por sus compañeros de haber hablado, bajo tortura, después de ser capturado por el ejército y ejecutado por aquéllos en 1976; Xan Cam, que se suicidó para no caer en manos del enemigo después de una operación del EGP en la capital, en 1978.

miento por el grupo fundador. Se han formado militantes y cuadros revolucionarios indígenas, que han subido por los escalones de su jerarquía. Instancias intermedias y unidades militares han pasado progresivamente bajo su control, como han podido comprobar ciertos observadores:

> Los formadores, como todos los demás compañeros de la organización, son en su gran mayoría indios y campesinos. Al decir que se trata de la gran mayoría nos referimos al 95% o más. Por ejemplo, en un campamento de unos 150 compañeros sólo había seis que no eran de extracción campesina y no todos ellos eran mandos. En el mismo campamento el comandante y la mayoría de los responsables eran indios o campesinos.[20]

De cualquier manera, otras observaciones marcan los límites de la "indianización" del EGP. Aparte de las destituciones y las disidencias que han apartado de la organización a muchos militantes indígenas, recordemos que la generación de líderes formados en el seno del movimiento indio ha sido diezmada. Por lo demás, la cumbre de la jerarquía ha seguido siendo de claro predominio ladino. ¿Es ésta una situación transitoria destinada a modificarse bajo el empuje de la nueva élite político-militar india? Semejante evolución no deja de encontrar resistencias en el seno mismo de la organización cuando, por encima de las funciones de encuadre, afecta el poder de decisión concentrado en pocas manos. Las organizaciones de masas por una parte, y las unidades militares por la otra, pueden ser dirigidas por indígenas. En el modelo que orienta a la guerrilla, unas y otras se consideran subordinadas a la "cabeza" política. La vanguardia pensante da un sentido a la movilización social y a la insurrección armada, la hace desembocar en la acción política.

Algunos entrevén ya el día en que no quedarán en el EGP sino elementos capaces de volver a lanzar una guerrilla, esta vez "verdaderamente india". Tal eventualidad no inquieta más que a los sectores dominantes de la sociedad guatemalteca. En privado, algunos revolucionarios dejan entrever, asimismo, su temor a un levantamiento antiladino o a unos desbordamientos que ellos mismos no podrían sofrenar.

En resumen, aun si algunos sueñan con eso y otros lo temen, la perspectiva de una guerrilla india parece hoy lejana. Muchos militantes que habrían podido llevar adelante semejante proyecto han muerto; otros están marginados o se han convertido a diferentes formas de acción. La población, desgarrada y dolorida por la experiencia reciente, no está dispuesta a repetirla con otros jefes. Más aún: lo que se pone en tela de

[20] N. Andersen, 1983, p. 37.

juicio es la estrategia de la lucha armada. La población, tanto la india como la no india, aspira ante todo a la paz.

El precio alto

La esperanza de quienes veían en la guerrilla un último recurso contra la violencia del régimen se ha esfumado cruelmente. Lejos de sustraer las comunidades indias a la represión, la lucha armada provocó, en cambio, un baño de sangre ("Por un explotador que cayó, mueren diez o veinte campesinos indígenas") y tampoco ha alcanzado sus propios objetivos. El precio de la adhesión al movimiento revolucionario fue aún más caro que el que hubo que pagar en las revueltas del pasado, y los beneficios no han sido más notorios.

Las víctimas del conflicto han sido, en su gran mayoría, indígenas: soldados, guerrilleros y, sobre todo, civiles masacrados por el ejército y por cuerpos paralelos. Al EGP se le ha reprochado con frecuencia su incapacidad de proteger a la población civil. Los sobrevivientes no olvidan que mientras la organización hacía declaraciones triunfalistas, no estaba capacitada para hacer frente a los golpes que el enemigo asestaba a sus bases sociales, *a fortiori* a los que recibían los sectores menos comprometidos en el conflicto. Las conductas que preconizó y los medios que realmente puso en acción para la defensa de los pueblos fueron irrisorios:

> Nosotros fuimos exigiendo nuestra autodefensa. Hablábamos a la comunidad de que era necesario alistar los machetes, preparar sal y chile para atacar al enemigo si éste venía a agredir a nuestra familia. Pensamos que el campesino tiene que utilizar las armas que están en su mano, el hacha, el machete, los clavos, etcétera.[21]

En realidad, ante los asaltos de la represión, la población fue abandonada a sus propias fuerzas.

El costo no sólo se calcula en vidas humanas: La guerra redundó en desplazamientos masivos de población; desorganizó comunidades y dejó heridas difíciles de cicatrizar. Es grande el resentimiento contra esas personas, cuya irrupción provocó la interrupción de un paciente trabajo de formación. La desconfianza antigua hacia esas empresas que, bajo el pretexto de mejorar la suerte de los indios, a menudo han terminado en nuevas servidumbres, resultó reactivada o reforzada.

[21] "Así es nuestra historia", en "Indígenas de Guatemala: más allá del mito", *Informe especial*, IGE, año 4, núm. 2, febrero-marzo de 1984, p. 16.

LOS INDIOS HAN CONQUISTADO UNA VISIÓN DE LA
HISTORIA: "ESTA GUERRA NO ES LA NUESTRA"

A quienes les reprochan haber arrastrado a la población indígena a una aventura cuyo costo ha tenido que pagar, algunos responsables de la guerrilla responden que la experiencia revistió, para esta población, unos aspectos positivos: superación de las fronteras comunitarias y étnicas, adquisición de una conciencia política, progreso en su integración a la nación y, por encima de ello, apertura a cierta universalidad.

Según ellos, el encuentro de los revolucionarios y de los indios benefició a unos y a otros: "Los militantes han aprendido a ser pacientes y a tomar decisiones por consenso. Los indios han ganado una visión de la historia".[22] Unos indios replican que "los resultados no son tan positivos"; que los guerrilleros, convencidos del papel mesiánico del proletariado y de los intelectuales, en realidad no tomaron en cuenta al pueblo maya; que se mostraron dogmáticos y paternalistas. "¿Qué sentido tiene luchar juntos si nunca aceptaron al indígena tal como es?"[23]

Esos dos puntos de vista contradictorios ilustran, en lo esencial, la manera en que fue planteada la cuestión de la relación entre indios y guerrilleros, en la Guatemala de los años setenta y ochenta, así como en otros países de América Latina por la misma época.

El debate nos remite, sin reducirse a ello (lo nuevo está en la afirmación de una especificidad de la cuestión india), al tema clásico de las relaciones entre dinámicas campesinas y lógica revolucionaria. La descripción del universo campesino como algo limitado al horizonte de la comunidad pueblerina ha sido, de Marx a Wolf, tema recurrente de unos análisis que, por lo demás, pueden variar en su interpretación del acceso de los campesinados a un papel político activo. Para los revolucionarios marxistas, ese paso se da mediante su movilización en una lucha de clases con vistas a la toma del poder del Estado. Implica la emancipación en relación con los señores de la tierra, con los notables, con los representantes del antiguo régimen, pero también en relación con la "tradición", con la autoridad de los antiguos, con las relaciones sociales calificadas de precapitalistas, etc. Las "organizaciones de clase" son los instrumentos y los garantes de esa emancipación.

Henri Mendras, por su parte, apunta que las sociedades campesinas tradicionales no están sujetas a revoluciones:

---

[22] *Interviú*, núm. 401, 24 de enero de 1984 (véase también *Actuel*, septiembre de 1983).
[23] *Carta abierta al pueblo de Guatemala*, op. cit.

O bien el pueblo se levanta contra un poder que se sostiene después de la represión, o bien una facción remplaza a otra, después de un enfrentamiento más o menos brutal sin que, empero, el sistema de poder quede modificado. Etnólogos e historiadores del campesinado están de acuerdo en este punto: hasta el nacimiento de la sociedad industrial, se observan rebeliones, levantamientos, sediciones, revueltas campesinas, pero no revoluciones.[24]

O entonces el término no tiene el mismo sentido que en las sociedades modernas. Así, en las sociedades europeas del Antiguo Régimen, la palabra *revolución* designaba un movimiento que "pretendía volver a poner a cada quien en su antiguo lugar en el orden antiguo de la 'comunidad' agraria de una mítica edad de oro".[25]

Ya lo hemos dicho: la sociedad rural guatemalteca ha conocido, desde la Conquista hasta 1944, una multitud de levantamientos indios: contra el invasor, contra el orden colonial, contra los representantes del poder criollo y después del poder ladino, contra los terratenientes... y también algunas guerras en ocasión de las cuales ciertos sectores de la población india fueron movilizados para defender causas que le eran ajenas. Varios levantamientos tenían un carácter revolucionario en el sentido de un movimiento tendiente al mantenimiento y al restablecimiento del orden antiguo y del ideal comunitario: el más conocido fue el dirigido por Atanasio Tzul, tendiente a la reconstrucción del reino quiché, poco antes de la Independencia. Ninguno era revolucionario en el sentido moderno del término. Más recientemente, recordémoslo, la "Revolución guatemalteca" (1944-1945) casi no había movilizado al campesinado indio, y la guerrilla castrista de los años sesenta apenas lo rozó. Por primera vez, en los años setenta, se solicitó, a los indios que dieran su adhesión a un proyecto que no tendía al retorno a un pasado cualquiera (así fuese mítico), no a un simple cambio de personal político, sino a la transformación radical del Estado, del sistema político y de la sociedad. Un proyecto cuyos modelos (Cuba, Vietnam, Nicaragua...) no tenían nada que ver con la historia y la cultura mayas.

La estrategia —apoyar la guerra revolucionaria en la población indígena— que en América Latina podría parecer una innovación, impuso cierta adaptación del discurso y, más rara vez, de las prácticas.

Los revolucionarios trataron de convertir a los indios a su visión de la historia. Esta dimensión misionera ya se manifestaba entre los pioneros. Después, los dirigentes de la guerrilla creyeron haber alcanzado sus fines y haber obtenido la adhesión de una parte importante, casi la mayoría, de la población indígena. En realidad, salvo una fracción limitada, que el

---

[24] H. Mendras, 1976, p. 113.
[25] *Ibid.*, p. 117.

desarrollo del conflicto aniquiló o apartó cada vez más del resto de la sociedad, la conversión sólo fue temporal y superficial: una relación o un acercamiento impuestos por las circunstancias, y no una mutación en profundidad y libremente decidida. Esto se refleja en las diferencias que a menudo se pueden ver en los militantes indígenas entre el discurso oficial y la palabra privada.

Unos 15 años después de implantada la guerrilla en el Quiché, uno de los fundadores del EGP ¡pretendía que la tarea principal del movimiento revolucionario debía ser inculcar el marxismo a los indios! Punto de vista que, en la medida en que no es aislado, muestra que si el discurso marxista no ha penetrado realmente en las conciencias indias, menos aún se han convertido los revolucionarios a una visión maya de la historia y de la sociedad.

La guerrilla ha cambiado su estrategia; no ha modificado sus objetivos. No podría definirse como campesina e india, no tanto porque sus principales dirigentes no son ni campesinos ni indios, cuanto porque la causa central del conflicto es el poder del Estado: objetivo que en su realidad histórica y *a fortiori* en la forma que toma en Guatemala, no es campesino ni indio. No se combate a un adversario sin quedar marcado por éste: la guerrilla se ve amenazada de constituirse y presentarse como un casi-Estado, como un contra-Estado, lo que necesariamente la coloca a distancia de un movimiento social dirigido a metas más inmediatas: la tierra, la comunidad, la supervivencia... El lenguaje "abierto a todo" de las reivindicaciones campesinas indígenas también significa eso: no establecemos la misma distinción o la misma jerarquía, y casi ninguna distinción ni jerarquía, entre lo que vosotros, revolucionarios, consideráis como esfera noble (la política) y otras esferas consideradas menos prestigiosas (la económica, la local, la cultural...).

Rigoberta Menchú es categórica a este respecto: sus compañeros caídos en la embajada de España "ni siquiera ambicionaban un pedazo de poder. Querían lo suficiente, lo necesario para su pueblo".[26] La guerrilla y las fuerzas gubernamentales, por su parte, se enfrentaban por el dominio del poder del Estado, pieza maestra del sistema del poder ladino. El campo del enfrentamiento condicionaba la lógica de los adversarios, y se comprenderá que la de la guerrilla haya permanecido alejada de las concepciones y de las costumbres que rigen a las comunidades indias.

Si puede notarse aquí o allá, en ciertos intelectuales revolucionarios, una sensibilidad a la civilización maya que llegue más allá de las fórmulas rituales, el respeto a las costumbres en la organización encontraba sus límites en "las necesidades de la guerra". El análisis de las prácticas

---

[26] En E. Burgos, 1983, p. 210.

de la guerrilla nos lleva a descartar la afirmación según la cual los revolucionarios "aprendieron la paciencia y las decisiones por consenso". Antes bien, muestra la impaciencia, el verticalismo y la ausencia de consulta en el seno de la guerrilla y en sus relaciones con la población. El autoritarismo y el voluntarismo, la propensión a saltarse etapas y a forzar el curso de la historia: otros tantos rasgos que se sitúan en el polo opuesto de la democracia comunitaria y del largo plazo, habitual para los indios. Lejos de haberse puesto a escuchar la otra cultura, los jefes intelectuales de la guerrilla impusieron a todos su presencia, sus categorías y sus conductas. Tendieron a expresarse ellos en lugar de los indígenas y a no aceptar la palabra de éstos sino enmarcada y canalizada por la suya propia. Casi por doquier en el mundo, los revolucionarios hablaban en nombre del pueblo. En la Guatemala de los dos últimos decenios, también hablaban en nombre de los indios.

Fenómeno ocasional y fraccional, la "conversión" también fue (una vez más) un fenómeno unilateral: varios indios se unieron al movimiento revolucionario; se pueden contar con los dedos de una mano los revolucionarios que, en ocasión del conflicto, se hayan adherido a las creencias y a la sabiduría mayas. Por lo demás, es lícito preguntarse: ¿No implicaría semejante conversión que los revolucionarios dejaron de serlo? Si no hay equivalente al concepto moderno de revolución en las lenguas mayas, ¿no será porque el concepto indio de cambio no corresponde a este modelo?

En contra de lo que dice el lema, esta guerra que se ha empantanado, a la cual los militares pretendían poner fin por medio de "operaciones finales" que tenían que repetir episódicamente, y que los guerrilleros decían, con la misma frecuencia y la misma exageración que se reanudaba cada vez mejor,[27] no fue una guerra de los mayas. Cierto; a pesar de sus errores, no se podría acusar a la guerrilla de haber hecho una guerra contra los mayas. Pero difícilmente podrá eludir el reproche de haber desencadenado el mecanismo que a ella condujo, y de no haber sabido ni podido contenerlo. No supo evitar que esta guerra, que consideraba "necesaria" y que pretendía ser de liberación, se volviera la peor de las guerras contra los mayas, desde la Conquista.

---

[27] Paralelamente, la URNG, a finales de los años ochenta, reclamaba con insistencia negociaciones. Después de numerosas reuniones preliminares, éstas comenzaron en abril de 1991, con el gobierno de Serrano, pero resultaron muy laboriosas y muy lentas. Sólo en 1994 empezó a vislumbrarse la posibilidad de un acuerdo de paz "firme y duradero".

CONCLUSIONES GENERALES

POR encima de los sufrimientos y de las pérdidas de vidas humanas, el balance de los "años de destrucción" resulta desastroso. El conflicto no hizo avanzar la solución del problema político guatemalteco; puso un freno a la modernización comunitaria e infundió por toda la sociedad la violencia obsesiva del poder ladino; la tentativa de los teólogos de la liberación por transmutar una dinámica de emancipación en afán de revolución terminó en un callejón sin salida. En la actual Guatemala, la recomposición de la urdimbre social se hace a pesar y en contra de las secuelas de la guerra; las lógicas políticas y las lógicas comunitarias están más disociadas que nunca y, unas y otras, vacilantes y frágiles, son víctimas de una violencia proteiforme, desatada, que estalla con intermitencia en accesos paroxísmicos.

LA REVOLUCIÓN, SUCEDÁNEO DEL POPULISMO

Guatemala es un país frustrado de una experiencia nacional-popular. El golpe mortal dado al gobierno de Arbenz, que presentaba ciertas características de semejante experiencia, pero que en otros rasgos se alejaba de ella, ha dominado la vida política durante treinta años y sigue marcándola con profundidad. El surgimiento de guerrillas revolucionarias en los años sesenta, su constancia hasta nuestros días pese a grandes derrotas, no son testimonio de la descomposición de un régimen nacional-popular, como ha ocurrido en otras partes de América Latina, sino de su ausencia, de su rechazo. En Guatemala, el proyecto revolucionario era un sucedáneo de un imposible populismo.

Se ha mostrado a los guerrilleros guatemaltecos de la época heroica como partidarios ejemplares de una concepción según la cual, en una sociedad caracterizada por una gran dependencia y por un ejercicio del poder que se funda en la violencia y en la exclusión, los cambios progresivos, el desarrollo sin ruptura global están condenados al fracaso. Pero su acción nunca llegó a constituir un movimiento. Pese a los esfuerzos desplegados para mantenerlos unidos, esos diversos componentes han permanecido disociados y su disgregación abrió las puertas al terrorismo. En los años setenta, la conjunción de la lucha armada y de la crisis de modernización pareció dar un fundamento sociológico y una realidad política a la voluntad de apelar "al Estado y a la Revolución para superar los obstáculos interiores y exteriores al triunfo de la modernidad".[1] Sin embargo, como sus homólogos en los demás países de la América Latina (las únicas excepciones han sido Cuba y Nicaragua), la guerrilla guatemalteca no desembocó en la construcción del partido y del régimen revolucionarios que anunciaba.

Por lo demás, el conflicto causó la eliminación de personalidades y de sectores civiles que habían intentado construir espacios democráticos en los intersticios dejados por el régimen militar. Su ausencia explica, en parte, la relativa debilidad de las instancias de representación y de mediaciones entre la sociedad y el Estado en la segunda mitad de los años ochenta. La Guatemala de los años 1986-1992 sigue siendo un país convaleciente, en el que un régimen democrático frágil, a veces pusilánime y veleidoso, trata de perpetuarse, entre el temor a una recaída en la guerra y el peligro —más real— del retorno del inhibido populismo, del que Ríos Montt presentó una forma bastarda —forzosamente bastarda— en el contexto guatemalteco. La tentación populista es función del reflujo de la utopía revolucionaria y de las decepciones de la experiencia democrática, pero las aspiraciones nacionales-populares tropiezan, por una parte, con la profunda falla interna que hipoteca todo proyecto de integración nacional y, por otra, con la imposibilidad geopolítica, y sobre todo económica, de librarse del "patio trasero" y de la ambivalente fascinación que el polo hegemónico, el *Norte*, ejerce al menos sobre una de las dos mitades de la sociedad guatemalteca. En ese contexto, el recurrente autoritarismo de la cultura política guatemalteca conoce nuevas manifestaciones, que se combinan con un neoliberalismo desenfrenado e impúdico.

LA SOCIEDAD INMOVILIZADA (LA VIOLENCIA CONTRA LA INTEGRACIÓN SOCIAL)

"La violencia destruye, para empezar, los movimientos sociales."[2] Difícil sería encontrar una ilustración más completa de esta afirmación que la pulverización, en la guerra, del sindicalismo y del movimiento indígena guatemaltecos (la enorme mayoría de los cerca de 50 000 muertos en el conflicto eran actores del movimiento).

A partir de 1973-1974, se había presenciado, ante un fondo de crecimiento económico y después de comienzos de crisis, una intensificación de las luchas sociales, con tentativas de articulaciones de diversas cate-

---

[1] A. Touraine, 1988, p. 10.
[2] *Ibid.*, p. 331

gorías de asalariados y entre campesinos y asalariados, fenómenos sin equivalente en Guatemala, al menos desde la época de Arbenz. En los primeros años del gobierno de Laugerud, llegó a parecer que los conflictos del trabajo, y en menor grado los conflictos de tierras, se volvían negociables. De todos modos, el radio de acción y las probabilidades de triunfo de los mecanismos de regulación institucional de los conflictos seguían siendo muy limitados y casi no se extendían a los campos. Salvo excepciones debidas a los esfuerzos de ligas campesinas o de sindicatos agrarios unidos a la Democracia Cristiana o al PGT, o bien a la iniciativa de líderes religiosos convertidos a la acción social (trabajando ellos mismos, al comienzo, en la órbita de la DC), las masas indias quedaban excluidas. Las más de las veces, las aspiraciones populares eran frustradas. Los efectos de la crisis petrolera y del temblor de tierra, los fraudes electorales y luego el redoblamiento de la represión contribuyeron a la radicalización de sectores sociales que hasta entonces habían estado bajo la influencia de organizaciones sindicales, políticas o religiosas moderadas.

De modo más duradero, más extenso y más profundo que por unas luchas reivindicativas, la sociedad india era recorrida por un movimiento que consistía esencialmente en reunir las energías de las generaciones jóvenes, y ponerlas al servicio del desarrollo de las comunidades. Su fuerza residía en la confianza que daba o que devolvía a los indios, más que en su capacidad de negociar, con los patronos o con el Estado, unas mejores condiciones de trabajo, acceso a las tierras, al crédito, al sistema escolar, etc. De todos modos, la estrategia combinaba la búsqueda de un desarrollo endógeno y la ruptura progresiva y controlada de los mecanismos tradicionales de dependencia y de exclusión, recurriendo a contra-poderes o a poderes superiores, a las alianzas y a la captación de recursos. Excluidos de los niveles de decisión política, marginados, víctimas de discriminación en todas las relaciones sociales, los indios se esforzaban, en el marco de esta dinámica modernizadora, por evitar los enfrentamientos de que, en el pasado, siempre habían salido vencidos. Se podría creer que lo profundo del fenómeno comunitario y la fuerza del racismo son de tal naturaleza que casi inevitablemente produzcan entre los indios guatemaltecos conductas defensivas y accesos de violencia contra un enemigo definido como extranjero (el invasor o el conquistador, el usurpador, el ocupante). La novedad y la modernidad del movimiento consistían precisamente en que tomaba la iniciativa de disputar al poder ladino el control del desarrollo, al menos en el nivel local; en que tendía a colocar a los indios en la posición de poder decidir la orientación del progreso económico y social en sus aplicaciones a las comunidades.

Ciertamente, los accesos de violencia comunitaria no pertenecían a un pasado muy remoto, y no se podía descartar la posibilidad de la violencia defensiva. Tampoco la violencia política estaba totalmente ausente en los altiplanos y en su perímetro (comisarios militares, conscripción forzosa, incursiones de la guerrilla); y las comunidades se enfrentaban a múltiples formas de violencia social en las relaciones de explotación, los conflictos de tierras, el alcoholismo, el racismo ordinario... Queda en pie el hecho de que el movimiento no inducía el recurso a la violencia y que ésta sólo se impuso con su frustración y su represión.

El principal factor de la extensión del conflicto armado por territorio indio fue la crispación del poder ladino. En el contexto guatemalteco no existen mecanismos institucionales para tratar unos problemas que dependen más de la exclusión que de la explotación, y el movimiento de emancipación no encontró a un adversario dispuesto a aceptar compromisos, a hacer concesiones, sino a un enemigo intratable que hizo irrupción, masivamente y de la manera más brutal, en las comunidades.

La emancipación india, desestabilizando fragmentos del poder ladino, era considerada un peligro para una identidad ladina fundada sobre la discriminación; había que sofocarla. Para los representantes más reaccionarios de la minoría dominante, el indio no tiene con ellos en común más que lo que puedan tener en común el esclavo y su amo o, si acaso, el doméstico y su patrón. Incluso, a menudo falta ese nexo personal con sus propias formas de conciliación de los conflictos. El rechazo de la acción colectiva, la negativa a todo diálogo y a toda intervención de instituciones exteriores se expresan entonces en un racismo sin matices. Fuera de su función económica, el indio pertenece a un mundo infrahumano. Su deseo de emanciparse lo transforma en una amenaza que hay que "reducir": la historia de las revueltas indias también es la de su reducción, y el movimiento en curso ponía en entredicho, más segura y más eficazmente que esos levantamientos, las antiguas relaciones de dominación y el imaginario en el cual se fundan.

Como quiera que sea, socavaba, ante todo, el poder de las minorías ladinas de los altiplanos y no apuntaba directamente a los sectores dirigentes ni a los sectores económicos dominantes en el nivel nacional. Una oligarquía menos irresponsable y menos obtusa, un poder menos autoritario y menos crispado, habrían podido tolerar y acompañar la modernización de la sociedad rural y sacrificar a los partidarios de un antiguo orden ya caduco (la democracia cristiana expresaba ese punto de vista, compartido por una parte importante de los ladinos de las ciudades, pero también tenía sus partidarios hasta entre los ladinos que vivían en contacto con las comunidades). En lugar de ello, azuzaron, encubrieron y desataron a las bandas de asesinos que, en los pueblos, se dedicaron a anular la amenaza suprimiendo a sus agentes.

Pero el recurso a la violencia política en masa, la caída en la guerra, no se habrían producido en ausencia de la guerrilla. La perspectiva y las premisas de una articulación de la emancipación india y de la lucha armada cambiaban los datos del problema; hacían dar un salto cuantitativo a las amenazas, la proyectaban al escenario nacional, conforme al objetivo proclamado por los revolucionarios. Las primeras intervenciones de las fuerzas armadas en lo que se convertiría en el nuevo teatro de la guerra no fueron motivadas por el afán de defender a los caciques locales en el marco de simples conflictos sociales, sino por las manifestaciones iniciales de la unión entre animadores comunitarios y una organización de guerrilla que, por medio de sus representantes en zonas periféricas, apuntaba al poder central y a la oligarquía.

Hijos de las Luces y de rígidas sociedades eclesiásticas

El recurso a la lucha armada revolucionaria es una de las variantes de un modelo de articulación de lo social en lo político (lo político, por encima de la sociedad, verdad de lo social) que sin ser —lejos de ello— exclusividad de las sociedades dependientes, ocupa en ellas una posición predominante y reviste una fuerza particular en América Latina.

Por encima y por medio del pensamiento marxista-leninista, los revolucionarios latinoamericanos, entre ellos los guatemaltecos, son herederos jacobinos del Siglo de las Luces. Otras corrientes pueden atribuirse esta ascendencia, a través de las mismas cadenas o de cadenas diferentes. Remodelada por los *Libertadores*, por el positivismo, el darwinismo social, el socialismo o el liberalismo, la filosofía de las Luces ha impregnado la visión de la historia de la mayor parte de las élites políticas de América Latina. Permite reconocer elementos positivos a las civilizaciones no occidentales y, eventualmente, dar pruebas de cierta tolerancia respecto a ellas. Pero concibe la historia como un proceso que debe conducir, a plazo más o menos breve, a su integración, por asimilación, por aculturación o por intercambio. En ese dominio, como en otros, los revolucionarios se distinguen por su impaciencia.

En su absolutismo y su proselitismo se puede notar, también, la marca de otra tradición: la de los misioneros del siglo XVI y de su posteridad, más manifiesta desde que el mensaje y la acción revolucionarios son transmitidos esencialmente por eclesiásticos o por ex eclesiásticos (a menudo, recién desembarcados de España) y de militantes católicos. Los revolucionarios latinoamericanos son, a la vez, hijos de las Luces, a la manera de los personajes de la novela de Alejo Carpentier, e "hijos de rígidas sociedades eclesiásticas", conforme a la expresión de Carlos Fuentes. Conciben el cambio según el modo de la conversión: súbita, íntegra, necesaria.

Cualquiera que sea su grado de captación de la complejidad social, aspiran a un Estado concebido como un poder centralizado que ejerce su dominio sobre el conjunto de las relaciones sociales; su ideal de la nación es un cuerpo homogéneo cuya cabeza riega y manda todas las células. En el caso guatemalteco, esto significa en especial que consideran las luchas indias como luchas sociales entre otras, cuyo alcance histórico sólo aparece en su subordinación a la esfera, más noble, de lo político, en que se mueve la vanguardia. Algunos de ellos reconocen en las aspiraciones culturales y étnicas una legitimidad, pero instrumental y subordinada. Ese modelo político implica una jerarquía poco flexible de los valores: cuanto más se aparta uno de la cumbre (ocupada por la vanguardia) más se aleja uno de lo universal; y es limitado su margen de tolerancia a la diversidad cultural, a la heterogeneidad de lo social: en caso de fuerza mayor (razón de Estado, disciplina revolucionaria...) lo comunitario se sacrifica a lo nacional, lo indígena a lo occidental, lo particular a "lo universal".

Los revolucionarios se consideran en general detentadores del sentido de la historia; de ahí obtienen su legitimidad y se justifican así por oponer y, más a menudo, por imponer a las "masas" sus concepciones y sus modelos. En la América Latina en los últimos decenios apelaban a la "violencia justa", duplicando y reforzando la legitimación histórica con invocaciones morales y religiosas. También desde ese punto de vista, es ejemplar el caso de Guatemala.

Una relación equívoca y unas esperanzas frustradas

Hay más aún. Las comunidades mayas actuales, mientras son atravesadas por un formidable movimiento de conversión a la modernidad, siguen profundamente marcadas por el pasado colonial pero, asimismo, por el pasado prehispánico. Los indios modernistas, al tiempo que tratan de incorporar la herencia de las Luces, también siguen siendo, y por doble razón, "hijos de rígidas sociedades eclesiásticas". Podemos comprender que el mensaje y la gesta de los cristianos revolucionarios hayan podido encontrar un eco entre ellos. Pero, una vez más, las analogías y las imbricaciones entre las dos culturas, maya y judeocristiana, han sido causas de equívocos, más que de comprensión y de identificación.

La "violencia justa", la violencia revolucionaria, no pertenecen a la visión maya del mundo. Pero la guerrilla sí pudo parecer un último recurso contra la violencia injusta en la medida en que supo captar, aunque fuese momentánea y parcialmente, las exigencias éticas y una religiosidad profundamente arraigadas en la sociedad india. La teología de la liberación hizo posible aquello a lo que aspiran una práctica y un discurso político unívocos, pero que difícilmente podrían pretender: movilizar y, con el tiempo, ganar los espíritus y los corazones de los más excluidos entre los excluidos. El enfoque teológico de la política operó la transmutación de afectos y de creencias en un principio de acción, hizo acercarse y a veces converger unas sensibilidades y unas lógicas hasta entonces separadas y casi opuestas. El testimonio de Rigoberta Menchú es la ilustración, trágica y conmovedora, de una experiencia y de un itinerario colectivos marcados por sufrimientos indecibles y por destrucciones irremediables, pero también por una esperanza formidable. Nos recuerda lo que la fe revolucionaria puede tener de religiosa. Pero ese testimonio manifiesta igualmente, mejor que ningún análisis, las diferencias entre las motivaciones y las esperanzas de la población y las respuestas, programadas y encuadradas, de las organizaciones y los aparatos.

Como en Nicaragua, la teología de la liberación hizo nacer en Guatemala una teología de la revolución, pero entroncada aquí en un movimiento de emancipación "étnica". Su objetivo, parcialmente alcanzado, fue orientar y canalizar una dinámica comunitaria en dirección y al servicio de un proyecto estatal. Su aportación más notable y más discutible consistió en establecer un nexo entre, por una parte, los líderes y los animadores ocupados en transformar sus comunidades sin aguardar al cambio de un Estado cualquiera y, por otra parte, profesionales de la política y de la lucha armada cuyos esfuerzos todos tendían a quebrantar el aparato de dominación para sustituirle por un nuevo Estado, con el objeto de construir una sociedad nueva.

Los bloqueos, y luego la destrucción de la vía pacífica de desarrollo, y la brutalidad extremada de esta destrucción, causaron una unión que los teólogos de la revolución habían preparado, acompañado, legitimado y amplificado. Los guerrilleros creyeron que los indios que acudían a ellos se unían a su proyecto, que aceptaban la definición de lo político y su visión de la historia, y que, por consiguiente, reconocían su preeminencia y su autoridad. Esto sin duda fue verdad entre algunos individuos y hasta en ciertos grupos. Pero el acercamiento de comunidades o de fracciones de comunidades y de la guerrilla se efectuó más como transferencia que como conversión: se buscaba la protección de los grupos en armas, y la voluntad de emancipación del proyecto revolucionario. Esa transferencia, que obedecía a demandas morales y religiosas y que no habría sido posible sin mediaciones de la misma naturaleza, no desembocaba en una identificación íntegra, y engendraba equívocos. Según los principales interesados se trataba, sin renunciar a los objetivos comunitarios, de colmar el hueco dejado por el desfallecimiento o la defección de los protectores y mediadores del periodo anterior (Democracia Cristiana, Iglesia católica). Según los nuevos mediadores y los propuestos protectores, se trataba de captar una energía centrada en la comunidad y de desviarla hacia otro objeto: el poder político (la DC utilizaba, con fines análogos, mecanismos clientelistas que no ponían radicalmente en entredicho la separación relativa de las dos esferas, comunitaria y estatal).

El encuentro no disipó las ambigüedades de que se había alimentado y, cuando el poder, combinando (también él y con mayor cinismo y eficacia que los revolucionarios) el empleo de la fuerza y los recursos de una retórica ético-religiosa, tomó por blanco principal la articulación entre comunidades de guerrilla, los equívocos se hicieron evidentes y las divergencias reaparecieron.

Los guerrilleros no alcanzaron el objetivo al que exigían subordinar todos los demás. Tampoco aseguraron la protección esperada contra una violencia devastadora ("vinieron y nos prometieron ayudarnos si los ayudábamos; pero *a la hora de la hora, ya no estaban*", se oye comentar a menudo en los altiplanos). Las esperanzas se han desvanecido. Los sacrificios consentidos o impuestos parecen haber sido en vano.

¿RETORNO AL PLAZO LARGO, O INVENCIÓN DE LA DEMOCRACIA?

La guerra, que según las variantes del discurso revolucionario debía reunir al pueblo por encima de las particularidades locales, lingüísticas, religiosas y otras, o movilizar al conjunto de las clases populares, ladinos e indígenas unidos, acentuó las separaciones y multiplicó los desgarramientos. Sin embargo, no desembocó en una desintegración decisiva de la urdimbre social; no condujo a esta integración por la desintegración temida por algunos y deseada por otros. La población india fue sometida a agresiones sin precedente desde el siglo XVI, pero se mantuvo el principio comunitario. El recuerdo de los muertos, la memoria discretamente conservada en las comunidades, alimentan ese principio, como lo requiere la costumbre, y el nexo social se reconstruye una vez más sobre la base de solidaridades de pueblo, del interconocimiento, de la sensación de pertenencia territorial y religiosa.

Después de caer en la guerra a finales de los setenta, después de recurrir en el periodo 1981-1985 a las estrategias de supervivencia ("aguantar por nuestros hijos"), llegó la fase de recomposición de las fuerzas, de reintegración de las familias, de retorno a los pueblos y a las aldeas, de la recuperación de los cultivos, de los mercados, de los cultos y de las fiestas. Ese movimiento fue limitado por la persistencia de una lógica general de enfrentamiento y por la continuación del conflicto armado en ciertas zonas, pero globalmente, en los altiplanos, apareció más pronto y se reveló más profundo de lo que podía esperarse dada la amplitud y la gravedad del traumatismo sufrido.

Esto no sólo consiste en recuperar las raíces, en reafirmar una identidad que los mayas guatemaltecos consideran capaz de trascender las contingencias históricas, por muy adversas que sean. Tampoco se limita a reanudar los hilos rotos en los "años de violencia", a retomar el curso interrumpido de la modernización y de la emancipación. El proyecto de articular identidad y modernidad es su componente central y está inscrito en la continuidad del movimiento nacido en los años treinta; pero presenta inflexiones que no carecen de relación con el conflicto reciente. Así, por ejemplo, es el notable desarrollo de una horticultura de exportación, principalmente en las comunidades cakchiqueles, situadas en las cercanías de la carretera Panamericana y directamente unidas a la capital. También son las tentativas por superar las diferencias religiosas y en particular la división entre maya-católicos y neocatólicos, que, como lo hemos visto, desempeñaron un papel esencial en la gestación y en el desenvolvimiento de la tragedia; en ciertas comunidades, los *principales* recuperan una parte de su antiguo prestigio. La Iglesia católica, aún bajo los efectos del choque, se interroga, en círculos limitados, sobre sus responsabilidades, y busca los medios de aplicar a Guatemala la tesis de la "inculturación", profesada hoy por una parte de la jerarquía del Vaticano; por primera vez, sacerdotes indígenas están a cargo de parroquias de los altiplanos; pero la intención o el deseo de reconciliarse con los tradicionalistas responde, sobre todo, a la preocupación central de las autoridades católicas: contener el avance del protestantismo y recuperar los beneficios de medio siglo de "reconquista"; así, las tensiones sufridas por las estrategias religiosas siguen vivas.

En resumen, los actores del cambio comunitario están menos ligados a la Iglesia de lo que antes estuvieron. Se presentan en formas nuevas, que escapan de la centralización bajo la égida o el patrocinio de una institución o de una organización cualquiera. Los partidos y la guerrilla, interesados también en recuperar su papel de tutor han hecho, como la Iglesia, esta experiencia. Ciertas asociaciones con predominio indio conservan, sin mostrarlos, nexos o afinidades con uno u otro de los componentes institucionales, públicos o clandestinos, del escenario político-militar-religioso. La mayoría evita tenerlos. Tal es otra innovación del periodo de la posguerra: la multiplicación de agrupaciones (comités cívicos, asociaciones culturales o de desarrollo, etc.) que se presentan claramente como indias o mayas y que rechazan toda tutela ladina.

PRINCIPALES ORGANIZACIONES POPULARES PRESENTES EN EL SENO DE LA POBLACIÓN INDIA EN LA POSGUERRA (1984-1992):

—El Comité de Unidad Campesina (CUC) afirma no tener hoy ningún nexo orgánico con el EGP; habiendo perdido una gran parte de sus bases, participa en manifestaciones públicas (huelgas en las plantaciones, protesta contra la celebración del Descubrimiento...) e intenta acercarse a otras organizaciones sindicales, obreras o campesinas.

—El Grupo de Apoyo Mutuo (GAM), creado en 1984, y la Coordinadora Nacional de Viudas de Guatemala (CONAVIAGUA), creada en 1984, exigen justicia para las víctimas de la represión; movilizan a un gran número de mujeres indias. El Consejo Nacional de Desplazados de Guatemala (CONDEG), las Comunidades de Población en Resistencia (CPR) y las Comisiones Permanentes de los Refugiados guatemaltecos en México (CCPP), son organizaciones de defensa de diversas categorías de refugiados.

—La Asociación Nacional de Campesinos pro-tierra, creada (1986) y dirigida por el padre Girón, cercana a la Democracia Cristiana y a la jerarquía católica, ha militado sobre todo por la recuperación y redistribución de los grandes dominios no explotados de la costa sur.

—El Consejo de Comunidades Étnicas Runujel Junam (CER), creado en 1988 y animado por un profesor ladino, está bien arraigado en comunidades del Quiché y ha organizado importantes movilizaciones, en especial contra el sistema de patrullas de autodefensa civil. Formado sobre las cenizas del antiguo movimiento, ilustra a la vez su continuidad y su inflexión: recupera la dimensión ética acentuando su carácter de protesta; hace explícita la dimensión comunitaria, "étnica" y antirracista *(Runujel junam* significa "todos iguales" en quiché), mientras la combina con un discurso de izquierda muy clásico, alejado del contexto guatemalteco ("¡El pueblo unido jamás será vencido!", etc.).

—La Academia de Lenguas Mayas de Guatemala, creada (1986) y animada por intelectuales indígenas, realiza un trabajo de creación y de difusión culturales.

—El Consejo de Organizaciones Mayas de Guatemala (COMG) reagrupa una decena de organizaciones indias.

En los decenios anteriores, la dimensión de identidad era, las más de las veces, implícita, velada por la incorporación y la reinterpretación de elementos tomados de la cultura occidental moderna. Sin abandonar esta forma de aculturación positiva, la afirmación de identidad se expresa y se exterioriza cada vez más como afán de restablecer en sus derechos y su dignidad a una cultura y una civilización condenadas desde hace cinco siglos a una vida subterránea, al silencio o a la marginación. Las más de las veces, aún no se trata sino de tentativas y de proyectos dispersos, fragmentarios pero convergentes, animados sobre todo por grupos y redes de jóvenes indios escolarizados (muchos tienen formación universitaria). Por primera vez en Guatemala se puede entrever la posibilidad de una movilización que sea más india que simplemente campesina o rural; que haga de la lucha contra el racismo y las reivindicaciones culturales y "étnicas" sus elementos centrales y explícitos. No obstante, a pesar de su deseo de arraigo y de los nexos que conservan eventualmente con su comunidad de origen, subsiste un importante hiato entre los intelectuales mayas, aculturados, y los portadores de la tradición en el seno de las comunidades, distancia que hace pensar en la que, en otras partes, separa a ciertos militantes islamistas modernos de las autoridades musulmanas tradicionales.

Pero esta analogía no debe llevarse demasiado lejos. Los representantes de la generación anterior habían debido romper con la *costumbre* para abrir el camino de la modernidad sin renegar, empero, de su calidad de indios. Los jóvenes indios a menudo urbanizados que, en este final del siglo XX, exhiben su identidad maya, no se separan radicalmente de la perspectiva inaugurada por sus mayores: se trata de una nueva forma de la oposición al poder ladino, más que de un rechazo al Occidente (el enemigo o adversario está en el interior, y no en el exterior de las fronteras). Por lo demás, este rechazo es esencialmente cultural y, aun si encuentra un eco en ciertos medios de la juventud india rural, nada garantiza que pueda suscitar una movilización popular. En común con el movimiento comunitario renaciente, se aleja de la lucha de clases y de la lucha armada, y no propone, al menos en el actual estado de cosas, un modelo político de conjunto. La referencia étnica no es —¿aún no?— el principio de un nacionalismo, maya o guatemalteco. No puede excluirse la posibilidad de que esta idea, rozada por ciertos protagonistas del conflicto armado, sea retomada mañana por nuevos actores políticos.

Pero, ¿existe, viva, una representación maya de lo político? En la Guatemala actual apenas es objeto de investigaciones antropológicas; a veces se designa "en ausencia", como "el otro" del imaginario político dominante y funciona entonces más como revelador de este último que como operador de otras fórmulas. En la medida en que los indios acceden a la acción política (como electores, en los consejos municipales, como diputados, en organizaciones de oposición, armada o civil), continúan haciéndolo en categorías, en cuadros y siguiendo unas variaciones que se inscriben en variantes latinoamericanas, y más específicamente ladinas, de la cultura política occidental. En su conjunto, los indios prefieren mantenerse relativamente retirados de la escena política nacional, y la experiencia reciente no ha dejado de confirmarlos en esta prudencia y en una estrategia de largo plazo. De momento, se esfuerzan por aprovechar el espacio, aún muy aleatorio y muy incierto, dejado por el reflujo de la guerrilla y la retirada relativa de los militares, y se ven llevados a la cooperación más que al enfrentamiento con los agentes del desarrollo, gubernamentales, no gubernamentales e internacionales, sin cifrar en ello esperanzas excesivas.

Ya se trate del dinamismo económico de un sector indio agroexportador, del resurgimiento generalizado de las dinámicas comunitarias o del surgimiento de una élite maya transcomunitaria, el actor queda claramente definido sobre una base o por una referencia "étnica". Eso no basta para constituir un movimiento propiamente dicho: las diferentes conductas económicas, sociales y culturales se entrecruzan en ocasiones, y a veces convergen; las más de las veces, evolucionan sin coordinación, en lugares y esferas separados. Mientras las similitudes de estrategia no den lugar a una acción común, mientras ninguna organización esté capacitada para confederar las diversas asociaciones, cada una de las cuales tiene un radio de acción limitado y un objetivo específico, en general modesto, su impacto nacional seguirá siendo marginal. El objeto de tal movimiento sería precisamente sacar la "cuestión india" de la marginalidad, del lugar subordinado en que se ha esforzado por mantenerla la mayor parte de los sectores dirigentes, tanto de la economía como de la política, de las Iglesias y de las fuerzas armadas, como de la guerrilla.

En Guatemala, la exclusión y la discriminación, en formas expresadas y más a menudo no expresadas, envenenan las relaciones sociales, enrarecen la atmósfera cultural y paralizan la reflexión política; en tal contexto, todo conflicto desemboca o amenaza con desembocar en la violencia. La instauración de una sociedad democrática exigiría levantar las barreras que frenan y limitan el desarrollo de las comunidades, pero también presupone unos mecanismos de regulación de los conflictos sociales y de solución del problema agrario, la construcción de un Estado de derecho eficiente y la invención de un modelo de integración nacional respetuoso de la diversidad cultural. Con el pretexto de meterse en nuevos callejones sin salida y en nuevos desastres, los indios deberían sobreponerse a su tendencia —alimentada por la segregación y reforzada por el balance de su implicación en el conflicto— a replegarse en una lógica plenamente comunitaria, y exigir participar, en condiciones de igualdad, en las decisiones sociales y políticas de alcance nacional. Los ladinos actúan públicamente como si fueran la mayoría y reaccionan en profundidad como minoría amenazada, casi sitiada; su pretensión de ser los depositarios de valores superiores, "universales" por ser occidentales, aparece cada vez más como una irrisoria coartada del racismo y de un régimen de *apartheid*. Sin embargo, no es imposible que en el seno de esta población y especialmente bajo el impulso de actores instruidos por los acontecimientos recientes, y llegados de diversos campos, se afinen y se desarrollen corrientes concientes de los peligros de una situación anacrónica, dispuestas a aceptar que los indios ocupen el lugar que se les debe, y resueltas a buscar las vías pacíficas y progresistas de coexistencia y de desarrollo.

¿Cómo ligar comunidades, sociedad y nación, cómo promover a la vez la diversidad cultural, la negociación y la participación sociales, y la integración nacional? La pregunta no es privativa de Guatemala, pero allí reviste una agudeza y un apremio singulares.

POSDATA:
EL NOBEL, LA COMUNIDAD Y LO UNIVERSAL

GUATEMALA ilustra de manera significativa y desgarradora otra cuestión general, que se ha vuelto punzante y capital en un mundo en que la utopía revolucionaria se ha desvanecido y el comunismo real se ha desplomado: ¿cómo mantener unidas las aspiraciones de identidad y la exigencia de universalidad? Tal es, asimismo, el sentido y el alcance de la entrega del Premio Nobel de la Paz a Rigoberta Menchú. No se podrían imaginar distancias más grandes —geográficas, sociales, culturales— que las que separan al areópago noruego de una comunidad de campesinos indios paupérrimos que buscan refugio y son perseguidos en las montañas más remotas de un país olvidado.

En este otro país del *apartheid*, el poder ladino (perpetuado desde 1986 en formas civiles, bajo la vigilancia del ejército) está obsesionado por el "peligro indio" y no puede excluirse la posibilidad de nuevos rigores. Pero en el contexto marcado por el trágico fracaso de una guerrilla impotente para proteger las poblaciones a las que había movilizado o implicado, y la desesperante lentitud o el bloqueo de las vías pacíficas, la presión internacional puede contribuir a abrir un espacio para los partidarios del cambio y, de principio, para esos mayas que hoy, en el seno de la sociedad guatemalteca, son los portadores de la modernidad, así como otros grupos indios lo son en el resto de América Latina.

El comité del Premio Nobel de la Paz hizo el gesto necesario, sencillo y grave, que teníamos derecho a esperar en ocasión del V Centenario del Descubrimiento. Nadie más que Rigoberta Menchú, cuya familia fue diezmada hace un decenio por las atroces matanzas perpetradas por el poder militar guatemalteco, podía representar mejor a las víctimas de cinco siglos de exterminio, de dominación y de discriminación racial, y recordarnos que no se trata de una historia ya empolvada. Pero tampoco podía nadie expresar mejor que ese Premio Nobel no es un epitafio para los indios muertos o un bálsamo para la mala conciencia del hombre blanco.

Ya es un arranque y una enorme victoria sobre las estrategias del silencio y del olvido el poder decir "Yo, Rigoberta Menchú", apegarse a la enseñanza legada por su padre antes de desaparecer: trabajar por el cambio que hace posible la expresión de los sentimientos y de la vida comunitaria. Recuerdo doloroso y terca voluntad de justicia se conjugan aquí para producir una irrupción de la subjetividad y de la comunidad en el proyecto de una sociedad abierta y de una solidaridad planetaria.

Poco importa que cáscaras políticas vacías, huérfanas de causas, de figuras y de héroes, intenten recuperar e instrumentalizar, de hacer desempeñar papeles a aquellos y aquellas que mantienen esta aspiración y esta energía. Poco importan las disputas entre los nostálgicos de las luchas de clases revolucionarias y los fundamentalistas de la identidad que pretenden sustituir las posiciones antiguas por las posiciones nuevas, "políticamente correctas". El mensaje que Rigoberta Menchú y, con ella, sus "hermanos" y sobre todo sus innumerables "hermanas" expresan con fuerza cada vez mayor, es superar esas antinomias e inventar una modernidad nueva, definida a la vez por el nexo y la tensión entre lo afectivo y lo racional, entre la vivencia de identidad y la objetivación, entre el sentido y la economía. El Premio Nobel de la Paz de 1992 también es un desafío lanzado a quienes ordenan elegir entre comunidad y universalidad, a riesgo de transformar así el llamado a los principios universales en la defensa obsesiva de un Occidente que, en esta contradicción, perdería lo que le ha dado su impulso y su dinamismo, y se encogería como una piel de zapa.

YLB, octubre de 1992.

SIGLAS

AC: Acción Católica.
AGIR: Association Guatemala Information et Recherche.
ANC: Asociación Nacional de Campesinos pro-tierra.
ANACAFE: Asociación Nacional del Café.
ASIES: Asociación de Investigaciones y Estudios Sociales.
BID: Banque Inter-américaine de Développement.
CACIF: Comité Coordinador de Cámaras y Asociaciones Agrícolas Comerciales, Industriales y Financieras.
CARIG: Comité d'Aide aux Réfugiés Internes du Guatemala.
CDHG: Comité de Derechos Humanos de Guatemala.
CEMCA: Centre d'Études Mexicaines et Centre-américaines.
CEPAL: Comisión Económica Para América Latina y el Caribe.
CERJ: Consejo de Comunidades Étnicas Runujel Junam.
CGTG: Central General de Trabajadores de Guatemala.
CIAS: Centro de Información y Acción Social.
CIDA: Comité Interamericano para el Desarrollo Agrícola.
CITGUA: Ciencia y Tecnología para Guatemala.
CLAT: Confederación Latinoamericana de Trabajadores.
CNR: Comisión Nacional de Reconciliación.
CNT: Central Nacional de Trabajadores.
CNUS: Comité Nacional de Unidad Sindical.
CONAVIGUA: Coordinadora Nacional de Viudas de Guatemala.
CONFREGUA: Confederación de Religiosos de Guatemala.
COSDEGUA: Confederación de Sacerdotes Diocesanos en Guatemala.
CUC: Comité de Unidad Campesina.
CUSG: Confederación de Unidad Sindical de Guatemala.
DCG: Democracia Cristiana Guatemalteca.
DIAL: Diffusion de l'information sur l'Amérique Latine.
EDUCA: Editorial Universitaria Centroamericana.
EGP: Ejército Guerrillero de los Pobres.
EOS: Escuela de Orientación Sindical.
EXMIBAL: Exploraciones Mineras de Izabal.
FAR: Fuerzas Armadas Rebeldes.
FASGUA: Federación Autónoma Sindical de Guatemala.
FDCR: Frente Democrático Contra la Represión.
FTG: Federación de Trabajadores de Guatemala.

313

FTN: Franja Transversal del Norte.

FUNDAPI: Fundación para la Ayuda a los Pueblos Indígenas.

FYDEP: Empresa de Fomento y Desarrollo del Petén.

GAM: Grupo de Apoyo Mutuo.

IGE: Iglesia Guatemalteca en el Exilio.

ILV: Instituto Lingüístico de Verano (Summer Institute of Linguistics).

INE: Instituto Nacional de Estadísticas.

INTA: Instituto Nacional de Transformación Agraria.

MCCA: Mercado Común Centroamericano.

MLN: Movimiento de Liberación Nacional.

MSC: Misioneros del Sagrado Corazón de Jesús.

NACLA: North American Congress on Latin America.

ORPA: Organización del Pueblo en Armas.

PAC: Patrulla de Autodefensa Civil.

PAVA: Programa de Ayuda a los Vecinos del Altiplano.

PGT: Partido Guatemalteco de los Trabajadores.

PID: Partido Institucional Democrático.

PMA: Policía Militar Ambulante.

PR: Partido Revolucionario.

PSD: Partido Socialista Democrático.

UASP: Unidad de Acción Sindical y Popular.

UCN: Unión del Centro Nacional.

UFCO: United Fruit Company.

UNSITRAGUA: Unión Sindical de Trabajadores de Guatemala.

URNG: Unidad Revolucionaria Nacional Guatemalteca.

USAC: Universidad San Carlos.

USAID: United States Agency for International Development.

BIBLIOGRAFÍA

Adams, Richard, *Crucifixion by power*, Austin, University of Texas Press, 1970.

Aguayo, Sergio, *El éxodo centroamericano*, México, SEP, 1985.

Aguilera, Gabriel *et al.*, *Dialéctica del terror en Guatemala*, San José de Costa Rica, EDUCA, 1981.

Albizurez, Miguel Ángel, *El sindicalismo entre dos fuegos*, México, Panorama, 1986.

Andersen, Nicolás, *Guatemala, escuela revolucionaria de nuevos hombres*, México, Nuestro Tiempo, 1983.

Anfuso, Joseph y David Sczepanski, *Efraín Ríos Montt: ¿siervo o dictador?*, Guatemala, Gospel Outreach, 1984.

Annis, Sheldon, *God and production in a Guatemalan town*, Austin, University of Texas Press, 1987.

Anónimo, *Violencia y contraviolencia. Desarrollo histórico de la violencia institucional en Guatemala*, Guatemala, Editorial Universitaria, 1980.

Banco Interamericano de Desarrollo (BID), *Progrès économique et social*, Washington, 1986.

Bastos, Santiago y Manuela Camus, *Indígenas en la ciudad de Guatemala: subsistencia y cambio étnico*, Guatemala, FLACSO, 1990.

Bataillon, Claude e Yvon Le Bot, " Migration intérieure et emploi agricole temporaire au Guatemala", *Cahiers des Amériques Latines*, París, IHEAL, núm. 11, 1974.

Berrymr 1, Philip, *Christians in Guatemala's struggle*, Londres, CIIR, 1984.

Black, *et al.*, *Garrisson Guatemala*, Nueva York, Monthly Review Press, y Londres, Zed Books, 1984.

Breton, Alain y Jacques Arnauld (coords.), *Mayas*, París, Autrement, serie Monde, núm. 56, octubre de 1991.

Brintnall, Douglas, *Revolt against the dead*, Nueva York, Gordon and Breach, 1979.

Burgos, Elisabeth, *Me llamo Rigoberta Menchú y así me nació la conciencia*, Barcelona, Argos Vergara, 1983.

Buhrer, Jean-Claude y Claude Levenson, *Le Guatemala et ses populations*, Bruselas, Complexe, 1980.

Cabarrús, Carlos Rafael, *De la conquista de la identidad a la conquista del poder*, Guatemala, 1974.

Cabarrús, Carlos Rafael, *La cosmovisión k'ekchi en proceso de cambio*, San Salvador, UCA, 1979.

———, *Génesis de una revolución*, México, La Casa Chata, 1984.

Camacho, Daniel y Rafael Menjívar, *Movimientos populares en Centroamérica*, San José de Costa Rica, FLACSO, 1985.

Camblor, Jesús, *Dieron la vida*, Valladolid, Sever-Cuesta, 1985.

Caldera, Juan Rafael, "Las fuerzas de la cuadrilla indígena", *Diálogo*, núm. 48, Guatemala, octubre-noviembre de 1979.

Cambranes, Julio, *Democratización y movimientos campesinos protierras en Guatemala*, Guatemala, CERCA, 1988.

Carmack, Robert, "Indians and the Guatemalan revolution", *Cultural Survival Quarterly*, vol. 7, núm. 2, Cambridge, Mass., 1983.

——— (coord.), *Harvest of violence*, University of Oklahoma Press, Norman, 1988.

Casaus Arzu, Marta, *Guatemala: Linaje y racismo*, San José de Costa Rica, FLACSO, 1992.

Chea, José Luis, *Guatemala: La cruz fragmentada*, San José de Costa Rica, DEI y FLACSO, 1988.

Christian, Shirley, *Nicaragua: Revolución en la familia*, Barcelona, Planeta, 1986.

Ciencia y Tecnología para Guatemala (CITGUA), *Historia del movimiento sindical guatemalteco, 1975-1985*, México, 1990.

Colby, Benjamin y Lore Colby, *El contador de los días*, México, Fondo de Cultura Económica, 1986.

Comité Interamericano para el Desarrollo Agrícola (CIDA), *Tenencia de la tierra y desarrollo socio-económico del sector agrícola-Guatemala*, Unión Panamericana, Washington, 1965.

Davis, Shelton, *Land of our ancestors*, tesis, Harvard University, 1970.

———, "The social roots of political violence in Guatemala", *Cultural Survival Quarterly*, vol. 7, núm. 1, primavera de 1983.

———, "Guatemala: the evangelical holy war in El Quiché", *The Global Reporter*, Boston, vol. 1, núm. 1, marzo de 1983.

——— y Julie Hodson, *Witnesses to political violence in Guatemala*, Boston, OXFAM America, 1982.

———, "Chinachem de sinistre mémoire", *Ethnies*, núms. 4-5, París, Survival International France, 1986.

Debray, Régis, *Révolution dans la révolution*, París, Maspero, 1967.

———, *Les épreuves du feu (La critique des armes II)*, París, Seuil, 1974.

Demyk, Noëlle, "Aspects de l'économie guatémaltèque", *Problèmes d'Amérique Latine*, núm. 43, París, La Documentation Française, 1977.

Douzant, Denise, *Paysage et société en pays quiché*, tesis, París, Universidad de París VII, 1975.

Falla, Ricardo, *Quiché rebelde*, Guatemala, Editorial Universitaria, 1980.
————, *Masacre de la finca San Francisco*, Copenhague, IWGIA, 1983.
————, *Masacres de la selva. Ixcán, Guatemala (1975-1982)*, Guatemala, Editorial Universitaria, 1992.
Fernández, José Manuel, *El comité de unidad campesina: origen y desarrollo*, Guatemala, CERCA, 1988.
Figueroa Ibarra, Carlos, *El recurso del miedo. Ensayo sobre el Estado y el terror en Guatemala*, San José de Costa Rica, EDUCA, 1991.
Frank, Louisa y Philip Wheaton, *Indian Guatemala: Path to liberation*, Washington, Epica Task Force Publication, 1984.
Fouillet, Jean y Ana Diéguez, "El desarrollo del comercio y sus efectos en la economía rural del altiplano occidental de Guatemala", *Política y Sociedad*, Guatemala, núm. 3.
Gallardo, María Eugenia y José Roberto López, *Centroamérica: la crisis en cifras*, San José de Costa Rica, IICA-FLACSO, 1986.
Gálvez Borrell, Víctor, *Transición y régimen político en Guatemala (1982-1988)*, San José de Costa Rica, FLACSO, 1991.
Garma Navarro, Carlos, "Liderazgo protestante en una lucha campesina en México", *América Indígena*, vol. XLIV, México, enero-marzo de 1984.
Gleijeses, Piero, *Shattered hope. The Guatemalan Revolution and the United States, 1944-1954*, Princeton, Princeton University Press, 1991.
González, José y Antonio Campos, *Guatemala: un pueblo en lucha*, Madrid, Revolución, 1983.
Gros, Christian, "Guérillas et mouvements paysans, indiens dans les années 1960" *Cahiers des Amériques Latines*, núm. 23, París, IHEAL, 1982.
Gurriarán Javier, *La resistencia en Guatemala*, México, Nuestro Tiempo, 1989.
Guzmán-Bockler, Carlos, *Donde enmudecen las conciencias*, México, SEP-CIESAS, 1986.
Handy, Jim, *Gift of the devil. A history of Guatemala*, Boston, South End Press, 1984.
Harnecker, Marta, *Pueblos en armas*, Guerrero, Universidad Autónoma de Guerrero, 1983.
Herbert Jean-Loup, Carlos Guzmán-Bockler y Julio Quan, *Indianité et luttes de classes*, París, UGE 10-18, 1972.
Hernández Ixcoy, Domingo, "Las raíces de una realidad práctica" (entrevista realizada por François Lartigue), *Civilización*, núm. 2, México, 1984.
Hobsbawm, Eric, *Les primitifs de la révolte dans l'Europe moderne*, París, Fayard, 1966.

Hough Richard, *et al., Land and labor in Guatemala: an assessment,* Washington, USAID, 1982.

ICADIS núm. 4, *Raíces y perspectivas de la crisis económica,* San José de Costa Rica, 1986.

Iglesia Guatemalteca en el Exilio (IGE), *Nosotros conocemos nuestra Historia,* México, 1987.

Jonas, Bodenheimer Susanne y David Tobis (coords.), *Guatemala,* Berkeley, NACLA, 1974. Versión española: *Guatemala: una historia inmediata,* México, Siglo XXI, 1976.

———, *Guatemala: plan piloto para el continente,* San José de Costa Rica, EDUCA, 1981.

———, *The battle for Guatemala, Rebels, dead squads and U.S. power,* Boulder, Westview Press, 1991.

Kruger, Chris y Kjell Enge, *Security and development conditions in the Guatemalan highlands,* Washington, WOLA, 1985.

Le Bot, Yvon, "Rente et tenure foncières dans l'altiplano occidental du Guatemala", *Cahiers des Amériques Latines,* núm. 11, París, IHEAL, 1974.

———, "Le pouvoir de l'Église en pays quiché", *Caravelle,* núm. 28, Toulouse, 1977.

———, "Guatemala: Luttes sociales sur horizon de guerre", *Problèmes d'Amérique Latine,* núm. 67, París, La Documentation Française, febrero de 1983.

———, "Violence sociale: sens ou non-sens?", *L'Homme et la Société,* Paris, núms. 67-68, enero-junio de 1983.

———, "Cent ans de protestantisme au Guatemala (1882-1982)", *Problèmes d'Amérique Latine,* núm. 86, 4° trimestre de 1987.

———, "Le mouvement indien au Guatémala à l'assaut du pouvoir municipal (1966-1974)", Jean Revel-Mouroz (coord.), *Pouvoir local, régionalismes, décentralisation,* París, IHEAL, 1989.

———, "Guatemala: de 'l'éternelle tyrannie' à un présent démocratique", *Problèmes d'Amérique Latine,* núm. 2, París, La Documentation Française, nueva serie, octubre de 1991.

Lehmann, Henri (coord.), *San Andrés Sajcabajá,* París, Recherche sur les Civilisations, 1983.

López Larrave, Mario, *Breve historia del movimiento sindical guatemalteco,* Guatemala, Editorial Universitaria, 1976.

Manz, Beatriz, *Refugees of a hidden war,* Albany, SUNY Press, 1977.

Martínez, Severo, *La patria del criollo,* Guatemala, Editorial Universitaria, 1971.

McClintock, Michael, *The american connection. Volume II: State terror and popular resistance in Guatemala,* Londres, Zed Books, 1985.

Melville, Thomas y Marjorie, *Guatemala: another Vietnam?*, Harmondsworth, Penguin Books, 1971.

—— y ——, *Guatemala: The politics of land ownership*, Nueva York, Free Press, 1971. Versión en español: *Tierra y poder en Guatemala*, San José de Costa Rica, EDUCA, 1982.

Mendras, Henri, *Sociétés paysannes*, París, Armand Colin, 1976.

Monteforte Toledo, Mario, *Guatemala, monografía sociológica*, México, UNAM, 1959.

Morrissey, James, *A missionary directed resettlement project among the highland Maya of Western Guatemala*, tesis, Stanford University, 1978.

Navarrete, Carlos, "Una investigación fuera de *curriculum:* las matanzas indígenas en los Altos Cuchumatanes, Huehuetenango", Primer Coloquio P. Kirchhoff, *La etnología: Temas y tendencias*, México, UNAM, 1988.

ORPA, *El racismo*, Guatemala, 1980.

——, *La verdadera magnitud del racismo (Racismo II)*, Guatemala, mayo de l978.

——, *Historia nuestra*, Guatemala, 1980.

Painter, James, *Guatemala: False hope, false freedom*, Londres, CIIR-Latin American Bureau, 1989 (1987).

Payeras Mario, *Los días de la selva*, La Habana, Casa de las Américas, 1980.

——, *El trueno en la ciudad*, México, Juan Pablos, 1987.

——, *Los fusiles de octubre*, México, Juan Pablos, 1991.

Pérez Sainz, Juan Pablo, *Ciudad, subsistencia e informalidad*, Guatemala, FLACSO, 1990.

Picq, Laurence, *Au-delà du ciel*, París, Barrault, 1984.

Piel, Jean, *Sajcabajá*, Guatemala y México, Seminario de Integración Social y CEMCA, 1989.

Plant, Roger, *Guatemala: Unnatural disaster*, Londres, Latin America Bureau, 1978.

Poitevin, René, *El proceso de industrialización en Guatemala*, San José de Costa Rica, EDUCA, 1977.

Programa de Ayuda a los Vecinos del Altiplano (PAVA), *Final report on Guatemalan displaced persons needs survey covering Huehuetenango, El Quiché, Western Petén and Playa Grande*, Washington, 1984.

Ramírez, Ricardo, *Lettres du front guatémaltèque*, París, Maspero, 1970.

Richard, Pablo y Guillermo Meléndez (comps.), *La Iglesia de los Pobres en América Central*, San José de Costa Rica, DEI, 1982.

Rivera, Eugenio, Ana Sojo y José Roberto López , *Centroamérica: Política económica y crisis*, San José de Costa Rica, ICADIS y DEI, 1986.

Rouquié, Alain (coord.), *Les forces politiques en Amérique Centrale*, París, Karthala, 1991.

———, *Guerres et paix en Amérique Centrale*, París, Seuil, 1992.

Rudel, Christian, *Guatemala: Terrorisme d'État*, París, Karthala, 1981.

Sandoval, Leopoldo, *Estructura agraria y nuevo régimen constitucional*, Guatemala, ASIES, s. f.

Seligson Mitchell y John Kelley, "Tierra y trabajo en Guatemala: la ecuación desequilibrada", *Anuario de Estudios Centroamericanos*, núm. 2, San José, Universidad de Costa Rica, 1986.

Shawcross, William, *Le poids de la pitié*, Balland, 1985.

Simon, Jean Marie, *Guatemala: Eternal spring, eternal tyranny*, Nueva York, W. W. Norton and Company, 1988.

Stoll, David, "The exodus from Salquil", Boston, *The Global Reporter*, vol. 1, núm. 1, marzo de 1983.

———, "La Iglesia del Verbo en el Triángulo ixil de Guatemala", *Civilización*, núm. 3, México, CADAL,1985.

Smith, Carol (coord.), *Guatemalan Indians and the State (1540-1980)*, Austin, University of Texas Press, 1990.

Taracena, Arturo, *Les origines du mouvement ouvrier au Guatemala, 1878-1932*, tesis, París, École des Hautes Études en Sciences Sociales, 1982.

———, "Les Indiens et le processus révolutionnaire guatémaltèque", *Amérique Latine*, núm. 8, París, CENTRAL, octubre-diciembre de 1981.

Torres-Rivas, Edelberto, *Interpretación del desarrollo social centroamericano*, San José de Costa Rica, EDUCA, 1971.

——— et al., *Centroamérica hoy*, México, Siglo XXI, 1975.

———, *Crisis del poder en Centroamérica*, San José de Costa Rica, EDUCA, 1983.

———, *Centroamérica: la democracia posible*, San José de Costa Rica, EDUCA, 1987.

———, *Repression and resistance*, Boulder, Westview Press, 1989.

Touraine, Alain, *La parole et le sang*, París, Odile Jacob, 1988.

Tribunal Permanente de los Pueblos (TPP), *Sesión Guatemala*, Madrid, IEPALA, 1984.

Varios, "Méditerranée américaine", *Hérodote*, núm. 27, París, noviembre-diciembre de 1982.

Varios, "Amérique Centrale: les Indiens, la guerre et la paix", *Ethnies*, núms. 4-5, París, Survival International France, verano-otoño de 1986.

Varios, "Amérique Centrale", *Les Temps Modernes*, núms. 517-518, París, agosto-septiembre de 1989.

Varios, "Amérique Centrale et Caraïbes: illusions, désillusions et nouvelle donne", *Cahiers des Amériques Latines*, núm. 11, París, IHEAL, 1991.

Verdés-Leroux, Jeannine, *La lune et le caudillo*, París, L'Arpenteur, Gallimard, 1989.

Vigor, Catherine, *Paysans du Guatemala: quelle éducation?*, París, L'Harmattan, 1980.

Wasserstrom, R., "Revolution in Guatemala: peasants and politics under the Arbenz government", *Comparative Studies in Society and History*, vol. 17, núm. 4, 1975.

Wolf, Eric, *Sons of the shaking earth*, Chicago, University of Chicago Press, 1959.

———, *Las lucha campesinas del siglo xx*, México, Siglo XXI, 1976.

Zamora, Elías, *Los mayas de las tierras altas en el siglo xvi*, Séville, ed. V Centenario, 1985.

REVISTAS, PUBLICACIONES PERIÓDICAS DIVERSAS Y OTRAS FUENTES DOCUMENTALES

AGIR, diversas publicaciones, París, Musée de l'Homme.

América Indígena, México, Instituto Indigenista Interamericano.

Americas Watch, diversos informes, Washington.

Amnesty International, diversos informes, Londres, Nueva York, París.

ASIES, diversas publicaciones, Guatemala.

BID, informe anual, Washington.

Bulletins du CARIG, París.

Cuadernos de CITGUA, México.

Civilización, CADAL, México.

Compañero, EGP, Guatemala.

Cuadernos de Investigación, Guatemala, Universidad de San Carlos, Dirección General de Investigación.

Cuicuilco, México.

Cultural Survival Quarterly, Cambridge, Mass.

Debate, FLACSO-Guatemala.

De sol a sol, CUC, Guatemala.

DIAL, París.

Diálogo, Guatemala.

Enfoprensa, México.

Erupción, ORPA, Guatemala.

Estudios Centroamericanos, San Salvador, UCA.

Estudios Sociales, Guatemala, Universidad Landívar.

Estudios Sociales Centroamericanos, San José de Costa Rica.

Guatemala Scholars Network, boletines, Friendsville, MD.

IGE, diversas publicaciones, Managua.

Informador Guerrillero, EGP, Guatemala.

Inforpress Centroamericana, Guatemala.

Ixim, MRP-Ixim, México.

Le Monde Diplomatique, París y México.

Mesoamérica, Antigua Guatemala, CIRMA.

Noticias de Guatemala, San José de Costa Rica, México.

Opinión Política (OP), México.

Polémica, San José de Costa Rica.

Política y Sociedad, Guatemala, Universidad San Carlos.

Por Esto, México.

Revista Cultural del Ejército, Guatemala.

Solidarité Guatemala, París, Collectif Guatemala.

Survival International, informes y boletines, Londres y París.

Voz del CUC, Guatemala.

ÍNDICE

Primera Parte

MODERNIZACIÓN, DOMINACIÓN Y EMANCIPACIÓN
(Guatemala después de 1954)

Segunda Parte

DINÁMICA COMUNITARIA Y LUCHAS DE CLASES
(Actores y mediadores)

Cuarta Parte
RAZONES Y SINRAZONES DE LA VIOLENCIA

Quinta Parte
DOGMAS, IMÁGENES Y PRÁCTICAS DE LA REVOLUCIÓN
(Lucha armada, religión e identidad)

Este libro se terminó de imprimir y encuadernar en el mes de julio de 1997 en Impresora y Encuadernadora Progreso, S. A. de C. V. (IEPSA), Calz. de San Lorenzo, 244; 09830 México, D. F. Se tiraron 2 000 ejemplares.